KB201297

약사경 강의

2016년 2월 25일 초판 1쇄 펴냄
2023년 11월 10일 초판 3쇄 펴냄

지은이 남회근
옮긴이 설순남

펴낸곳 부키(주)
펴낸이 박윤우
등록일 2012년 9월 27일
등록번호 제312-2012-000045호
주소 서울시 마포구 양화로 125 경남관광빌딩 7층
전화 02. 325. 0846 팩스 02. 325. 0841
홈페이지 www.bookie.co.kr
이메일 webmaster@bookie.co.kr
제작대행 올인피앤비 bobys1@nate.com
ISBN CODE 978-89-6051-538-3 04220 978-89-6051-039-5 (세트)

책값은 뒤표지에 있습니다. 잘못된 책은 구입하신 서점에서 바꿔 드립니다.

약사경 강의

남회근
저작선 15

약사경 강의

남회근 지음 설순남 옮김

부·키

일러두기 ————————————————————————————————

1. 『약사경(藥師經)』은 한역본이 다섯 종 있다. 그중 이 책은 당대(唐代) 현장(玄奘)의 번역본인 『약사유리광여래본원공덕경』과 의정(義淨)의 번역본인 『약사유리광칠불본원공덕경』을 종합한 것이다.

2. 원서 『약사경의 제세관(藥師經的濟世觀)』(2013)에서 『약사경』 경문(經文)은 대만 대북불교출판사에서 간행한 태허(太虛) 대사의 『약사경 강의(藥師經講義)』에 따랐다.

3. 이 책 『약사경 강의(藥師經講義)』의 경전 원문과 구두점은 원서 『약사경의 제세관』 표기법을 따랐다.

4. 원서 『약사경의 제세관』은 상위 분류 없이 소제목 만으로 구성되었으나 이 책에서는 내용을 좀 더 분명하게 구분할 수 있도록 부처님께 질문하는 인물 위주로 상위 분류를 넣었다.

5. 『약사경』 원문의 구절이나 용어를 설명할 때에는 큰따옴표로 표시하였다.

6. 각주는 모두 옮긴이 주이다.

7. 이 책 말미에 경전 원문만 읽을 수 있도록 경문을 독음과 함께 실었다.

옮긴이 말

『약사경』은 한역본이 다섯 종이다. 남회근 선생의 『약사경 강의』는 그중 당나라 현장(玄奘)이 번역한 『약사유리광여래본원공덕경』과 의정(義淨)이 번역한 『약사유리광칠불본원공덕경』을 종합해 저본으로 사용하였다.

이 경은 약사불이 동방에 불국토를 건설하여 정유리국이라 하고 교주가 되어 열두 가지 대원을 세워 모든 중생의 질병을 치료하고 재앙을 소멸해 주겠노라 서원하는 내용으로 되어 있다. 약사불의 열두 가지 대원은 일상의 지극히 현실적인 소망을 담고 있어서, 약사 신앙은 대중의 요구에 부응하는 신앙 체계로 일찌감치 자리 잡았다.

부처님의 힘을 빌려 질병을 치료하고자 하는 현실적인 수요에 힘입어 우리나라에서도 약사 신앙은 민간에 성행했다. 삼국 시대부터 통일신라와 고려에 걸쳐 크게 유행하였고 지금까지도 민간 신앙으로 깊게 뿌리 내리고 있다.

약사불은 중생의 온갖 질병을 치료해 줄 뿐 아니라 모든 재앙을 소멸시키고 수명을 연장시켜 준다. 나아가 약사불의 이름을 외우면 죽을 때 눈앞에 팔대 보살이 나타나서 극락세계로 인도해 준다. 또 약사불상 앞에서 이 경을 읽으면 어떤 소원이든지 다 이룰 수 있다고 말한다. 이처럼 전능하고 매력적인 부처님을 어떻게 믿지 않을 수 있겠는가? 그래서 예나 지금이나 사람들은 약사불의 이름을 외우며 지극히 현실적인 복을 갈구한다.

하지만 남회근 선생은 이러한 맹목적인 믿음은 미신이라 비판하며 약사불의 진정한 의미가 어디에 있는지를 깊이 생각하라고 말한다. 이기적인 욕망에 사로잡혀 경문을 외우지만 그 의미조차 알지 못하는 사람들만 가득한 현실을 강한 어조로 질타하는 것이다. 형식적인 종교 행위가 아닌 지극한 마음으로 정성을 다하고 바른 관념과 참된 지혜로 불법의 진정한 뜻이 어디에 있는지 참구하는 것이 중요하다고 누누이 강조한다.

원래 이 강연은 1981년 시방서원(十方書院)의 출가 동학들을 위해 마련된 것이었다. 남회근 선생이 대만에서 강연한 경전은 자못 많았고 그중 일부는 여러 차례에 걸쳐 강술(講述)되기도 했지만 『약사경』의 강연은 비교적 적었다.

1993년에 강연 내용을 문자로 정리하는 작업이 시작되어 1995년에 세상에 선보이게 되었는데, 남회근 선생의 강연의 맛을 최대한 살리기를 희망했던 편집자의 바람대로 이 책은 지난날 강당의 열기를 고스란히 담고 있다. 강연을 듣는 출가 동학들을 향한 거침없는 질타에서는 그들을 향한 남회근 선생의 따뜻한 애정이 느껴지고, 경전의 의미를 알기보다는 형식을 지키는 데 치우치는 세태에 대한 비판에서는 불법을 향한 선생의 강한 열정이 전해진다.

그런데 약사불은 정말로 우리의 질병을 치료하고 수명을 늘릴 수 있을까? 어떻게 우리의 질병을 치료할까? 우리에게 어떤 약을 주는 것일까? 이 문제들은 참으로 흥미로운 주제가 아닐 수 없다.

이러한 문제와 관련해 남회근 선생은 약사불의 십이대원에 주목하라고 말한다. 약사불의 핵심이 바로 약사불의 십이대원에 있다는 것이다. 남을 이롭게 하고자 하는 마음, 그 마음이 불법의 기초이자 중심인데 오로지 이기적인 욕심을 채우고자 약사불을 외운다면 이는 목표점의 반대 방향으로 내달리는 것과 다름이 없다고 하였다. 또 모든 병은 잘못된 마음에서 비롯된 심병(心病)이므로 마음을 바로잡는 심약(心藥)으로 치료해야 한다고도 하였다.

오늘날 과학과 의학의 발전으로 과거에는 불가능했던 수많은 질병을 치료할 수 있게 되었지만, 인간의 본질적인 탐욕은 마음을 병들게 하고 사회를 병들게 하고 있다. 윤리 도덕은 우스갯소리가 되고 탐욕과 이기심이 성공으로 포장되어 사람들의 판단을 흐려 놓는다. 그런 까닭에 21세기의 약사불은 그 무엇보다도 병든 중생의 마음을 치료해야 할 것 같다. 앞날을 내다본 약사불의 혜안에 한 번 놀라고, 시대와 사회를 꿰뚫어 보는 남회근 선생의 통찰력에 또 한 번 놀라게 된다.

『약사경』은 다른 불경에 비해 구복적인 성격이 강한 탓에 약사 신앙이 민간에 일찍 뿌리를 내렸고 약사불 또한 대중에게 친근하지만 그에 비해 경전에 대한 연구는 오히려 미비하다. 통일신라 시대에는 몇몇 고승들에 의해 활발하게 연구가 진행되었으나 고려 시대 이후로 연구보다는 기복으로 치우쳐 버렸다. 따라서 『약사경』에 대한 연구서가 거의 없는 상황에서 남회근 선생의 이번 강의는 가문 땅에 단비 같은 반가움을 주리라 생각한다. 더구나 단순한 경문 해설에 그치지 않고 불학에 대한 심오한 이해와 인생에 대한 깊은 성찰이 담긴 글은 학불자들의 갈증을 해갈시켜 줄 뿐 아니라 일반 독자들도 자신의 삶을 돌아보는 소중한 기회로 삼을 수 있을 것이다.

늦은 감이 있지만 이 지면을 빌려 부키 편집진에 깊은 감사를 드린다. 부족한 역자를 언제나 응원해 주고 또 세세한 부분까지 바로잡아 주는 열의와 정성에 책이 나올 때마다 머리가 숙여진다.

이 책을 읽기 전에

책이 출판되기까지는 그 뒤에 언제나 자잘한 이야깃거리가 있기 마련이니 이 책도 예외가 아니다.

이 년 전 어느 날, 나는 미국에 있는 영회(永會) 선생과 원관(圓觀) 선생에게 시간을 내서 한 가지 일을 해 줬으면 한다고 말했다. 그것은 바로 남 선생이 강연한 『약사경』의 녹음을 문자로 기록해 달라는 것이었다. 그들은 흔쾌히 승낙했고 몇 달 후에 끝내서 바로 인편에 보내왔다. 그 무렵 왕시여(王施予) 여사라는 분도 스스로 발심하여 『약사경』을 정리했다.

고국치(古國治) 동학이 바쁜 와중에도 홀로 『원각경』을 정리했던 정신과 기백을 감안하여 편집자는 일부러 그를 찾아가 의논하고, 그에게 정리 작업의 완성을 부탁하면서 아울러 두 가지 조건을 덧붙였다. 첫 번째는 남 선생 강연의 독특한 맛을 그대로 살려 달라는 것이었다. 두 번째는 반 년이라는 기간을 정하는 것이었다. 당시 그는 시원스럽게 승낙했으며 나중에 말한 그대로 해 주었다. 이 자리를 빌려 그 몇 분의 노고에 특히 감사드린다.

남회근 선생이 대만에서 강연한 경전은 자못 많은데 그 가운데 『능엄경』, 『금강경』, 『심경』 같은 일부 경전은 이미 여러 차례 강술되었다. 하지만 『약사경』은 비교적 기회가 적었다. 그러다가 1981년에 시방서원의 출가 동학들을 위해 특별히 『약사경』을 계획하게 되었다.

약사여래는 그 이름의 뜻이 대략 의사여래이니 우리 몸과 마음의 질병을 전문적으로 치료하는 부처님이다. 이 세상에서 살아가는 사람들은 많든 적든 모두 병에 걸리므로 모든 사람이 다 이 약사불과 사귀어야 한다. 만성적인 질병에 시달리는 사람들은 더더욱 약사불에 예배하고 처방전을 구하고 하루빨리 낫기를 희망해야 한다.

약사불은 어떻게 우리의 병을 치료하는가? 우리에게 어떤 약을 주는가? 병을 없애고 신체를 건강하게 하여 장수하는 방법을 우리에게 가르쳐 줄 수 있는가? 이러한 것은 모든 사람이 알고 싶어 하는 것이다.

출가한 동학들은 세상 사람들을 제도할 책임이 있기 때문에 남회근 선생은 이 경전을 강연할 때 극히 미세한 부분까지 깊이 들어갔으며, 아울러 자신과 타인의 인생 경험을 열거하여 경전의 뜻과 융회시켰다. 간곡하게 타이르고 일일이 지적하고 친절하고 유머러스하여 사람들로 하여금 깨닫는 바가 있도록 하였다.

남 선생은 『약사경』의 핵심이 약사불의 십이대원에 있다고 강조하였다. 이 십이대원은 진정으로 위대한 제세구인(濟世救人)의 정신을 잘 보여 주고 있기 때문에 깊이 들어가서 체득하고 본받아야 한다.

고국치 선생이 부탁을 저버리지 않은 덕분에 이 책은 남 선생이 강연할 당시, 천마가 허공을 가르고 손을 뻗치는 대로 집어오는 맛과 풍격이 그대로 유지되었다. 편집자는 이 책을 교정하면서 순식간에 마치 그 시절의 강당으로 되돌아간 듯했으며, 재미있는 부분을 읽을 때면 강당에 앉았던 동학들의 웃음소리가 여전히 들리는 듯했다.

이 책을 다 읽은 여러분은 이미 약사불의 소재연수환(消災延壽丸)을 한 알 먹었음을 발견하게 될 것이다.

남 선생이 원고를 훑어보지 못하였기에 마지막으로 주훈남(周勳男) 선생이 세심하게 교감하고 아울러 후기를 썼는데 의견을 약술하여 독자들이 참고할 수 있게 하였다. 그 외에도 교열을 도와준 요해기(姚海奇) 선생에게 이 자리를 빌려 감사드린다.

이 책의 경문(經文)은 대북불교출판사에서 간행한 태허(太虛) 대사의 『약사경 강의』에 따랐다.

민국 84년 5월
유우홍(劉雨虹) 쓰다

차례

십이대원에 대한 석가모니불의 설법 ──────── ● 135

들어가는 말

강연을 하게 된 동기

오늘부터 『약사경(藥師經)』 강연을 시작합니다. 왜 이 경전을 강연해야 할까요? 주요 동기는 이 자리에 계신 출가 동학들이 장차 나가서 불법(佛法)을 널리 알리고자 할 때에 반드시 이 경전을 알고 있어야 하기 때문입니다. 불교에서 『약사경』은 민간에 가장 보편적으로 전해진 경전이라고 할 수 있으며 가장 기본적인 경전이라고도 말할 수 있습니다.

민간의 불교 관념에서는 대체로 인과(因果)를 믿고 윤회(輪迴)를 믿습니다. 그런데 인과의 이치는 어떠합니까? 윤회의 이치는 어디에 있습니까? 다들 잘 모릅니다. 그렇다면 철저하게 믿고 있을까요? 꼭 그렇지만은 않습니다. 대부분은 맹목적인 신앙이니, 맹목적인 신앙은 바로 미신입니다.

민간에 유행하는 정토종(淨土宗)은 법문을 수지(修持) 염불하면 서방에 태어날 수 있다고 제창합니다. 그 이치가 어디에 있습니까? 대부분 잘 모릅니다. 많은 사람들은 사람이 죽은 후에 망령(亡靈)을 제도하기 위해 『아미타경(阿彌陀經)』이나 『지장경(地藏經)』을 낭독합니다. 『지장경』에서 말하는 그 지옥의 광경을 보통 사람들이 맹목적으로 믿는 것을 제외하면 현대의 청년들과 지식인들은 대부분 믿지 않습니다. 『지장경』의 이치는 믿기가 쉽지 않습니다.

일반 민간에서 접하는『아미타경』,『지장경』,『약사경』등등은 모두 가장 보편적인 것들입니다. 이 경전들은 문자 또한 쉬워서 글자만 알면 다 이해할 수 있습니다. 하지만 그 속의 진정한 의미는 학문이 최고로 뛰어난 지식인도 전혀 이해하지 못했습니다.

여기 계신 출가인들은 대다수가 중등 혹은 고등 교육을 받았지만, 평소 이 경전들을 그저 소리 내어 읽기만 했지 연구해 보지는 않았을 것입니다. 만약 저의 기준에 따라 상세히 따져 묻는다면 분명 제대로 답하지 못할 것입니다.

그러므로 앞으로의 세계와 시대에 불법을 널리 알리는 데 뜻을 둔 사람이나 참으로 스스로 수지하고자 하는 사람을 위해, 일반인들이 가장 이해하기 쉽다고 여기는 경전을 우리는 특별히 연구해야 할 것입니다.

불교가 중국에 들어오고 모든 경전은 중국 문화의 정리를 거쳤습니다. 출가 대사(出家大師) 혹은 재가 거사(在家居士)의 정리와 분류를 거친 것을 교상판석(教相判釋)이라 불렀는데, 바로 각각의 경전을 분류하고 불교의 교의에 근거하여 체계화했습니다. 그러므로 과거에 경전을 강연할 때에는 일정한 격식을 지니고 있었습니다.

태허 법사가 약사경을 주해하다

민국 초 이후로 새로운 문화 새로운 시대가 도래하였고 경전을 정리하는 방식도 서서히 바뀌었습니다. 가령 새로운 불학 연구의 방향을 제창한 태허(太虛) 대사의 경우를 보면, 그는 낡은 방법과 새로운 관념을 종합하여 많은 불경을 정리하였습니다. 지금 우리 손에 있는 이『약사경 강의』는 이미 태허 법사의 연구와 정리를 거친 것입니다.

과거에 많은 사람들은 태허 법사가 정치도 하면서 불교도 건드리는 정치 화상(和尙)이라고 생각했습니다. 학술계에서는 그를 그다지 인정하지 않았지만 불교계에서는 그래도 명망이 높았습니다.

태허 법사는 오로지 수지를 중시하는 허운(虛雲) 노스님, 오로지 염불을 제창하는 인광(印光) 법사, 오로지 천태종을 중시하는 체한(諦閑) 법사와 함께 민국 초년의 어른 중 한 분입니다. 이 몇 분의 선배들이 태허 법사를 어떻게 생각하는지는 거론하지 않겠습니다. 어쨌든 당시 우리는 모두 그가 정치 화상이라고 생각했는데, 그에 대해 아는 것이라고는 신문기자 출신으로 손중산 선생의 혁명에 참여하였고 불교에도 큰 공헌을 했다는 정도가 다였습니다. 그러나 저는 나중에 태허 법사를 달리 보게 되었습니다. 그는 정말로 대단한 스님이었고 분명히 원력(願力)과 성취를 지니고 있었습니다. 그의 저작은 아주 많은데 과거 우리는 그저 평범한 저작이라고만 여겨 그다지 대단하게 생각하지 않았습니다. 그런데 그 저작들을 지금에 보니 대단히 훌륭하며 태허 법사 또한 참으로 일대의 고승이라 할 만합니다.

이번에 『약사경』을 강연하게 되면서 한동안 주해를 붙이지 않은 『약사경』 원문을 구하지 못하다가 겨우 태허 법사의 강의[1]를 사게 되었습니다. 시간을 들여 태허 법사의 주해를 다 보고 나서 대체로 아주 훌륭하고 틀린 곳이 없음을 알았습니다.

선배의 저작에 대해 동학들도 하루 이틀 시간을 내어 전체 주해를 다 읽어 보시기 바랍니다. 상세한 불경 교리는 학술적인 방면에 속하며 태허 법사가 이미 잘 정리해 두었으므로 그의 주해를 보면 충분하고 제가 다시 말씀드릴 필요가 없습니다. 태허 법사의 강의가 있어서 저의 강연은 훨씬 수고를 덜 듯하니, 몇 차례 강연으로 끝낼 수 있기를 바랍니다. 하지만 그 주

---

1 태허 법사의 저서인 『약사경 강의(藥師經講義)』를 말한다.

해가 소개하는 내용은 교리이므로『약사경』의 진정한 의미는 여러분 스스로 잘 참구(參究)해 보시기 바랍니다. 간단치가 않습니다!

이런 인연들을 여러분에게 말씀드렸으니 아무리 바쁘시더라도 반드시 시간을 내서 그것을 읽어 보시기 바랍니다.

통속적이면서도 알기 어려운 약사경

『약사경』의 글은 대단히 통속적이라서 보기만 해도 알 수 있습니다.『대장경(大藏經)』속에는 역대로 다섯 종의 번역본이 있습니다. 우리 수중에 있는 이 번역본은 당대(唐代)의 현장(玄奘)과 의정(義淨) 두 법사의 번역을 종합한 것입니다.

평소 여러분은 어떨 때 '나무소재연수약사불(南無消災延壽藥師佛)'을 즐겨 염불합니까? 자신이 병이 났거나 혹은 다른 사람의 장수를 빌어줄 때입니다. 그렇지요? 하지만 아무리 외우더라도 마음에도 없이 입으로만 외우고, 입으로는 열심히 외우면서 마음속으로는 '과연 재앙을 없앨 수 있을까? 수명을 연장할 수 있을까? 잘 모르겠다' 하면서 의심합니다. 그렇게 한편으로는 외우면서 한편으로는 그런 생각을 하고 있으니 얼마나 재미있는 노릇입니까. 외우기만 하면 재앙을 없앨 수 있다니, 그렇다면 병원은 차릴 필요도 없고 약국도 모두 문을 닫아야겠네요.

사람들은 이 경전에 대해 그리고 이 부처님에 대해 서방정토의 아미타불을 염불할 때처럼 그렇게 간절하게 염불하지는 않습니다. 왜냐하면 아미타불이 도대체 어떤 분인지 명확히 알지 못하기 때문입니다. 사람은 잘 모르는 일일수록 더 흥미를 가지고 믿습니다. 이미 여러분에게 "재앙을 없애고 수명을 연장한다"고 말했고 그 의미를 조금이라도 이해했다면 여러분은 믿기 어려울 것입니다.

　우리는 약사불이 어느 방향에 계신지 압니다. 동방입니다. 아미타불의 극락세계는 서방에 있습니다. 현대인들은 모두 서방을 좋아해서 서방으로 유학 가기를 좋아하고 서방의 과학을 좋아합니다.[2] 동방의 것은 그다지 유행하지 않으니 여러분은 모두 이렇게 생각할 것입니다. 우리는 모두 동방에서 태어났는데 또다시 동방으로 왕생해야 하나? 어디로 왕생하지?

　이런 수많은 생각들 때문에 아무리 『약사경』이 유행하더라도 일반인들은 끝내 그 진정한 의미가 어디에 있는지를 잘 알지 못합니다.

법화경을 통해 약사경을 이해하다

　이제 제가 여러분에게 말씀드릴 수 있는 것은, 『약사경』은 『법화경(法華經)』과 마찬가지로 대승 불법(大乘佛法) 가운데 최상승의 비밀에 속하며 모든 부처님의 비밀스러운 가르침이라는 것입니다. 평범한 밀종이 아니라 모든 부처님의 최고의 비밀입니다. 경전의 글자만 봐서는 알기 쉬울 것 같지만 실제로 여러분은 알지 못합니다.

　우리는 다음의 사실을 이해해야 합니다. 대승 불법은 우리에게 이 우주에는 방위(方位)가 없음을 말해 줍니다. 동·서·남·북·상·하 할 것 없이 시방삼세(十方三世)에 모두 부처님이 계십니다. 곳곳에 부처님이 계시고 모든 사람이 인연, 업력(業力), 성정의 차이에 따라 불법을 배우고 부처님을 염불하는 각기 다른 인연을 낳게 됩니다.

　예를 들어 오방불(五方佛)에 대한 관념을 살펴보겠습니다. 법사들이 아

---

2 여기에서 서방은 서양을 말한다.

귀에게 시주하거나[3] 혹은 밀종을 수행할 때 머리에 쓰는 모자를 보면 오존불(五尊佛)을 수놓거나 그려 놓았는데, 바로 중앙의 비로자나불(毗盧遮那佛), 동방의 아축불(阿閦佛), 서방의 아미타불(阿彌陀佛), 남방의 보생불(寶生佛), 북방의 불공불(不空佛)입니다. 주의하십시오! 다른 곳에서는 모두 공(空)을 이야기하지만 오직 북방에서만 불공(不空)을 이야기합니다. 불공이 무엇입니까? 불공이란 있다는 말이 아닙니까!『화엄경(華嚴經)』의 이치에 따르면 모든 부처님은 비로자나불의 화신입니다. 바꾸어 말하면 시방삼세의 여러 부처님이 바로 한 분의 부처님이며, 일체 중생이 또한 비로자나불의 화신입니다.

이치로 말한다면 우주 만유의 자성 본체의 기능은 하나입니다. 그것이 작용을 일으키고 변화하여 만상을 이룹니다. 따라서『화엄경』의 밀교의 이치로 말하면 석가모니불 등은 모두 비로자나불의 화신이며 동방, 서방, 남방, 북방, 시방삼세의 모든 부처님을 다 포괄합니다.

그러므로 진정으로『약사경』을 이해하고자 한다면 먼저『묘법연화경(妙法蓮華經)』(간칭『법화경法華經』)을 철저히 이해해야 합니다.『법화경』역시『금강경(金剛經)』,『아미타경』과 마찬가지로 중국 불교계에 가장 널리 유통되고 가장 오랫동안 전해졌으며 그 영향력이 가장 큰 경전입니다. 그러나 지식인이 보더라도『법화경』은 도무지 뭐가 뭔지, 무엇을 말하는지 알 수가 없습니다. 얼른 보기에는 그냥 고사(故事)를 이야기하고 있습니다. 이런저런 고사들만 잔뜩 이야기하고 있어서 이치를 찾아낼 수가 없습니다.『금강경』을 보면 그런대로 단서들을 발견할 수 있는데『법화경』은 그렇지 않습니다. 하지만『법화경』은 중국 천태종에서 반드시 읽어야 하는

---

3 염구(焰口)는 아귀의 이름으로, 그 입에서 불길을 내뿜는다고 한다. 사람이 죽은 지 사흘째 되는 날 밤에 스님이나 도사를 불러 독경하며 명복을 비는 것을 가리켜 아귀에게 시주한다고 말한다.

큰 경전입니다. 부처님은『법화경』에서 말하기를, 불법에는 삼승(三乘)의 도가 있지 않고 오직 일승(一乘)만 있으니 바로 그 한 가지 일이라고 했습니다. 부처님이 세상에 나와서 수행하고 도를 완성하고 사람을 제도하고 법을 널리 펴는 것은 오직 하나의 일을 위해서였는데, 도대체 그 일이 무슨 일인지에 대해서는 설명하지 않았습니다. 부처님은 단지 생사(生死)를 위해서만이 아니었습니다. 생사를 끝마치는 것은 작은 일에 불과하며, 부처님은 인연(因緣)이라는 큰 일 때문에 세상에 나왔습니다.『법화경』의 오묘한 비밀을 선종의 말로 이야기해 본다면 곳곳이 화두(話頭)입니다. 화두란 바로 문제라는 말이니 곳곳이 문제입니다.

우리가 평상시에 외우는「관세음보살보문품(觀世音菩薩普門品)」에서 이른바 "마땅히 어떠한 몸으로 제도할 수 있는 자는 그러한 몸으로 나타나 설법한다〔應以何身得度者, 卽現何身而爲說法〕"라고 하였는데, 이「보문품」은 그저『법화경』의 한 품(品)일 뿐입니다.『법화경』에는 약왕보살의 이야기도 나오는데『약사경』과 의미가 서로 같습니다.『약사경』의 오묘한 비밀을 이해하려면 반드시『법화경』의「약왕품(藥王品)」을 먼저 연구해야 합니다. 그 밖에『대장경』가운데에서『불설관약왕약상이보살경(佛說觀藥王藥上二菩薩經)』도 뽑아내서 연구해야 합니다.

이상 말한 바를 종합하자면,『약사경』을 이해하려면 반드시『법화경』의 네 품(品)과 연계시켜서 연구해야 합니다.

1.「법화경제오품약초유품(法華經第五品藥草喩品)」

2.「법화경제칠품화성유품(法華經第七品化城喩品)」

3.「법화경제십품법사품(法華經第十品法師品)」

4.「법화경제입삼품약왕보살본사품(法華經第卄三品藥王菩薩本事品)」

이 네 품을 충분히 연구해야 하는데, 이 안의 모든 것이 화두입니다. 하나하나의 경전이 모두 수지(修持)의 법문임을 알아야 합니다. 만약 이 네 품의 진의를 이해하지 못한다면 영원히 『약사경』의 수지를 깨닫지 못할 것입니다.

이 자리에 계신 여러분은 『지장경』을 공부하셨습니까? 제가 보기에 여러분은 곁눈질 한번 하지 않고 마음속으로 의심하고 있습니다. 『지장경』에서 말하는 지옥의 모습이 모두 허튼소리라고 여기고 있습니다. 그렇지 않습니까? 일부 거사들은 비록 입으로는 죽어라 염불을 하지만 양심에 따라 말해 보십시오. 당신은 믿고 있습니까? 이런 상황을 한마디로 표현한다면 아마도 "멋대로 말하고 멋대로 듣는다[姑妄言之, 姑妄聽之]"라는 말밖에 사용할 수 없을 것입니다.

이 자리에 계신 법사들께서도 양심적으로 말을 한다면, 여러분은 믿으십니까? 여러분은 틀림없이 저에게 믿느냐고 반문하시겠지요. 저는 물론 믿습니다! 하지만 저의 믿음은 여러분의 믿음과 다릅니다. 이것은 과학을 공부하는 것에 비유해 볼 수 있습니다. 비록 화학 수업을 듣기는 했어도 화학 실험을 한 적이 없다면, 약물에 손도 대쳐 본 적이 없다면 무슨 성과를 낼 수 있겠습니까? 바로 그런 이치입니다.

이제 대략적으로 『법화경』을 살펴보겠습니다. 제가 언급하지 않는다면 여러분 스스로는 공부하지 않을 것입니다. 저는 그저 대략적으로만 언급하겠지만 여러분은 적어도 제가 말하는 『법화경』의 네 품을 펼쳐서 읽어 보아야 합니다.

부처님은 대의왕

부처님께서는 『법화경』을 설법하실 때 이런 비유를 들었습니다. 부처님은 중생의 병을 치료하고 중생을 고통에서 구원할 수 있는 대의왕(大醫王)

이라고 말입니다. 부처님께서 처방하신 것은 어떤 약일까요? 한약일까요, 양약일까요? 부처님께서는 「약초유품」에서 말씀하셨습니다. 대지의 모든 것이 다 약이다. 이 세상에는 그 어떤 것도 약 아닌 것이 없다. 오직 병에 걸린 것을 알고서 올바로 약을 먹으면 어떤 것도 다 병을 치료할 수 있다고요.

우리는 왜 부처가 되지 못하고 도를 완성하지 못할까요? 그것은 중생이 모두 심병(心病)이나 신병(身病)과 같은 병중에 있기 때문입니다. 여러분도 보십시오. 여기 앉아 계신 분들 가운데 어떤 사람이 병중에 있지 않나요? 하루 종일 머리가 멍하지 않으면 가슴이 답답하니 몸과 마음이 다 병에 걸려 있습니다. 그렇다면 어떤 약을 먹어야 나을 수 있을까요? 심병은 당연히 심약(心藥)으로 치료해야 하며 심약에는 불법밖에 없습니다.

하지만 이 자리에 계신 모든 분들도 불법을 접해 보셨지만 불법이 정말로 여러분의 심병을 치료할 수 있습니까? 여러분은 참으로 이 약을 먹고 자신의 심병이 다 나았습니까? 아닙니다. 이 세상의 모든 것이 약인데, 우리가 불법을 구하고 불법을 배운 것은 심신의 병을 치료하기 위해 이 약을 찾은 것입니다. 하지만 끝내 병이 낫지 않은 것은 약을 올바로 먹지 않았기 때문입니다. 그러니 병은 당연히 나을 수 없지요.

불교에는 이런 고사가 있습니다. 문수보살(文殊菩薩)이 자신의 제자인 선재동자(善財童子)에게 약을 캐어 오라고 시켰습니다. 선재동자는 풀 한 포기를 뽑아 사부에게 가져가 말했습니다. "스승님은 저에게 약을 캐어 오라고 시키셨지만 약 아닌 것이 어디 있습니까?" 그러자 문수보살이 말했습니다. "훌륭하구나, 훌륭해! 맞다, 맞아! 도처에 있는 모든 것이 약이다." 독약도 병을 치료할 수 있습니다. 게다가 어떤 중병은 독약을 먹지 않으면 나을 수 없습니다. 보약은 모든 사람들이 좋은 것이라고 생각하지만 잘못 먹으면 사람을 죽게 할 수도 있습니다. 예를 들어 감기에 걸렸을 때 고려인삼 같은 보약을 먹으면 더 나빠지는 경우가 종종 있습니다.

그렇다면 우리 심신의 병은 도대체 어떤 약을 찾아야 치료할 수 있는 걸까요? 바로 약사불(藥師佛)에게 가르침을 구해야 합니다.

화성의 비유를 철저히 연구하다

『법화경』 제7품은 「화성유품(化城喩品)」입니다. 화성(化城)은 진짜가 아닌 가짜 목적지입니다. 비유하자면 문학 작품에 묘사된 신기루 같고 또 영화 속에 등장하는 그래픽 화면 같은 것입니다. 중국 소설 『서유기(西遊記)』를 보면 당승(唐僧)이 불경을 가지러 서천으로 가다가 소서천(小西天) 소뇌음사(小雷音寺)라는 곳에 도착해 여래불을 만나는 장면이 나옵니다. 우리도 알다시피 『반야바라밀다심경(般若波羅密多心經)』은 간략하게 『심경(心經)』이라고 합니다. 하지만 소설에서는 손오공이 일부러 『다심경(多心經)』을 외웠다고 했습니다. 손오공은 아무리 봐도 아닌 것 같아서 사부에게 이 부처님이 가짜인 것 같다고 말합니다. 하지만 오히려 사부에게 한바탕 욕을 먹었습니다. 서천에 도착했는데도 헛소리를 하느냐고 하면서 부처님이 맞다는 것이었습니다. 손오공은 도무지 믿을 수가 없어서 여의봉을 꺼내 여래불을 내려쳤습니다. 과연 진짜 부처님이 아니라 요괴였습니다. 요괴가 부처님과 똑같은 모습으로 변한 것이었지요. 만약 부처님이 요괴로 변해서 요괴 중생을 제도하려고 한다면 아마 여러분은 더더욱 알아차리지 못할 것입니다.

「화성품」에서는 또 '대통지승불(大通智勝佛)'이라고 부르는 고불(古佛)에 대해 언급하였습니다. 그의 이름만 들어보면 정말 대단합니다. 대소의 대(大), 통달의 통(通), 지혜의 지(智), 승리의 승(勝)입니다. 그는 원래 제왕이었는데 만년에 수도(修道)할 마음이 생겨서 자신뿐 아니라 열여섯 명의 아들을 모두 데리고 출가해 수도하였습니다. 보십시오! 대단하지 않습니까! 우리가 늘 외우는 아미타불도 원래는 그의 왕자였는데 나중에 성불했습니다. 가장 어린 막내인 열여섯째 아들이 바로 우리의 본사(本師) 석가모니불이며 동방의 아축불 역시 그의 아들입니다.

그런데 이상합니다. 대통지승불이 그렇게나 대단한데 왜 이 품을 화성(化城)이라고 부르는 걸까요? 바꾸어 말하면 부처가 된 것이 커다란 화성이며 아직 진정한 비로자나불 보소(寶所)[4]에 이르지 못했습니다. 설사 비로자나불 보소에 이르렀다고 해도 여전히 인정할 수가 없습니다. 중국 선종에는 참으로 크게 깨달아 도를 이루려면 비로자나불의 정수리를 밟고 가야 한다, 즉 비로자나불을 밟고 가야 한다는 말이 있습니다.

저는 예전에 티베트에서 이상한 불상을 보았습니다. 그 불상은 밀종의 큰 비밀이라고 했는데 어렵사리 볼 수 있었습니다. 평소에는 덮개를 씌워 두어 사람들에게 보여 주지도 않고 마음대로 예배하지도 못하게 했습니다. 반드시 상사(上師)의 자격을 갖추었거나 수지(修持)에서 상당한 성취를 거두었거나 혹은 불법을 전하는 상사의 마음에 든 사람만이 볼 수 있고 예배를 하고 공양을 드릴 수 있었습니다. 제가 덮개를 걷어내고 보았더니 사람 같지도 않고 귀신 같지도 않은 것이 부처의 머리를 발로 밟고 있었습니다. 보통 사람들이 봤다면 깜짝 놀랐을 테지만 저는 조금도 희귀해 보이지 않았습니다. 절한 다음에 그 라마승에게 말했습니다. "이것이 맞습니다! 조금도 희귀할 것 없어요! 아마도 선종에서 전해진 것일 겁니다." 중국 선종에는 "비로자나불의 정수리를 밟고 간다〔踏破毗盧頂上行〕"라는 말이 있습니다. 부처의 경계마저 밟을 수 있어야 비로소 진정으로 성불할 수

---

4 보물이 채워져 있는 곳이라는 뜻으로, 열반의 경지를 말한다.

있습니다.

이 자리에 계신 분들 가운데 어떤 분들은 오만하게도 지금 바로 "비로자나불의 정수리를 밟고 가려" 합니다. 저 역시 머리가 아주 아픕니다. 수많은 사람들이 제 머리를 밟으려고 하니까요! 물론 저는 부처가 아니기 때문에 훨씬 쉽게 밟힙니다.

화성의 열여섯 부처는 모두 대통지승불의 아들입니다. 생각해 보십시오! 자신이 황제가 되었습니다. 세상의 법으로는 이미 정상에 도달해서 황제가 되고 부귀공명이 극에 달했습니다. 그처럼 큰 복보(福報), 그처럼 큰 지혜와 결심을 소유하였는데 왕위를 내던지고 마다하였으니 어느 누가 그렇게 할 수 있겠습니까? 한 달에 몇 만 위안 받는 공무원 자리도 차마 버리지 못하는데, 안 그렇습니까? 그는 천하를 버리고 수도하러 떠났습니다. 또 열여섯 명의 아들도 제각기 성취를 거두었습니다. 우리는 훌륭한 아들 하나 두기도 그렇게 어려운데 열여섯 명이라니 더 말할 필요도 없습니다. 게다가 열여섯 명이 모두 대단한 사내대장부로 아버지를 따라 출가하여 마침내 모두 부처가 되었습니다.

여러분께서는 대통지승불 일가의 호구를 조사해 보십시오. 우리 약사불이 그의 호구 속에 들어 있습니까? 있나요? 없습니다. 아축불의 국토는 동방에 있고 약사불 또한 동방에 있습니다. 유마힐(維摩詰) 거사는 일찍이 신통력으로 아축불의 국토를 눈앞에 보여 주었습니다. 지금은 비록 재현할 수 없지만 수시로 여기에 나타납니다. 약사불이 열여섯 아들 속에 들지 않기 때문에 『법화경』에서는 「약왕보살본사품」을 별도로 독립해서 두었습니다. 이런 것들이 모두 문제입니다! 모두 화두입니다! 여러분은 불경을 읽을 때 똑, 똑, 똑, 목탁을 두드리면 끝입니다. 문제가 있어도 깨닫지 못합니다. 여러분은 선(禪)을 배우고 화두를 참구(參究)하고 싶으면 어디로 가서 화두를 찾습니까? 불경 속 모든 곳이 화두입니다. 저는 어떻게 불경을 읽을까요? 보십시오. 이렇게나 많은 화두가 나옵니다. 때로는 읽다가 기뻐서 막 웃습니다. 그렇습니다! 이것이 바로 불법입니다. 불법은 문자에 있는 것이 아니고, 그런 문제들을 철저히 참구하다 보면 수지(修持)의 방법을 깨닫게 됩니다.

그렇다면 그 대통지승불에 대해 『법화경』은 어떻게 말하였습니까? 『법화경』에서는 이렇게 말했습니다. "대통지승불이 십겁의 시간을 도량에서 참선하지만 불법이 눈앞에 나타나지 않으며 성불의 도를 얻지 못한다[大通智勝佛, 十劫坐道場, 佛法不現前, 不得成佛道]." 『법화경』에서는 여러분에게 그것이 화성(化城)이며 보소(寶所)가 아니라고 말합니다.

대통지승불은 출가한 후에 열여섯 명의 아들을 이끌었습니다. 열다섯이거나 열일곱 혹 열여덟이 아니고 딱 '열여섯'을 맞췄습니다. 중국의 이치로 말하면 반 근(斤)이 여덟 냥(兩)이고 꽉 찬 한 근이 열여섯이지만, 물론 이런 이치를 가지고 해석해서는 안 됩니다. 어쨌든 열여섯은 아주 묘한 숫자이자 『역경(易經)』의 수이기도 한데, 팔괘(八卦)는 여덟 개의 괘이고 이 팔은 십육입니다.

대통지승불이 수도하고 좌선하는 것을 보면 앉았다 하면 십겁입니다. 여러분이 여름에 좌선하면서 한 시간 혹은 삼십 분 좌선하는 것과는 딴판입니다. 게다가 여러분은 그 자리에 앉아서 온갖 괴상한 모습을 합니다. 그도 아니면 땀이 흘러서 등이 흠뻑 젖거나 고통스러워서 우거지상을 하고 있습니다. 제가 다가가서 보면 멀었고 아직 불법을 이야기할 수도 없는데, 잠시 후면 그림자도 찾을 수 없습니다. 대통지승불은 한자리에 앉아서 꼼짝도 하지 않으니 십겁의 시간을 움직이지 않습니다. 그럼에도 불구하고 곧이어 이렇게 말합니다. "불법이 눈앞에 나타나지 않으며 성불의 도를 얻지 못한다." 그래도 불법이라고 할 수가 없습니다! 불법이 눈앞에 드러나지 않습니다.

여러분은 사찰에 가서 절하고 목탁을 똑, 똑, 똑, 두드리며 불경을 외운다고 해서 그것이 불법이라고 생각하십니까? 물론 불법이 아니라고 말할 수는 없지만 그것은 단지 불법 수행의 가행(加行)[5]이요 복보(福報) 배양의 가행법일 뿐 진정한 불법과는 거리가 멉니다! 여러분이 『법화경』을 펼쳐 보면 대통지승불은 무량겁을 수행하여 일체의 번뇌를 모두 없앴지만 여전히 최고의 정등정각(正等正覺)을 얻지 못했습니다. 그처럼 발심(發心)하고 그처럼 용맹하게 수행하고 또 그처럼 정진하여 불법을 배우고 정(定)을 얻어서 십겁을 도량에 앉아 꼼짝하지 않았지만, 아직도 성불이라고 할 수 없으며 불법과는 상관이 없고 여전히 화성 안에 있습니다. 요즘 말로 여전히 환상이고 가짜이고 가짜 부처입니다. 그러니 여러분도 불법이 얼마나 어려운 것인지를 생각해 보십시오!

그렇다면 어떤 것을 "불법이 눈앞에 나타난다〔佛法現前〕"라고 할까요? 그것은 용녀성불(龍女成佛)의 고사를 보아야 합니다. 『법화경』 「제바달다품(提婆達多品)」에서는 용녀가 여덟 살에 성불하였다고 말했습니다. 용녀는 자신의 머리에서 가장 진귀한 구슬을 빼어 내서 부처님께 공양하였는데, 그 즉시 여자의 몸에서 남자로 변했고 남방의 무구세계(無垢世界)로 가서 성불하여 부처님이 지닌 삼십이상(三十二相)과 팔십종호(八十種好)[6]를 다 갖추게 되었습니다. 일반 불경에서는 여인은 성불할 수 없다고 말합니다. 그런데 용녀는 여자의 몸에다 또 겨우 여덟 살이었으니 모든 면에서 조건이 충분하지 못한 어린 여자아이가 당장에 성불한 것입니다. 그 이치

---

5 목적을 이루려고 더욱 힘을 써서 마음과 계행을 닦는 일.

6 부처님과 보살의 육신이나 전륜성왕의 몸에 갖춰져 있는 거룩한 용모와 형상 중에서 현저히 알 수 있는 서른두 가지를 삼십이상이라 하고, 미세하거나 은밀하여 그냥은 인지할 수 없지만 부처님과 보살만이 가지고 있는 여든 가지를 팔십종호라 한다. 이 두 가지를 합쳐서 상호(相好)라 일컬으며, 삼십이상은 부처님 및 보살과 함께 전륜성왕에게도 있으나 팔십종호는 부처님과 보살만이 가지고 있다고 한다.

가 어디에 있을까요? 또 하나의 화두입니다.

중생의 병을 치료할 수 있는 법사

이어서 「법사품(法師品)」에 대해 이야기하겠습니다. 이른바 법사(法師) 는 약사불처럼 중생의 병을 치료할 수 있어야 비로소 진정한 법사입니다. 현재의 불교계를 보면 오늘 머리 깎고 스님이 되면 내일 곧바로 법사라 칭 합니다. 여러분은 두렵지 않습니까? 저는 그 말을 들으면 두렵습니다. 어 떤 사람이 저더러 법사라고 부르면, "응? 뭐라고?" 하며 이상해서 깜짝 놀랍니다. 법사는 무슨 법사입니까! 또 저더러 대사(大師)라고 부르는 사 람들도 있습니다. 저는 나이도 많지 않고 키도 이렇게 작은데, 이런 말은 모두 사람을 속이는 장난입니다. 사람들이 여러분을 치켜세우면 그것은 바로 여러분을 속이는 것입니다. 여러분이 만약 그것을 진짜로 여긴다면 그건 곧 스스로를 해치는 것입니다. 중생의 병을 치료할 수 있는 약왕보살 이야말로 이 품(品)에서 소개하고자 하는 진정한 법사입니다.

『관약왕약상이보살경(觀藥王藥上二菩薩經)』에서 말하는 바에 따르면, 성수광(星宿光)과 전광명(電光明) 두 형제가 보리심(菩提心)과 서원(誓願) 을 발하고 수행하여 도를 완성한 후 약왕과 약상 두 보살이 되었다고 합니 다. 우리가 평소에 보는 '약사삼존(藥師三尊)' 형상에서 가운데 부처님은 약사여래이며, 왼쪽의 협시보살은 일광변조보살(日光遍照菩薩)이고 오른 쪽의 협시보살은 월광변조보살(月光遍照菩薩)입니다. 『법화경』에서는 오 직 약왕보살만 언급하였습니다. 이 두 협시보살은 햇빛〔日光〕, 달빛〔月光〕 과 밀접한 관계가 있습니다.

여러분은 자신이 불경을 보았으니 불학을 공부했다고 생각합니다. 현재 불학은 학술화에 치중하고 있습니다. 학술화도 물론 그 나름의 효과가 있지만 학술화로 성불할 수 있습니까? 사람들은 저를 학자라고 부르지만 저는 그 말을 들을 때면 '법사'와 마찬가지로 모골이 송연해집니다. 마치 그 호칭을 모욕하는 것처럼 느껴지기 때문입니다. 실제로 저는 학자도 아니고 법사도 아니며 거사(居士)도 아닙니다. 저는 거사가 될 자격이 없습니다. 거사는 열 가지 공덕을 지녀야 하는데 저는 한 가지도 지니지 못했으며 조금의 덕도 없습니다. 어디에 거사가 될 자격이 있습니까?

여러분은 불경을 공부하면서 부처님이 약왕과 약상 두 보살을 위해 설법한 경전인 『관약왕약상이보살경』을 공부하셨습니까? 이 자리에 계신 분들은 모두 불학 연구자들로서 오음십팔계(五陰十八界)니 십이인연(十二因緣)이니 유식(唯識)이니 반야(般若)니 하는 것을 공부했을 겁니다. 저는 항상 말합니다. 진여(眞如)[7]가 시금치(반야)[8]를 볶고 시금치가 진여를 볶는 이것이 바로 불학입니다. 이것은 진짜 화두이니 여러분이 참구해 보십시오!

정수리에 계의 흉터를 낸 유래

『법화경』에서 「약왕보살본사품」을 언급하였는데, 이른바 '본사(本事)'라는 말은 그 사람 자신이 원래 지닌 고사(故事) 즉 어떻게 도를 완성하였는가의 고사를 말합니다. 그런 까닭에 삼장십이부(三藏十二部)에도 「본사」부가 있습니다.

---

7 산스크리트어 tathatā, tattva의 한자 번역어로서 있는 그대로의 모습, 진실한 존재 방식을 의미하는 불교 용어이다.

8 반야는 불교에서 말하는 최상의 지혜로, 인간이 진실한 생명을 깨달았을 때 나타나는 근원적인 지혜를 가리킨다. 시금치〔菠菜〕와 반야(般若)의 중국어 첫 음이 똑같이 bō이다.

우리가 알다시피 동양 불교에는 잘못된 관념이 하나 있는데, 불로 스스로를 불사르는 것입니다. 그것은 남북조 시기에 대단히 유행했으며 특히 난세에 더욱 성행했습니다. 베트남 전쟁이 끝나기 전에는 이렇게 분신하는 상황이 상당히 심각했습니다. 그런 상황은 모두 『약사경』과 『법화경』 「약왕품」을 근거로 하여 생겨났습니다. 스님들이 정수리에 계(戒)의 흉터를 만드는 것도 이것과 연관 있습니다.

과거에 출가한 사람들은 정수리에 계의 흉터를 만들지 않았습니다. 그러한 관습은 청 왕조의 행태였으니 지금까지 겨우 이삼백 년의 역사에 지나지 않습니다. 만주족의 청이 중국에 들어와 이민족의 신분으로 중국을 통치하자 일반 한인(漢人)들은 당연히 복종하지 않았습니다. 청 왕조는 마침내 한인들과 다섯 가지 조건을 약속했는데, "산 자는 투항하고 죽은 자는 투항하지 않는다〔生投死不投〕", "속인은 투항하고 승려는 투항하지 않는다〔俗投僧不投〕", "남자는 투항하고 여자는 투항하지 않는다〔男投女不投〕" 등이었습니다. 결혼할 때 신부가 머리에 쓰는 봉관(鳳冠)과 목에서 가슴까지 내려오는 놀 무늬의 어깨 덧옷인 하피(霞帔)는 명 왕조의 복장입니다. 신부가 그런 복장을 하는 것은 남자는 투항하고 여자는 투항하지 않음을 의미합니다. 출가하지 않은 사람은 투항하고 출가한 사람은 투항하지 않았습니다. 그런 까닭에 지금도 출가한 사람들이 입는 옷은 명 왕조의 양식입니다.

청 조정은 반항적인 지식인들이 모두 달려가서 승려나 도사가 되는 것을 보고 어떻게 했을까요? 당시에는 신분증이나 여권이 없었기 때문에 만약 그 사람들이 민간에서 모반을 일으키면 큰일이었습니다. 그리하여 몸으로 보시하고 몸으로 공양할 것을 제창하면서 계의 흉터를 만들기 시작했습니다. 계의 흉터를 신체의 다른 부위에 만들면 보이지 않습니다. 그러면 난처하게도 옷을 벗기고 검사해야 하지 않겠습니까! 그런데 스님들은 머리를 미는 데다가 모자를 쓸 수 없으니, 정수리에 흉터를 내면 한눈에 진짜인지 가짜인지 알 수 있고 나중에 환속하더라도 달아날 수가 없습니다. 계의 흉터를 만드는 풍습은 이런 정치적 상황에서 생겼습니다. 그런데 우리는 지금까지도 여전히 불로 태웁니다. 물론 지금은 태우든 안 태우든 명확히 구분할 수가 없습니다!

과거 중국인들은 효경의 영향을 받았기 때문에 머리카락과 수염을 깎지 않았습니다. 그래서 『삼국지연의』에서는 관우가 삼십여 세에 이미 수염이 매우 길었다고 했습니다. "신체와 머리털과 피부는 부모에게 받았으므로 감히 상하게 하지 않는다[身體髮膚受之父母, 不敢毁傷]"라고 하여, 출가해야만 머리카락을 자를 수 있었습니다. 그런 까닭에 민머리가 바로 여권이요 신분증이었습니다. 청 조정은 한인들의 모반을 두려워하여 머리에 표시를 했는데 이는 불교보다 더 혹독했습니다.

몸을 불살라 부처님께 공양하다

그런데 이것들이 근거가 있습니까? 있습니다. 『법화경』에 나오는 소신 공양(燃身供養)에 근거하였습니다. 『법화경』 「약왕보살본사품」에서 말했습니다. "약왕보살의 전신(前身)은 이름이 일체중생희견보살(一切衆生喜見菩薩)이었는데, 고행을 즐거워하여 현일체색신삼매(現一切色身三昧)를 얻었습니다. 그것을 얻자 크게 기쁜 마음이 생겨서 곧바로 삼매에 들어가고 각종 묘화(妙華)와 묘향(妙香)으로 부처님께 공양하였습니다. 공양을 끝마쳤으나 스스로 생각하기에 자기 몸으로 공양하는 것만 못하다 싶어, 묘향을 먹고 또 자신의 몸에 향유를 발라 몸을 불살라서 부처님께 보시하고 공양하였습니다."

이 대목에서 유의하십시오! 화두가 나왔습니다. 불학을 공부하는 사람들은 아침부터 밤까지 불법의 학술화를 외치지만, 불법이 만약 정말로 학술화한다면 이후의 세상에는 불법이 없을 것입니다! 말겁(末劫)이 정말로 올 것입니다! 현일체색신삼매를 얻었다고 했는데 무슨 색신(色身)입니까?

『범망경(梵網經)』과『법화경』에서 말하기를 진정한 성불은 색계(色界)에 있다고 했습니다. 욕계(欲界)에서는 성불할 수 없고 무색계(無色界)에서도 성불할 수 없습니다. 반드시 색계에서만 보신불(報身佛)을 성취할 수 있습니다. 색계신(色界身)은 바로 이 육신이 변한 것인데, 현재 우리의 이 육신은 욕계에 있으며 이것을 색계신으로 변하게 해야 광명의 몸을 성취할 수 있습니다. 유의하십시오. 일체중생희견보살은 몸을 불살라 부처님께 공양하기 이전에 이미 현일체색신삼매를 얻었습니다. 그런 경지에 이르지 못했으면 절대 함부로 분신해서는 안 됩니다.

이것은 우리로 하여금 나타태자(哪吒太子)가 자신의 뼈를 쪼개 아버지에게 돌려주고 살을 발라 어머니에게 돌려준 고사를 생각나게 합니다. 우리의 이 육신은 본디 뼈는 아버지의 정자가 변한 것이고 살은 어머니의 난자가 변한 것입니다. 『봉신방연의(封神榜演義)』에서는 나타의 사부인 태을진인(太乙眞人)이 연꽃을 오려서 인형을 만들고 입김을 불자 나타의 영혼이 연꽃에 들어가서 연화(蓮花) 화신이 되었다고 했습니다. 나중에 수행을 통해 화광(火光)의 몸을 성취하여 두 발로는 태양을 밟고 두 손에는 화염창을 들고 있습니다. 『봉신방연의』에서는 왜 그런 신화를 이야기했을까요? 두 발로 태양을 밟았으니 발바닥은 삼매진화(三昧眞火)요 손에 들고 있는 것 역시 불이니, 모두 불을 가지고 놀고 있습니다. 하지만 그의 육신은 이미 평범한 육신이 아니니 이것이 바로 중국화된 색신삼매입니다. 그러므로 불법을 배우다 보면 곳곳이 다 문제입니다!

『법화경』의 전고(典故)와 기원으로 인해 중국 불교에는 남북조 이래로 자신의 몸을 불살라 부처님께 공양하는 일이 있었습니다. 저도 어린 시절에 할머니가 하시는 말을 자주 들었습니다. 어떤 집 노부인이 아미타불께 정성이 대단해서 수십 년간 소식(素食)을 하고 수십 년간 목재를 주웠는데, 세상을 떠나기 전에 친척과 친구들에게 말하기를 모두 자신을 위해 염불을 해 주고 자신은 향유를 바른 목재 위에 앉아서 분신하겠다고 했다는 것입니다. 어릴 때라 그런 이야기를 들으면 놀라워서 직접 가 볼 엄두가 나지 않았습니다. 듣자하니 결국 다 타서 그림자까지도 광채를 발하는데 여전히 염불하고 있었다고 합니다. 이런 것들은 모두 『법화경』의 소신공양의 영향을 받은 것이니, 그렇게 하면 성불할 수 있다고 여겼던 것입니다. 게다가 경전에 근거도 있습니다.

이제 이 화두는 여러분이 참구할 수가 없습니다. 불경에서 말하는 것은 모두 맞습니다. 여기에는 『장자(莊子)』와 마찬가지로 수많은 비유가 들어 있습니다. 중국 문화에는 참된 수행을 비유하는 말로 '분수(焚修)'라는 것이 있습니다. 수행은 매우 고통스러운 일이므로 불 속에서 단련하는 것에 비유할 수 있습니다. 부모가 낳아 준 욕계의 몸을 통째로 태워 버리는 것은 색신이 변화한 후에야 비로소 성불할 수 있다는 것과 연결됩니다. 그러므로 '소신공양'에는 그 나름의 이치가 있습니다.

일체중생희견보살은 나중에 왜 또다시 두 팔을 태워서 부처님께 공양하려 했을까요? 저 같은 사람도 그런 공양은 원하지 않는데 부처님은 말할 필요도 없습니다. 이런 비유는 모두 여러분에게 수지(修持)의 이치를 말해 줍니다. 지금 여러분처럼 정좌를 하다가 약간의 형상만 보여도 스스로를 대단하게 생각하고 실력이 늘었다고 여긴다면, 여러분에게는 삼매진화의 경계조차 일어나지 않을 것입니다!

방금 어떤 동학이 질문을 했습니다. "일체중생희견보살은 처음에 일월정명덕불(日月淨明德佛)과 『법화경』에 온몸을 불살라서 공양을 했는데, 그

환한 광명이 천이백 년 동안 꺼지지 않았습니다. 그런데 화생(化生)한 후 두 번째에는 팔만 태워 부처님께 공양했는데, 어떻게 그 광명이 오히려 칠만 이천 년이나 계속되었습니까?" 질문 잘 하셨습니다. 다만 안타깝게도 몸에만 신경 쓰고 시간의 길이만 비교했지 정진(精進)의 이치는 알지 못했습니다. 통속적인 용어를 사용해 설명하자면 질(質)적인 상승이니, 원래의 양(量)만으로 크기와 양을 비교해서는 안 됩니다.

천하는 본디 두 팔보다 가볍다

게다가 『법화경』에서는 왜 약왕보살이 두 팔을 태워 부처님께 공양하고 나서 비로소 불도(佛道)를 성취했다고 말했을까요?

천하는 본래 두 팔보다 가벼운 것이거늘	天下由來輕兩臂
세상은 무엇 때문에 값진 옥을 중시하는가	世間何苦重連城

이것은 욱당(栯堂) 선사의 유명한 시구입니다. 여러분 세대는 문학적 소양이 부족하므로 천천히 해석해 드리겠습니다. 먼저 뒷구절인 "세상은 무엇 때문에 값진 옥을 중시하는가〔世間何苦重連城〕"를 설명하겠습니다. 연성(連城)은 인상여(藺相如)가 진왕(秦王)에게 바친 화씨벽(和氏璧)을 가리킵니다. 그 가치가 몇 개의 성(城)도 살 수 있을 정도여서 연성지벽(連城之璧)이라고 불렀습니다. 세상의 부귀공명과 재물은 모두 가짜인데 사람들은 무엇 때문에 그토록 중요하게 여길까요? 이것을 가리켜 "세상은 무엇 때문에 값진 옥을 중시하는가"라고 하였습니다.

"천하는 본래 두 팔보다 가벼운 것이거늘〔天下由來輕兩臂〕"의 전고는

『장자』에서 나왔습니다. 장자가 책을 쓴 그 시대는 불법이 아직 중국에 전해지지 않았지만 그 이치가 서로 통하는 부분이 있었습니다. 어떤 사람이 초왕에게 말했습니다. "만약 당신의 두 팔에 병이 생겨서 잘라 내지 않으면 살 수 없다고 합시다. 잘라 내고 싶지 않다면 반드시 대가를 치러야 하는데 그것은 바로 국가를 버리는 것입니다. 당신은 천하를 가지겠습니까, 아니면 자신의 팔을 가지겠습니까?" 초왕이 대답했습니다. "그런 경우에는 당연히 팔을 가지려고 하지 천하를 가지려고 하지 않을 것입니다." 천하로써 팔과 비교하면 그래도 자신의 팔이 중요함을 알 수 있습니다.

그래서 저는 늘 이렇게 말합니다. 병이 들어서 수술을 해야 하는데, 수술을 하지 않으면 죽게 됩니다. 그런데 수술을 하면 반드시 눈 한쪽을 도려내고 폐 한쪽을 잘라 내고 신장 하나를 떼어 내야만 십 년을 더 살 수 있습니다. 여러분이라면 하겠습니까? 당연히 합니다. 비용은 얼마입니까? 백만 위안입니다. 여러분은 돈이 없다고 말하겠지만 돈이 없으면 빌려야지요! 온갖 방법을 다 생각해서 돈은 충분히 모을 것입니다. 보십시오! 사람은 그토록 자신의 신체를 아끼지만 신체가 생명을 위협하면 폐도 필요 없고 눈도 필요 없습니다. 목숨이 중요합니다. 그렇지 않습니까? 하지만 사람이 그토록 원하는 '목숨'이란 것은 도대체 무엇입니까? 알 수가 없습니다.

바꾸어 말하면 우리의 육체 바깥에 진짜 생명이 있고, 그 진짜 생명을 찾아내려고 하는 것이 도(道)입니다. 그것이 바로 약사불이 우리에게 말해 준 약인데, 그 약 역시 "천하는 본래 두 팔보다 가벼운 것이거늘 세상은 무엇 때문에 값진 옥을 중시하는가"라는 말과 막대한 연관이 있습니다. 이것을 통해서도 중국 문화의 위대함을 알 수 있습니다. 불법이 중국에 들어온 후 중국 문화와 결합하였고 서로 어울려 빛났습니다.

우리가 알다시피 『법화경』에서 약왕보살이 두 팔을 버렸다고 말한 것은,

목숨을 버려 군자를 보필했다는 것이 아니라 목숨을 버려 불도(佛道)를 구했다는 것입니다. 또다시 문제가 생겼습니다. 왜 두 다리가 아닌 두 팔일까요? 사람에게는 팔이 가장 중요하기 때문입니다. 두 손은 복덕(福德)과 지혜를 나타냅니다. 성불하기 위해서는 얼마나 많은 세월이 흘러야 하는지 모릅니다. 수억 년 복덕을 닦고 지혜를 닦아야 합니다. 복덕이 없고 지혜가 없이 도를 완성할 수 있을까요? 이곳에서 수행을 하고 저곳에서 정좌를 배운다고 성불할 수 있을까요? 득도할 수 있을까요? 가서 구해 보십시오! 천천히 구해 보십시오! 여러분은 자신의 복덕과 복보가 어떠한지 스스로 생각해 보지 않습니까? 여러분의 지혜는 또 어떠합니까? 복덕의 자량(資糧)을 쌓지도 않고 충분한 지혜도 없이, 되고 싶다고 해서 단번에 성불할 수 있다면 하늘 아래 그렇게 쉬운 일이 어디 있겠습니까?

　그러므로 그 두 팔은 복덕과 지혜를 나타냅니다. 성취한 후에도 그것을 버리고 부처님을 공양해야 비로소 불도를 성취할 수 있습니다. 보통 사람들은 이기적이라서 일체 자기 자신만을 위하고 오만하며 자아 중심적입니다. 지혜도 부족하고 복덕도 부족한데 어떻게 도를 완성할 수 있겠습니까?

　『법화경』, 『약사경』이 그렇게 간단할까요? 곳곳에 다 화두이고 곳곳에 다 문제입니다. 저는 여러분이 이런 이치를 깨치고 『법화경』의 이 네 품의 내용과 진의를 확실하게 연구하기 바랍니다. 특히 사람들에게 법사라 불리는 출가 동학들과 불학을 공부하는 미래의 거사들은 그 속의 이치를 잘 연구해야 합니다. 일반적인 경전으로 여겨서는 안 됩니다.

문수보살의 권청과
약사불의 십이대원

현대화된 불경 강연 방식

이제 『약사경』 본문을 펼치도록 하겠습니다. 이번은 연구의 성격을 띤 불경 강연이므로 '현대화'된 불경 강연 방식으로 말씀드리겠습니다.

이와 같이 내가 들었다. 어느 때 부처님께서 여러 나라를 다니시며 교화하시다가 광엄성에 이르시어 악음수 아래서 덕망 높은 비구 팔천 인과 함께 계셨다. 보살마하살 삼만 육천 인과 여러 국왕과 대신과 바라문과 거사와 천룡팔부와 사람과 사람 아닌 것 등 헤아릴 수 없는 대중이 공경하여 둘러싸 있거늘, 위하여 설법하셨다.

如是我聞, 一時薄伽梵遊化諸國, 至廣嚴城, 住樂音樹下, 與大苾芻衆八千人俱, 菩薩摩訶薩三萬六千, 及國王大臣, 婆羅門居士, 天龍八部, 人非人等無量大衆, 恭敬圍繞, 而爲說法.

"이와 같이 내가 들었다〔如是我聞〕"는 여러분이 다 알고 있으니 제가 다시 해석할 필요가 없습니다. "박가범(薄伽梵)"은 부처님의 이름 열 개 가운데 하나인데, 당대(唐代) 범문(梵文)의 음역으로 티베트와 남인도에서

는 파갈와(婆噶瓦) 또는 파갈와(巴噶瓦)로 음역했습니다. 지금 범문 연구에 대해 이야기하고 있는데, 맙소사! 어떻게 연구합니까? 고대의 범문 경전은 없어졌고 오로지 십칠 세기 이후에 외국에서 수집한 고대 인도어인 팔리문(巴利文)과 송(宋) 이후 인도에서 받아들인 범문(梵文)의 흔적에만 의존하는데, 이렇게 해서 불학을 연구할 수 있다고 생각하십니까? 이것은 외국인이 스스로를 속이는 것이니 우리는 그것을 좇아서 다른 사람을 속여서는 안 됩니다.

범문을 번역해 놓은 어떤 불경이든지 이미 원래의 범문 경전은 아닙니다. 이것은 큰 문제입니다. 지금 불학을 연구하는 사람들은 일반적인 학술 사상으로 연구해도 됩니다. 하지만 정말로 불법을 이야기하려고 하면 자기 자신이 곧바로 사자 몸의 벌레가 되어 불교를 파괴하게 될 것입니다.[9] 박가범의 번역어를 이야기하다가 주제를 살짝 벗어났군요.

박가범은 부처님인데 그렇다면 어느 부처님을 나타낼까요? 비록 설명하지는 않았지만 우리는 당연히 석가모니부처님이라는 것을 알 수 있습니다.

『약사경』에서 말하는 불법을 수호하는 약차신장(藥叉神將)은 '야차(夜叉)'라고도 번역합니다. 여러분도 들어보셨을 것입니다. 흉악하고 사나운 여인을 욕할 때 흉악하고 못되고 못생겼다고 해서 여자 야차〔母夜叉〕라고 부릅니다. 야차는 하나의 큰 비밀인데, 공중을 날아다니는 귀왕(鬼王)이자 신왕(神王)으로서 모든 나찰귀(羅刹鬼)를 관할합니다. 나찰은 귀도(鬼道)의 중생에 속합니다. 말하는 바로는 여자 나찰은 세상에서 가장 아름답지만 남자 나찰은 누추하고 흉악하고 혐오스럽다고 합니다. 남녀를 불

---

9 사자의 살은 다른 동물들은 감히 먹을 수 없고 오직 사자의 몸에서 생겨난 사자충만이 먹을 수 있다고 한다.

문하고 나찰은 모두 야차가 관할합니다. 천룡팔부(天龍八部)[10]의 세 번째 부(部)가 바로 야차인데 그는 모든 부처님의 수호자입니다. 여러분은 그를 보살이라고 해도 되고 귀왕이라고 불러도 됩니다. 이것이 바로 비밀입니다.

부처님이 약사경을 설법한 장소와 청중

석가모니불은 그해에 여러 나라를 두루 다니며 도처에서 교화를 펼치셨습니다. 이번에는 어디로 갔습니까? "광엄성(廣嚴城)"에 도착했습니다. 광엄성의 범어는 비야리(毘耶離, 바이샬리)입니다. 이곳은 중인도(中印度)에 있는데 가장 부유하고 가장 안락한 곳입니다. 유마힐 거사도 바로 이 도시에 살았습니다. 부처님이 설법한 장소는 대개 똑같지 않았고 대상도 달랐습니다. 예를 들어 『능가경(楞伽經)』은 스리랑카[錫蘭島]의 능가산 꼭대기에서 설법하였고 대보살을 위한 것이었습니다. 일반인은 들을 수 있는 것이 아니었으니 충분한 복덕이 없고 충분한 지혜가 없기 때문입니다.

부처님이 『약사경』을 설법할 때에는 보리수 아래가 아니라 "악음수 아래[樂音樹下]"에 앉아 있었는데, 그 오묘함을 말로 할 수가 없습니다. 그 나무가 어떤 종류의 나무인지는 알 수 없지만 자연스럽게 청정한 음악 소리를 낼 수 있어서 듣는 사람이 상쾌해졌습니다.

우리가 『약사경』을 읽을 때는 조심해야 합니다. 여기에서 말하는 악음수 아래가 관세음보살의 관음법문과 연관이 있을까요? (어떤 사람이 있다고

---

10 불법을 지키는 신장(神將)들 곧 천(天), 용(龍), 야차(夜叉), 건달바(健達縛), 아수라(阿素洛), 가루라(揭路荼), 긴나라(緊捺洛), 마후라가(莫呼洛伽)의 팔신(八神)을 말한다.

대답했다.) 제가 언급하지 않았다면 여러분이 생각해 봤을까요? (청중들은 잠자코 있다.)

부처님이 악음수 아래에서 강연하실 때 "덕망 높은 비구 팔천 인과 함께 계셨는데〔與大苾芻衆八千人俱〕", 이 팔천 인은 항상 따라다니는 무리는 아닙니다. 『금강경』에서 언급한 천이백오십 인은 항상 따라다니는 무리로서 부처님이 어디를 가든 영원히 따릅니다. 선종 조사가 말했던 "말거머리가 백로의 다리를 물고서 네가 하늘로 올라가면 나도 하늘로 올라간다〔螞蟥叮上鷺鷥脚, 你上天來我上天〕"라는 식입니다. 말거머리는 논에 살면서 피를 빠는 거머리인데, 다리를 물면 떼어 내기가 쉽지 않습니다. 『약사경』에는 팔천 인이라고 했는데, 아마도 제자들이 또다시 제자를 받아들였을 것입니다. 아주 많지요!

"보살마하살 삼만 육천 인〔菩薩摩訶薩三萬六千〕"이라는 이 숫자에도 유의해야 합니다! 아무렇게나 말한 것이 아닙니다. 삼만 오천이라고 말하지 않고 삼만 칠천이라고도 말하지 않고 삼만 육천이라고 했습니다. "여러 국왕과 대신과 바라문과 거사와 천룡팔부와 사람과 사람 아닌 것 등〔及國王大臣, 婆羅門居士, 天龍八部, 人非人等〕"이라고 했습니다. 사람은 눈으로 볼 수 있지만 사람이 아닌 것은 사람이 아니므로 여러분이 눈으로 볼 수 없습니다. 하지만 모두 곁에서 불법을 듣고 있습니다.

"헤아릴 수 없는 대중이 공경하여 둘러싸 있거늘, 위하여 설법하셨다〔無量大衆, 恭敬圍繞, 而爲說法〕"라고 했습니다. 이 단락은 제가 말하지 않을 것이니 우리가 공부하는 수밖에 없습니다. 하지만 법사인 여러분은 장차 바깥으로 나가서 불경을 강연하면서 상세히 이야기해야 합니다. 절대로 이렇게 말해서는 안 됩니다. "당시 선생님께서 이야기해 주지 않았기 때문에 저도 생략하겠습니다." 이건 옳지 않습니다.

문수보살이 설법을 청하다

그때 문수사리 법왕자 보살이 부처님의 위신력을 받들어 자리에서 일어나 한쪽 어깨를 드러내고 오른쪽 무릎을 땅에 꿇고 부처님을 향하여 몸을 굽혀 합장하였다.

爾時, 曼殊室利法王子, 承佛威神, 從座而起, 偏袒一肩, 右膝著地, 向薄伽梵曲躬合掌.

만수실리(曼殊室利)는 문수보살의 범어 음역(音譯)입니다. 의역(意譯)으로는 묘덕(妙德), 묘수(妙首), 묘길상(妙吉祥)이라고 하는데 불가사의하고 미묘한 공덕을 갖추었음을 말합니다. 문수보살은 실제로 칠불(七佛)의 스승이니, 우리 이 겁수(劫數) 속의 과거와 현재의 일곱 부처님이 모두 그의 학생입니다. 거기에는 석가모니불도 포함됩니다. 그는 다른 국토에서 일찌감치 성불하였는데, 석가모니불이 이곳에서 교주가 되었기에 스승이 성원해 주러 일부러 왔습니다. 그러고는 조교로 변해 곁에 서서 교화를 도왔지요. 문수보살은 보살 가운데 지혜가 최고이기 때문에 불법의 "법왕자(法王子)"라 불립니다.

우리는 불경을 연구하면서 모든 불경에는 나서서 설법을 요청하는 주인공이 있다는 것에 유의해야 합니다. 『약사경』에서 나서서 설법을 청하는 이는 최고의 지혜를 대표하는 문수보살입니다. "부처님의 위신력을 받들어 자리에서 일어나 한쪽 어깨를 드러내고[承佛威神, 從座而起, 偏袒一肩]"라 하였는데, 주의하십시오. 다른 경전에서는 모두 오른쪽 어깨를 드러내었습니다. 그렇지요? 하지만 이 불경의 번역은 조금 다릅니다. "한쪽 어깨를 드러내고 오른쪽 무릎을 땅에 꿇고 부처님을 향하여 몸을 굽혀 합장하였다〔偏袒一肩, 右膝著地, 向薄伽梵曲躬合掌〕"라고 했습니다. "곡궁(曲躬)"은 몸을 굽혀 절하는 것을 말하고, "합장(合掌)"은 합장하고 인사하는 것을 말합니다.

곡궁(曲躬)이라는 두 글자는 문학적 형상을 잘 번역해 놓았습니다. 불경에서 말하기를 북구로주(北俱盧洲)에는 곡궁지수(曲躬之樹)가 있다고 합니다. 우리 지구상의 인류는 남섬부주(南瞻部洲)에 속합니다. 북구로주의 사람들은 우리보다 편안하고 수명도 길지만 그곳에는 불법(佛法)이 없습니다. 너무 편안하고 병에 걸리지도 않기 때문입니다. 원하는 것은 다 있고 무엇이 먹고 싶으면 생각만으로 나타납니다. 더운 날 불 앞에서 요리할 필요가 없습니다. 대변을 보고 싶을 때는 땅에 쪼그리고 앉으면 땅이 곧바로 갈라집니다. 그런 다음 여러분은 보기 흉할까 봐 걱정할 테지요! 곡궁 나무 아래에 쪼그리고 앉으면 나뭇가지가 얼른 구부러져 내려와 여러분을 가려 줍니다. 볼일을 다 본 후에 마음속으로 끝냈다고 생각하면 땅에서 물이 솟아 나와 엉덩이를 깨끗하게 씻어 주고 땅이 다시 저절로 합쳐져서 대변이 보이지 않게 됩니다. 오늘날 현대화된 생활보다 훨씬 편안하고 고난도 없습니다. 그러나 불법이 없습니다. 부처님은 스스로 발원하여 삼재팔난(三災八難)의 장소에 태어나지 않기를 희망했습니다. 팔난 가운데 일난(一難)이 바로 이런 곳입니다. 한평생 가난하지도 않고 고생스럽지도 않고 병에 걸리지도 않는 이것이 바로 재난입니다! 지나치게 누리고 지나치게 편안한 것은 재난입니다. 도를 구하려고 하지도 않고 거기에서 벗어나려고도 하지 않기 때문입니다.

'곡궁지수(曲躬之樹)'에 대해 이야기하다 보니 중국 문자의 활용은 참으로 예술이라는 생각이 듭니다. 화장실에 가는 것을 '출궁(出躬)'이라고 합니다. 북구로주의 나무는 어떻게 그리 착할까요? 화장실에 가는 사람을 위해서 자동으로 움직이는 이 나무를 '곡궁지수'라고 부르다니, 참으로 오묘합니다!

> 여쭈었다. "세존이시여! 오직 원하옵건대 이와 같은 모습의 여러 부처님의
> 명호와 본래 대원의 수승한 공덕을 말씀하시어, 모든 듣는 자들로 하여금
> 업장을 소멸하고 상법 시대의 모든 유정들을 이롭고 즐겁게 하기를 원하옵
> 니다."
>
> 白言: 世尊, 唯願演說如是相類諸佛名號, 及本大願, 殊勝功德; 令諸聞者業
> 障銷除, 爲欲利樂像法轉時諸有情故.

문수사리가 설법을 요청하기는 했지만 그는 결코 부처님께 『약사경』을
말씀해 달라고 청하지 않았습니다. 주의하십시오! 똑, 똑, 똑똑똑…… 가
볍게 읽고 치워서는 안 됩니다. 문수보살이 언급한 "여시상류(如是相類)"
를 백화문으로 번역하면 '이런 모습의 형상'이라는 말입니다. 어떤 모습인
지는 그도 설명하지 않았습니다. "여러 부처님의 명호[諸佛名號]"란 모든
부처님의 불호(佛號)를 말합니다. 왜 아미타불이라고 부르는지, 왜 약사
불이라고 부르는지 말해 달라는 것입니다.

그러고 보니 재미있는 이야기가 생각나는군요. 한번은 글자를 모르는
어떤 시골 노인이 '아미타불'과 '대승묘법연화경'의 뜻을 저에게 해석해
주었습니다. 그가 말하기를 '아미(阿彌)'는 형이고 '타(陀)'는 업는다는 뜻
이며 '불(佛)'은 동생이니, 형이 동생을 업고 강을 건너기 때문에 '아미타
불'이라고 한다는 것이었습니다. 이에 '대승(大乘)'은 주인이고 '묘법(妙
法)'과 '연화(蓮華)'는 고용인이라고 했습니다. 대승이라는 주인이 집을
묘법에게 팔았는데, 집을 보니 너무 낡아서 묘법이 연화에게 청소를 시켰
습니다. 연화는 청소를 하다가 황금 한 무더기를 발견하게 되었고, 묘법에

게 돌려주려고 했습니다. 하지만 묘법은 집이 원래 대승의 것이었으므로 황금도 대승의 것이라고 말했습니다. 또 대승은 발견한 사람이 임자라고 했습니다. 세 사람은 황금을 이리 밀고 저리 밀고 하면서 서로 가지려 하지 않았는데, 마침내 세 사람 모두 부처가 되었습니다. 그래서 '대승묘법연화경'이라고 부른다는 것이었습니다. 그의 말을 다 듣고 저는 이렇게 말했습니다. "아미타불! 당신의 설명은 정말 훌륭합니다. 저는 드디어 깨달았습니다!"

제가 지금 이 이야기를 한 것은 문수보살 역시 그런 질문을 했기 때문입니다. 이 질문은 참 어려운 문제입니다. 그는 부처님에게 모든 부처님의 명호와 어떻게 그 국토를 성취했는지의 고사를 들려 달라고 청했습니다. 그는 결코 어느 부처님이라고 지명하지 않고 "이와 같은 모습[如是相類]"의 부처님의 명호를 말씀해 주시기를 청했습니다.

모든 부처님이 성불하고 득도할 수 있었던 것은 모두 자신만의 대원(大願)이나 본원(本願)을 지녔기에 성공할 수 있었습니다. 주의하십시오! 이것이 바로 화두입니다. 우리는 불법을 공부하면서도 오로지 '내가 잘 될 것'만을 생각합니다. 내가 잘 되는 것은 대원(大願)이 아니라 사심(私心)일 뿐입니다. 모든 부처님은 각자 자신만의 특수한 대원을 발원했기 때문에 자신만의 특수한 공덕을 성취했습니다. 세상에서 장사하는 사람들을 보더라도, 어떤 사람은 백화점을 경영하고 싶어 하고 어떤 사람은 쌀집을 하고 싶어 하는 등 제각기 다릅니다. 자신이 잘 아는 분야의 일이라야 끊임없이 노력해 발전하고 성취를 거둘 수 있습니다. 세상의 법이 그러한데 출가하여 불도(佛道)를 구하는 일은 더더욱 그러합니다. 먼저 자신의 본원(本願)이 있어야 합니다.

우리는 불법을 배워서 성불하고 싶어 하지만 잘 생각해 보십시오. 우리의 본원이 무엇입니까? 어떤 것을 이롭게 하고 싶습니까? 다른 사람을 이롭게 한다고요? 흥! 모든 사람은 자기 자신을 이롭게 하고 싶어 합니다. 자신에게 불리하면 마음속이 온통 번뇌에 휩싸이고 마니, 약사불이 여러분에게 약을 먹여 준들 낫지 않을 것입니다!

그래서 문수보살은 부처님께 "모든 듣는 자들로 하여금 업장을 소멸하는[令諸聞者業障銷除]" 방법을 말씀해 주시기를 청했습니다. 그 방법을 통해 진정으로 불법을 들은 사람들은 모두 그 원력(願力)을 수지함으로써 성취할 수 있기를 희망했습니다. 무슨 법일까요? 예를 들면 아미타불은 사십팔원(四十八願)을 발원했습니다. 문수보살은 부처님께서 모든 부처님이 발원한 고사나 원인을 들려줌으로써 불법을 듣는 보통 사람들이 업장을 소멸하고 성불할 수 있기를 희망했습니다. 업장은 바로 업력(業力)으로서 도를 완성하는 데 장애가 됩니다. 업력은 선업(善業)과 악업(惡業)을 포괄하는데 선업도 마찬가지로 장애를 만들어 낼 수 있습니다. 가령 복보가 너무 좋으면 수도(修道)하고 싶은 마음을 일으키기가 쉽지 않습니다. 악업이 너무 무거우면 더더욱 도를 완성하는 데 장애가 되는 것은 당연합니다. 선업과 악업의 장애를 모두 없애 버려야 비로소 성불할 수 있는 것입니다.

"상법 시대의 모든 유정들을 이롭고 즐겁게 하기를 원합니다[爲欲利樂像法轉時諸有情故]"라고 했는데, 이(利)는 이익이고 낙(樂)은 일체 중생들로 하여금 안락함을 얻게 한다는 말입니다. 상법(像法) 시기란 무엇입니까? 부처님의 육신이 아직 세상에 있을 때는 정법(正法) 시기입니다. 부처님이 인간 세상을 떠나시고 오직 경전과 불상만이 세상에 남아 있을 때가 상법 시기입니다. 지금이 바로 상법 시기입니다. 말법(末法) 시기가 오면 『대장경』과 불상은 모두 없어지고 오직 『아미타경』과 아미타불의 불호(佛號) 및 별 상관이 없는 밀종만 남습니다. 따라서 밀종이 홍왕할수록 말법 시기가 더 일찍 도래합니다. 여기에서 『약사경』의 큰 비밀을 말하는 것 역시 대밀종(大密宗)입니다. 하지만 일반적인 밀종의 비밀은 아닙니다.

그렇다면 문수보살은 왜 여기에서 설법을 요청했을까요? 상법 시기의 모든 유정들을 이롭고 즐겁게 하고, 모든 부처님의 명호를 말함으로써 중생들로 하여금 법락(法樂)을 얻도록 하기 위해서입니다.

모든 유정(有情)은 바로 중생(衆生)을 말하며 중생이 바로 유정입니다. 무릇 영성(靈性)을 지니고 감정을 지닌 생물은 모두 유정이라고 부르는데, 영성과 감정이 가장 두터운 존재가 사람입니다. 그래서 후세의 현장 법사는 중생을 유정이라고 번역했습니다. 나무나 식물처럼 생(生)은 있어도 명(命)은 없는 것은 유정의 범위에 속하지 않습니다.

수십 년 전으로 거슬러 올라가서 제가 사천대학에서 강연할 때입니다. 중생의 문제를 이야기하는데 어떤 학생이 이런 질문을 했습니다. "선생님께서는 광물과 식물은 생(生)만 있고 명(命)이 없다고 말씀하셨는데, 함수초(含羞草)는 건드리기만 하면 부끄럽다는 듯 오므라드는 것이 마치 수줍어하는 소녀 같아 감정이 있어 보이니 생명이 있다고 해야 옳습니다."

불법을 강연하는 것이 이처럼 어렵습니다! 아마도 여러 부처님과 보살의 가피가 있어서, 마침 전날 밤에 생물을 공부하는 학생이 저에게 함수초에 대해 이야기해 주었습니다. 그 풀의 뿌리에는 수분이 있어서 위로 올라가려고 하는데, 인체의 열에너지와 만나면 수분이 기계적으로 하강해서 잎이 오므라든다고 합니다. 그것은 기계적인 성질이지 영성이 아니며 수줍어하는 것도 아닙니다. 그래서 저는 그 학생에게 이렇게 대답해 주었습니다. 함수초의 움직임은 물리의 기계적인 성질이지 결코 영성의 유정 작용이 아니라고 말이지요.

법사는 설법할 때 모르는 것이 있어서는 안 됩니다. 대지의 모든 것이 다 약이므로 사람들에게 한 가지 맛의 약만 먹여서는 안 됩니다. 법사들은 이 점에 특히 유념해야 하는데, 여러분은 앞으로 세상에 나가서 불법을 널리 알리고 강연해야 하기 때문입니다. 일반적인 불경 강연과는 차이가 있습니다.

소신공양의 참된 의미

우리가 『약사경』을 읽을 때는 반드시 『법화경』의 「약왕보살본사품」과 『유마경(維摩經)』의 「법공양품(法供養品)」을 함께 연구해야 합니다. 이 몇 권의 경전은 하나의 계통으로 쭉 연관되어 있습니다.

앞에서 문수보살이 부처님께 한 가지 청을 제기하였음을 말씀드렸는데, 모든 부처님의 명호 및 모든 부처님의 본원과 그 발원의 특별하고 초인적인 공덕, 이른바 수승공덕(殊勝功德)을 소개해 주실 것을 청했습니다. 아울러 문수보살은 자신이 왜 이런 질문을 했는지도 설명했습니다. 그는 미래 시대의 모든 중생이 부처님의 명호 및 대원의 내용을 들었을 때 업장을 소멸하고 상법 시대의 모든 유정들을 이롭게 할 수 있기를 원했습니다.

사람들이 부처님을 믿고 불법을 공부하는 것은 업장을 소멸하고 싶어서이며 또한 발원하여 중생을 제도하고 싶어서입니다. 하지만 그 모두가 구두선(口頭禪)이 되어 버렸고 진정한 발원을 어떻게 해야 하는지 알지 못합니다. 부처님께서는 『법화경』 「약왕보살본사품」에서 약왕보살의 수지(修持)와 그의 원력(願力)에 관해 말씀하셨는데, 그 가운데 "소신공양(燃身供養)" 부분에 대해 동양 불교와 중국 불교에서는 그 진의를 잘못 이해했습니다. 수천 년 이래 수많은 사람들이 정말로 자신의 육신을 불태웠습니다. 베트남의 스님이 그러했고 우리 고향의 노부인이 불법을 배우고 자신을 불 속에 집어넣어 태웠습니다. 물론 공덕이 있기는 하지만 불법을 잘못 이해했습니다. 소신공양의 요점이 여기에 있는 것이 아님을 모르고 있습니다. 그 요점은 수지를 실천함에 있어서 삼매진화로써 색신을 변화시키는 것, 즉 지수화풍(地水火風)[11] 가운데 화대(火大)의 힘으로 색신을 변화시켜 일체색신삼매(一切色身三昧)를 철저히 성취하는 것에 있습니다.

그런 까닭에 약왕보살은 소신공양을 하기 전에 먼저 준비 작업을 끝마쳤습니다. 여러분이 아무리 온몸에 향유를 쏟아 붓고 날마다 참기름을 먹고 또 날마다 향수로 몸을 닦는다고 해도 아무 소용이 없습니다. 육신은 여전히 악취가 날 뿐입니다. 이는 수지가 어느 경지에 이르면 부모가 낳아준 우리 몸에서 자연스럽게 향기가 나게 됨을 말합니다. 그때가 되어야 비로소 몸을 불태우는데, 불태우는 것도 결코 외부의 불을 가져다 태우는 것이 아니라 자기 몸의 화대(火大)인 삼매진화의 힘으로 그 육신을 변화시킵니다.

육신은 얼마나 오래 탈까요? 천이백 년입니다. 생각해 보십시오. 어떻게 하나의 육신이 천이백 년이나 탈 수 있습니까? 이것은 모두 비밀입니다. 그런 후에 약왕보살이 공양했던 일월정명덕불이 열반한 다음 그 부처님의 사리를 거두어들였더니 모두 팔만 사천 개나 되었습니다. 그 사리 하나 하나가 모두 하나의 보탑(寶塔)이 되었습니다. 그는 또다시 보탑 앞에서 자신의 두 팔을 태워 공양했는데, 이번에는 칠만 이천 년을 탔습니다. 우리의 팔을 기름에 적셔서 태운들 몇 시간이나 탈 수 있겠습니까? 그러므로 경전에서 말하는 것은 모두 수지에 있어서 대비밀입니다. 약왕보살은 이러한 수지를 통해 무엇을 성취했습니까? '현일체색신삼매(現一切色身三昧)'를 철저히 성취했습니다.

---

11 사람의 육신이나 일체 만물을 구성하는 네 가지 기본 요소로서 사대(四大)라고도 한다. 불교에서는 우주 만물이 지수화풍의 이합집산으로 생겨나기도 하고 없어지기도 한다고 한다.

동방정토는 왜 청유리색을 띠는가

유리세계의 문제는 지난번에 이미 언급했습니다. 불경에서는 동방에 여러 부처님이 계신다고 했습니다. 『유마경』에 나오는 아축불의 불토도 동방에 있습니다. 이른바 묘희세계(妙喜世界)입니다. 약사여래의 유리정토 역시 동방에 있습니다.

그렇다면 왜 동방세계의 정토는 청유리색을 띨까요? 청색은 푸른색을 말합니다.

날씨가 맑아서 구름 한 점 없을 때의 하늘도 왜 푸른색일까요? 불경에는 이런 설법이 있습니다. 욕계천(欲界天)에는 사대천왕천(四大天王天)이 있는데, 남천왕천(南天王天)의 하늘 정원과 옥 계단의 색깔이 청색이라고 합니다. 그런데 우리는 사대주(四大洲) 가운데 남섬부주(南瞻部洲)에 살고 있습니다. 따라서 햇빛이 비치고 날씨가 맑을 때 하늘의 푸른색은 남천왕천의 하늘 정원과 옥 계단의 색깔이 반영되었다는 것입니다. 다소 견강부회적인 설법이기는 합니다. 만약 그것을 결론이라고 여긴다면 마찬가지로 이 지구상의 북구로주(北俱盧洲), 동승신주(東勝神洲), 서우하주(西牛賀洲)의 하늘 색깔도 모두 다를 것입니다. 아무튼 하늘의 푸른색은 동방 정유리광의 색깔이기도 합니다.

다음으로 만약 수지의 이치로 말씀드린다면, 현재 외도(外道)나 밀종을 수행하거나 불법을 배우는 많은 사람들 사이에는 기맥(氣脈)을 강조하는 것이 유행하고 있습니다. 사실 진정으로 기맥이 통하면 눈을 떴든 감았든 항상 정유리광의 푸른색 가운데 있습니다. 수행이 그런 경지에 도달할 수 있다면 조금은 비슷할 것입니다. 마치 쥐가 몸 위를 이리저리 기어오르는 것처럼, 몸 위를 어떤 것이 이리저리 굴러다니는 것이 여기에서 느껴지고 저기에서 느껴진다고 해서 그것을 기맥이라고 생각해서는 안 됩니다. 한참을 그러고 놀았더라도 그것은 신경을 가지고 논 것이지 정신이 아닙니다!

진정으로 때가 되면 시방삼세의 여러 대보살들이 모두 이 정유리광세계를 경험하려고 할 것인데 모두 약사불의 가비(加庇)가 있어야 성취할 수 있습니다.

지금은 불교 경전이 보급되어 현교(顯敎)가 됐건 밀교(密敎)가 됐건 이미 깊은 비밀(奧秘)이라고 말할 것도 없이 다들 제멋대로 기맥을 들먹이고 수행을 들먹이다가 거의 모두 마도(魔道)로 빠져 버렸습니다. 만약 여러분이 이 불법의 최고 깊은 비밀을 듣고서도 가상(假想)의 푸른 하늘로 간다면 여러분 역시 마도로 들어가게 될 것입니다. 정유리(淨琉璃)가 푸른 색을 띠는 것은 자연스러운 것으로 결코 가상에서 온 것이 아닙니다.

이런 이치를 알고 나서 부처님이 말씀하신 약사불의 십이대원(十二大願)을 보면, 이 십이대원은 서방 아미타불의 사십팔원과 진실한 마음이 서로 통하고 있습니다. 진정한 불학과 불법은 결코 여러분이 상상하는 것처럼 그리 간단하지 않습니다. 만약 아미타여래의 사십팔대원과 약사여래의 십이대원을 비교 연구해 본다면 하나의 도리를 참구해 낼 수 있을 것입니다. 왜 사람은 죽은 후에 서방 극락정토에 왕생하려 하는가? 왜 아미타불의 사십팔원은 그토록 장엄한 극락국토를 성취하였는가? 또 왜 동방 약사불의 십이대원은 유리광정토를 성취하였는가?

불학의 연구는 오온(五蘊)이니 십팔계(十八界)니 십이인연(十二因緣)이니 하는 것들을 알았다고 해서 불학에 능통한 것이 아닙니다. 그렇게 해서는 아예 그림자조차 없습니다. 이들 대경전에 마음과 뜻을 오로지하여 참구하고 수지해야만 비로소 희망이 있습니다.

불경을 외운다고 공덕이 있는가

이제 부처님께서 문수보살의 질문에 대답하십니다.

그때에 세존께서 문수사리보살을 찬탄하셨다. "훌륭하도다! 훌륭하도다! 문수사리보살이여. 그대가 대자대비한 마음으로 나에게 부처님의 명호와 본원공덕을 말해 주기를 권청하는 것은, 유정들을 얽매고 있는 업장을 벗겨내고 상법 시대의 모든 유정들을 이익 되고 안락하게 하기 위함이로다. 그대는 이제 자세히 듣고 깊이 생각하도록 하라. 그대를 위해서 말해 주리라." 문수사리보살이 말하였다. "그러하옵니다. 원하옵건대 말씀해 주시옵소서. 저희들은 기쁜 마음으로 듣겠습니다."

爾時世尊讚曼殊室利童子言: 善哉! 善哉! 曼殊室利, 汝以大悲勸請我說諸佛名號, 本願功德, 爲拔業障所纏有情, 利益安樂像法轉時諸有情故. 汝今諦聽, 極善思惟, 當爲汝說. 曼殊室利言: 唯然, 願說, 我等樂聞.

그때 석가모니불은 문수사리보살이 제기한 문제를 칭찬하며 감탄하셨습니다. 그런데 왜 문수보살을 "동자(童子)"라 불렀을까요? 무릇 모든 보살은 재가하였든 출가하였든, 늙었든 젊었든, 남자든 여자든 제팔지(第八地)[12] 이상을 수증하기만 하면 일률적으로 동진보살(童眞菩薩)이라 불렀습니다. 바꾸어 말하면 제팔지 이상을 수증하면 자연스럽게 다시 어려지며 연령과 성별의 제한을 받지 않습니다. 그래서 어떤 경전에서는 '동자보살(童子菩薩)'이라 부릅니다.

---

12 보살이 수행하여 닦아 올라가는 열 단계의 경지 가운데 여덟 번째 경지를 말한다.

그때 부처님께서는 문수보살을 칭찬하며 말씀하셨습니다. "선재(善哉)! 선재(善哉)!"는 이런 뜻입니다. "훌륭하다! 훌륭해! 그대는 중생을 가엾이 여기고 대자대비한 마음을 일으켜, 나에게 모든 부처님의 명호와 공덕을 이야기해 줄 것을 권했다. 모든 불보살의 명호는 아무렇게나 붙인 것이 아니니 그 속에는 불보살의 승원(勝願)과 공덕이 담겨 있다."

여러분은 이 대목에 유의해야 합니다. 문수보살은 부처님에게 '모든 부처님'의 명호와 공덕을 풀이해 달라고 청했지, '약사불'의 명호와 공덕을 이야기해 달라고 말하지 않았습니다. 그런데도 부처님께서는 굳이 약사불의 명호와 공덕을 이야기했습니다. 그것은 무슨 이유에서일까요?

여러분은 그저 목탁이나 두드릴 줄 알지 참구하지 않으니 그것이 무슨 소용이 있습니까? 불경을 외울 때는 한편으로는 외우면서 또 한편으로는 참구해야 비로소 공덕이 무량합니다. 그러지 않는다면 불경을 외우는 것이나 돌멩이를 외우는 것이나 똑같습니다.

중생이 얽매이는 열 가지 업장

부처님께서는 말씀하셨습니다. "나는 그대가 왜 이런 문제를 제기했는지 안다. 그대는 업장에 얽매여 있는 모든 중생들이 성불하지 못할까 봐 염려하는 것이다." 중생은 본래 부처인데 어째서 성불하지 못할까요? 업장에 얽매여 있기 때문입니다. 도대체 어떤 업장들이 우리를 얽매어서 해탈하지 못하는 것일까요? 종합해 보면 아래의 열 가지입니다.

1. 무참(無慚)
일반인은 근본적으로 부끄러움을 모릅니다. 곧 유가에서 말하는 무치

(無恥)입니다. 모든 사람은 제각기 자신이 대단하다고 여기며 얼굴이 빨개지는 경우가 아주 드뭅니다. 얼굴이 빨개지는 것은 참(慚)이지 괴(愧)가 아닙니다.

2. 무괴(無愧)

괴(愧)는 내심으로 자신이 저지른 짓에 대해 괴로워하는 것입니다. 이런 반성이 없다면 그것이 바로 무괴입니다.

3. 질(嫉)

남을 시기하기 좋아합니다. 다른 사람의 장점, 학문, 도덕, 성취 등등에 대해 시도 때도 없이 질투합니다. 질투심은 여자의 전유물이 아닙니다. 어른만 그런 것이 아니라 남녀노소 할 것 없이 똑같이 질투심이 있습니다. 이런 업력의 속박은 상당히 견고하고 쉽사리 변하지 않습니다.

4. 간(慳)

바로 인색함입니다. 재물에 대한 인색함뿐 아니라 법에 대한 인색함도 있으니, 다른 사람에게 베풀려 하지 않습니다.

5. 회(悔)

후회가 뭐 나쁩니까? 후회는 참회(懺悔)의 뉘우침이 아닙니다. 우리는 수시로 후회하지만 무엇을 후회합니까? "아이고! 그때 그 기회를 잡았어야 하는데"라고 하거나 "그때 내가 그 사람을 혼내 주었어야 하는데"라고 합니다. 이와 유사한 후회가 특히 많습니다. 모두가 자기 자신에게 유리한 것을 얻지 못했을 때 후회하는 마음이 생깁니다.

6. 면(眠)

바로 잠입니다. 잠이 들면 아무것도 모릅니다. 그것도 업장입니다.

7. 혼침(昏沈)

혼침은 머리가 맑지 못하고 혼미한 상태입니다. 정신이 멍해서 온종일 뒤죽박죽입니다.

8. 도거(掉擧)

도거는 어지럽게 흩어짐입니다. 멋대로 생각하고 아무렇게나 생각하는 것이 멈추지 않습니다.

9. 진분(瞋忿)

마음속이 답답하고 화를 내고 싶으며 누구를 봐도 마땅찮습니다. 온종일 하늘을 원망하고 남을 탓하는데 오로지 자기만 훌륭하고 옳습니다.

10. 부(覆)

일을 그르쳤을 때 무슨 수를 써서라도 덮어 버리고 싶어 하는데, 이런 종류의 속임은 대단히 고통스러우며 시간이 흘러도 계속 그것을 숨기고 있어야 합니다. 마음이 밝지 못하고 편안하지 못하니, 스스로 어두움 속에 있으면서 밝고 공명정대한 마음을 덮어 버리기에 부라고 부릅니다.

이것이 바로 십전(十纏)입니다. 이상은 간단히 말한 것일 뿐 상세히 이야기하려고 하면 『백법명문론(百法名門論)』에서 나열한 오십일 종의 심소(心所)[13]의 법, 심리 현상이 있습니다. 근본이 되는 번뇌를 제외하더라도 변행(遍行), 별경(別境), 선법(善法)까지도 모두 업장을 만들어 낼 수 있습니다.[14]

---

13 오위(五位)의 하나로 심소유법(心所有法)의 준말이다. 대상의 전체를 주체적으로 인식하는 심왕(心王)에 부수적으로 일어나 대상의 부분을 구체적으로 인식하는 마음 작용을 말한다. 오위라는 것은 색법(色法), 심법(心法), 심소법(心所法), 심불상응행법(心不相應法), 무위법(無爲法)을 말한다.

14 심소법(心所法)에는 변행심소(遍行心所), 별경심소(別境心所), 선심소(善心所), 번뇌심소(煩惱心所), 수번뇌심소(隨煩惱心所), 부정심소(不定心所)의 여섯 가지가 있다. 변행심소는 특정한 대상에 한하지 않고 두루 활동하는 마음 작용을 말한다. 별경심소는 특정한 대상에만 일어나는 마음 작용을 말한다. 선심소는 그 성질이 오로지 선(善)인 마음 작용을 말한다. 번뇌심소는 모든 번뇌의 근간인 탐, 진, 치, 만, 의, 악견으로 이루어진 마음 작용이고, 수번뇌심소는 근본 번뇌의 작용에 따라 일어나는 마음 작용이다. 부정심소는 불확정적인 성질을 가진 마음 작용이다.

깊이 생각하라

부처님께서 말씀하셨습니다. "그대는 자기 자신을 위해 질문하지 않고 후세의 중생들을 생각하였다. 업장에 얽매여 있는 저 중생들을 구제하기 위해, 상법 시대에 불법을 펼 때 모든 중생을 이익 되고 안락하게 하기 위해 부처님의 본원을 물어보았다. 이제부터 자세히 들으라."

"그대는 이제 자세히 듣고 깊이 생각하도록 하라. 그대를 위해서 말해 주리라〔汝今諦聽, 極善思惟, 當爲汝說〕", 그대는 들은 후에 자세히 참구해야 한다는 말입니다. 여러분은 그저 듣고 또 외우면 끝입니다. 연구하지도 않고 참구하지도 않고 생각하지도 않으면 무슨 소용이 있습니까? 목탁만 똑, 똑, 똑, 두드려서는 아무 소용이 없습니다. 들은 후에는 "깊이 생각해야〔極善思惟〕" 합니다. 자세하고 진지하게 생각하고 참구하고 사고해야 합니다. "그대를 위해서 말해 주리라〔當爲汝說〕", 내가 너를 위해서 말할 것이다 하는 말입니다.

왜 생각해야 할까요? 정토(淨土) 수행을 위해서는 아미타불의 사십팔원을 염불해야 한다는 것은 알지만 여러분은 거기에 대해 생각해 보셨습니까? 지금까지 생각해 보지 않았을 것입니다. 그렇지요? 덮어 버리려고 하지 말고 자신을 거짓으로 꾸미려고도 하지 마십시오.

불법을 배우는 수행의 목적은 어디에 있는가

여러분은 '본원(本願)'이 무엇인지 아십니까? 본원은 한 사람이 마음을 일으켜 뜻을 세우는 것을 말합니다. 불법을 배우려는 첫 마음이 잘못 일어나면 본원의 효력도 잘못 일어나서 그 결과는 영원히 잘못되고 맙니다. 이른바 호리(毫釐)의 오차로 인해 천 리나 잘못되는 결과를 낳게 됩니다. 가령 우리가 절을 짓는 것에 비유해 보겠습니다. 여러분은 왜 절을 짓습니까? 불법을 수행하고 공덕을 구하기 위해 절을 짓는다면 그것은 범부입니다. 여러분이 만약 "내가 절을 지으려고 생각한 첫 마음은 모든 중생의 수지(修持)를 이롭게 하기 위해서이며, 후세의 중생들에게 수지의 도량을 지어 주기 위해서입니다"라고 말한다면 그것은 진정한 발원이며 그러한 동기는 옳습니다.

여러분은 왜 불경을 외우고 부처님께 절합니까? 수많은 사람들이 이곳에 와서 정좌 수련을 배우는데 저는 이렇게 말합니다. "당신은 무엇을 위해서 배웁니까? 생각하지 말고 말해 보십시오." "저는 몸을 위해서 배웁니다." "좋습니다. 자신의 몸을 건강하게 하기 위해서라면 저도 가르쳐 드리지요." 하지만 저는 그 사람을 한쪽으로 밀쳐 둡니다. 왜냐하면 그의 목적은 보리도업(菩提道業)을 위해서가 아니라 자기 자신을 이롭게 하는 데 있기 때문입니다. 여러분은 이렇게 말할지도 모르겠습니다. "제가 이것을 배우는 것은 불도(佛道)를 위해서입니다. 자기 자신을 이롭게 한 후에 다른 사람을 이롭게 한다면 그것도 괜찮지 않습니까?" 이 자리에 계신 여러분, 어떤 것이 자기 자신을 위해서가 아니란 말입니까? 어떤 사람들은 자신이 지금은 다른 사람을 제도할 수 없으니 먼저 자기 자신을 제도한 후에 장차 능력이 생기면 다른 사람을 제도하겠노라고 생각합니다. 그런 사상을 잘 조사해 보면 전부 자기 자신을 이롭게 하려는 생각에만 치중하고 있습니다. 이래서야 어떻게 도를 완성할 수 있겠습니까? 만약 할 수 있다고 한다면 저는 벌써 도를 완성했을 것입니다.

그렇기 때문에 불법을 배우려면 모든 부처님의 본원에 특별히 유의해야 합니다. 그래야 불법을 배운다고 말할 수 있습니다. 『능엄경(楞嚴經)』에 말하기를 "원인이 진실되지 못하면 결과도 비뚤어지게 된다[因地不眞, 果

招紵曲]"라고 했습니다.

지금부터는 부처님께서 약사불의 본원을 말씀하시려고 합니다. 문수보살은 부처님의 말씀을 듣자 곧바로 대답했습니다. "그러하옵니다. 원하옵건대 말씀해 주시옵소서. 저희들은 기쁜 마음으로 듣겠습니다[唯然, 願說, 我等樂聞]." 그렇습니다. 부처님께서 이제 말씀해 주시면 우리는 가장 기쁘게 들을 것입니다.

부처님께서 문수사리보살에게 말씀하셨다. "우리들이 사는 이곳에서 동쪽으로 열 개의 갠지스 강의 모래알같이 많은 수의 불국토를 지나가서 한 세계가 있으니 그 이름은 정유리라 하며, 그 세계의 부처님의 이름은 약사유리광여래, 응정등각, 명행원만, 선서, 세간해, 무상사, 조어장부, 천인사, 부처, 세존이시다."

佛告曼殊室利: 東方去此, 過十殑伽沙等佛土, 有世界名淨琉璃, 佛號藥師琉璃光如來, 應正等覺, 明行圓滿, 善逝, 世間解, 無上士, 調御丈夫, 天人師, 佛, 薄伽梵.

머나먼 동방

부처님께서 문수보살에게 말씀하시기를, 여기(당시 설법하셨던 곳인 비야리성)에서 동쪽으로 열 개의 갠지스 강의 모래알 숫자만큼이나 아득히 먼 곳에 정유리라는 이름의 불국토 세계가 있다고 하셨습니다.

"긍가사(殑伽沙)"는 바로 항하(恒河)의 모래를 말하는데, 항하 즉 갠지스 강은 중국의 황하와 마찬가지로 강 속의 모래가 셀 수 없을 정도여서

십만 평생을 살아도 다 셀 수 없습니다. 부처님께서는 여기에서 한 알갱이의 모래를 하나의 세계에 비유하여, 동쪽으로 열 줄기의 갠지스 강의 모래만큼이나 많은 세계를 지나간다고 했습니다. 너무나 멀어서 어느 정도 먼지 알 수가 없습니다.

우리는 어린 시절에 나이 든 이야기꾼이『삼국지연의』의 고사를 이야기하는 것을 들었습니다. "조조의 팔십만 대군이 강남으로 내려와 손권을 공격하자 제갈량과 주유가 그것을 막으려고…", 아저씨는 팔십만 대군이 양자강을 건너는 대목을 이야기하다가 담배를 빼 물고는 일어나서 저쪽으로 걸어갔습니다. 우리 같은 아이들은 아저씨의 뒤꽁무니를 졸졸 따라가면서 이야기를 계속해 달라고 졸랐습니다. 그러면 그는 이렇게 말했습니다. "팔십만 대군이 한 사람씩 강을 건너려면 얼마나 오래 걸리겠느냐! 천천히 기다려 봐! 팔십만 대군이 강을 다 건너가면 이야기해 주마."

그러니『약사경』의 이 대목도 천천히 이야기해야지요. 한 알갱이의 모래가 하나의 세계와 같고 갠지스 강에는 셀 수 없이 많은 모래가 있으니, 열 줄기의 갠지스 강의 모래라면 얼마나 많은 모래 얼마나 많은 세계가 있다는 말입니까! 그렇게나 멀고도 먼 곳에 '정유리(淨琉璃)'라는 이름의 세계가 있습니다. 그 세계는 밝게 빛나고 투명하게 반짝이는데 그 부처님의 명호는 바로 '약사유리광여래'입니다.

부처님의 열 가지 명호

"여래(如來)"는 부처님의 총칭입니다. 다음의 열 가지 명호는『약사경』에 의거하여 이야기하는 것으로, 기타 경론(經論)과는 차이가 있지만 대동소이합니다. 우리가 부처님의 열 가지 명호를 상세히 해석하려면 몇 시간을 써야 하므로 간단히 요약해서 설명하겠습니다.

1. 여래(如來)

무엇을 여래라고 할까요?『금강경』에서는 "어디로부터 오는 것도 아니며, 또한 어디로 가는 것도 아니다〔無所從來, 亦無所去〕"라고 했습니다. 본래부터 이곳에 있으니, 부처님은 본래부터 여러분 앞에 있지만 여러분 자신이 보지 못할 뿐입니다.

2. 응정등각(應正等覺)

이 세계 이 시대에 복보를 지닌 모든 중생은 인연이 있어서 부처님을 만날 수 있으니, 부처님이 몸을 드러내어 진리를 열어 보여 주심을 통해 대철대오(大徹大悟)하여 정등정각(正等正覺)[15]을 얻습니다.

3. 명행원만(明行圓滿)

또는 '명행족(明行足)'이라고도 하는데 무엇을 명행원만이라고 할까요? 지혜가 통달했다거나 신통을 다 갖추었다는 말로 형용할 수 있는 것이 아닌, 유리처럼 투명해서 시방삼세에 모르는 것이 없고 천상(天上)과 인간 세계에 알지 못하는 것이 없으며 모든 수행, 모든 법문, 사문왜도(邪門歪道), 외도(外道), 마도(魔道), 정도(正道)에 모르는 것이 없는 것을 명행원만이라 부릅니다.

4. 선서(善逝)

세상의 일은 지나가 버리고 지나간 것은 흔적을 남기지 않습니다. 오더라도 그것이 어디로부터 왔는지 알지 못하고 가더라도 그것이 어디로 가는지 알지 못합니다. '여래'와 '선서'는 아주 좋은 짝이니, 오더라도 어디로부터 오는지 모르는 것을 여래라 하고 가더라도 어디로 가는지 모르는

---

15 바르고 원만한 깨달음.

것을 선서라 합니다.

5. 세간해(世間解)

모든 세간을 해탈하여 세간과 출세간의 어떠한 속박도 받지 않습니다.

6. 무상사(無上士)

그는 지고무상(至高無上)의 큰 선비입니다.

7. 조어장부(調御丈夫)

그는 모든 중생을 다스리고 굴복시킬 수 있는 대장부이며, 더욱이 자기 자신을 다스리고 굴복시킬 수 있는 대장부입니다.

8. 천인사(天人師)

그는 인간 가운데 스승일 뿐 아니라 하늘 가운데 스승이기도 합니다. 욕계, 색계, 무색계의 모든 하늘과 인간의 스승입니다.

9. 불(佛)

그는 깨달은 자입니다. 스스로 대철대오하였으면서 또한 다른 사람이 깨닫도록 도와주는 사람입니다.

10. 박가범(薄伽梵)

박가범은 음역인데 영어로는 Bhagarain이라고 하고 중국어 번역은 세존(世尊)입니다.

발원은 성불의 인이다

"문수사리보살이여, 저 세존이신 약사유리광여래께서는 과거 보살도를 닦으실 적에, 십이대원을 발원하시어 모든 유정들로 하여금 원하는 바를 모두 얻도록 하셨느니라."

曼殊室利, 彼世尊藥師琉璃光如來本行菩薩道時, 發十二大願, 令諸有情, 所求皆得.

석가모니불은 계속해서 문수보살에게 말씀하시기를, 약사여래는 불법을 배우기 시작했을 때 십이대원을 발원하였다고 했습니다. 어떠한 범부 중생이라도 모두 인지(因地)[16]상의 보살이요 또한 부처입니다. 왜냐하면 모든 사람은 보살이 될 자격이 있고 부처가 될 자격을 지니고 있기 때문입니다. 약사불은 범부 중생의 몸이었을 때에 발심하고 수행했는데, 그것이 그의 인(因)입니다. 마침내 그는 부처가 되었고 동방 유리광세계를 성취하였는데, 그것이 그의 과(果)입니다. 그러한 과는 어디로부터 왔습니까? 성불이라는 과는 최초의 발원이라는 동기에서부터 나왔습니다. 약사불이 발원한 십이대원을 한마디로 종합하면 "모든 유정들로 하여금 원하는 바를 모두 얻도록 하는[令諸有情, 所求皆得]" 것입니다. 모든 중생들로 하여금 원하는 바를 모두 얻을 수 있게 하는 그것이 당초 약사불이 불법을 배우고 수행했던 동기였습니다. 우리도 불법을 배우고 있지만 과연 우리는 어떠한 발원을 했습니까?

이제 본사(本師)인 석가모니불은 문수보살의 요청을 받아들여 후세 중생들에게 약사불의 십이대원을 소개합니다.

첫 번째 대원은, 원하옵건대 내가 다음 세상에서 바른 깨달음을 얻어 부처가 되면, 내 몸에 찬란히 빛나는 광명이 있어 헤아릴 수 없을 정도로 수많은

---

16 부처님의 지위를 과지(果地) 또는 과상(果上)이라 하는 데 비해, 성불하려고 수행하는 지위 즉 부처를 이루기 전 보살의 지위를 인위(因位) 또는 인지(因地)라고 한다.

세계를 두루 비추며, 서른두 가지 대장부의 모습과 여든 가지 아름다운 모습으로 그 몸을 장엄하게 하고 모든 유정들의 몸도 내 몸과 똑같아지이다.

第一大願: 願我來世得阿耨多羅三藐三菩提時, 自身光明熾然, 照耀無量無數無邊世界. 以三十二大丈夫相, 八十隨形, 莊嚴其身, 令一切有情, 如我無異.

___

평소 우리가 불경을 외우지만 이 글자들은 모두 이해하기 쉽습니다. 하지만 여러분은 참으로 이해했습니까?

발원은 말처럼 쉬운 것이 아니다

여기에서는 두 가지 문제에 유의해야 합니다. 첫째, 겉으로 보기에는 약사불의 발원이 마치 자기 자신을 위한 것처럼 보이지만 실은 그렇지 않습니다. 둘째, 약사불이 발원한 것은 "원하옵건대 내가 다음 세상에서〔願我來世〕"입니다! 발원은 발원이고, 진정으로 그 원력(願力)을 해내는 것은 결코 말처럼 쉽지 않습니다! 반드시 참으로 '행(行)'해야 합니다!

발원이라는 말이 나온 김에 재미있는 이야기를 하나 들려 드리겠습니다. 저에게는 평소 가까이 지내는 학생 몇이 있는데, 오랫동안 제 곁에 있으면서 '선생님 이건 어떻고 저건 어떻고' 하면서 따랐습니다. 그들은 늘 말하기를, 적당한 장소를 마련하고 선생님께 강학(講學)을 부탁해서 불법을 널리 펴고 대중을 이롭게 하겠노라고 했습니다. 제가 "나는 돈도 없고 그럴 만한 장소도 없네"라고 말하면 학생들은 이렇게 말했습니다. "선생님! 제가 사업을 해서 돈을 벌면 집을 사서 선생님께 드리겠습니다." 제가 한번 계산해 봤더니 모두 다 해서 열여덟 채나 되었습니다. 하지만 지금

제게는 한 채도 없습니다. 그들이 돈을 벌었는지는 저도 잘 모르지만 어쨌든 저는 지금까지 한 채도 없습니다. 저도 다른 사람이 저에게 집을 사주는 것은 바라지 않습니다.

불법을 배우는 대다수의 사람들은 대원(大願)은 없지만 소원(小願)은 한 보따리입니다. "빠른 시일 내에 일을 다 정리하고 조용한 장소를 찾아서 모든 것을 내려놓고 수행하겠노라" 말하는가 하면, 또 "소식(素食)을 하겠노라" 하기도 합니다. 하지만 모두 자기 자신을 속이고 남을 속이고 있습니다. 그에게 조용한 장소를 내준다 하더라도 그는 또다시 "이래서 안 된다 저래서 안 된다" 할 것입니다. 발원은 매우 어려운 일입니다. 불법을 배우겠다는 진정한 성심에서 나온 발원이 없다면 절대 성공하지 못합니다. 여러분이 아무리 배워도 성공하지 못합니다.

약사여래의 첫 번째 대원에서, 그는 앞으로 수행에 성공했을 때라고 말했습니다. 감히 지금이라고 말하지 않았습니다. 하지만 지금 이미 그 길을 향해 걸어가기 시작했습니다. "원하옵건대 내가 다음 세상에서 바른 깨달음을 얻어 부처가 되면〔願我來世得阿耨多羅三藐三菩提時〕", 즉 대철대오한 이후라고 하였습니다. 유의하십시오! 깨달은 후에 수행합니다. 깨닫지 못하면 무엇을 수행하겠습니까? 깨닫지 못하면 여러분에게 진정한 대원은 없습니다. 여러분의 그 서원은 어떤 서원입니까? 소식(素食)을 하겠노라 서원하고, 채소 조금 먹고, 버섯은 조금 더, 두부 조금 더, 참기름 조금 더 하는 그런 것은 서원이 아닙니다. 하루 온종일 원망(怨望) 속에 있을 뿐입니다.[17]

---

17 서원〔願〕과 원망〔怨〕의 중국어 발음은 같다.

자신의 광명으로 세계를 두루 비추다

약사여래는, 다음 세상에서 대철대오하여 깨달은 후에 수행하고 성불하면, 자신의 몸이 마치 눈부시게 빛나는 큰 불처럼 광명을 발하여 셀 수 없이 많은 세계를 두루 비추기를 서원했습니다.

흔히 우리는 '덕을 본다[沾光]'고 말하는데, 이 '덕[光]'의 의미와 비슷합니다. 하지만 안타깝게도 우리가 당신의 덕[光]을 조금이라도 보고 싶어 해도 그럴 수가 없습니다. 길을 가다가 "죄송하지만 불[光] 좀 빌려주시겠습니까?"라고 말하면 당신은 그것조차 해 주려고 하지 않습니다.

여기에서 말한 자신의 광명으로 모든 세계를 두루 비추는 것이 어찌 약사불에게만 해당되겠습니까? 모든 부처님이 자신의 광명으로 모든 세계를 두루 비춰 줄 수 있습니다. 이것은 깨달은 후에 수행하는 효용의 경지이니, 만약 여러분이 대철대오하지 못한다면 또 깨달은 후에 수행하지 않는다면 몸의 광명으로 두루 비추는 이치는 알지 못합니다.

약사여래의 첫 번째 대원은, 자신이 다음 세상에서 도를 완성하면 "내 몸에 찬란히 빛나는 광명이 있어 헤아릴 수 없을 정도로 수많은 세계를 두루 비추기를[自身光明熾然, 照耀無量無數無邊世界]" 원하는 것이었습니다. 그때 자신의 몸이 빛난다면 그것은 어떤 종류의 몸일까요? 부처님에게는 세 개의 몸이 있는데 법신(法身)의 빛입니까, 보신(報身)의 빛입니까, 화신(化身)의 빛입니까?

광명이 두루 비추어 일체의 색신을 성취하는 이것은 부처님의 응화신(應化身)입니다. 법신은 무상(無相)하여 상적광(常寂光)[18] 가운데 있습니다. 색신을 성취한 후에는 반드시 그 상호(相好)가 장엄하니, 삼십이상(三

---

18 항상 고요하며 광명이 가득 차 있다는 뜻으로 부처의 경계를 일컫는 말이다.

十二相)과 팔십수형호(八十隨形好)를 구족(具足)하게 됩니다.[19] 가령 본사이신 석가모니불과 아미타불과 약사유리광여래가 세간에 응화(應化)[20]할 때에는 모두 서른두 가지 대장부의 모습과 여든 가지 아름다운 모습으로 세상에 나타납니다.

약사여래는 "모든 유정들의 몸도 내 몸과 똑같아지이다[令一切有情, 如我無異]"라고 말했습니다. 모든 중생은 삼십이상과 팔십수형호를 지니고 있습니다. 그런데 우리는 왜 이렇게 추할까요? 우리는 삼십이추(三十二醜)와 팔십수형불호(八十隨形不好)를 구족해서, 입 냄새에 땀 냄새에 발 냄새에 아름다운 모습이라고는 없습니다. 왜일까요? 그것은 우리가 도를 깨닫지 못하고 수행을 하지 않아서 자신의 광명을 이끌어 내지 못했기 때문입니다.

약사불의 첫 번째 대원은, 모든 중생이 지닌 자성(自性)의 빛은 본래 밝게 빛나고 청정함을 가리킵니다. 그래서 선종의 재가 거사인 장졸(張拙)은 도를 깨친 후 이런 게송을 지어 법신이 밝게 빛나는 모습을 묘사했습니다.

밝은 빛이 온 세계를 두루 비추니	光明寂照遍河沙
범부와 성현이 한 집안에 있네	凡聖含靈共我家
한 생각도 일지 않으면 전체가 드러나나	一念不生全體現
분별하려고만 들면 구름에 가리워지네	六根才動被雲遮
번뇌를 끊으려 하면 병만 더 늘고	破除煩惱重增病
진여를 구하려 하나 이 또한 사견이네	趣向眞如亦是邪

---

19 부처의 몸에 갖춘 보통 사람과 다른 서른두 가지 신체적 특징을 삼십이상(三十二相)이라 하고, 부처와 보살이 갖추고 있다는 여든 가지 신체상 미세한 특징을 팔십수형호(八十隨形好)라 한다.

20 부처나 보살이 중생을 구제하기 위해 중생의 능력이나 소질에 따라 여러 가지 모습으로 변화하여 나타나는 것을 말한다.

세상인연을 좇아도 거리낄 것 없으면	隨順世緣無罣礙
열반과 생사가 다 허공에 핀 꽃일세	涅槃生死等空花

여기에서 말하는 빛은 법신(法身)의 상적광(常寂光)이며, 깨달은 후에 수행하여 일체 색신을 성취한 이후의 응화신(應化身)의 광명은 또 차이가 있습니다.

모든 부처님은 빛을 발하고 계신데 어찌해서 중생에게는 보이지 않는 것일까요? 자신의 업력에 가려져 있기 때문에 부처님의 빛이 보이지 않는 것입니다. 여러분이 정혜(定慧)를 얻기만 하면 자신의 광명이 언제든지 부처님의 광명과 이어질 수 있습니다. 여러분은 정좌를 하면 눈을 뜨든 눈을 감든 상관없이 칠흑같이 깜깜합니다. 그렇지요? 온통 시커먼 연기가 자욱한데, 이것은 지옥이 바로 여러분 앞에 있음을 증명해 줍니다. 여러분의 속마음이 심하게 오염되어 있어서 자신의 빛을 덮어 버렸기 때문에 부처님의 빛이 들어오지 못하는 것입니다. 아무리 염불하더라도 원력(願力)이 없으면 가슴 속에 원망만 가득하니 어떻게 빛을 볼 수 있겠습니까?

안과 밖이 깨끗하다

좋습니다! 이제 두 번째 대원을 보도록 하겠습니다.

두 번째 대원은, 원하옵건대 내가 다음 세상에서 바른 깨달음을 얻어 부처가 되면, 내 몸이 유리와 같아서 안과 밖이 깨끗하고 더러운 때가 조금도 없으며, 광명이 크게 빛나고 공덕이 높고 높아 빛나고 장엄한 그물에 몸이 편안히 머무르니 해와 달보다 밝게 빛나고, 어둠 속의 중생들이 모두 밝음을 얻고, 하고 싶은 대로 모든 일을 할 수 있도록 하겠나이다.

第二大願: 願我來世得菩提時, 身如琉璃, 內外明徹, 淨無瑕穢, 光明廣大, 功德巍巍, 身善安住, 燄網莊嚴, 過於日月; 幽冥衆生, 悉蒙開曉; 隨意所趣, 作諸事業.

여러분이 약사불에게 병을 치료해 달라고 청하는 것은 아주 쉽습니다. 여러분이 그의 원력(願力)에 닿아서 감응을 얻으면 병이 낫고 몸이 건강해질 것입니다. 그가 발원한 두 번째 대원을 보십시오. 장차 도를 깨닫고 성불하면 몸이 유리처럼 안은 깨끗하고 밖은 빛이 나기를 원했습니다. 안과 밖이 모두 밝게 빛나니 보신(報身)을 성취한 것입니다.

『법화경』에서 말하기를 부모가 낳아 준 육신도 삼천 세계를 관조할 수 있다고 했습니다. 진정한 천안통(天眼通)을 성취하면 눈을 감을 필요가 없습니다. 설사 부모가 낳아 준 육안(肉眼)을 크게 뜨더라도 삼천 세계를 보는 데 장애가 없습니다. 불법은 반드시 실증(實證)을 해야 하는 것이지 공허한 이론이 결코 아닙니다. 정좌할 때 흐릿하게 무언가가 보인다고 해서 그것이 천안통은 아닙니다.

약사불이 말하기를, 내가 다음 세상에서 깨달음을 증득하면 이 몸이 유리처럼 안과 밖이 투명하여 깨끗하고 찌꺼기가 조금도 없는 것이 마치 유리 몸과 같아지기를 원합니다 했는데, 그러면 자연스럽게 일체 색신을 성취하게 됩니다. 이때 응화신의 색신은 광명이 크게 빛나는데, 만약 부처님의 신광공덕(身光功德)의 영향을 입으면 자연스럽게 청정해지고 자연스럽게 업장이 소멸됩니다. 그래서 "광명이 크게 빛나고 공덕이 높고 높다〔光明廣大, 功德巍巍〕"고 말했습니다.

그렇다면 응화신을 성취하고 나면 몸은 어디에 있습니까? "빛나고 장엄한 그물[燄網莊嚴]" 가운데 편안히 머물러 있으니, 색신 바깥의 빛이 마치 화염을 발하는 것 같습니다. 신광(身光)이 겹겹이 빛을 발하여 삼천대천세계 및 무량무수세계를 두루 비추는 것이 태양과 달의 광명보다 더합니다. 얼마나 환상적입니까! 사실은 결코 환상이 아니지만 원력(願力)이라는 것 자체가 본래 환상적이라고 말할 수 있습니다.

지금 세상에서 수지(修持)하여 성취한 바가 있는 사람이 정혜(定慧)를 얻고서 선정에 들면 자성의 광명이 드러나는데, 그 빛은 태양이나 달의 빛과 비교할 수가 없습니다. 도를 수증한 사람이 태양 아래에서 선정에 들면, 서든지 앉든지 혹 눕든지 태양빛이 그의 육신을 비추더라도 아무런 작용을 일으키지 못합니다. 그것은 자성의 빛이 태양빛보다 강렬해서 공덕과 위력이 훨씬 크기 때문입니다.

과거에 참으로 수지하신 선배 한 분을 본 적이 있는데, 사람들이 그를 시험하려고 무지 더운 날 정오에 그에게 솜저고리와 털가죽 외투를 입힌 다음 태양 아래에 네 시간을 세워 두었습니다. 거기다 주위에는 네 개의 화로를 피워 놓았습니다. 그 노인네는 허허허 웃으면서 이렇게 말했습니다. "좋구나! 놀리면 놀아 줘야지!" 그런데 한참을 구워삶아도 땀 한 방울 흘리지 않는 것이었습니다. 그뿐 아니라 손바닥은 차갑기까지 했습니다! 이것을 보더라도 태양빛이 그의 몸에 아무런 작용도 일으키지 못함을 증명할 수 있습니다.

그러므로 불법을 배우고 불도를 닦으려면 진정한 수지가 있어야 한다는 말은 빈말이 아닙니다. 약사여래는 자신의 몸에서 발하는 빛이 해와 달보다 더하기를 원하노라 했는데, 여러분은 자신의 몸에서 빛이 나는 것을 본 적이 있습니까? 수지의 공덕이 원만해지면 자연히 빛이 납니다. 여러분은 어떤 중생은 자기 몸에서 빛을 낼 수 있다는 것을 아십니까? 밤중의 반딧불은 자기 몸에서 빛을 냅니다. 그렇지요! 그것은 업보신(業報身)이 빛을 내는 것으로, 심해의 생물도 자기 몸에서 빛을 낼 수 있습니다. 우리의 자성(自性)은 자성광명을 지니며 몸 역시 자신의 광명을 지닙니다. 우리는 흔히 '누구누구는 기색(氣色)이 좋다'고 말하는데, 그 기색이라는 것 또한 육신에 있어서 일종의 광명입니다. 그러나 범부 중생의 육신의 광명은 덮여서 가려져 있기 때문에, 겉으로 드러나는 빛은 마치 관에 칠해 놓은 옻빛처럼 까맣습니다. 따라서 진정한 수행을 해야 광명이 자연스럽게 겉으로 드러납니다.

약사불의 두 번째 대원에서 그는 이렇게 말했습니다. "어둠 속의 중생들이 모두 밝음을 얻고, 하고 싶은 대로 모든 일을 할 수 있도록 하겠나이다[幽冥衆生, 悉蒙開曉; 隨意所趣, 作諸事業]." 어둠 속의 중생들은 앞이 보이지 않습니다. 귀도지옥(鬼道地獄)의 중생처럼 어두컴컴한 또 하나의 공간에 있는 중생들은 영원히 어둠 속에 있습니다. 그는 그런 중생들이 자신의 연고로 모두 밝음을 얻어서, 고통에서 벗어나고 번뇌에서 벗어나며 지혜가 열리고 죄업이 가벼워지리라고 말했습니다. 원하는 대로 자기가 하고 싶은 일을 할 수도 있습니다. 약사불의 광명이 그를 비춰서 도와주기 때문입니다.

만약 서방 극락세계 아미타불의 사십팔대원과 비교해 본다면, 아미타불 역시 자신의 본원으로 서방국토를 만들고자 했습니다. 서방국토는 여러분이 이번 생에서 아직 성취하지 못하고, 그의 국토에 가면 아미타불이 여러분의 성취를 도와줍니다. 하지만 동방 약사불은 처음부터 여러분에게 암시했습니다. 여러분이 동방에 있기만 하면 '즉신성취(即身成就)'할 것입니다.

우리가 약사불의 문화를 자세히 연구해 보면 사실은 동양 문화 특히 중국의 유가와 도가의 사상 문화와 기본적으로 상통합니다. 그 때문에 『약사경』은 중국에 전해지자마자 유도(儒道) 사상과 단번에 들어맞았습니다.

필요한 물건을 모두 얻다

이어서 세 번째 대원을 보도록 하겠습니다.

세 번째 대원은, 원하옵건대 내가 다음 세상에서 바른 깨달음을 얻어 부처가 되면, 한량없는 지혜방편을 사용하여 모든 유정들로 하여금 필요한 물건들을 모두 다 얻어 쓰게 하며, 한 사람이라도 부족한 것이 없도록 하겠나이다.

第三大願: 願我來世得菩提時, 以無量無邊智慧方便, 令諸有情皆得無盡所受用物, 莫令衆生有所乏少.

그는 세 번째 대원을 무엇이라고 말했습니까? 내가 장래에 성불하면 많고 많은 무량무변의 지혜, 많고 많은 무량무수의 방법, 학식, 능력 등을 사용해서 이 세계의 모든 중생으로 하여금 물질적으로 부족함이 없게 하기를 희망합니다. 영원히 입을 옷이 있고 먹을 밥이 있고 병이 나면 약과 의사가 있고 가난이 없고 고뇌가 없기를 희망합니다.

이러한 대원은 인류가 추구하고 희망하는 바이기도 합니다. 하지만 인류는 이기적이라서 오로지 '인류'만이 그렇게 되기를 희망하지 '모든 중생'이 똑같은 만족과 향수를 얻기를 희망하지는 않습니다. 부처님은 세계의 인류 및 모든 중생이 안락을 얻을 수 있기를 원했습니다. 이 또한 중국 문화 『역경』의 이치와 서로 같습니다. 『역경』「계사전(繫辭傳)」에서는 이렇게 말했습니다. "무릇 역이란 사물의 이치를 열고 사무를 완성하여 천하의 도를 포괄하는 것이니 이와 같을 따름이다. 이런 까닭에 성인은 역으로써 천하의 뜻을 통하고 천하의 사업을 정하고 천하의 의혹을 해결한다(夫易, 開物成

務, 冒天下之道, 如斯而已者也. 是故聖人以通天下之志, 以定天下之業, 以斷天下之疑〕."

'개물(開物)'은 다함이 없는 지혜와 방편을 사용하여 모든 것을 개발함이요, '성무(成務)'는 중생이 필요로 하는 사무(事務)를 완성함이며, '모(冒)'는 덮는다는 의미입니다. 우리의 총명과 능력을 사용하여 물질이 정신에 의해 운용되고 지배되게 함으로써 중생이 이익을 얻게 합니다. "천하의 뜻을 통한다〔通天下之志〕"란 바로 발원(發願) 즉 대원을 발함이니 모든 중생이 안락을 얻기를 원합니다. "천하의 사업을 정한다〔以定天下之業〕"란 원력(願力)과 행(行)의 성취를 말합니다. "천하의 의혹을 해결한다〔以斷天下之疑〕"란 바로 수증이 그 경지에 도달함을 말합니다. '근본지(根本智)'[21]를 얻은 후에 또다시 각종 '차별지(差別智)'[22]를 수행하는 것을 불가의 말로 표현한다면 법문무량서원학(法門無量誓願學)[23]인데, 배운 후에는 사회에 되돌려 줍니다. 유가의 말로 표현한다면 이른바 "유학에 대해 한 가지라도 모른다면 이는 유자의 수치다〔一事不知, 儒者之恥〕"라고 하겠습니다.

그러므로 "동양의 성인도 여기에서 나왔고 서양의 성인도 여기에서 나왔으니, 그 마음이 똑같고 그 이치가 똑같다〔東方有聖人出焉, 西方有聖人出焉, 此心同, 此理同〕"라고 말할 수 있습니다. 성인이 발원한 대원은 온 세상에 다 똑같습니다. 약사불의 대원을 중국 문화와 서로 비교해 보면 시방삼세에 모두 부처님이 계심을 더더욱 증명할 수 있습니다.

---

21 판단이나 추리에 의하지 않고 대상을 있는 그대로 파악하는 지혜를 말한다.
22 대상을 차별하여 사유하고 판단하는 지혜를 말한다.
23 한없는 법문을 다 배우고야 말겠다는 서원을 말한다.

잘못을 고쳐서 바른 길로 돌아오다

이제 네 번째 대원을 보도록 하겠습니다.

네 번째 대원은, 원하옵건대 내가 다음 세상에서 바른 깨달음을 얻어 부처가 되면, 그릇된 도를 행하는 모든 유정들을 부처님의 바른 깨달음 가운데에 편안히 머무르게 하며, 성문승과 독각승[24]의 수행을 하는 자들을 모두 대승으로써 편안히 세우도록 하겠나이다.

第四大願: 願我來世得菩提時, 若諸有情行邪道者, 悉令安住菩提道中; 若行聲聞, 獨覺乘者, 皆以大乘而安立之.

이 대원에서는 무엇을 말했습니까? 만약 이 세계에 사상이 치우치고 그릇된 도를 행하는 사람이 있다면, 내가 그 잘못을 고쳐서 바른 길로 돌아오게 하고 "부처님의 바른 깨달음 가운데에 편안히 머무르게[安住菩提道中]" 할 것입니다.

그릇된 도는 아주 많습니다. 석가모니불이 세상에 계실 때에도 구십육 종이나 있었는데, 이들 외도(外道)는 대부분 채식을 합니다. 외도는 모두 채식에 대단히 유의합니다! 그렇다고 제가 육식을 제창하는 것은 아닙니다! 잘못 들으면 안 됩니다! 구십육 종의 외도 가운데에는 불을 숭배하는 것도 있고 부적을 그리는 것도 있고 주문을 외우는 것도 있고 점을 치는 것도 있고 각양각색이라 한 번에 다 소개할 수는 없습니다. 만약 여러분이

---

24 성문승은 석가모니의 설법을 듣고 깨달음을 얻게 하는 설법이고, 독각승은 현상계를 혼자서 관조함으로써 깨달음에 이르는 교법인데, 모두 소승이라 할 수 있다.

거기에 대해 듣고 싶다면 별도로 강좌를 개설해야 할 것이고 게다가 몇 년을 강연해야 할 것입니다. 모든 외도는 제각기 그 나름의 철학 이론을 갖추고 있으니, 학리(學理)가 없는 것이 아닙니다! 그 나름의 수지 방법도 지니고 있습니다. 가령 요가[瑜伽術]와 바라문교는 모두 외도입니다.

외도를 이야기하는 것은 참으로 엄중한 문제입니다. 성문(聲聞)과 연각(緣覺)도 모두 외도인데, 성문과 연각은 나한(羅漢)[25]입니다! 나한과(羅漢果)를 얻은 벽지불(辟支佛)도 여전히 외도입니다. 이것은 단지 『약사경』에서만 그렇게 말한 것이 아니고 『능엄경』을 비롯한 다른 경전에도 많이 나옵니다. 그렇다면 진정한 불법은 어떻게 판별할까요? 여러분은 정좌 수련을 잘하고 재주가 좋고 또 빛을 볼 줄 알고 중얼중얼 주문을 외울 줄 알고 손으로 꽃 모양을 만들 줄 아는 것이라고 생각합니다. 그런 것을 수인(手印)[26]이라고 부르는데 저는 수인이라면 삼백 개라도 만들어서 여러분에게 보여 드릴 수 있습니다. 이렇게 하면 하나이고 이렇게 뒤집으면 또 하나가 되고 이렇게 하면 또 하나가 됩니다. 여러분은 알고 계셨습니까? 속임수가 아닙니다! 이것은 모두 밀종의 수인인데, 이렇게 하면 하나이고 이렇게 하면 또 하나가 되는 그런 것을 도라고 부르겠습니까? 이것은 손가락을 가지고 꽃 모양을 만드는 것일 뿐입니다. 그렇다고 해서 이치가 없을까요? 이치가 있습니다. 이치가 없는 것은 아닙니다. 그런 것들은 불법의 겉모습입니다. 비록 이치가 있기는 하지만 깨달음의 도는 아닙니다.

그래서 부처님은 여러분에게 말했습니다. 중생이 길을 잘못 들어서 깨달음을 얻지 못하니, 설사 성문 연각의 경계에 이르고 소승의 경계를 걸어

---

25 나한은 산스크리트어 아라한(阿羅漢)의 줄임말로서, 일체의 번뇌를 끊고 깨달음을 얻어 중생의 공양에 응할 만한 자격을 지닌 불교의 성자를 일컫는다.

26 불보살의 깨달음과 서원을 상징적으로 표현한 손 모양 또는 손가락 모양을 말한다. 원래 불전도(佛傳圖)에 나오는 석가모니불의 손 모양에서 유래한 것이라 한다.

간다고 해도 그것은 귀착점이 아니라고요. 『능엄경』에서도 말하기를, 성문 연각이 현전(現前)하여 설사 구차제정(九次第定)을 얻었다 해도 "안으로 고요함을 느끼더라도 그것은 법진을 분별하는 허망한 그림자에 지나지 않는다[內守幽閒, 猶爲法塵分別影事]"라고 하였습니다. 사선팔정(四禪八定), 구차제정을 모두 완성하여 온 마음이 청정하고 텅 빈 그곳에 머물러 마음과 생각이 함부로 움직이지 않는다고 해도 여전히 외도(外道)요 법진(法塵)을 분별하는 허망한 그림자에 속할 뿐 깨달음을 얻은 것이 아닙니다.

여러분이 보시기에 약사불의 대원은 진정한 동양 문화가 아닙니까? 호리만큼의 차이도 없습니다. 말 그대로 중국 문화 사상입니다. 게다가 석가모니불께서 소개하셨지 않습니까!

발원이 없으면 성불하지 못한다

『약사경』에 관해 여러분은 한 가지 중요한 사실에 유의해야 합니다. 부처님께서 말씀하시기를, 동방 유리세계의 약사여래가 발원 수행할 때에 그의 원력(願力)이 원행(願行)을 만들어 냈다고 했습니다. 행(行)은 바로 행위를 말하는데, 원심(願心)의 실천이 원행을 이루어 낸 것입니다. 말하자면 의식적인 수지가 역량을 만들어 내었고 그런 후에 하나의 종속적인 국토를 형성하였습니다. 그러므로 원심과 원행이 없다면 아무것도 말할 것이 없습니다!

지금은 약사불이 처음 발원한 과중지인(果中之因)을 말씀드리고 있는데, 성불하여 불국토를 형성하는 것은 과위(果位)[27]입니다. 어떻게 성불할

---

27 수행으로 이른 부처의 경지를 말한다.

수 있었습니까? 반드시 원심을 첫 번째 동인(動因)으로 삼아야 합니다. 불법을 배우는 자라 불리는 사람은 이 점에 특히 유의해야 합니다. 제가 재삼 강조하지만 만약 불법에 의거해 수지하지 않고 이러한 원심을 발하지 않는다면, 모든 것은 '꿈속의 환상과 허공에 핀 꽃[夢幻空花]'에 지나지 않습니다. 하나도 쓸데가 없으니 백거이의 시와 같습니다.

허공에 핀 꽃에서 어찌 열매를 구하고 　　　　　　　　空花哪得兼求果
아지랑이 속에서 어떻게 물고기를 찾겠는가 　　　　陽焰如何更覓魚

　이것은 불법을 배우는 자들이 특별히 자기 자신을 일깨워야 할 부분입니다. 안 그랬다가는 자기 자신을 우롱할 뿐 아니라 다른 사람을 우롱하고 이 세상을 우롱하게 됩니다. 특히 중국의 불법은 천여 년 간 대승(大乘) 사상과 부정확한 선종의 견해의 영향을 받았습니다. 이 말에 각별히 주의해야 합니다. 선종이 부정확하다는 말이 결코 아닙니다. 일반인이 배우는 것이 부정확한 선(禪)이라서 많은 사람들을 잘못된 길로 이끈다는 말입니다. 일반인들은 불법을 배우면서 진정한 원력(願力)은 세우지 않은 채 그저 부질없이 망념을 없애 버리려고만 합니다. 하지만 망념을 없앨 수 있었습니까? 영원히 비워 버리지 못합니다. 설사 비워 버릴 수 있다 해도 그것 역시 의식상 또 하나의 경지에 불과합니다. 의식을 공(空)과 비교적 유사한 하나의 경지로 만들어 낸 것일 뿐입니다. 따라서 진정한 불법에 대한 인식이 명확하지 않으면 이치도 통하지 않고 일도 성취하지 못합니다. 맹목적으로 수련하는 수천수만의 사람들이 그렇게 가 버렸습니다. 그러므로 불법을 배우려면 먼저 진정한 발원을 해야 합니다.
　우리는 "이끌어서 원만해지면 업력을 불러 견인할 수 있음[引滿能招業力牽]"을 알아야 합니다. 발원은 의식의 경계입니다! 의식이 텅 비어야 하는 것은 틀리지 않았지만, 의식은 여러분이 비울 수 있는 것이 아닙니다. 오히려 의식이 여러분을 비울 것입니다! 누가 의식을 비울 수 있습니까? 여러분이 비우려고 생각하는 그것이 바로 의식이므로 의식이 여러분을 비운다는 것입니다. 사실은 의식 역시 공(空)이 아닙니다. 그것은 본래 '비공비유(非空非有)'이며 본래 '즉공즉유(卽空卽有)'입니다. 그러므로 여러분은 불법의 법상(法相)과 유식(唯識) 부분을 철저히 연구해야 합니다. 이치가 바로 거기에 있습니다. 불법을 배우는 모든 수행은 의식의 진정한 성취입니다. 물론 성취한 후에는 더 이상 분별심이 있는 범부의 의식 경계가 아닙니다.

현장 법사는 「팔식규구송(八識規矩頌)」에서 제육식인 의식(意識)을 말하면서 "(다른 식을) 이끌어서 원만해지면 업력을 불러 (제팔식을) 견인할 수 있다(引滿能招業力牽)"라고 했습니다. 업력은 활쏘기에 비유할 수 있는데 활을 한껏 잡아당겨서 발사하면 과보(果報)를 받습니다. 만약 이 구절을 단편적으로만 해석한다면 그것은 범부의 경계입니다. 일반인은 혜력(慧力)이 없고 또 배우기를 좋아하지 않고 깊이 생각하지 않기 때문에 "이끌어서 원만해지면 업력을 불러 견인할 수 있음"에 대한 이해가 철저하지 못하고 귀착점에 이르지 못합니다. 바꾸어 말하면 업은 선(善), 악(惡), 무기업(無記業)을 포괄하는데, 여러분이 발한 선심(善心)의 업력을 원만하게 수지하면 그것이 바로 선(善)의 성불의 업력이니 선업(善業) 성취에 속합니다. 그러면 복덕이 원만하고 지혜가 원만해지는데, 이 또한 "이끌어서 원만해지면 업력을 불러 견인할 수 있음"입니다.

우리처럼 이렇게 불법을 배우더라도 만약 융회 관통하는 이해가 없다면 그 결과는 이루어 내는 바가 하나도 없어서, 세간법(世間法)에도 쓸모가 없고 출세법(出世法)에도 쓸모가 없는 무용한 사람으로 변할 것입니다. 그렇게 배워서는 두 가지 일만 이루어 낼 것이니 그 하나는 바로 게으름입니다. 배울수록 게을러져서 부지런히 일하지도 않고 심혈을 기울이지도 않는데, 게으름의 과보는 무엇일까요? 그것은 물어볼 필요도 없습니다. 생물 가운데 가장 게으른 동물이 무엇일까요? 그것은 발로 차도 움직이기 귀찮아합니다. 또 하나는 바로 자만입니다. 배울수록 자신이 대단하다고 느끼고 자신이 무엇인지 알지 못합니다. 그러므로 『약사경』의 대원을 연구하려면 이 점을 잊어서는 안 됩니다.

그 밖에도 기억해야 할 것이 있는데, 약사불의 십이대원은 동양 문화 특히 중국 문화 및 세계 인류의 문화와 극히 밀접한 관계가 있습니다. 이 십이대원을 아미타불의 사십팔원과 비교 연구해야 한다고 재삼 여러분의 주의를 일깨우지만 이 자리에 계신 분들 중에 몇 분이나 연구할까요? 그저 듣기만 좋아하고 듣고 나면 끝입니다. 이 또한 불법을 배우는 올바른 마음가짐이 아닙니다. 스스로 사유하고 연구하지 않는다면 아주 낭패스럽고 아주 위험합니다! "말하는 사람은 거듭거듭 타이른다[言者諄諄]"라는 말처럼 저는 다 말했지만, 만약 여러분이 "듣는 사람은 새겨듣지 않네[聽者藐藐]"로 한다면 그건 여러분의 일이니 저와는 상관이 없습니다.

청정범행을 닦다

이제 계속해서 약사불이 보살의 지위[因地]에서 보살행을 닦을 때 발원한 다섯 번째 대원을 보도록 하겠습니다.

다섯 번째 대원은, 원하옵건대 내가 다음 세상에서 바른 깨달음을 얻어 부처가 되면, 한량없이 많은 유정들이 나의 교법 가운데에서 범행을 수행하여, 모두 다 완전한 계율인 삼취계를 갖추어 지키며, 설령 계율을 범하였을

지라도 내 이름을 들으면 다시 청정함을 얻어 악취에 태어나지 않도록 하겠나이다.

第五大願: 願我來世得菩提時, 若有無量無邊有情, 於我法中, 修行梵行, 一切皆令得不缺戒, 具三聚戒; 設有毀犯, 聞我名已, 還得淸淨, 不墮惡趣.

이 대원을 간단히 말하면 이렇습니다. 다음 세상에서 불과(佛果)를 증득하였을 때 이 세계의 모든 중생에게 무슨 부도덕한 행위가 없고, 만약 어떤 사람에게 도덕적으로 유감스러운 행위가 있다면 약사불이라는 이 이름이 포함하고 있는 의미를 듣거나 생각하기만 해도 새롭게 청정함을 얻을 수 있기를 바란다는 것입니다. 청정함이라는 것은 아주 어려운 일인데 우리 마음은 언제나 청정하지 못합니다. 청정함을 얻으면 악취 즉 지옥, 악귀, 축생도(畜牲道)에 떨어지지 않을 수 있습니다.

이것은 그 대의를 먼저 설명한 것이고 이제부터 경전의 원문을 연구하도록 하겠습니다.

약사불이 말하기를 "내가 장차 성불하여 깨달음을 증득하였을 때에 이 세계의 모든 무량무변무수(無量無邊無數)한 유정 중생이 나의 이 법문 가운데에서 범행(梵行)을 수지하기를 바란다"고 했습니다. '나의 법(我法)'에는 이중의 의미가 있습니다. 광범하게 말하면 '나의 법'은 모든 부처님의 불법을 포괄합니다. 조금 좁은 의미로 말하면 '나의 법'은 바로 약사여래의 법문을 가리킵니다.

약사여래 유리광세계에서는 어떤 법문을 수행할까요? 어떻게 수행할까요? 무엇을 수행할까요? "범행을 수행합니다(修行梵行)." 바로 자신의 행위를 닦아서 범행으로 변화시킵니다.

그렇다면 무엇을 "범행(梵行)"이라고 합니까? 바로 청정한 행위입니다.

약간의 찌꺼기나 하자도 없는 궁극적인 청정함입니다. 절대적으로 청정하고 장엄한 행위를 범행이라고 합니다.

그런 까닭에 초선삼천(初禪三天)[28]을 범중천(梵衆天), 범보천(梵輔天), 대범천(大梵天)이라고 부릅니다. 대범천[29]은 사바세계의 주인입니다. 범천의 수행을 완성한 후에 불환과(不還果)[30], 아라한과(阿羅漢果)를 증득하면 영원히 욕계, 색계, 무색계에 떨어지지 않습니다. 이것을 일러 청정범행이라 합니다.

그러므로 불법을 배우고자 하면, 다시 말해 약사여래의 법문을 수행하고자 하면 수시로 일체의 청정범행을 수행해야 합니다. 자신의 속마음에서 청정범행을 수행하지 않으면서 그저 입으로 '나무소재연수약사불(南無消災延壽藥師佛)'을 외우기만 해서는, 약사불이 여러분을 위해 재앙을 소멸시켜주고 싶다 쳐도 여러분은 아무런 감응을 얻지 못할 것입니다. 왜냐하면 여러분의 마음속은 장자가 "선생님의 마음은 온통 쑥이 뒤덮었습니다〔夫子之心, 其蓬也夫〕"라고 말한 것처럼 잡초가 무성해서 유리광이 들어오고 싶어도 들어올 수가 없기 때문입니다. 여러분의 마음이 잡초로 뒤덮인 것처럼 번뇌로 막혀 있으니 가비(加庇)[31]를 얻을 수가 없습니다.

그래서 약사불은 말하기를, 어떤 사람이 자신의 법문 가운데에서 열심

---

28 초선천(初禪天)이라고도 한다. 욕계육천(欲界六天) 위에 있는 색계(色界) 사선천(四禪天) 가운데 첫 선천을 말한다.

29 초선천(初禪天)의 셋째 하늘을 가리키는 말이며, 초선천의 주재인 범왕(梵王)이 사는 하늘이다. 범왕은 범천(梵天) 혹은 대범천(大梵天)이라고도 부르는데, 불교를 옹호하는 호법신의 하나이며 사바세계의 가장 우두머리이다.

30 욕계의 수혹(修惑)을 완전히 끊은 성자의 지위를 말한다. 이 성자는 색계와 무색계의 경지에 이르고 다시 욕계로 되돌아오지 않는다고 하여 불환(不還)이라 한다.

31 가비(加庇)의 가(加)는 더한다는 의미이고 비(庇)는 감싸다, 비호하다는 의미이다. 마치 집처럼 덮어 주고 보호해 준다는 뜻인데, 중국에서는 흔히 보살이 보호해 주고 감싸 준다〔加庇〕고 말한다.

히 범행을 수지하면서 자신의 원력의 영향과 원력의 감응을 받으면, 계율 방면에서 쉽게 청정함을 얻고 빠트리는 부분이 없게 될 것이라고 했습니다. 무엇 때문에 계율을 엄격히 수지하는 것을 일러 '불결계(不缺戒)'라고 부르는 것일까요? 흔히 계율이라고 하면 지계(持戒), 범계(犯戒), 파계(破戒) 등의 명칭이 있는데, 상세히 이야기하려고 들면 더 많이 있습니다. 불법을 공부하는 보통 사람들은 '불결계'라는 명사를 거의 듣지 못하는데, 무엇을 불결계라고 부를까요? 불결계는 바로 계행(戒行)이 청정하여 아무런 결함이 없는 것이라고 태허 법사의 주해에서 해설해 놓았습니다.

계율을 알다

계율을 지키는 것[守戒]은 자신의 심신을 보호하는 것과 같으니, 몸과 마음 두 방면에서 영원히 충실하고 원만하며 부족하거나 빠트린 부분이 없게 합니다. 『대지도론(大智度論)』에서는 수계(守戒)를 비유하여, 공기주머니를 타고 바다를 건너가서 피안에 이르는 것과 같다고 하였습니다. 이 공기주머니에는 결함이 있어서는 안 됩니다. 만약 조금이라도 찢어진 구멍이 있으면 물이 들어와서 가라앉아 버리고 피안에 이르지 못할 것입니다. 이러한 비유는 대단히 적절합니다. 그와 동시에 수행의 조예와 이치를 잘 지적했습니다. 수행하는 사람이 계율을 범하게 되면 몸과 마음에 결함이 생기고 정기신(精氣神) 모두 영향을 받아 청정함과 원만함을 완성하지 못하게 되어 영원히 피안에 이르지 못합니다. 그래서 약사여래는 모든 중생이 자신의 법문 가운데에서 수행하여 조금도 결함이 없게 되기를 원했습니다.

모든 불법의 계율을 통칭하여 '삼취계(三聚戒)'라 부르는데, 크게 세 부류 세 개의 요점으로 나누어진다고 말할 수 있습니다. 취(聚)는 쌓는다는 뜻이니 공덕을 쌓는다는 말입니다. 우리의 공덕은 조금씩 조금씩 쌓여서 이루어집니다. 장사를 해서 돈을 버는 것이 좋은 비유가 되는데, 한 푼 두 푼 천천히 모아서 아주 큰돈을 만듭니다. 수행 역시 조금씩 조금씩 서서히 선행을 쌓다 보면 공덕이 원만해지니, 이것이 '취'의 이치입니다.

어떠한 세 종류의 취계일까요?

(1) 섭율의계(攝律儀戒)

(2) 섭일체선법계(攝一切善法戒)

(3) 요익일체유정계(饒益一切有情戒)

일반인은 불법을 배우면서 오계(五戒)[32]를 받거나 팔관재계(八關齋戒)[33]를 받고, 출가하면서 사미(沙彌)나 사미니계(沙彌尼戒)[34]를 받고, 등단(登壇)하면서 비구(比丘)나 비구니계(比丘尼戒)[35] 등을 받습니다. 비구나 비구니계는 계율상 '별해탈계(別解脫戒)'에 속하며 특별한 계율입니다. 별해탈계는 이 세간을 해탈하는 것만을 추구할 뿐 이 세간에 더 나아가 성취하려고 하지는 않습니다. 바꾸어 말하면 오로지 자기 자신이 이 세간을 벗어

---

32 불교도이면 재가자나 출가자 모두가 지켜야 하는 가장 기본적인 생활 규범이다. ① 살생하지 말라 ② 도둑질하지 말라 ③ 음행을 하지 말라 ④ 거짓말을 하지 말라 ⑤ 술을 마시지 말라의 다섯 가지이다.

33 부처가 싯바티 동쪽으로 가다가 한 신도의 집에 들러 설법한 내용으로, ① 살생하지 말라 ② 도둑질하지 말라 ③ 음행하지 말라 ④ 거짓말하지 말라 ⑤ 술을 마시지 말라 ⑥ 몸에 패물을 달거나 화장하지 말며 노래하고 춤추지 말라 ⑦ 높고 넓은 큰 평상에 앉지 말라 ⑧ 제때가 아니면 먹지 말라의 여덟 가지이다. 속세의 신도들은 매일같이 계율을 지키기 어려우므로 일정한 날을 정해 놓고 여덟 가지 계율을 지키도록 한 것이다. 팔관재계는 팔분재계(八分齋戒), 팔재계(八齋戒), 팔계재(八戒齋), 팔계(八戒), 팔지재(八支齋)라고도 한다.

34 불교에 입문한 사미, 사미니가 지켜야 할 열 가지 계율을 말한다.

35 출가한 비구, 비구니가 지켜야 할 계율을 말하는데, 분파에 따라 계의 수는 다르지만 보통 비구는 250계, 비구니는 348계를 지키지 않으면 안 된다. 그 수가 많기 때문에 구족계(具足戒)라고도 한다.

나기만을 추구할 뿐 이 세간을 개조하고 원만히 만들려고 하지는 않습니다. 별해탈계는 '섭율의계(攝律儀戒)'에 속합니다. 섭(攝)은 포괄한다는 뜻이고 율(律)은 도덕규범이며 의(儀)는 수도하는 단정한 위의(威儀)를 말하는데, 바로 유가의 공자가 말했던 "예가 아니면 보지도 말고, 예가 아니면 듣지도 말며, 예가 아니면 말하지도 말고, 예가 아니면 움직이지도 말라〔非禮勿視, 非禮勿聽, 非禮勿言, 非禮勿動〕"와 같습니다. 이런 것은 모두 삼취계 중 섭율의계에 속합니다.

보살도(菩薩道) 대승계(大乘戒)의 일부분도 섭율의계에 속합니다. 그러나 섭율의계를 잘 지켰어도 '일취계(一聚戒)'를 성취하였다고만 말할 수 있습니다. 이러한 계율을 쌓아서 얻은 성과는 그 최고 성취가 단지 범행청정이고 '섭일체선법'은 아닙니다. 섭일체선법계에 도달하는 것은 대단히 어렵습니다. 바꾸어 말하면 섭율의계는 계율의 대부분이 소극적이고 방어적인 데 반해 '섭일체선법계(攝一切善法戒)'는 적극적이고 이타적입니다.

무엇을 섭일체선법계라고 부를까요? 간단명료하게 말하면 바로 여러분 모두가 잘 알고 있는 "제악막작 중선봉행(諸惡莫作, 衆善奉行)"[36] 여덟 자입니다. "제악막작(諸惡莫作)"이 섭율의계이고 "중선봉행(衆善奉行)"이 섭일체선법계입니다. 이 두 구절은 불학의 핵심이자 중국 문화의 핵심입니다. 그것이 담고 있는 의미는 누구라도 알고 있지만 아무도 실행하지 못합니다.

선종에는 다음과 같은 공안(公案)이 있습니다. 당대(唐代)에 법명조차 사용하지 않았던 선사가 한 분 있었는데, 산에 있는 커다란 나무에 새둥지 같은 쑥대 움집을 만들어 놓고 그 속에서 살았기 때문에 사람들은 그를 '새둥지 선사'라고 불렀습니다. 백거이가 항주에서 자사(刺史)를 지내고

---

36 모든 악은 짓지 말고 여러 선은 받들어 행하라는 뜻이다.

있을 때, 그런 인물이 있다는 말을 듣고는 직접 찾아갔습니다. 백거이는 새둥지 선사가 나무 위에서 사는 모습을 보고 대단히 걱정스럽게 말했습니다. "스님! 아래는 만장 절벽이니 여기 계시면 너무 위험합니다!" 새둥지 선사가 말했습니다. "나는 조금도 위험하지 않네. 내가 보니 자네야말로 위험하군!" 백거이가 이상하게 여기고 물었습니다. "제자의 지위가 강산을 누르는데 무슨 위험이 있다는 말씀입니까?" 그의 직위가 오늘날의 시장보다 훨씬 위풍당당했는데 무슨 위험이 있다는 말일까요? 새둥지 선사는 딱 두 마디만 했습니다. "땔나무와 불이 서로 만났으니 식의 본성이 멈추지 않는구나〔薪火相交, 識性不停〕." 사실 사람은 모두 이러합니다. 마음속에 망념이 마치 불처럼 일고 있어서 마음속의 사상, 정서, 업력이 멈출 수 없습니다. 백거이는 학문이 훌륭하고 수양이 높았던 터라 얼른 꿇어앉아 새둥지 선사에게 귀의했습니다. 그러고는 "스님께서는 어떻게 수행하십니까?"라고 묻고 법을 전수해 줄 것을 청했습니다. 선사는 "제악막작 중선봉행"이라고 말했습니다. 백거이가 그것은 세 살 먹은 아이도 다 아는 말이라고 했습니다. 그러자 새둥지 선사가 말했습니다. "세 살 먹은 아이가 비록 도를 얻었으나 팔십 먹은 노인도 실행하지 못한다."

알면서도 실행하지 못하면 무슨 소용이 있습니까? 만약 실행할 수 있다면 그것이 바로 섭일체선법계입니다. 섭선법계는 모든 공덕을 실행하는 것입니다. 하지만 그것만으로는 부족합니다. 반드시 그것을 확장해서 모든 중생을 풍요롭고 이롭게 해야 합니다. 다른 사람을 성취시켜서 보살계를 수행하는 것입니다.

천하의 모든 중생은 이기적이지 않은 것이 없습니다. 그래서 영원히 보살이 되지 못하고 부처가 되지 못합니다. 오로지 모든 중생을 이롭게 하기만을 구하고 자신의 이로움을 구하지 않아야 비로소 진정한 보살이며, '요익일체유정계(饒益一切有情戒)'를 수행해야만 비로소 성불할 수 있습니다.

요익일체유정계는 더더욱 수행하기 어렵습니다. 사실 진정으로 불법을 배우는 사람이라면 요익일체유정을 발원하지 않으면 안 됩니다. 여러분이 보시다시피 약사불의 십이대원도 모두 일체 유정을 이롭게 하려는 것이지 자기 자신을 이롭게 하려는 것이 아닙니다. 그렇기 때문에 그의 성취가 특별히 빠를 수 있었던 것입니다.

불법을 배우고 정좌 수련을 하거나 수도를 하는 사람들이 늘 저에게 하는 소리가 있습니다. "선생님! 저는 도무지 아무런 진보가 없습니다." 아이고! 여러분의 그런 행위와 심성을 가지고 진보하기를 바라십니까? 만약 진보가 있더라도 정말로 불리(佛理)가 없고 천리(天理)가 없을 것입니다! 모든 것이 자기를 위해서이고 이기적이기만 한데도 진보하려고 하니 제가 어떻게 해야 합니까? 그는 또 어떻게 해야 합니까?

그러므로 여러분은 이런 질문을 할 필요가 없습니다. "왜 진보가 없고 성취가 없나요?" "왜 사람 노릇 하고 일 처리를 하는 데 이토록 많은 어려움이 생기나요?" 먼저 여러분 자신에게 이렇게 물어봐야 합니다. '발심하고 발원했는가?' '몇 가지나 착한 일을 했는가?'

삼취계에는 위에서 말한 그토록 많은 의미가 포함되어 있습니다. 삼취계를 빠짐없이 다 수행하고자 한다니, 말은 얼마나 쉬운지요. 그렇다고 과연 말처럼 쉬울까요. 바로 앞에 여러분이 참고할 만한 구절이 있었는데, 모든 맑고 깨끗한 행실 즉 범행(梵行)을 수행한다는 말입니다.

염불의 심리 상태

이어서 부처님의 자비가 나옵니다.

"설령 계율을 범하였을지라도 내 이름을 들으면 다시 청정함을 얻어 악취에 태어나지 않도록 하겠나이다〔設有毁犯, 聞我名已, 還得淸淨, 不墮惡趣〕." '설(設)'은 오늘날 백화문으로 바꾸면 '만약'이라는 말입니다. "내가 성불하였을 때 나의 불국토 안에서 만약 어떤 사람이 이런 계행(戒行)을 범했다면, 단지 내 이름인 약사유리광여래를 듣기만 하면 청정함을 얻을 것이다."

우리는 '약사유리광여래'의 이름을 외우기만 하면 이기심이 생겨나서 그가 나에게 약을 먹여 줄 것이라고 마음속으로 생각합니다. 다시 '나무 연수약사불'까지 마저 외우면 정말로 즐겁습니다! 우리의 재앙도 소멸해 주고 또 우리의 수명도 늘려 주고 거기다 우리에게 약도 주고 마지막에는 우리를 부자로 만들어 줄 것이니까요. 만약 그런 심정으로 외운다면 영험할까요? 장자가 말했습니다. "선생님의 마음은 온통 쑥이 뒤덮였습니다." 그러니 유리광명이 어떻게 들어올 수 있겠습니까? 그것이 들어오지 않는 것이 결코 아닙니다. 대지를 비추는 햇빛에 비유해 볼 수 있는데, 햇빛이 여러분을 비추지 않는 것이 아니라 우리 자신이 광명을 가로막고 있습니다. 『박안경기(拍案驚奇)』의 작가인 능몽초(凌濛初)가 시에서 아주 잘 표현했습니다.

나는 본디 마음을 밝은 달로 향했거늘　　　　　　我本將心向明月
어찌하여 밝은 달은 도랑을 비추는가　　　　　　奈何明月照溝渠

그러므로 명확히 봐야 합니다. "내 이름을 들으면〔聞我名已〕"은 다른 사람이 외우는 것을 듣는다는 뜻이 아닙니다. 듣는다〔聞〕는 말 다음에 사(思), 수(修), 혜(慧)가 있습니다.[37] 관음법문(觀音法門)은 문사수(聞思修)를 통해 삼마지(三摩地)로 들어갑니다. 이러한 이치와 부처님의 원력을 들은 후에 힘써 사유하고 연구해야 합니다. 일반인들은 대다수가 미신 가운데에서 불법을 공부하고 있는데, 염불에는 세 종류의 심리가 있습니다.

(1) 의뢰하는 마음〔依賴心〕

부처님을 만 번 외우면 부처님이 당신에게 빚을 지기라도 한 것처럼 여깁니다.

(2) 공리의 마음〔功利心〕

흥! 내가 부처님을 그토록 외웠는데도 아무런 효과가 없으니 화가 안 나겠습니까? 이런 것이 공리주의입니다.

(3) 어리석은 마음〔糊塗心〕

그저 외울 줄만 알고 머리로 생각하지 않으며 부처님의 이름이 포함하고 있는 의미를 알지 못합니다. 불법은 결코 여러분이 사고(思考)하는 것을 금지하지 않았습니다. 곳곳에서 여러분에게 올바로 사유하고 수행하라고 말합니다. 그렇게 하지 않는다면 그것이 바로 미신입니다.

불법은 절대 미신이 아닙니다. 어째서 미신이 아닐까요? 왜냐하면 어떠한 법문의 수지라 할지라도 '문(聞), 사(思), 수(修)'를 통해 깨달음을 얻기 때문입니다. 그러므로 우리는 불경을 보고 이해하기 쉬운 문자라고 생각하지만 그렇다고 해서 사유하지 않아서는 안 됩니다. 사람은 모두 게으른 속성이 있어서 밥을 배불리 먹으면 열심히 하려는 마음이 생기지 않습니다. 머리를 쓰려고 하지 않고 거기다 자기 자신이 안다고 생각합니다!

한 단계 더 나아가서 '약사유리광여래'의 이름을 들으면 어떻게 우리의 번뇌와 오염된 마음이 청정함을 얻게 되는 것일까요? 만약 여러분이 수지해서 자신의 심광(心光)과 성광(性光)이 약사불의 심광과 감응한다면 그 마음은 자성(自性)의 광명으로 돌아가게 됩니다. 이것이 최고의 큰 약이

---

37 문사수혜(聞思修慧)라는 말은 가르침을 듣고 얻은 문혜(聞慧)와 이치를 사유하여 얻은 사혜(思慧)와 수행으로 얻은 수혜(修慧)의 세 가지 지혜가 있다는 의미이다.

니 이 약은 불사(不死)의 큰 약입니다. 그래서 약사여래는 장수법(長壽法)을 수행했습니다.

티베트 밀종의 수행법은 아주 재미있으면서 깊은 뜻을 지니고 있습니다. 여러분에게 파와법(破瓦法)[38]을 전수해 줄 때 반드시 장수법 즉 불사의 법도 동시에 전수해 줍니다. 왜냐하면 파와법만 수행하면 이 세상을 떠나 버리기 쉽기 때문입니다. 약사유리광여래의 장수법을 동시에 수행해야지만 형체를 남겨 세상에 머무르다가 떠나야 할 때가 되면 미련 없이 떠날 수 있습니다. 그런 까닭에 아미타불의 수행법도 반드시 약사불의 불법과 조화시켜서 함께 수행해야 합니다.

사실 동방 유리광세계와 서방 극락세계는 서로 통하는데, 그 이치는 『법화경』과 『유마경』에 이미 매우 분명하게 이야기해 놓았습니다. 게다가 참으로 원력의 수지를 성취하게 되면, 어떤 것을 성취라고 부를까요? "다시 청정함을 얻었을 때[還得清淨]", 즉 범행을 성취하고 일념회기(一念回機)하여 청정함을 얻으면 여러분의 심광(心光)은 자연스럽게 시방삼세의 모든 부처님의 빛과 서로 연결됩니다. 약사여래는 바로 빛입니다. 하지만 세간의 빛은 아닙니다.

약사여래의 원력은 일체 중생이 계율을 범하는 데 이르지 않게 합니다. 말하자면 부도덕한 중생이 하나도 없게 한다는 말인데, 그리하여 악도(惡道)로 떨어지지 않게 됩니다. 악도로 떨어지는 것은 중생이 부도덕하기 때문입니다. 이러한 도덕의 표준이 포함하는 내용은 아주 광범한데 그것이 바로 '삼취계'입니다.

약사불의 다섯 번째 대원을 보면, 그것이 중국 문화의 '개과천선(改過遷

---

38 파와(破瓦) 두 글자는 티베트 언어로 그 의미는 의식의 전환이다. 중국어로 왕생(往生)이라는 단어가 유사하다.

善)'³⁹과 『논어(論語)』의 '과즉물탄개(過則勿憚改)'⁴⁰의 이치와 완전히 똑같다고 여겨지지 않습니까? 이 또한 『약사경』과 동양 문화의 밀접한 관계를 증명해 줍니다.

색신이 열등하고 제근을 갖추지 못하다

여섯 번째 대원은, 원하옵건대 내가 다음 세상에서 바른 깨달음을 얻어 부처가 되면, 모든 유정들 중에서 그 몸이 열등하고 제근을 갖추지 못해서 지저분하고 더럽고 완고하고 어리석으며, 장님과 귀머거리와 벙어리에다, 손이 오그라들고 절름발이와 곱사등이에다, 문둥병과 미친 병 등 온갖 병으로 고통을 당하는 자들이 내 이름을 들으면 모두 다 단정함과 지혜를 얻고, 제근을 완전히 갖추고 온갖 질병의 고통에서 벗어나도록 하겠나이다.

第六大願: 願我來世得菩提時, 若諸有情, 其身下劣, 諸根不具, 醜陋頑愚, 盲聾瘖瘂, 攣躄背僂, 白癩癲狂, 種種病苦; 聞我名已, 一切皆得端正黠慧, 諸根完具, 無諸疾苦.

여섯 번째 대원은 약사불 십이대원의 중심입니다. 그가 말하기를, 장래 내가 성불하였을 때 모든 중생 가운데 몸이 열등한 자들이 내 이름을 들을 수 있다면 결함이 전혀 없는 단정한 색신을 얻을 수 있을 것이라고 했습니다. 열등한 몸이란 신체가 하등한 것을 말하는데, 저처럼 몸이 마르고 작

---

39 잘못을 고쳐서 선으로 나아간다는 뜻이다.
40 잘못이 있으면 고치기를 꺼려 하지 말라는 뜻이다.

아서 건장하지 못한 경우도 그렇습니다. 그렇다면 어떤 색신이 열등하지 않은 몸입니까? 부처님은 장륙금신(丈六金身)에 삼십이상(三十二相) 팔십 종수형호(八十種隨形好)로서, 부처님의 장엄한 상호(相好)는 대략 수천 년에 겨우 하나 나올 정도입니다. 모든 중생의 몸은 그보다 못해서 원만하지 못합니다. 더욱 가엾은 중생은 "제근을 갖추지 못한[諸根不具]" 사람이니 이 세계는 그런 사람들로 가득합니다.

이 세대의 청년들은 대만에서 이십여 년 이래 고생을 본 적도 없고 고생을 겪어 본 적은 더더욱 없습니다. 대북시 교외에 있는 나환자 병원에 몇 사람이나 가 보셨습니까? 그곳에 가 보십시오! 그러면 질병의 고통을 볼 수 있을 것입니다. 장애인 병원에는 누가 가 보셨습니까? 불법을 배우는 사람들 가운데 어떤 사람들은 그것이 업장이라 다른 방법이 없으니 상관하지 말라고 하기도 합니다. 그것이 불법을 배우는 사람이 할 말입니까? 저는 그 말을 듣고 마음속으로 떨었습니다. 그 말이 사실이라면 그 과보(果報)는 상상도 할 수 없을 것입니다! 불법을 배우는 사람들 가운데 몇 사람이나 그런 곳을 돌아보았습니까? 어쩌면 제 말에 수긍하지 않고 "가 봤습니다!"라고 말하는 사람도 있을 것입니다. 네! 물론 있고말고요! 자리에 앉아서 관상(觀想)⁴¹을 하고 수인(手印)도 만들고 대자대비(大慈大悲)합니다! 모든 중생이 다 좋아합니다! 그러나 자기 자신은 아무런 힘도 들이지 않고 그저 내키는 대로 관상이나 하면서 실제 행위는 조금도 하지 않으니 그런 것이 무슨 소용이 있습니까?

이 세계에는 제근을 갖추지 못한 사람이 너무나 많습니다. 제근(諸根)은 육근(六根)⁴²뿐만 아니라 신체에 결함이 있으면 모두 제근불구(諸根不具)

---

41 어떤 현상이나 진리를 마음속으로 떠올려 그것을 자세히 주시하는 것을 관상이라 하는데, 여기에서는 부처나 정토의 모습을 마음속으로 살피고 생각하는 것을 말한다.

라고 부릅니다. 어떤 사람은 드러난 결함을 지니고 있고 어떤 사람은 드러나지 않은 결함을 지니고 있습니다. 부처님의 눈으로 보면 지금 이 자리에 계신 분들 가운데 완전히 건강한 신체를 가진 사람은 하나도 없습니다. 결함이 전혀 없는 사람이라야 제근구족(諸根具足)이라고 부를 수 있습니다. 가령 안경을 쓰신 분은 안근불구(眼根不具)이고 의치를 하신 분은 구근불구(口根不具)이며 두뇌가 충분히 총명하지 못한 분은 뇌근불구리(腦根不夠利)입니다. 불구리(不夠利)라는 말은 충분치 않다는 뜻으로 결국 어리석다는 말입니다. 어떤 중생들과 비슷할 정도로 어리석은데 다만 조금 더 나을 뿐입니다.

제근불구는 이 세계의 중생에게 대단히 고통스러운 일입니다. 그래서 수많은 의사들과 의약을 연구하는 사람들은 다들 제근(諸根)을 개선하는 방향으로 노력하고 있습니다. 중국의 지식인들은 이렇게 발원하고 뜻을 세웁니다. "훌륭한 재상이 되지 않으면 훌륭한 의사가 되겠습니다〔不爲良相, 便爲良醫〕." 세상을 구원하고 사람들을 구제하는 제왕이나 장상(將相)이 되지 않으면 사람들을 병고에서 구원하는 훌륭한 의사가 되겠다는 이것이 바로 중국 지식인들이 공부에 뜻을 세우면서 발원하는 첫 번째 대원입니다.

송 왕조의 범중엄(范仲淹)은 공부하고 뜻을 세우는 데 이 말을 평생의 준칙으로 삼았기에 의학의 연구에도 아주 조예가 깊었습니다. 다만 한평생 써먹지 못하고 나중에 장상의 길로 들어서서 훌륭한 재상이 되었습니다. 물론 현대의 청년들도 이런 발원을 합니다. '양상(亮相)'[43]이 되지 않

---

42 불교에서 육식(六識)을 일으켜 외계(外界)의 여러 대상(對象)을 인식하게 하는 근원적 요소로, 안근(眼根)·이근(耳根)·비근(鼻根)·설근(舌根)·신근(身根)·의근(意根)을 총칭하는 말이다. 전오근(前五根)은 감각 기관 또는 그 기능을 의미하며 색근(色根)에 속하고, 의근(意根)은 심법(心法)으로 무색근(無色根)이다.

으면 '양의(晾衣)'[44]가 되겠노라고요. 사회에서 빛나는 스타가 되지 못하면 그냥 거기에서 옷이나 말리는 옷걸이가 되겠다니, 참으로 어이가 없습니다.

우리 세계의 중생은 참으로 가엾습니다. 대부분 색신이 열등하고 불구자인데 그 때문에 지저분하고 더럽습니다. 가장 장엄하고 아름다운 분은 부처님이니, 부처님의 장엄한 상호(相好)는 비교할 대상이 없습니다. 그 나머지의 범부 중생이 장엄한 상호를 지니게 된다면 그것은 우연이 아니라 인과(因果)입니다. 가령 향기로운 꽃으로 부처님께 공양한 사람은 다음 세상에 태어날 때 장엄한 상호라는 과보(果報)를 얻을 것입니다. 그 밖에 주위 환경을 깨끗하고 상쾌하게 만들어서 다른 사람이 사용할 수 있게 한다면, 이는 부처님께 향기로운 꽃을 공양한 것과 똑같아서 다음 세상에 태어날 때 지저분하고 더러운 몸으로 변하지 않을 것입니다. 그러므로 '장엄한 상호'를 얻는 것은 공덕을 쌓고 일체 선법을 수행한 결과입니다.

"지저분하고 더러움[醜陋]"은 제근불구 가운데 하나입니다. 불법으로 중생을 보면 지저분하고 더러운 것은 병든 상태입니다. 그 밖에도 "완고함, 어리석음, 장님, 귀머거리, 벙어리, 손이 오그라듦, 절름발이, 등 굽음, 곱사등이, 문둥병, 미친 병〔頑, 愚, 盲, 聾, 瘖瘂, 攣, 躄, 背, 僂, 白癩, 癲狂〕" 등 각종 병이 모두 대단히 고통스러운 병든 상태입니다.

'완고함〔頑〕'이란 우둔하고 완고하고 융통성이 없음을 말하는데, 스스로가 옳다고 여겨 아무리 가르쳐도 통하지 않습니다. '어리석음〔愚〕'이란 생각이 멍청하고 지혜가 없는 바보를 말하는데, 너무나 바보스러우니 뇌

---

43 양상(良相)과 발음은 같으나 의미가 다르다. 양상(亮相)은 배우가 자신의 모습을 화려하게 드러내는 것을 말한다.

44 양의(良醫)와 발음은 같으나 의미가 다르다. 양의(晾衣)는 햇볕에 옷을 말린다는 뜻이다.

근불구족(諸根不具足)이라 하겠습니다. '장님〔盲〕'이란 눈이 안 보이는 것을 말합니다. '귀머거리〔聾〕'란 귀가 들리지 않는 것을 말합니다. '벙어리〔瘖瘂〕'란 성대에 문제가 있어서 말을 할 수 없는 것을 말합니다. '손이 오그라듦〔攣〕'이란 두 손이 오그라들어서 마음대로 펼 수 없는 것을 말합니다. '절름발이〔躄〕'란 다리를 저는 것을 말합니다. 어떤 경우에는 반신불수로 인해 이런 후유증이 생기기도 합니다. '등 굽음〔背〕'이란 허리가 굽고 낙타 등처럼 등이 굽은 것을 말합니다. '곱사등이〔傴〕'란 낙타 등보다 훨씬 심하게 척추가 아예 펴지지 않는 것을 말합니다. 요즘은 비교적 보기 드물지만 연배가 높은 이들 가운데는 있습니다. '문둥병〔白癩〕'이란 피부병을 말합니다. '미친 병〔癲狂〕'이란 정신병을 말합니다.

이상에서 말한 병고는 대부분 겉모습을 두고 말한 것이지만 인류의 병은 그 종류가 무수합니다. 지금 이 자리에 계신 분들은 모두 자신이 건강하다고 여기시겠지만 사실은 모두 병중에 있습니다.

약사불은 병고로 고생하는 사람들이 자신의 이름을 듣고 일심으로 경건하게 약사여래법문을 외우고 수행하면 모두 "단정함과 지혜〔端正黠慧〕"를 얻을 수 있기를 발원했습니다. 인생에서 가장 얻기 어려운 것이 바로 이네 글자 "단정힐혜(端正黠慧)"입니다. 형체가 단정하고 두뇌가 총명하다는 뜻입니다. 어떤 사람은 총명한데 단정하지 못하고 어떤 사람은 단정한데 총명하지 못합니다. 총명하면서도 단정한 것은 많은 선행의 복보에서 옵니다. 단정하고 총명한 것만 해도 훌륭한데 무엇 때문에 거기다 "제근을 완전히 갖추고〔諸根完具〕"라는 구절을 덧붙였을까요? 그것은 제근(諸根)을 완전히 갖추기가 아주 어렵기 때문입니다. 수많은 사람들이 겉으로 보기에는 단정해도 자신만이 아는 드러나지 않는 병을 지니고 있습니다. 완전히 건강한 사람은 거의 없습니다.

이 시대의 중생은 눈의 과보(果報)가 대단히 나빠서 비록 눈이 멀지는 않았지만 유리에 의지해서 생활해야 합니다. 유리 안경을 쓰지 않으면 바로 앞에 두고도 알아보지 못하니 참 죽을 맛입니다. 이 시대는 물질문명의 과보는 날이 갈수록 좋아지지만 중생의 과보는 날이 갈수록 나빠집니다. 의보(依報)[45]는 장엄한데 정보(正報)[46]는 오히려 끝장이 나려고 합니다. 물질문명은 의보요 자신의 색신은 정보입니다. 정보의 복보가 엷어져서 의보에 의지해 살아가야 하니 참으로 가엾습니다! 이것을 일러 "그 몸이 열등하다[其身下劣]"고 말합니다. 그래서 약사불은 후세의 모든 중생을 가엾이 여겨, 자신이 성불하면 자신의 불광(佛光)이 두루 비추어 모든 중생의 병고가 없어지기를 발원했습니다. 생로병사의 고통을 벗어 버리는 것은 인류가 가장 얻기 어려운 것입니다. 불법을 배우고 불도를 수행하는 사람들은 모두 생로병사의 굴레에서 벗어나고 싶어 하지만 몇 사람이나 진정으로 달아날 수 있었습니까? 그렇기 때문에 약사여래의 이치를 잘 연구해야 합니다. 특히 불법을 배우는 수행을 하겠노라 발심하거나 의학을 배우겠노라 발심한 사람은 수시로 약사여래법문을 수지해야 합니다.

여러분에게 약사여래의 수인(手印) 하나를 전수해 드리겠습니다. 약사여래의 이름이나 주문을 외울 때 함께 해 주면 아주 영험할 것입니다. 양손의 여덟 손가락을 오른손이 위로 올라오게 하여 서로 교차시키고, 손바닥을 맞대어 주먹을 쥐듯이 하고, 두 개의 엄지는 나란히 펴서 오른손 식지의 가운데 마디를 누르는데 손가락이 구부러지지 않게 해야 합니다.

경전에는 약사여래의 주문이 나오는데 '나무소재연수약사불'을 외우거나 '나무약사유리광여래'의 이름을 외우는 것도 괜찮지만 이 수인을 맺는

---

45 과거에 지은 행위의 과보로 받은, 부처나 중생의 몸이 의지하고 있는 국토와 의식주 등을 말한다.
46 과거에 지은 행위의 과보로 받은 부처나 중생의 몸을 말한다.

것이 가장 좋습니다.

만약 밀종의 수행법을 따르겠다면 여러분 각자는 저에게 많은 돈을 빚진 셈이 됩니다. 반드시 붉은 봉투를 가져다 공양하고 거기다 선지식(善知識)을 기쁘게 공양한다면 여러분에게 수행법을 전수할 것이고 그러지 않는다면 전수하지 않을 것입니다. 밀종을 배우는 것은 아주 어려운데, 갖가지 공양을 하고 갖가지 절을 해야만 됩니다. 어디 저처럼 쉽게 전수해 주는 데가 있겠습니까. "쉽게 얻으면 등한히 여기는" 법이니 말입니다. 앞서 여러분에게 수인을 이야기해 주었는데 정성스럽게 빌고 외우십시오. 수인을 풀 때에는 정수리 위로 들어 올려서 푸십시오.

동양 사람들은 왜 재난이 많은가

약사불의 여섯 번째 대원을 보면 중국 문화의 유가 사상에서 『예기(禮記)』「예운편」 대동 세계의 사상과 거의 똑같습니다. 송 왕조의 대유학자 장횡거(張橫渠. 이름은 장재張載)는 자신의 명저 『서명(西銘)』에서 이렇게 말했습니다. "무릇 천하에 병들고 늙고 불구가 된 자, 형제가 없고 자식이 없고 아내가 없고 남편이 없는 자는 모두 내 형제 가운데 가난하고 의지할 데 없어도 호소할 데가 없는 자들이다〔凡天下之疲癃殘疾, 惸獨鰥寡, 皆吾兄弟之顚連而無告者也〕." 이 세상에 늙고 병들고 장애를 가진 사람과 형제가 없고 자식이 없고 혹은 배우자가 없는 사람들을 내가 내 형제나 내 친척처럼 사랑하고 돌본다는 말입니다. 중국 문화의 유가 사상은 본래 그러했습니다. 여러분은 그것이 동양 문화의 특징이라고 말하겠지만 그건 그렇지 않습니다. 무릇 인류는 모두 이런 마음을 지니고 있습니다. 서양 사람들도 똑같습니다. 다만 서양 사람들은 우리보다 진지하고 착실하게 사회 복지 및 자선 사업을 실행했을 뿐입니다.

그러므로 우리는 십칠팔 세기 이후로 동양인의 운명과 국가 민족의 운명이 왜 그토록 고달팠는지 연구해야 합니다. 서양인의 운명도 고달프기는 했지만 우리보다는 훨씬 나았습니다.

서양 문화와 사상을 연구해 보면 십칠팔 세기 이후로 사회사상이 발전하면서 서양 사회는 자선 사업과 복지 사업 방면에서 우리보다 훨씬 많은 것을 했습니다. 동양 민족은 이상과 의론은 아주 높지만 이기적인 마음이 유달리 커서 사회 군중의 이익에 대해서는 관심을 두지 않습니다. 공중 도덕심도 없고 다른 사람을 사랑하지도 않습니다. 모두 자신을 사랑해 주기만을 구하고 자기는 다른 사람을 사랑하지 않습니다. 이론상으로는 모든 사람을 사랑한다고 말하지만 그건 다른 사람에게 하는 말이고, 실제로는 자신을 사랑해 주기만을 바라고 자신은 다른 사람을 사랑하지 않습니다.

그러므로 제가 보기에 동서양의 수백 년 사회 구조와 문화 사상의 형태는, 하나는 자비를 베풀어 다른 사람을 사랑하는 마음을 진정으로 실행하였고 하나는 죽어라 이론만 떠들어 대면서 실제로는 자비를 베풀어 다른 사람을 사랑하고 사물을 이롭게 하는 마음이 대단히 부족했습니다. 이것이 제가 역사를 보고 사회를 보고 개인을 보면서 오십여 년의 경험을 통해 깊이 체득한 것이니, 실로 눈물을 흘리며 통곡할 만하다 하겠습니다. 별다른 방법이 없으니 이 민족의 비참한 과보를 계속해서 받아야만 합니다. 여기에서도 발원이 중요하며 그와 동시에 발원을 행동으로 옮겨야 함을 알 수 있습니다.

온갖 병으로 고통당하고
가난의 고통을 하소연할 데가 없다

일곱 번째 대원은, 원하옵건대 내가 다음 세상에서 바른 깨달음을 얻어 부처가 되면, 모든 유정들 중에서 온갖 병으로 고통을 당하면서도 치료해 주는 사람도 없고 돌아갈 곳도 없으며, 의사도 없고 약품도 없으며, 친척도 없고 편안히 쉴 집도 없으며, 가난하여 고통이 많은 자들이, 내 이름이 한 번만이라도 그들의 귓가에 스쳐 지나가기만 하면, 온갖 병이 없어지고 몸과 마음이 편안하고 즐거우며, 집안 식구들과 생활하는 데 필요한 물품들이 풍족해지고, 나아가서는 위없는 깨달음을 얻도록 하겠나이다.

第七大願: 願我來世得菩提時, 若諸有情, 衆病逼切, 無救無歸, 無醫無藥, 無親無家, 貧窮多苦; 我之名號, 一經其耳, 衆病悉除, 身心安樂, 家屬資具, 悉皆豐足, 乃至證得無上菩提.

여섯 번째 대원에는 두 가지 요점이 들어 있는데 앞에서 그중 하나를 설명했습니다. 두 번째 요점은 일곱 번째 대원과 상관이 있고 게다가 서로 이어져 있습니다.

부처님께서는 세상에서 이런 종류의 질병의 고통을 지닌 사람은 내 이름을 외우기만 하면 모두 낫게 될 것이라고 말씀하셨습니다. 하지만 여러분도 보십시오. 그토록 오랫동안 외웠지만 약 한 알도 먹여 주지 않으셨고 낫지도 못했습니다! 맞지 않나요?

기독교 신약 성경에서는 수많은 중풍 병자들이 예수를 보고 그의 옷자락을 잡아당겼는데 예수가 환자를 만지자마자 중풍병이 즉시 나았다고 했습니다. 병자가 예수에게 고마워하자 예수는 이렇게 말했습니다. "나에게 고마워할 것 없다. 내가 너를 구원한 것이 아니라 너 자신이 너를 구원하였다."

약사불을 외우는 이치와 예수가 중풍 병자를 만진 이치가 똑같습니다. 여러분이 병이 나서 부처님에게 구했는데도 감응이 없다면 그것은 여러분 자신이 스스로를 구원하지 못한 것입니다. 약사불의 이치를 참으로 깨닫지 못했기 때문입니다. 참으로 깨달았다면 즉시 감응이 있습니다. 여러분의 염불이 청정범행(淸淨梵行)의 마음으로 구한 것이 아니라 망상다욕(妄想多慾)의 마음과 어리석고 멍청한 마음으로 구한 것이기 때문에 약사여래의 빛이 영원히 여러분과 연결되지 않는 것입니다.

그렇다면 어떻게 해야 감응을 얻을 수 있을까요? 한 가지 수행법이 있습니다. 옛날에 어떤 사람이 수행에 성공했다고 합니다. 빈 항아리를 가지고 법에 의거해 수지하면 오랜 시간이 지난 후 항아리 안에 약 한 알이 생겨납니다. 그 약은 아무리 꺼내도 영원히 없어지지 않으며 그 약 한 알로 온갖 병을 치료할 수 있습니다.

과거 대륙에 있을 때 불법을 공부하던 의사 친구가 하나 있었는데, 저는 그 친구가 처방해 준 약 속에는 자신이 수지로 얻은 그 약이 들어 있다는 것을 알았습니다. 가끔 저는 그에게 농담을 던졌습니다. "자네 약을 먹기가 아주 번거로우니 아예 자네가 수지한 그 항아리를 나에게 주면 좋겠네." 그건 마치 구운 떡을 팔던 노파가 여순양(呂純陽)에게 "쇠를 녹여서 금을 만드는[點鐵成金] 당신의 그 손가락을 자신에게 달라고 요구한 것이나 마찬가지였습니다.

약사불의 법문을 수행하려면 먼저 광명을 수행해야 합니다. 평소에 여러분에게 광명을 수행하라고 말하지만 여러분은 이해를 못 합니다. 그뿐 아니라 자신의 업력에 가로막혀서 그 자리에서 해괴망측한 수행을 합니다. 그러니 아무리 수행을 해도 여전히 중생일 뿐입니다.

약사불의 일곱 번째 대원은 온갖 병으로 고통을 당하면서도 "치료해 주는 사람도 없고 돌아갈 곳도 없으며, 의사도 없고 약품도 없으며, 친척도 없고 편안히 쉴 집도 없으며, 가난하여 고통이 많은〔無救無歸, 無醫無藥, 無親無家, 貧窮多苦〕" 일체의 유정 중생을 위해 발원한 것입니다.

그러고 보니 제가 아미산(蛾嵋山)에서 『대장경』을 읽던 그때가 생각납니다. 이 경문을 보자 더 이상 읽어 내려 갈 수가 없었습니다. 관상(觀想)을 하지 않아도 저절로 떠오르기 시작했는데, 친척 친구로부터 시작해서 "온갖 병으로 고통을 당하면서도 치료해 주는 사람도 없고 돌아갈 곳도 없는" 그런 처지에 있는 세상 모든 사람이 생각났습니다. 특히 당시는 전란 중이라 제 눈으로 직접 수많은 사람들이 치료도 못 받고 돌아갈 곳도 없는 상황에 처한 것을 목격했습니다. 가난해도 좋고 병들어도 좋지만 "친척도 없고 편안히 쉴 집도 없어" 돌아갈 곳이 없으니, 이 망망한 세상 어느 곳이 내 본향이란 말입니까. 저 자신도 "어느 곳이 내 본향인가〔何處是兒家〕" 하는 그런 감상에 젖을 때가 있었는데, 그럴 때면 다음과 같은 옛사람의 시를 외우곤 했습니다.

고향이 있어도 돌아가지 못하는 신세　　　　　　本是有家歸未得
두견새야 귓가에서 서글피 울지 마라　　　　　　杜鵑休向耳邊啼

이 세상은 곳곳에 치료해 주는 사람도 없고 돌아갈 곳도 없는 사람이 가득합니다. 병으로 고통받으면서도 의사도 약도 없는 사람은 더더욱 그 수를 헤아릴 수 없습니다. 지금 여러분이야 두 개의 제 서랍 속에 한약과 양약이 한 무더기 들어 있어서, 중병이든 잔병이든 와서 약값이 얼마인지도 모르고 약을 받아 가기만 하면 됩니다. 받아 갈 때마다 적어도 몇 백 위안은 하겠지만 어쨌든 약은 얼마든지 있으니 여러분이 얼마나 많은 복보(福

報)를 누리고 있는지 모릅니다!

　"의사도 없고 약품도 없는〔無醫無藥〕" 상황을 저는 직접 겪어 봤습니다. 예전에 삼 년이나 학질에 걸렸던 기록이 있는데, 낮에는 학질로 한바탕 추웠다 한바탕 더웠다를 반복하며 몇 시간을 고생하고 밤에는 다시 일을 해야 했습니다. 의사도 없고 약도 없어서 장작개비처럼 말라 가면서 삼 년을 보냈습니다. 그때는 낮에 길을 걸어가면 다리로 걷는지 머리가 아래에서 걷는지 모를 지경이었습니다. 사람이 거꾸로 선 것처럼 느껴졌습니다.

　저는 늘 청년 친구들에게 이렇게 말합니다. "자네들이 인생을 아는가? 자네들은 너무 행복해서 타락해 버렸어." 당시 저는 수시로 이렇게 생각했습니다. 다음 걸음을 내딛다가 길거리에서 죽을 수도 있겠구나. 어쩌면 개가 시신을 끌고 가서 먹어 치워 버릴지도 몰라. 어쩌면 마음씨 좋은 사람이 보고 진흙을 이겨서 묻어 줄지도 몰라. 어쩌면, 어쩌면, 수많은 '어쩌면'이 떠올랐습니다. 길을 걸으면서 생각했습니다. 다음 걸음을 내딛자마자 쿵 하고 그렇게 쓰러진다면 '인을 구해서 인을 얻었으니 어찌 원망하며, 늙어 죽는데 길거리에서 죽는 게 무슨 대수랴〔求仁得仁有何怨, 老死何妨死路旁〕' 하고 생각하면 마음이 편안해지면서 슬프지도 않고 괴롭지도 않았습니다.

　"치료해 주는 사람도 없고 돌아갈 곳도 없으며, 의사도 없고 약품도 없으며, 친척도 없고 편안히 쉴 집도 없으니"라는 경문을 읽으면, 마땅히 자신은 얻은 것이 너무 많으며 이 복보를 다 누리는 것이 두려운 일이라는 것을 생각해야 합니다.

　수많은 사람이 "가난으로 고통이 많지만〔貧窮多苦〕" 가난 이외에도 고통스러운 일은 많습니다. 이 구절을 "가난은 얼마나 고통스러운가"라고 보면 안 됩니다. 그러면 의미를 잘못 이해하게 됩니다.

　"내 이름이 한 번만이라도 그들의 귓가에 스쳐 지나가기만 하면〔我之名號, 一經其耳〕", 약사유리광여래, 나무소재연수약사불을 듣기만 하면, "온

갖 병이 없어지고 몸과 마음이 편안하고 즐거우며〔衆病悉除, 身心安樂〕",
병이 사라지고 몸과 마음 역시 편안하고 즐거워집니다. 이것은 무슨 이치
일까요?

부처님께 절하는 심리

"재앙을 없애고 수명을 연장하다〔消災延壽〕"는 후대에 중국인들이 덧붙
인 것인데, 재앙을 없애고 거기다가 수명까지 연장하려고 하는 것은 배불
리 먹은 데다가 조금 싸 가려는 것과 마찬가지입니다. 그런 마음으로 염불
을 한다면 부처님은 얼마나 바쁘시겠습니까! 재앙도 없애 달라 수명도 연
장해 달라, 그런 사람들이 부처님을 믿는 것은 욕심이 많기 때문임을 알
수 있습니다. 저는 보기만 해도 머리가 아픕니다! 십 위안에 바나나 몇 개
사고 오 위안에 향 한 꾸러미 사서는 절에 가서 절하고 향을 사르면서 한
나절을 빌고, 공양이 끝나면 바나나는 다시 가지고 돌아와서 아이들에게
먹으라고 줍니다. 돈을 많이 벌게 해 달라고 하고 또 평안하게 해 달라고
하고 이거 해 달라 저거 해 달라 요구합니다. 그래서 저는 한평생 보살이
되지 않기를 발원했습니다. 보살은 바빠 죽습니다. 거기다 하루 종일 향을
사르는 연기 때문에 얼굴은 온통 시커멓게 됩니다. 이거 해 달라 저거 해
달라 하는 사람들은 절을 온통 연기 소굴로 만들어 놓고는 바나나도 먹으
라고 주지 않습니다. 절이 끝나면 두부도 받쳐 들고 가 버립니다. 그러면
서 요구하는 것은 얼마나 많은지요! 재앙을 없애 달라, 어려움을 면하게
해 달라, 돈을 벌게 해 달라 등등 많기도 합니다! 생각해 보십시오. 이처
럼 많은 욕망을 지닌 중생이 어떻게 성불하겠습니까?
　불학을 배우고 발원하는 것은 다른 사람을 이롭게 하려는 것이지 다른

사람에게 뭔가를 달라고 요구하는 것이 아닙니다. 부처님은 중생을 이롭게 하기를 발원하였는데 결과는 오히려 중생의 더 큰 탐욕을 일으키는 경우가 왕왕 있습니다. 여러분도 "집안 식구들과 생활하는 데 필요한 물품들이 풍족해지고〔家屬資具, 悉皆豐足〕"라는 구절을 보십시오. 부처님은 참으로 감사하게도 이렇게 말했습니다. 자신의 이름을 듣고 구하기만 하면 여러분 집안의 사람들, 외손자 외할아버지 외할머니 외삼촌까지 다 포함해서 온 집안 식구들을 부자로 만들어 주겠노라고 말이지요. "자구(資具)"는 여러분의 생활을 도와주는 돈과 물질을 말합니다. 가구가 없으면 가구를 주고 오토바이가 없으면 오토바이를 주고 자동차가 없으면 자동차도 주고 무슨 가구든지 다 생겨서 풍족하고 충만합니다. 그것은 아무것도 아닙니다. 약사여래의 일곱 번째 대원은 정말로 멋집니다. 그러므로 저는 여러분이 약사여래에게 귀의하기를 원합니다. 그의 이름을 외우기만 하면 돈도 벌고 병도 안 걸리고 온갖 것이 다 생깁니다. 그것도 보통으로 생기는 것이 아니라 대자본가로 변해서 "필요한 물품들이 풍족해집니다." 그런 다음에는 성불해서 "위없는 깨달음을 얻기에 이릅니다〔乃至證得無上菩提〕." 이렇게 많이 남는 장사를 안 한다는 말입니까? 믿지 못하겠으면 외워 보십시오! 고개를 가로젓지 말고, 여러분은 언제 외워 봤습니까? 어떤 것을 염불이라고 부릅니까? 눈곱만큼도 알지 못해도 진실로 유리광의 경계에 이르도록 외우면 그런 일이 일어납니다. 하지만 그때가 되면 여러분 역시 보시해야 합니다. 왜냐하면 여러분도 약사불과 똑같은 원력을 지니게 될 것이기 때문입니다.

"내 이름이 한 번만이라도 그들의 귓가에 스쳐 지나가기만 하면〔我之名號, 一經其耳〕"에는 관세음의 이근원통(耳根圓通)[47]의 수행법, 즉 "듣는 자

---

[47] 소리에 집중하여 깨달음을 얻는 수행법을 말한다.

기의 본성을 돌이켜 듣고, 본성이 위없는 도를 이룬다[返聞聞自性, 性成無
上道]"라는 것이 포함되어 있습니다. 이것은 『능엄경』에서 말한 관세음보
살의 문사수(聞思修) 법문입니다. "듣는 자기의 본성을 돌이켜 듣고", 한
편으로는 약사불을 외우면서 한편으로는 자신이 염불하는 소리를 듣습니
다. "처음에는 들음 가운데에서 흐름에 들어가서 그것을 잊어버린다[初於
聞中, 入流亡所]"라고 했습니다. 자신의 염원 하나하나와 불호(佛號)를 한
글자 한 글자 또박또박, 중간에 조금의 잡념도 없도록 하여 스스로 자신의
내재적인 목소리를 듣고, 법성(法性)의 흐름에 들어가서 '망소(亡所)' 즉
외운 것을 잊어버립니다. 외우되 외우지 않고 외우지 않되 외웁니다. 보세
요. 그때가 되면 감응이 있을까요 없을까요?

　여러분은 지금 이곳에서 학생이 되어 아침부터 밤까지 "아! 선생님, 좋
은 아침입니다. 선생님 좋네요. 선생님 큰일 났습니다" 같은 말을 하는데,
듣는 저는 성가십니다. 앞에서 말한 염불의 이치는 제 책에서 언급했었는
데, 어떤 책이었지요? 여러분은 말합니다. "저는 선생님의 책을 다 봤습
니다." 내가 보기에는 선생님의 책이 여러분을 다 봤습니다. 계속 얘기하
면 "선생님, 부끄럽습니다"라고 말하는데, 제가 여러분보다 더 부끄럽습
니다!

　조심하십시오! 일곱 번째 대원의 핵심은 여기에 있습니다. 여러분이 약
사불의 이름을 외웠는데도 그가 감응하지 않은 것이 아니라, 여러분 자신
이 제대로 외우지 않았다는 것입니다. 만약 약사유리광의 경계에 이르도
록 외운다면 여러분의 자성(自性)의 빛 가운데에서 부모가 낳아 준 육신
의 큰 약이 생겨납니다. 이것은 도가나 밀종에서는 구해도 얻지 못하는 것
인데, '천원단(天元丹)'이라고 부르며 허무(虛無) 가운데에서 자연스럽게
생겨납니다. 약사여래가 허무 가운데에서 자연스럽게 오고 큰 약도 자연
스럽게 생겨납니다. 여러분은 "저도 염불해 보았습니다!"라고 말할 것입

니다. 물론 염불해 보았겠지요. 어쩌다 다른 사람을 위해 염불하고 목탁을 두드렸을 수도 있습니다. 여러분은 자신이 어떤 망상을 하고 있는지 아십니까? 제대로 염불하지 않았을 뿐 아니라 염불했어도 여전히 죄과(罪過)가 남아 있습니다. 그렇기 때문에 약사법문의 수행법을 진정으로 이해해야만 합니다.

여자의 몸이 남자의 몸으로 변하다

여덟 번째 대원은, 원하옵건대 내가 다음 세상에서 바른 깨달음을 얻어 부처가 되면, 모든 여인들이 여인의 온갖 나쁜 일로 괴로워할 적에, 염리심이 생겨나서 여자의 몸을 버리길 원하던 차에, 내 이름을 들으면 그 즉시에 여자의 몸이 남자의 몸으로 변하여 대장부의 모습을 갖추고, 나아가서는 위없는 깨달음을 증득하도록 하겠나이다.

第八大願: 願我來世得菩提時, 若有女人, 爲女百惡之所逼惱, 極生厭離, 願捨女身; 聞我名已, 一切皆得轉女成男, 具丈夫相, 乃至證得無上菩提.

칼을 대서 수술할 필요가 없습니다. 지금은 남자의 몸이 여자의 몸으로 변하거나 여자의 몸이 남자의 몸으로 변하려면 성전환 수술을 해야 합니다. 약사불의 여덟 번째 대원은 특별히 여성을 위해 발원한 것으로서 관세음보살과 마찬가지로 대자대비(大慈大悲)합니다. 관세음보살은 여성을 동정해서 동양에서는 여성의 몸으로 현신하기를 좋아합니다. 여성이 무슨 잘못이 있나요? 여성에게는 결코 잘못이 없습니다. 저에게는 환생할 때마다 여성으로 태어나게 해 달라고 발원하는 친구가 하나 있습니다. 단 두

가지 조건이 있는데, 하나는 월경을 하지 않는 관음(觀音)의 몸이고 또 하나는 아이를 낳지 않겠다는 것입니다. 게다가 이 세상의 모든 남자와 여자가 자신을 보기만 하면 중매를 서겠다고 해야 한다는 것입니다. 그 친구는 되지도 않는 농담으로 그런 발원을 했습니다. 그러면 저는, 발원은 아무렇게나 하는 것이 아니다, 깨달음을 증득하는 것 말고는 그런 발원은 해서는 안 된다고 말합니다.

그러나 만약 정말로 그런 발원을 하겠다면, 그래도 될까요? 물론 됩니다. 생각해 보십시오. 약사여래의 여덟 번째 대원은 자신이 성불하였을 때 만약 여인이 스스로 여인의 몸인 것을 원하지 않으면 여자의 몸을 남자의 몸으로 변하게 하겠다는 것입니다. 다만 여성이 남자의 몸으로 변하는 것을 원하지 않는다면 그녀를 그대로 내버려 두어도 아무 상관이 없습니다. 억지로 하지는 않습니다.

"여인의 온갖 나쁜 일〔女百惡〕"은 해석하기 참 어렵습니다. 『법화경』「제바달다품」에서는 여성에게 오장(五障)[48]의 몸이 있다고 했는데, 이 오장을 인문 문화적 관점에서 말하자면 여성의 과보(果報)를 이야기하는 것이라고 하겠습니다. 하지만 결코 결말은 아닙니다. 여인의 "온갖 나쁜 일로 괴로워한다〔女百惡之所逼惱〕"고 했을 때 이는 심리 방면에 편중되어 있는데, 바꾸어 말하면 구십팔 결사(結使)[49]의 이치와 들어맞습니다. 여성은 정(情)에 치중하기 때문에 『백법명문론(百法明門論)』[50]에서 말한 오십일

---

48 여자가 가진 다섯 가지 장애(障礙)를 말한다. 여자는 이것 때문에 범천(梵天), 제석(帝釋), 마왕(魔王), 전륜성왕(轉輪聖王), 불신(佛身)이 되지 못한다고 한다.

49 중생을 미혹된 생사의 고통 상태에 매듭지어 단단히 동여매 묶는다는 의미에서 번뇌를 결(結) 또는 결사(結使)라고도 표현한다.

50 『유가사지론(瑜伽師地論)』의 본지분(本地分)에 나오는 제법(諸法)을 오위백법(五位百法)으로 요약하고 그 이름을 열거한 책. 천친(天親)이 짓고 당(唐)의 현장(玄奘)이 번역하였다.

종의 심소(心所)가 만들어 내는 심리 상태, 혹은 구십팔 결사라고도 말하는 것에서 벗어나기가 매우 어렵습니다. 여성들은 얽히고설킨 것을 좋아하는데, 말하는 것도 얽히고설키고 매사에 얽히고설키어 복잡하기 그지없습니다. 하지만 문학이나 인생의 경지에서 본다면 얽히고설켜야 예술이라고들 합니다! 예술에서는 얽히고설킴, 곡선이 필요합니다. 얽히고설킴이 없었다면 『홍루몽(紅樓夢)』, 『서상기(西廂記)』, 『다화녀(茶花女)』[51] 같은 이야기가 나오지 못했을 것입니다. "봄누에는 죽어서야 실뽑기를 끝내고, 촛불은 재가 되어서야 눈물이 마르네〔春蠶到死絲方盡, 蠟炬成灰淚始乾〕." 이 정도는 되어야 '정'의 맛이라 할 수 있습니다. 여성은 이것 때문에 온갖 나쁜 일이 생기는데, 얽히고설키는 가운데에서 얽혀 버리고 맙니다. 스스로 얽히고설키는 정업(情業)에 대해 염리심(厭離心)[52]이 생겨나야 합니다. 하지만 조심하십시오! 염리심은 대단히 어렵습니다. 불법을 배우는 사람의 첫걸음은 먼저 염리심을 일으켰는지를 스스로에게 물어보는 데 있습니다.

솔직히 말해서 우리는 불법을 배우면서 이 세상을 결코 싫어하지 않습니다. 떠나려는 생각은 더욱 하지 않습니다. 모든 것에 미련을 가지고 있고 조금도 싫어하지 않습니다. 아마도 다른 사람과 싸울 때에만 조금 싫어지고 다른 때에는 조금도 싫지 않으며 떠나고 싶지 않을 것입니다. 어떤 친구는 저에게 이렇게 말합니다. "왜 해탈을 요구하지? 자네도 보게. 이 세상이 얼마나 좋고 얼마나 아름다운가! 더우면 시원한 바람이 있고, 그러지 않으면 선풍기가 있고, 양주 요리에 호남 요리에 광동 요리에……

---

51 임서(林紓)가 번역한 소설 제목. 1893년 프랑스에서 돌아온 친구에게서 뒤마의 『춘희(椿姬)』 이야기를 듣고 그것을 『파리다화녀유사(巴黎茶花女遺事)』라는 이름으로 출판하였다.
52 세속이 싫어져서 멀리하고 싶은 마음을 말한다.

이 세상 어디가 안 좋다는 건가? 그러니 석가모니불도 이 세상에 오시려고 했지."

불법을 배우는 사람은 자신이 처한 욕계에 대해 염리심이 생겼는지 아닌지를 스스로 점검해야 합니다. 그러지 않으면 수행을 시작할 수 없습니다. 반드시 한 차례 진정으로 염리심이 생겨나야 합니다. 그런 경우에는 열심히 노력하기만 하면 하루에 천 리를 올라갈 수 있습니다. 이것은 필연적인 일입니다. 보통 사람은 불법을 배우다가 언제쯤 이 세상에 대해 염리심이 생길까요? 젊은 사람들은 연애에서 좌절을 맛보거나 혹은 집안에서 싸웠거나 장사를 하다가 실패해서 실망이 극에 다다르면, 절에 달려가서 절을 하고 부처님 앞에서 한바탕 통곡하고 싶어집니다. 하지만 그런 것은 염리심이라고 부르지 않습니다. 그것은 타격을 받아서 생겨난 실망감이고 말라 죽은 나무와 불기 없는 재이니 "허공에 핀 꽃에서 어찌 열매를 구하랴"라는 말처럼, 식어 버린 재 속에는 열기가 없어서 아무것도 생겨날 수가 없습니다. 그것은 염리심이 아닙니다.

이른바 염리(厭離)라는 것은 이 세상을 싫어하고 이 속세를 싫어함이니, 그런 까닭에 여자의 몸을 대장부의 몸으로 변하게 하고 싶은 것입니다. 물론 여자의 몸을 버리지 않고 대장부의 몸이 되는 것도 괜찮습니다. 유리광여래의 경계를 증득하면 그 몸은 여전히 여인이라도 여덟 살에 성불한 용녀(龍女)처럼 몸을 변화시킬 필요가 없습니다.

"여자의 몸이 남자의 몸으로 변한다〔轉女成男〕"라고 했는데, 무엇을 남자라고 부릅니까? 우리가 반드시 남자인 것만은 아닙니다. 거기에는 주해가 붙어 있는데, 대장부의 모습을 갖추어야 비로소 진정한 남자라고 부를 수 있습니다. 우리는 소장부(小丈夫)의 자격도 충분치 않고 그저 '소두부(小豆腐)'[53] 정도나 될 뿐이니 남자라 할 수도 없습니다.

역사에는 오대(五代)에 서촉(西蜀)이 송 태조 조광윤에게 멸망당한 것을 기록해 놓았는데, 문학가나 예술가들은 모두 서촉왕 맹창(孟昶)에게 아름다운 비(妃) 화예부인(花蕊夫人)이 있었음을 알고 있습니다. 맹창이 투항한 후 화예부인은 조광윤의 후궁으로 들어가게 되었습니다. 조광윤이 화예부인에게 말했습니다. "당신들이 나라를 세운 지 수십 년이 됐으나 이제 내가 통일해 버렸소. 당신네 나라에는 싸울 줄 아는 남자가 없소?" 화예부인은 시를 잘 지었는데 그녀는 이렇게 말했습니다. "십사 만이 일제히 갑옷을 벗었으니, 남자는 한 명도 없었던 것인가[十四萬人齊解甲, 寧無一個是男兒]." 십사 만 명의 부대가 전부 투항하였으니, 남자는 한 명도 없고 심지어 여인보다도 못했습니다.

그러므로 여자의 몸도 똑같이 대장부가 될 수 있습니다. 여덟 번째 대원은 여성 동학을 위해 발원한 것이니, 여러분이 약사불의 법문을 수행하고 그의 이름을 외우려 든다면 곧바로 그 몸이 대장부의 모습으로 변할 수 있으며 나아가 성불하여 "위없는 깨달음을 증득하는[證得無上菩提]"데에도 아무 문제가 없습니다. 말해 보십시오. 이런 이치가 있습니까, 없습니까? 만약 여러분이 장자가 말한 '물변(物變)'의 이치를 이해한다면, 마음과 생각이 변하면 몸도 따라서 변합니다. 결코 불가능한 일이 아닙니다.

약사불의 원력을 보고 나서 이 세상에서 결사적으로 여권 운동을 벌이는 여성들을 보면 참으로 보잘것없게 느껴집니다. 약사여래의 여덟 번째 대원이야말로 진정한 여권 운동입니다. 안 그렇습니까? 틀린 게 있습니까? 없습니다. 잘 발원하고 수행하면 즉시 대장부의 모습으로 변할 것입니다.

---

53 소두부는 콩비지찌게라는 뜻이지만 여기에서는 소장부와 중국어 발음이 비슷해서 쓴 것으로 보인다.

어떻게 마의 그물에서 빠져나오고 속박에서 벗어날 것인가

아홉 번째 대원은, 원하옵건대 내가 다음 세상에서 바른 깨달음을 얻어 부처가 되면, 모든 유정들로 하여금 마의 그물에서 나오고 모든 외도의 속박에서 벗어나게 하고, 여러 가지 악견의 조림에 떨어져 있는 유정들을 모두이끌어 내어 정견으로 인도하고, 점차적으로 보살행을 닦아 하루라도 빨리위없는 깨달음을 증득하도록 하겠나이다.

第九大願: 願我來世得菩提時, 令諸有情, 出魔胃網, 解脫一切外道纏縛, 若墮種種惡見稠林, 皆當引攝, 置於正見, 漸令修習諸菩薩行, 速證無上正等菩提.

이 대원들은 모두 약사여래가 성불하기 전 보살의 지위에 있을 때 발한원력(願力)입니다. 불법을 배우려면 반드시 원력을 지녀야 합니다. 원력이 없이 불법을 배우면 그것은 개인의 흥미이며 미신이나 기호라고 말할수도 있습니다. 일반적인 취미와 약간의 차이가 있을 뿐입니다. 담배를 좋아하지 않으면 차를 마시고, 차를 좋아하지 않으면 술을 마시는 것과 똑같습니다. 모든 사람의 취미는 제각기 다릅니다. 어떤 사람은 세상의 성색화리(聲色貨利)를 좋아하고 어떤 사람은 산수에 노니는 것을 좋아하고 어떤사람은 종교에 열심이기를 좋아합니다. 어떤 것이 옳다 어떤 것이 그르다말할 수는 없지만 모두 이성에 기초한 것은 아닙니다. 그러므로 불법을 배우는 첫걸음은 바로 발원입니다.

약사여래의 아홉 번째 대원은 자신이 장래에 대철대오(大徹大悟)하여깨달음을 얻으면, 자신의 공덕과 능력으로 모든 중생이 일체 마(魔)의 그물(胃網)에서 빠져나올 수 있도록 하는 것입니다. 촘촘한 그물을 '견(胃)'

이라고 하고 성긴 그물을 '망(網)'이라고 부릅니다.

우리가 알다시피 번뇌는 일종의 마(魔)이고 생사도 일종의 마이며 욕망역시 일종의 마입니다. 만약 수도하는 입장에서 말한다면 어느 하나라도 마경(魔境)이 아닌 것이 없습니다. 설사 어떤 사람이 아름다운 경계를 좋아하고 산림이나 도시를 좋아한다 하더라도, 집착하는 바가 있기만 하면 그것이 바로 마경입니다. 마의 그물에서 진정으로 빠져나오려고 하는 것은 대단히 어려운 일입니다.

생사의 마, 번뇌의 마에서 빠져나오고 욕망의 마에서도 빠져나와야 비로소 진정한 해탈을 얻을 수 있습니다. "마의 그물에서 나오고 모든 외도의 속박에서 벗어나게 한다〔出魔冒網, 解脫一切外道纏縛〕." 일반 범부가 해탈을 얻지 못하는 까닭은 시종 생사마(生死魔), 번뇌마(煩惱魔), 욕망마(慾望魔)의 그물 가운데 있기 때문입니다. 설사 종교를 믿는다 해도 그것이 어떤 종교든 관계없이, 설사 수도를 한다 해도 그것이 어떤 도이든 막론하고 결국은 모두가 외도(外道)에 속하며 모든 외도의 속박에서 벗어나지 못합니다.

외도와 내도의 차이는 어디에 있습니까? 어떤 것을 외도라고 부릅니까? 마음 바깥에서 법을 구하는 것이 바로 외도입니다. 일반 종교에서는 모두 아무렇게나 '외도'라는 명사를 사용합니다. 예를 들어 나는 불교를 믿는데 당신은 불교를 믿지 않으니 당신은 외도이다. 나는 천주교를 믿는데 당신은 나의 천주교를 믿지 않으니 당신은 외도이다. 나는 무슨 도를 믿는데 당신은 그것을 믿지 않으니 당신은 바로 외도이다. 이런 것은 모두 아무렇게나 말하는 것입니다. 이런 외도는 세간의 법과 마찬가지로 모두 '아견(我見)'[54]에서 비롯되었습니다. 나에게 맞지 않으면 곧바로 외도라고 여기는 그런 유의 견해는 견취견(見取見)에 속합니다. 다음의 오견(五見) 즉 신견(身見)[55], 변견(邊見)[56], 사견(邪見)[57], 견취견(見取見)[58], 계금취견(戒禁取見)[59] 가운데 하나입니다. '견(見)'은 관념입니다. 범부는 이런 관념들의 속박에서 벗어나지 못해 깨달음을 증득하지 못합니다.

이렇게 해서 우리는 이제 이해할 수 있습니다. 무릇 진정으로 명심견성(明心見性)하고 아뇩다라삼막삼보리를 증득하기 이전의 모든 수행, 모든 이치, 모든 행위는 엄격히 말하면 가행(加行)[60]일 뿐이고 여전히 외도의 경계 가운데 있습니다. 진정으로 깨달음을 증득하고 명심견성한 이후라야 비로소 모든 마경(魔境)에서 벗어나고 모든 번뇌에서 벗어날 수 있습니다. 약사불의 이 대원을 통해 우리는 수지(修持)의 길을 철저하고도 분명하게 이해할 수 있습니다.

"여러 가지 악견의 조림에 떨어져 있는 유정들을 모두 이끌어 내어 정견으로 인도한다[若墮種種惡見稠林, 皆當引攝, 置於正見]"라고 하였습니다. "종종(種種)"은 간략화한 번역입니다. "악견(惡見)"은 많은 것을 포괄하는데 신견, 변견, 사견, 견취견, 계금취견같이 약간의 편향이 있는 관념은 모두 악견에 속합니다. "조림(稠林)"은 무성한 수풀처럼 밀집했다는 의미입니다. 약사불은 장래 성불한 불국토 세계에서 만약 중생이 허다하게 잘못된, 정지견(正知見)[61]이 아닌 악견의 숲 가운데 떨어져서 빠져나오지 못한다면 자신이 그들을 이끌어 내어 "정견으로 인도하기"를 발원했습니다.

---

54 자아(自我)에 변하지 않고 항상 독자적으로 존속하는 실체가 있다고 집착하는 그릇된 견해를 가리키는 말이다.
55 오온(五蘊)의 일시적 화합에 지나지 않는 신체에 불변하는 자아가 있고, 또 오온은 자아의 소유라는 그릇된 견해.
56 극단으로 치우친 견해.
57 인과(因果)의 이치를 부정하는 견해.
58 그릇된 견해를 바른 것으로 간주하여 거기에 집착하는 견해.
59 그릇된 계율이나 금지 조항을 바른 것으로 간주하여 거기에 집착하는 견해.
60 불교에서 어떤 일의 성취를 위한 방편으로서의 준비 수행(修行)을 말한다.
61 바른 지혜로서 불생불멸, 인과보응의 이치를 바르게 아는 것을 말한다.

진정으로 불법을 배우려면 발원하는 것 말고도 정확한 '견해'를 지녀야 합니다. 정견(正見)을 지니는 것은 대단히 어려운데, 정견을 지녀야 수지(修持)를 이야기할 수 있고 정견을 지녀야 정행(正行)을 이야기할 수 있습니다. 견해가 참되지 않으면 모든 수지가 사곡(邪曲)의 길로 빠지게 됩니다. 견해는 『능엄경』에서 "원인이 참되지 않으면 결과도 비뚤어짐을 초래한다〔因地不眞, 果招紆曲〕"라고 말했던, 발심의 인지(因地)라고도 말할 수 있습니다. 따라서 불법을 배우려면 먼저 정견을 지녀야 비로소 정행과 수지를 할 수 있습니다.

"점차적으로 닦아〔漸令修習〕"라고 하였는데, 무엇을 닦는 것일까요? 주의해야 합니다. 일체 '보살행(菩薩行)'을 닦습니다. 보살행은 무엇일까요? 보살행은 바로 보살계본(菩薩戒本)[62]에 나와 있습니다. 미륵보살계본(彌勒菩薩戒本), 범망경계본(梵網經戒本) 등을 총괄해서 보살계본이라고 하는데, 보살행은 아주 간단하고 아주 평범하며 아주 이해하기 쉽습니다. 오히려 실행하기 어려운 것은 "제악막작 중선봉행(諸惡莫作, 衆善奉行)"의 여덟 글자입니다. 영원히 실행하기 어려운 여덟 글자입니다.

그러므로 정견을 지닌 후에 그들로 하여금 일체 보살행을 점차적으로 닦아 하루 빨리 위없는 깨달음을 얻고 하루 빨리 위없는 정등정각(正等正覺)을 얻어 대철대오하게 합니다.

약사여래의 아홉 번째 대원은 그냥 표면의 문자만 봐서는 이해하기 쉽지만 문제는 실행하기가 아주 어렵다는 것입니다. 실행하기 쉬운 것이 하나도 없습니다.

동시에 아홉 번째 대원을 보면 우리는 하나의 결론을 얻을 수 있습니다.

---

62 보살이 지켜야 할 계율을 종류별로 나누어 열거한 조문(條文)으로, 북량(北涼)의 담무참(曇無讖)이 번역한 것과 당(唐)의 현장(玄奘)이 번역한 것이 있다.

동방의 약사여래는 사상 교화에 치중하여 서방 극락세계의 아미타불과는 차이가 있습니다. 약사여래의 동방세계의 불법은 정견(正見)과 정사유(正思惟)로써 사악하고 잘못된 관념을 지닌 세상의 모든 중생들을 구제하는 것입니다. 바꾸어 말하면 약사여래의 아홉 번째 대원의 핵심은 '교화'와 '사상'에 있습니다. 인도의 불교 문화는 아홉 번째 대원의 문자적 서술에 치중하였지만 중국 문화에서는 교육 교화와 사상에 치중하여 결국에는 모든 중생이 정지(正知)와 정견(正見)으로 돌아가야 한다고 했습니다.

염불이 재난을 없앨 수 있는가

열 번째 대원은, 원하옵건대 내가 다음 세상에서 바른 깨달음을 얻어 부처가 되면, 모든 유정들이 왕의 법령에 의해 몸이 묶여 구속되거나 매를 맞거나 감옥에 갇히거나 사형을 당하고, 기타 수많은 재난으로 능욕을 당해 슬퍼하고 근심하고 속을 태우며 심신이 고통을 받을 적에, 내 이름을 들으면 나의 복덕과 위신력으로 모든 근심과 고통에서 벗어나도록 하겠나이다.

第十大願: 願我來世得菩提時, 若諸有情, 王法所加, 縛錄鞭撻, 繫閉牢獄, 或當刑戮, 及餘無量災難陵辱, 悲愁煎逼, 身心受苦; 若聞我名, 以我福德威神力故, 皆得解脫一切憂苦.

우리가 모든 종교 특히 중국의 대승 불법의 불교를 연구해 보면, 약사불의 열 번째 대원은 대자대비 관세음보살 및 지장왕보살의 원력과 같습니다.

약사불이 말하기를 장래에 성불했을 때 일체 중생이 만약 국가의 법령을 범해서 형을 받을 때, 감옥에 갇힐 때, 죽임을 당할 때 및 각종 다른 재난으로 모욕과 고통을 받을 때, 비참할 때, 심리적으로 초조하고 생리적으로 고통받을 때에 오로지 '나무약사여래'의 이름을 외우기만 하면, 꼭 '나무소재연수약사불'이라고 외우지 않더라도, 그가 말하기를, 나의 복덕과 위신력으로 그들이 모든 근심과 고통에서 벗어날 수 있다고 했습니다. 생각해 보십시오. 그 위력이 얼마나 큽니까! 그 이익은 또 얼마나 많습니까! 돈 한 푼 필요 없습니다.

여기에는 많은 문제가 있습니다. 일반적으로 불법을 배우는 사람들은 『법화경』의 「보문품」을 즐겨 외웁니다. 관세음보살은 서른두 가지 응신(應身)으로 일체 중생을 제도하여, 깨달음을 구하면 깨달음을 얻고 장수를 구하면 장수를 얻고 아들 낳기를 구하면 아들을 낳고 딸 낳기를 구하면 딸을 낳습니다. 물론 번뇌를 구한다고 해서 번뇌를 얻지는 않습니다. 왜냐하면 자청해서 번뇌를 구할 사람은 없기 때문입니다. 「보품문」에서는 무엇이든 구하기만 하면 얻는다고 말했습니다. 하지만 현금을 구하면 현금을 얻는다고는 결코 말하지 않았습니다.

만약 형벌을 받게 되었다면, 고대에는 손과 발에 수갑과 족쇄를 채우고 목에는 칼을 씌웠는데, 성심을 다해 약사불의 이름을 외우면 그런 형구들이 모두 끊어져서 벗어날 수 있을 것입니다.

이 부분은 연구해 볼 만합니다. 여러분이 믿지 못하겠다면 형벌을 받는 것까지는 아니고 제가 줄로 여러분을 묶을 테니 여러분이 염불을 해 보십시오. 벗어날 수 있을 것 같습니까? 만약 벗어나지 못한다면 부처님이 망언을 뱉은 것이 아닙니까? 만약 벗어날 수 있다면 이 세상에는 정의란 없고 신의 세상이 되겠지요. 이것은 철학에서 두 가지 중대한 문제입니다.

당 왕조의 명재상 요숭(姚崇), 그는 당 태종 시대의 개국 재상인 방현령(房玄齡) 및 동시대의 명재상 송경(宋璟) 등과 이름을 나란히 하는데, 충신일 뿐 아니라 대단히 정직하기까지 해서 역사에 많은 공헌을 했습니다. 요숭은 당 명황에게 올린 상주문에서 이런 것들에 극력 반대했습니다. 그런데 그의 상주문을 보면 불법에 대한 이해가 대단히 깊고 대단히 전문적임을 알 수 있습니다. 그가 말하기를, 경전에서는 일체 중생이 왕의 법령에 저촉되었을 때 무엇이든 구하면 그것을 얻게 된다고 말했지만 내 손으로 그렇게 많은 범인을 처리했어도 지금껏 그것을 벗어난 사람을 본 적이 없다고 했습니다.

하지만 그가 이런 것을 믿지 않았다고 보십니까? 그의 상주문을 다 읽어 보고 그의 일생의 사람됨을 다 살펴보면 온통 불법(佛法)입니다. 그는 불법을 잘 알고 있었습니다.

고대에는 일인지하 만인지상의 자리에서 수십 년간 권위를 누렸던 재상은, 죽을 때에도 대부분 진주나 옥 등의 보석을 입 속에 넣어 매장함으로써 시체가 썩지 않도록 했습니다. 요숭이 칠십여 세에 이르자 그의 권위도 극에 달했는데, 뜻밖에도 죽음이 임박했을 때 유서를 써서 자손에게 엄격하게 명령하기를 절대 그렇게 하지 말라고 했습니다. 죽으면 입은 옷 그대로 입고 가게 하고, 스님이나 도사를 불러다가 불경을 외우지 못하게 했습니다. 다만 자손들이 마음속으로 견디기 힘들면 일곱 명의 스님을 불러다가 일주일만 불경을 외우라고 했습니다. 말해 보세요. 그는 불법을 잘 알고 있었을까요, 몰랐을까요? 전부 알았습니다. 사실 그는 아주 전문가였기 때문에 그런 불합리한 것들을 모두 없애 버렸던 것입니다.

수많은 사람들이 불법을 배우지만 다분히 미신적입니다. 이것을 구하고 저것을 구하고, 부자가 되게 해 달라고 요구하고 또 자식을 낳게 해 달라고 요구합니다. 자식을 낳는 것도 아들을 낳게 해 달라고 지정하고 아들도 제일 잘난 아들이어야 하고 그런 다음에는 자손만대에 이르기까지 높은 벼슬을 해야 합니다.

그 밖에 또 하나의 관념이 있는데, 이것은 제가 자주 이야기하는 우스갯소리입니다. 어떤 사람들은 다른 사람에게만 출가할 것을 권합니다. 예를 들어 어떤 사람이 저에게 출가를 권하면, 저는 그에게 무슨 의미에서 그러냐고 묻습니다. 그러면 그가 말하기를, 만약 선생님이 출가하면 불교에도 방법이 생길 것이라고 합니다. 그래서 제가 말했습니다. "당신은 왜 출가하지 않습니까? 당신 자신은 자손만대에 이르기까지 높은 벼슬을 하기 원하면서, 우리에게는 머리 깎고 출가해서 만사에 상관하지 말라고 합니다. 당신이 나와 함께 가겠다면 나도 출가하지요. 내가 여러분을 데리고 출가하겠습니다." 이것은 우스갯소리이지만 사상(思想)의 문제이기도 합니다. 불법을 배우는 수많은 사람들이 다른 사람에게 요구하고 남이 자신을 위해 복을 빌어 주기를 희망합니다. 불경을 외우는 것도 그런 종류의 심리 상태입니다. 법을 범해 놓고 그저 부처의 이름을 외우기만 하면 형구(形具)가 묶어 둘 수 없게 되기를 바랍니다.

과거 대륙에는 이교(理敎) 일파가 있었는데 담배도 피지 말고 술도 마시지 말라고 규정했습니다. 이교의 교주가 법당을 열고 설법하는 것을 본 적이 있었는데, 몇 년에 겨우 한 번이었기 때문에 모든 교도들이 와서 그에게 절하는 바람에 아침 여덟 시부터 가부좌를 시작해서 법좌에서 내려오지를 못했습니다. 술을 마시지 않기 때문에 모든 제자들이 한 잔의 차를 공양했는데, 교주는 그 모든 차를 다 마셔야만 했습니다. 수만 명의 사람이 와서 절을 하면 수만 잔의 차를 마셔야 했습니다. 저는 옆에서 그가 마신 물이 도대체 어디로 갔는지 살펴보았습니다. 그는 일어나서 화장실에 가지 않고 일고여덟 시간이나 소변을 참았습니다. 그것은 능력입니다! 신통력이 있지 않습니까? 나중에 그의 제자가 저에게 말해 주기를, 옆으로 돌아가서 봤더니 그의 바지와 양말이 모두 젖어 있었다고 했습니다. 그는 기공을 사용해서 마셨던 물을 전부 발바닥 가운데를 통해 내보낸 것입니다. 여러분이 만약 이런 수련을 했다면 틀림없이 사람들이 여러분을 숭배했을 것입니다.

이교에는 또 '오자진언(五字眞言)'이라고 불리는 비밀스러운 주문이 전해집니다. 이들 비정통 사도(邪道)에는 모두 그런 것이 있는데 동선사(同善社), 일관도(一貫道)에도 있습니다. 오자진언은 육이부동전(六耳不同傳)이라 하여 세 사람만 함께 있어도 당신에게 전해 주지 않으며 외울 때에도 마음속으로 외웁니다. 수련이 훌륭한 노선배들은 입술을 움직이지 않기 때문에 가까이 귀기울여서 들어야만 겨우 뱃속에서 주문을 외우는 소리를 들을 수 있습니다. 물론 흔하지는 않지만 그렇다고 믿지 않을 수 없습니다. 어떤 때가 되어야 소리를 내어 주문을 외울까요? 재난을 당했을 때, 가령 토비에게 잡혀가서 총살을 당하게 되었을 때에 입을 열어 주문을 외우면 형구도 느슨해지고 포승도 풀어지고 총도 맞지 않아서 달아날 수 있다고 하는데, 아무튼 그처럼 큰 효과가 있다고 전해집니다.

우리가 불법을 배울 그 당시에도, 여러분과 마찬가지로 그런 이익이 있다는데 얼른 배우려 하지 않았겠습니까? 머리를 조아리는 것은 말할 것도 없고 다리를 조아리는 것도 하고 말고였지요! 있는 대로 조아려서 절하고 결국에는 오자진언을 전해 주었는데, 어떤 글자였을까요? '관세음보살'이었습니다. 온종일 머리를 조아리고 그렇게 많은 돈을 쓰고서 겨우 이 다섯 글자를 얻었으니, 아이고, 하느님 맙소사! 일찌감치 알고 있었는데 겨우 그걸 전해 달라고 했었나? 하지만 그에게는 외우는 법이 따로 있었습니다. 뱃속으로 외우면서 소리를 내지 않았습니다. 정말로 어려운 일이 생겼을 때 비로소 입을 열어 외우면 아주 효험이 있다고 했습니다. 어떤 사람은 말하기를 작은 일에는 효험이 있지만 큰일에는 꼭 그렇지만은 않다고 했습니다. 효험이 있고 없고의 이치는 기를 연마한 것과 연관이 있습니다. 기가 작용을 일으킨 것이므로 어느 정도는 과학적인 이치가 있습니다.

저는 한평생 기괴한 일일수록 더욱 연구하기를 좋아했는데, 사정을 알고 난 후에는 웃는 것조차 내키지 않았습니다. 그렇게나 성심을 기울이고 그렇게나 많은 시간을 들이고 그렇게나 많이 머리를 조아리고 그렇게나 많은 돈을 써서 이 다섯 글자를 얻었지만, 정말로 그런 것이 가능할까요? 여러분이 믿지 못하겠다면, 만약 여러분이 법을 어겨서 형을 받았다면 한번 외워 보십시오. 빠져나올 수 있습니까? 절대로 빠져나오지 못합니다.

그래서 요숭도 그런 일을 언급했던 것입니다. 그의 뜻은 사람들이 그런 미신에 현혹되지 말라는 것이었습니다. 그렇다면 이치는 어디에 있을까요? 불경이 거짓말을 했습니까? 아닙니다. 여러분이 원경(原經)을 읽어 보면 알 수 있습니다. 이제 다시 한 번 열 번째 대원을 읽어 보겠습니다.

"원하옵건대 내가 다음 세상에서 바른 깨달음을 얻어 부처가 되면, 모든 유정들이 왕의 법령에 의해 몸이 묶여 구속되거나 매를 맞거나 감옥에 갇히거나 사형을 당하고, 기타 수많은 재난으로 능욕을 당해 슬퍼하고 근심하고 속을 태우며 심신이 고통을 받을 적에, 내 이름을 들으면 나의 복덕과 위신력으로 모든 근심과 고통에서 벗어나도록 하겠나이다."

그는 다만 여러분에게 "모든 근심과 고통에서 벗어나도록[皆得解脫一切憂苦]"이라고만 말했습니다. 포승줄을 끊어 주겠다고 말하지도 않았고 총알이 날아오지 않게 해 주겠다고 말하지도 않았습니다. 안 그렇습니까? 자기가 잘못 풀이해 놓고 부처님의 이름을 외우기만 하면 칼을 댈 필요도 없다고 생각하고 있습니다. 그런 것이 있기는 합니다. 사도(邪道)에는 이런 능력도 있습니다. 몸에 종기가 자라도 칼을 대지 않습니다. 입으로 주문을 외우고 손으로 뭔가를 그리면서 몸을 꽉 붙잡으면 몸에 났던 종기가 코로 옮겨 가서 피와 고름이 코를 통해 흘러나옵니다. 이것은 소설이나 전설이 아닙니다. 여러분은 본 적이 없겠지만 우리가 본 것은 모두 진짜였습니다.

불교의 관점에서 보면 이런 것들은 모두 사도(邪道)입니다. 하지만 사도에 그런 능력이 있는 것은 무슨 이치입니까? 여러분이 정도(正道), 사도

(邪道), 마도(魔道) 등 각종 이치를 잘 연구해 보면 오직 하나의 진리만 있습니다. 불법의 올바른 도리가 여러분에게 말하는 것은 마음으로 해탈을 얻으라는 것입니다. 특히 약사불은 여러분에게 "나의 복덕과 위신력으로 모든 근심과 고통에서 벗어날 수 있도록"이라고 말했습니다. 이 구절에는 두 가지의 의미가 있습니다. 하나는 다른 사람의 힘에 의지하는 것입니다. 약사여래의 능력에 의지하여 마음에 근심과 슬픔과 고뇌가 없는 해탈을 얻으라는 것입니다. 다른 사람의 힘은 무엇을 가리킬까요? 여러분은 반드시 약사여래의 유리광을 만나야 마음의 안정이 궁극에 도달하고 또 모든 생각을 궁극에까지 내려놓을 수 있습니다. 그의 복덕과 위신력을 만나야 마음으로 해탈을 얻을 수 있습니다. 또 하나는 다른 사람의 힘에 의지하지 않고 자기 자신의 힘으로 "부귀를 바탕으로 부귀를 행하고, 빈천을 바탕으로 빈천을 행하는〔素富貴行乎富貴, 素貧賤行乎貧賤〕" 것입니다. 이런 경계 가운데에서 모든 생각을 내려놓고 마음으로 해탈을 얻으면 자성의 밝은 빛이 자연스럽게 일어나고 고뇌가 없어집니다.

문천상은 대광명법을 수행하였다

역사의 실례를 하나 들어서 증명해 보겠습니다. 다들 문천상(文天祥)은 잘 알고 있고 그의 「정기가(正氣歌)」도 읽어 보았을 것입니다. 그는 한 조정의 재상이라는 신분으로 송나라가 망할 때 최후의 항쟁을 하다가 포로가 되었습니다. 그러니 그 심정이 어떠했겠습니까! 원나라 황제 쿠빌라이는 그가 고개 숙여 투항하기만 하면 재상으로 삼겠노라고 했습니다. 여전히 일인지하 만인지상의 재상 자리를 주겠다는 것이었지만 문천상은 거절했습니다.

그런데 후대 사람들이 별로 주목하지 않은 점이 한 가지 있습니다. 많은 사람들이 문천상 역시 불법을 배운 사람임을 알지 못합니다. 그가 포로로 잡힐 때 사방팔방에서 적과 무기가 그를 향해 다가왔는데, 달아나는 도중에 어떤 도인이 나타났습니다. 자세한 것은 『문산시집(文山詩集)』에 나오는데, 스님이었는지 도사였는지는 잘 모르겠지만 그가 문천상에게 말했습니다. "승상, 내가 당신에게 대광명법을 전해 주겠소." 문천상은 곧바로 받아들이겠노라고 말했고 당장에 대광명의 경계로 들어갔습니다. 그로부터 생사(生死)를 도외시하게 되었습니다. 북경에 도착하자 쿠빌라이는 여전히 단념하지 않고 문천상에게 투항을 극력 권했습니다. 투항하기만 하면 남조(南朝)의 재상과 똑같이 부귀공명을 누릴 수 있게 해 주겠다고 했습니다. 마지막으로 쿠빌라이는 그를 큰 감옥에 가두고 삼 년이라는 시간을 주면서 생각하라고 했습니다. 문천상이 갇힌 곳은 평범한 감옥이 아니었습니다. 그곳은 돼지를 키우고 소를 키우는 더러운 곳이었습니다. 그는 하루 종일 거기에 정좌하고 앉아서 대광명법을 수행했습니다. 그토록 열악한 환경에서 생활했지만 한 번도 병에 걸리지 않았고 삼 년 동안 충정의 뜻을 굽히지 않았습니다.

문천상에게는 스승이 끝내 고통을 견디지 못해 투항할 것을 두려워한 학생이 있었습니다. 그렇게 되면 자신의 평생의 학문도 끝장이 날 것이고 문천상의 제자로서 역사의 질책도 받게 될 것입니다. 그래서 일부러 한 편의 제문(祭文)을 썼습니다. 스승은 투항하지 않는 충신으로서 이미 죽었다고 여기고 망자(亡子)에게 제사 드리는 음식을 만들어 감옥 안으로 들여보냈습니다. 제문을 본 문천상은 웃더니 음식을 들여보낸 사람에게 자신의 말을 학생에게 전해 달라고 했습니다. 자신은 사람에게 미안할 일은 하지 않을 것이라고요. 절대로 투항하지 않을 것이라는 의미였습니다.

그렇게 삼 년이 지나자 쿠빌라이는 다시 문천상을 불러내어 대단히 정중한 태도로 그를 '선생'이라고 부르면서 그렇게 고집부리지 말라고 권했습니다. 그러자 문천상이 쿠빌라이에게 말했습니다. "당신이 나에게 잘해 준 것은 대단히 감사합니다. 당신은 나의 지기(知己)라 할 만하지만 나는 투항해서 두 임금을 섬기는 신하가 될 수는 없습니다. 만약 당신이 정말로 나에게 잘해 주고자 한다면 내 뜻을 이루어 주시기를 바랍니다." 어떤 뜻을 이루어 달라는 것이었을까요? 바로 음식을 먹는 녀석을 베어 버리는, 즉 목을 베어 버리는 것이었습니다. 그 말을 들은 쿠빌라이는 문천상의 마음을 돌릴 수 없음을 알고 어쩔 수 없이 승낙했습니다. 그제야 문천상은 예를 갖추어 절을 했습니다. 하지만 그것은 투항의 의미가 아니라 쿠빌라이가 자신의 뜻을 받아준 데 대한 감사의 절이었습니다.

문천상의 고사를 이야기하고 보니 하나의 이치가 분명해집니다. 일체의 해탈은 바로 '마음의 해탈'입니다. 주의하십시오! 약사불은 "나의 복덕과 위신력으로 모든 근심과 고통에서 벗어날 수 있기를"이라고 말했습니다. 수많은 사람들이 감옥에서 혹은 근심과 슬픔과 고뇌 가운데에서 장사를 하는 심정으로, 이 경전을 외우면 모종의 목적에 이를 수 있을 것이라고 생각합니다. 그것은 잘못된 이해입니다. 만약 유리광의 광명이 가슴속을 가득 채우지 못한다면, 광명으로 가득 차는 수양이 없다면 그것은 욕망이지 깨달음이 아니며 정사유(正思惟)가 아닙니다. 모두 분명히 알아야 합니다.

이어서 열한 번째 대원을 보도록 하겠습니다.

음식 남녀의 문제

열한 번째 대원은, 원하옵건대 내가 다음 세상에서 바른 깨달음을 얻어 부처가 되면, 모든 유정들이 배고프고 목말라서 번뇌하다가 먹을 것을 구하려고 여러 가지 나쁜 짓을 저지를 적에, 내 이름을 듣고 오로지 한 생각으로 받아 지니면, 나는 마땅히 최고로 맛있는 음식으로 먼저 그들을 배불리 먹도록 해 준 다음에 부처님 말씀의 법미로써 필경에는 편안하고 즐거운 세계를 세워 주겠나이다.

第十一大願: 願我來世得菩提時, 若諸有情, 飢渴所惱, 爲求食故, 造諸惡業; 得聞我名, 專念受持, 我當先以上妙飮食, 飽足其身, 後以法味, 畢竟安樂而建立之.

───────────────────────────────

『약사경』은 다른 경전과는 다르다는 것에 주의하십시오. 사바세계에서 특히 동방세계에서 약사불의 원망(願望)은 대단히 현실적입니다. 그는 자신이 성불한 후에 배고픔과 갈증으로 번뇌하는 중생이 먹을 것을 구하기 위해 여러 가지 나쁜 짓을 저질렀을 때, 약사여래의 이름을 외우기만 하면 즉시 최고로 맛있는 음식을 얻을 수 있게 하고, 마지막에는 불법의 법미(法味)로 중생이 잘 살아갈 수 있도록 하기를 희망했습니다.

우리는 이 세상의 중생에게는 가장 중요하고도 가장 해결하기 어려운 두 가지 일이 있음을 알고 있습니다. '음식과 남녀' 즉 먹고 마시는 것 및 남녀 사이의 문제입니다. 그런 까닭에 동양의 성인 공자도 이렇게 말했습니다. "음식과 남녀, 사람의 큰 욕망이 거기에 존재한다(飮食男女, 人之大慾存焉)." 이 두 가지는 욕계의 중생이 기본적으로 필요로 하는 것입니다. 중국 속담에도 "사람은 재물 때문에 죽고 새는 먹이 때문에 망한다"라고 말합니다. 이 세상의 중생이 여러 가지 나쁜 짓을 저지르는 까닭은 모두 먹을 것을 구하고 생존을 구하기 위해서입니다. 강하고 힘이 있는 동물은 오히려 작은 것을 먹습니다. 사람은 뭐든지 다 먹는 가장 나쁜 동물입니다. 호랑이, 쥐, 뱀, 개 등등 다 먹어 치울 수 있습니다.

여기에 앉아 계신 분들은 아마도 굶주림의 고통을 겪어 본 적이 없을 것입니다. 하지만 이 세상에는 수천 만 명의 인류가 먹을 것이 없는 고통을 당하고 있음을 알아야 합니다. 모든 사람이 먹을 것을 가지고 있다고 생각해서는 안 됩니다. 사실 우리는 너무 복이 많습니다. 불가에는 "법륜은 항상 구른다〔法輪常轉〕"라는 말이 있는데 법륜이 구르기 전에 먼저 '식륜(食輪)'을 굴려야 합니다. 만약 사흘이나 밥을 먹지 못하고 부엌에 밥솥 긁는 소리가 없다면 법륜이 어떻게 구르겠습니까? 그렇게 되면 여러분의 '창자바퀴〔腸輪〕'가 구르기 시작해서 꼬르륵꼬르륵 하고 굶주림의 신호가 울리기 시작할 것입니다.

그런 까닭에 이 세계의 중생은 옛날부터 지금까지 굶주림으로 고뇌하다가 생존을 얻기 위해 여러 가지 나쁜 짓을 저질렀습니다. 생존의 첫째 기본 요건이 바로 음식입니다. 그렇기 때문에 약사불은 만약 내 이름을 듣고 "오로지 한 생각으로 받아 지니면〔專念受持〕"이라고 말했습니다. 하지만 오로지 한 생각으로 받아 지니는 것은 실행하기 쉽지 않을 것입니다. 어떤 사람들은 아주 열심히 밤낮으로 염불하고 주문을 외웁니다. 하지만 사실은 여전히 망념(妄念) 속에서 외우고 있습니다! '오로지 한 생각〔專念〕'은 바로 '일념(一念)'입니다. 전념(前念)도 생기지 않고 후념(後念)도 일어나지 않는 그 중간에서 일념이 부처님과 서로 응하는, 그것이 바로 '오로지 하나의 생각〔專一之念〕'입니다.

예를 들어 아미타불을 외우려면 아미타불의 사십팔원, 광명, 원력과 서로 결합시켜서 '서로 합해진' 일념(一念)을 지니고 있어야 합니다. 전념(前念)은 지나갔고 후념(後念)은 일어나지 않았으며 그 중간은 공(空)도 아니고 유(有)도 아닌 그런 일념입니다. 만약 약사여래를 외운다면 전념(專念)은 바로 푸른색의 정유리광 그 일념입니다. 조심하십시오! 전념(前念)은 이미 지나갔고 후념(後念)은 일어나지 않았으니 중간의 그 일념을 당체즉

공(當體卽空)[63]하라는 말이 아닙니다. 당체즉공이 아니라 그 일념 자체가 전념(專念)이요 불염(佛念)입니다.

여러분 말해 보세요. 제가 "아—미—타—불" 한다면 이렇게 외우는 것이 맞을까요? 틀렸습니다. 그것은 네 개의 생각입니다. "아"가 하나, "미"가 하나, "타"가 하나, "불"이 하나이니 모두 네 개의 생각을 연속한 것이고, "아미타불"이 하나의 생각〔一念〕입니다. 생각들이 흐르는 물처럼 이어져서 부처님의 이름을 만든다면 그것은 전념(專念)이 아닙니다. 만약 전념을 얻어서 받아 지닌다면 생리적, 심리적 감응이 일어나고 그러한 경지를 영원히 지니게 되므로 자연히 밥을 먹지 않아도 됩니다. 사실 음식만 끊을 수 있는 것이 아니라 불가사의한 감응이 정말로 일어날 것입니다! 여러분은 자연히 굶어 죽지 않을 테고 마르지도 않을 것입니다. 정신은 오히려 갈수록 더 좋아집니다. 특히 약사불의 "최고로 맛있는 음식〔上妙飮食〕"을 얻게 되는데 그 음식은 상상할 수도 없습니다. 물론 여러분의 입으로 들어오는 것은 아닙니다. 왜냐하면 여러분은 여전히 전념(專念) 가운데 있고 선정 가운데 있기 때문입니다. 게다가 알지 못하고 깨닫지 못하고 이해할 수 없는 일체의 도리에 대해 단번에 얼음이 녹듯 풀어져서 다 알게 되니, 이것이 법미(法味)입니다. 결국에는 편안하고 즐거울 것이니, "필경에는 편안하고 즐거운〔畢竟安樂〕" 그것이 바로 부처님의 경계입니다.

음식 방면에서 우리는 약사여래의 동방 유리세계가 아미타여래의 서방 세계와 아주 유사함을 알았습니다. 서방 극락세계에서는 생각만 하면 먹을 것이 생깁니다. 옷을 생각하면 옷을 얻고 음식을 생각하면 음식을 얻고 생각하는 대로 이루어집니다. 서방 및 다른 불국토 세계도 다 그렇습니다.

---

63 당체(當體)는 그 자체, 본체라는 말이다. 당체즉공(當體卽空)은 분석하지 않고 바로 그대로 공을 보는 도리를 말한다.

우리가 사는 이 세계의 음식남녀는 그토록 골치 아픈 문제이지만 어떤 불국토가 됐든 이 두 가지 문제를 다 해결할 수 있습니다. 가령 서방 극락 세계는 옷을 생각하면 옷을 얻고 음식을 생각하면 음식을 얻으며, 남녀 문제에 있어서는 연꽃 속에서 다시 태어날 때에는 남녀상(男女相)의 차별이 없다고 합니다.

우리 이 세계가 이토록 일이 많은 까닭을 생각해 보면, 중국 민족 오천 년의 역사는 저쪽에서 쳐들어오거나 이쪽에서 쳐들어가고 여기에서는 집을 부수고 저기에서는 집을 짓는 것이었습니다. 아무튼 두 사람이 재앙을 일으키면 한 사람은 남자요 한 사람은 여자였습니다. 사람에게 만약 남녀의 차별이 없어지고 음식이 필요 없어진다면 얼마나 많은 번뇌가 줄어들지 모르겠습니다.

성색가무를 맘껏 즐기게 하다

열두 번째 대원은, 원하옵건대 내가 다음 세상에서 바른 깨달음을 얻어 부처가 되면, 모든 유정들이 가난하여 입을 옷이 없어서 모기와 추위와 더위로 밤낮 고통받을 적에, 내 이름을 듣고 오로지 한 생각으로 받아 지니면, 그들이 좋아하는 최고로 좋은 갖가지 옷을 얻도록 하고, 모든 보배롭고 장엄한 기구와 화려한 머리장식과 몸에 바르는 향과 음악을 연주하고 기예를 즐기는 것을 마음에 원하는 대로 모두 다 만족하게 얻도록 하겠나이다.

第十二大願: 願我來世得菩提時, 若諸有情, 貧無衣服, 蚊蝱寒熱, 晝夜逼惱; 若聞我名, 專念受持, 如其所好, 卽得種種上妙衣服, 亦得一切寶莊嚴具, 華鬘塗香, 鼓樂衆伎, 隨心所翫, 皆令滿足.

열두 번째 대원을 보면 우리는 약사여래가 참으로 자비하다는 사실을 느끼게 됩니다! 특히 젊은 사람들은 틀림없이 약사여래의 열두 번째 대원을 매우 좋아할 것입니다. 왜냐하면 여러분들이 맘껏 먹고 맘껏 놀 수 있게 해 주기 때문입니다.

약사여래가 말하기를, 자신이 성불하였을 때에 입을 옷이 없어서 모기에 물리고 춥고 더운 날씨로 인해 밤낮으로 고통스러워하는 모든 중생이 자신의 이름을 듣기만 하면 그 이름을 "오로지 한 생각으로 받아 지니고" 그들이 요구하는 것을 모두 만족시킬 수 있기를 희망한다고 했습니다. 최고로 좋은 갖가지 옷을 얻고 동시에 가장 귀하고 장엄하고 아름다운 기구(器具)를 얻을 수 있도록 하겠다고 했습니다. 거기에는 각양 장식품과 목걸이, 반지, 안경테 및 머리장식 등이 포함됩니다. 머리장식이나 장식품은 인도의 남녀가 차거나 지니기 좋아하는 것으로서, 가령 코에 구멍을 뚫어서 고리를 끼우거나 보석을 박아 넣기도 합니다. 그렇게 온통 딸랑거리게 해 놓고 나서는 몸에 각종 향을 바릅니다. 향을 바르는 것도 부처님 공양의 일종입니다. 향을 사르는 것은 중국인 특유의 공양인데, 다른 지방 사람들은 반드시 향을 살라서 공양하지는 않고 대부분 향을 바르는 것으로써 부처님께 공양합니다.

"음악을 연주하고〔鼓樂〕", 일체의 음악과 가무를 포괄합니다. "마음에 원하는 대로〔隨心所翫〕", 여러분이 어떻게 즐기고 싶든지 그렇게 즐기게 해서 만족시켜 준다는 말입니다. 사바세계, 바로 우리가 사는 이 물리 세계의 중생이 가장 현실적으로 그리고 가장 절박하게 필요로 하는 것이 바로 물질에 대한 요구입니다. 그런 까닭에 약사여래의 열두 번째 대원은 이 세계의 중생에게 가장 환영을 받습니다.

중국의 대승 불법은 성색가무(聲色歌舞)에 대해 일률적으로 금지합니다. 하지만 티베트의 밀종은 머리장식, 음식, 성색가무 등에 대해 전혀 금하지 않습니다. 바로 약사여래의 열두 번째 대원의 노선을 가는 것입니다. 그래서 현교(顯教)를 수행하는 수많은 사람들은 밀교(密教)를 보기만 해도 놀라 까무러칩니다! 어떻게 성색가무와 머리장식 등 모든 것을 금지하지 않지? 이것이 바로 약사여래 원력의 경지입니다. 이 세계 중생의 모든 물질적 욕망을 만족시켜 줍니다.

이상이 약사여래의 십이대원입니다. 여기까지 살펴보고 한 가지 중요한 점을 잊어서는 안 됩니다. 부처님은 "내가 다음 세상에서 깨달음을 얻어 부처가 되면(願我來世得菩提時)"이라고 말하고서, "최고로 맛있는 음식으로 그들을 배불리 먹이고(以上妙飮食飽足其身)", 물질생활의 만족을 얻고자 한다면 반드시 "오로지 한 생각으로 받아 지녀야(專念受持)"한다고 말했습니다. 이것은 앞의 열 가지 대원에서는 언급하지 않았던 네 글자이므로 특별히 주의해야 합니다.

동시에 또 한 가지 특별히 유의해야 할 것이 있습니다. 우리가 약사여래의 열두 가지 대원을 종합해 보면 그가 성불하기 이전에 발원한 원력(願力)과 원심(願心)은 모두 동방 사바세계 모든 중생의 현실적인 요구가 인간의 현재 국토에서 만족을 얻을 수 있도록 했습니다. 다른 곳에 가서 따로 구할 필요가 없습니다. 즉 동방국토가 약사여래정유리광의 국토로 변할 수 있다는 말입니다.

이어서 약사여래의 십이대원에 대한 석가모니부처님의 해설과 평론을 살펴보도록 하겠습니다.

십이대원에 대한
석가모니불의 설법

동방정토

"문수사리보살이여! 이것이 저 세존이신 약사유리광여래께서 보살도를 수행하실 적에 발원한 열두 가지 미묘하고 수승한 대원이니라."

曼殊室利, 是爲彼世尊藥師琉璃光如來應正等覺, 行菩薩道時, 所發十二微妙上願.

부처님께서는 우리에게 말씀하셨습니다. 앞에서 말한 약사여래의 십이대원은 모두 약사불이 성불하기 이전 보살도를 수행할 때 발원한 열두 가지 대원이며, 그가 성불하자 이 십이대원은 사실로 변했고 동방 정유리광 정토를 성취하였습니다.

지난번에 여러분에게 약사여래의 수인을 말씀드렸는데, 이 밀법의 수인을 뒤집으면 약사여래가 성취한 수인인 동시에 장수불(長壽佛)의 수인이기도 합니다. 장수불 수인의 두 손가락은 가까이 붙일 필요가 없고, 발원을 하거나 불경을 외울 때 두 손가락을 움직일 수 있습니다. 평상시 정좌 수련을 하거나 집중하여 약사여래의 이름을 수지할 때 이 수인을 만들 수가 있는데, 다 외운 후에는 수인을 정수리 위에서 풉니다. 여름에 정인(定

印)[64]을 만들어서 손가락을 맞대고 있으면 아주 더운데 이 수인을 만들고 있으면 비교적 시원합니다.

"또한 문수사리보살이여! 저 세존이신 약사유리광여래께서 보살도를 닦으실 적에 발원한 대원과 저 불국토의 공덕과 장엄함은 내가 일 겁, 일 겁여의 세월이 지나도록 말하더라도 다 말할 수가 없느니라."

復次, 曼殊室利, 彼世尊藥師琉璃光如來行菩薩道時, 所發大願, 及彼佛土功德莊嚴, 我若一劫, 若一劫餘, 說不能盡.

석가모니불이 문수보살에게 말씀하시기를, 약사불이 보살도를 수행할 때 발원한 대원의 공덕과 위력 및 그가 성불한 이후 그 불국토가 지닌 공덕 및 공덕의 성과와 장엄함 등등에 관해서는 내가 일 겁의 시간 내지는 일 겁여의 시간을 들여서 소개할지라도 다 말할 수가 없다고 했습니다. 중국어로 번역하면 바로 '언지부진(言之不盡)'이라는 말이 됩니다.

"저 불국토는 한결같이 청정하여 여인이 없고 악취와 고통의 신음 소리가 없으며, 땅은 유리로 만들어졌고 금으로 만든 줄로 길의 경계선을 표시하였으며, 성문과 궁전과 처마와 창문과 장엄한 그물 등이 모두 일곱 가지 보배로 만들어졌는데, 서방 극락세계의 공덕과 장엄함과 조금도 차이가 없느니라."

然彼佛土, 一向淸淨, 無有女人, 亦無惡趣, 及苦音聲; 琉璃爲地, 金繩界道,

---

64 선정인(禪定印), 삼마지인(三摩地印)이라고도 한다. 왼손은 아래로, 오른손은 위로 하여 포개고 손바닥을 위로 해서 양손 엄지 끝을 맞댄다.

城闕宮閣, 軒窗羅網, 皆七寶成; 亦如西方極樂世界, 功德莊嚴, 等無差別.

부처님께서 동방 약사여래의 불국토를 소개한 이 대목에 주의해야 합니다. 끝에는 서방 아미타불의 불국토와 "조금도 차이가 없다(等無差別)"는 구절이 있습니다. 다만 구조에 조금 차이가 있습니다. 아미타불은 서방에 관광호텔을 세우고 약사여래는 동방에 관광호텔을 세워 놓고서 우리가 어느 호텔로 가기를 좋아하는지 봅니다.

부처님께서는 약사여래의 불국토가 "한결같이 청정하다(一向淸淨)"고 말했습니다. 우리는 이 몇 글자에 주의해야 합니다. 절대적으로 참된 청정이어야 합니다. 한 생각이라도 청정하지 않으면 그곳에 왕생하지 못합니다. 따라서 모든 불법은 소승이든 대승이든 이 두 구절이 증명해 줍니다. "스스로 그 마음을 깨끗하게 함이 여러 부처님의 가르침이다(自淨其意, 是諸佛敎)." 불법을 배우고 불도를 수행하는 여러분은 어느 종파든 불문하고 이 여덟 글자 "자정기의 시제불교(自淨其意, 是諸佛敎)"에 특히 유의해야 합니다. 이것이 진정으로 부처님이 가르치신 바입니다. 마음이 청정하지 않으면 아무리 부처님을 구해도 소용이 없습니다.

따라서 약사불의 불국토 역시 "한결같이 청정하여 여인이 없습니다(一向淸淨, 無有女人)." 여학생들에게 미안한 것이, 여러분의 입장에서는 "남자가 없습니다(無有男人)"라고 말해야 되겠지요. 하지만 듣자하니 남자가 없는 세계에서는 여자들의 싸움이 남자들보다 더 과격하다고 합니다. 왜 그럴까요? 연구해 볼 만한 가치가 있습니다. 앞에서 말했듯이 이 세상의 중생에게는 두 가지 큰 일이 있는데 그것은 음식과 남녀입니다. 음식은 기본적인 욕망이고 남녀는 사치스러운 욕망입니다. 중국 문화에는 이런 속담이 있는데 거짓말이 아닙니다. "배부르고 따뜻하면 음욕이 생기고, 굶주리고 추우면 도심이 생긴다〔飽暖思淫慾, 飢寒起盜心〕.” 사람은 배불리 먹고 할 일이 없으면 음욕이 생겨납니다. 또 사람은 배고픔이 극에 달해 곧 죽을 것 같으면 강도짓을 하려는 마음이 듭니다. 배부르고 따뜻함〔飽暖〕과 굶주리고 추움〔飢寒〕은 중국 문학에서 매우 간단한 두 글자이지만 모두 진리입니다. 포난(飽暖), 배가 부르면 따뜻합니다. 특히 겨울에도 추위를 느끼지 않습니다. 기한(飢寒), 배가 고프면 춥습니다. 신체의 열에너지를 다 연소하고 나면 추위를 더 느끼기 때문입니다. 밥을 먹으면 열에너지가 증가합니다. 그런데 생활이 안정되어 배부르고 따뜻하면 음욕이 일어납니다. 굶주리고 추우면 생존을 위해 남의 것을 뺏습니다. 비단 인류만 그런 것이 아니라 전 우주의 생명 과정에는 이 두 가지 문제 때문에 수많은 일이 벌어집니다. 태어나서 죽음에 이르도록 두 번째 일은 없습니다. 그러므로 만약 이 세상에 음식 남녀 이 두 가지 문제가 존재하지 않았다면 비교적 청정했을 것입니다. 물론 그것이 “한결같이 청정함”은 아닙니다. “한결같이 청정함”은 개인의 수양이지 외적 환경이 아닙니다.

부처님께서는 약사여래의 세계가 한결같이 청정하여 여인이 없고 악취(惡趣)도 없다고 말씀하셨습니다. 악취는 삼악도(三惡道)[65] 즉 축생도(畜生道), 아귀도(餓鬼道), 지옥도(地獄道)를 말합니다.

그리고 또 한 가지 주의해야 할 것이 있는데 그 세계에는 고통의 신음 소리가 없습니다. 우리가 그 세계에 왕생한다면 모두들 편하게 살아갈 수 있을지 모르겠습니다. 주의하십시오. 여러분은 지금 그 세계로 가고 싶어 결사적으로 수행하려 하지만 정작 그 세계에 정말로 가게 되면 꼭 편하지만은 않을 것입니다. 왜냐하면 이 세계의 중생은 이미 고통을 쾌락으로 여기기 때문입니다. 이 세계는 도처에 고통의 신음 소리가 가득하지만 우리

---

65 살아서 지은 죄과로 인해 죽어서 가는 세 가지 고통스러운 세계를 말한다.

에게는 오히려 일상적인 것이 되어 아름다운 노랫소리로 여겨지기까지 합니다.

그 세계에는 하늘을 찾거나 엄마를 찾거나 아이고 하고 외치는 소리가 없습니다. "땅은 유리로 만들어졌고 금으로 만든 줄로 길의 경계선을 표시하였습니다[琉璃爲地, 金繩界道]." 큰 길에는 황금을 깔아 놓았고 금줄로 경계를 나누어 놓았습니다. 그 밖에도 '성문과 궁전' 등이 모두 금은, 유리, 옥돌, 마노, 산호, 호박, 진주 등의 일곱 보석으로 구성되어 있어서 서방 극락세계와 똑같이 장엄하고 차이가 없습니다.

약사여래의 불국토에 대한 연구는 잠시 보류하고 이제부터는 그 불국토의 내용을 소개하도록 하겠습니다.

약사불의 정법보장이 무엇인가

"그 나라에는 두 보살마하살이 있는데 일광변조보살과 월광변조보살이니라. 두 보살은 무량무수한 보살들 중에서 가장 높은 자리에 앉아 부처님의 자리를 차례대로 채울 것이며, 저 세존이신 약사유리광여래의 정법보장을 모두 간직하고 있느니라. 이러한 연고로 문수사리보살이여! 돈독한 신심을 지닌 선남자와 선여인은 저 부처님의 세계에 태어나기를 원해야 하느니라."

於其國中, 有二菩薩摩訶薩: 一名日光遍照, 二名月光遍照, 是彼無量無數菩薩衆之上首, 次補佛處, 悉能持彼世尊藥師琉璃光如來, 正法寶藏. 是故曼殊室利, 諸有信心善男子善女人等, 應當願生彼佛世界.

그 세계의 수많은 보살은 두 분의 대보살이 이끌어 나가는데 한 분은 일광변조보살이고 한 분은 월광변조보살입니다. 이 두 분 보살은 장차 약사불이 열반한 후에는 차례대로 부처님의 자리를 채우게 될 것입니다. 채운 후의 이름은 여전히 약사유리광여래라 칭해집니다.

약사불의 "정법보장(正法寶藏)"이 무엇일까요? 이것이 바로 우리 모두가 깊이 연구해야 할 문제입니다. 열두 가지 기본 대원이 바로 정법보장임을 잊어서는 안 됩니다. 그 열두 가지 대원의 정신은 어디에 있습니까? 바로 '사기위인(捨己爲人)'이라는 이 네 글자에 있습니다. 나 자신은 잊어버리고 모든 중생을 위해 생각한다는 말입니다. 바꾸어 말하면 약사여래의 정법보장은 일체 다른 사람을 이롭게 하는 것이지 자기 자신을 이롭게 하는 것이 아닙니다.

만약 우리가 『약사경』을 외워서 약사불이 나를 지켜 주고 재난을 없애 주기만을 맹목적으로 기도하고, 거기다 또 장수하고 병이 나지 않기를 기도한다면 약사불의 정법보장이 아닙니다. 또 병원에 가서도 의료비가 좀 싸거나 의사가 할인해 주기를 바란다면 그것은 약사불의 정신이 아닙니다. 제일 좋기는 돈 한 푼 내지 않고 약 세 포를 받아다가, 한 포는 먼저 먹고 나머지 두 포는 아껴 두었다가 나중에 먹는 것입니다. 그런 심리 상태라면 그것은 약사불을 배우는 것이 아니라 삼악도(三惡道)의 심리 상태입니다!

그러므로 우리가 『약사경』을 연구하면서 그 이치를 종합해 보면 바로 사기위인(捨己爲人)이라는 이 네 글자라고 할 수 있습니다. 일체 다른 사람을 이롭게 하기 위해 생각하는 그것이야말로 그의 정법보장입니다.

부처님의 서문은 이제 다 소개했고 이어서 약사여래의 불법을 말씀드리겠습니다.

선악은 분별하기 어렵다

그때에 세존께서 다시 문수사리보살에게 말씀하셨다. "문수사리보살이여!
대부분의 중생들은 선과 악을 알지 못하여 오로지 탐욕과 인색만을 생각하
며, 보시와 보시한 과보를 알지 못하고 어리석고 지혜가 없어 믿음의 뿌리
가 없느니라. 재물과 보물을 많이 모아 부지런히 지키고, 걸인이 오면 마음
속으로 불쾌하게 생각하느니라."

爾時世尊, 復告曼殊室利童子言: 曼殊室利, 有諸衆生, 不識善惡, 惟懷貪吝,
不知布施及施果報, 愚癡無智, 闕於信根. 多聚財寶, 勤加守護. 見乞者來, 其
心不喜.

약사여래가 동방 유리세계를 성취할 수 있었던 까닭은 십이대원 외에
또 있었는데, 석가모니부처님께서 약사불의 말을 대신했습니다. 지금부
터 부처님께서 설법을 시작합니다.

부처님께서 문수사리보살의 이름을 부르고 그에게 말씀하셨습니다.
"대부분의 중생들은 선과 악을 알지 못하여 오로지 탐욕과 인색만을 생각
한다[有諸衆生, 不識善惡, 惟懷貪吝]." 이것은 사바세계의 중생인 우리의
개성에 대한 말씀입니다. 이 경전의 번역문은 대단히 재미있습니다. 십이
대원을 서술할 때에는 모든 중생을 '제유정(諸有情)'이라고 아주 정중하게
칭했습니다. 그런데 여기에서는 조금도 예의를 차리지 않고 '제중생(諸衆
生)'이라고 칭했습니다. 부처님께서는 모든 중생이 선악을 분별하지 못한
다고 말씀하셨습니다.

이 경전은 번역을 아주 잘 해놓아 이해하기가 쉽습니다. 그러나 바로 그
런 이유 때문에 평소 배우기를 즐겨하지 않고 깊이 생각하지 않는 경향이

있습니다.

한 사람이 진정한 선악을 분별하기란 대단히 어렵습니다. 말씀해 보십시오. 무엇이 선이고 무엇이 악입니까? 부처님을 제외하고 아무도 분별해내지 못합니다. 세상의 모든 선악은 상대적이며 절대적인 선악은 없습니다. 가령 사람과 사람이 만나서 악수하는 예절은 구미(歐美)에서 보면 선한 행위이지만 동양에서는 반드시 선이지만은 않습니다. 특히 신강(新疆)이나 서북 지방에서는 다들 손이 꼬질꼬질하고 끈적거려서 잡기가 상당히 난처하고 또 전염병의 염려도 있습니다. 그러므로 중국인의 인사 예절로는 공손히 손을 모아 읍하는 것이 가장 좋습니다. 자신의 손을 잡으면 전염병의 염려도 없으니 인도의 합장도 썩 괜찮습니다. 서북 지방에 가면 손을 잡지도 않고 그렇다고 읍을 하지도 않습니다. 서북 지방 사람들이 만나서 하는 첫인사는 혀를 쑥 내밀고 코는 반대로 들이마시는 것으로서 우리는 따라 하지도 못합니다. 그러니 도대체 누가 선이고 누가 악인지 참으로 말하기 어렵습니다.

공산당 우두머리 주덕(朱德)은 북양 군벌 시기에 운남(雲南)에서 공안국장을 맡았다가 크게 실망했는데, 때마침 허운(虛雲) 노스님이 곤명(昆明)에 계시다는 말을 듣고 한걸음에 달려가 출가의 뜻을 전했습니다. 노스님께서는 그가 불문(佛門)의 사람이 되기에 적합하지 않다고 여겨 수십 위안의 은화를 보내 주면서 좋을 대로 하라고 말했습니다. 나중에 그는 독일로 가서 공산당에 참가하였고 결국에는 그토록 큰 업을 짓고 말았습니다. (그가 사천 군벌을 떠나 운남으로 가기까지에는 원환선袁煥仙 스승님의 도움이 있었습니다.) 대륙의 상황이 변해 가던 초기에 허운 노스님은 운문에서 공산당에게 흠씬 두들겨 맞아 겨우 목숨만 건지고 한쪽 눈이 멀고 말았습니다. 나중에 진명추(陳銘樞) 등 귀의 제자가 나서서 주덕을 찾아가 함께 주선하여 전용차로 북경으로 모셔 갔다가 다시 강서의 운거산(雲居山)으로 옮겨 가서 임종하셨습니다. 보십시오. 천하의 일이 도대체 무엇이 선이고 무엇이 악입니까? 참으로 말하기가 어렵습니다.

그러므로 좋은 일을 하려면 지혜로 잘 판단해야 합니다. 안 그랬다가는 겉으로 보기에는 좋은 일을 했어도 사실은 나쁜 일인 경우가 있고, 큰 업을 짓게 되는 경우도 왕왕 있습니다. 또 부모가 아이를 때리는 것을 예로 들어 보겠습니다. 때리는 행위는 옳지 않습니다. 하지만 부모가 아이를 때리는 것은 대부분 사랑 때문이니 그의 동기는 아이가 잘 되기를 바라는 데 있습니다. 따라서 아이를 때리고 학생을 때려서 교육하는 등의 행위는 겉으로 보기에는 나쁜 일이지만, 실제로는 참 지혜가 없으면 선악을 분별할 수가 없습니다.

세간법(世間法)의 선악과 시비는 절대적인 것이 아니라 상대적입니다. 본체에 있어서 '절대적'이라는 것은 세간을 초월하여 도체(道體)에 도달한 이상에는 선악(善惡)도 없고 시비(是非)도 없습니다. 그것은 형이상적 진리입니다. 일단 형이하로 떨어지면 반드시 선악이 있으니, 물리세계에 반드시 음양이 있는 것과 마찬가지입니다. 모두가 상대적입니다. 음양의 상대성 사이에서 어느 하나가 맞아떨어져서 어느 시간 어느 지역이 그 사람에게 유리하면 그것은 선입니다. 그 시간 그 지역이 지나가 버려 그 사람에게 불리하면 악으로 변해 버립니다. 이것은 소금을 조금 집어넣으면 맛이 나고 좋지만 많이 넣으면 짜게 느껴지는 것과 같습니다. 설탕이나 향수 등을 사용하는 이치도 소금과 똑같아 딱 적당량을 사용해야 합니다.

무엇이 보시인가

불법을 배우는 사람은 지혜로써 참된 선악을 인식해야 합니다. 그런데 중생은 선악을 알지 못하는 것 외에도 "오로지 탐욕과 인색만을 생각합니다〔惟懷貪吝〕." 모든 중생의 심리는 기본적으로 탐욕적이고 자의식이 대단히 강렬합니다. 탐욕은 외부의 사물을 추구하는데, "네 것은 바로 내 것이다" 하는 이것이 탐욕입니다. 반면에 "내 것은 다른 사람이 건드리지도 못한다"는 인색입니다. 불법을 배우는 사람은 자신이 조금이라도 탐욕과 인색한 마음을 지니고 있지 않은지 시시각각 반성해야 합니다. 예를 들어 날씨가 더운데 다른 사람이 도움을 청했다고 합시다. 여러분은 시원함을 탐하다 보니 싫은 마음이 생겨서 도와주고 싶지 않습니다. 그렇게 되면 탐욕과 인색을 범한 것이 됩니다. 자신의 편안함을 탐했고, 인색함으로 다른 사람을 도와주려고 하지 않았습니다.

"보시와 보시의 과보를 알지 못합니다〔不知布施及施果報〕." 이 세계의 중생은 무엇이 진정한 보시인지 알지 못합니다. 또 보시의 과보가 무엇인지도 알지 못합니다. 돈을 내면 공덕이 생긴다고 생각하고 다른 사람을 도와주면 보답을 받을 것이라 생각합니다. 버리는 것이 있어야 얻는 것이 있다고 말하는데 이런 심리 상태는 보시가 아닙니다. 그것은 장사가 아닙니까!

부처님의 나라라고 불리는 티베트에서 저는 두 가지 이상한 현상을 보았습니다. 하나는 라싸 사회의 혼인 제도였습니다. 다처제(多妻制)도 있고 다부제(多夫制)도 있고 일부일처제(一夫一妻制)도 있었습니다. 또 하나의 보편적인 괴현상은 일주일 남짓 일해서 돈을 조금 벌면 더 이상 일하지 않는 것이었습니다. 가령 천 위안을 벌면 팔백 위안은 절의 스님에게 공양하고 남은 이백 위안으로 온 식구가 텐트를 가지고 산이나 교외로 놀러 갑니다. 노래를 부르고 춤을 추고 마음껏 즐깁니다. 일주일 남짓 놀면서 이백 위안을 다 쓰면 온 식구가 다시 돌아와 일을 합니다. 돈을 벌면 또다시 절에 공양합니다. 제가 그들에게 물었습니다. "왜 그렇게 합니까?" 그러자 그들이 대답했습니다. "당신들이 돈을 은행에 넣어 두는 이치와 똑같습니다." 제가 다시 물었습니다. "돈을 절에 두면 스님이 당신에게 이자를 줍니까?" 그들이 말했습니다. "절에 공양하면 다음 생에는 크게 부귀하게 되어 일할 필요가 없답니다!" 그것은 투자가 아닙니까! 이는 보시가 아닙니다.

부처님 나라인 티베트에는 토비(土匪)가 없을까요? 어김없이 있습니다. 토비가 재물을 강탈한 후에는 절로 달려가서 손을 씻고 관세음보살 앞에 꿇어앉아서 "암마니팔미우(唵嘛呢叭咪吽)"[66]를 죽어라 외웁니다. 보살이시여! 참회합니다. 저도 어쩔 수 없었습니다! 다음에는 강탈하지 않겠습니다. 그리고 나서 돈을 다 쓰면 또다시 남의 재물을 강탈합니다. 강탈한 후에는 또다시 와서 머리를 조아리며 참회합니다. 바로 이런 식입니다. 그래서 부처님께서 모든 중생이 보시를 알지 못하고 보시의 과보를 알지 못한다고 말씀하신 것입니다.

우리는 보시가 반드시 금전만 가리키는 것은 아님을 알고 있습니다. 저는 어제도 이런 우스갯소리로 다른 사람을 흉봤습니다. 공무원이라는 사람은 시간을 일 초라도 더 쓰고 말을 한마디라도 더 하면 장차 자손만대에 복록을 누릴 테니 얼마나 좋습니까! 다른 사람이 공무를 처리하러 왔을 때 당신이 시간을 조금만 더 써서 "신분증 가져오고 도장도 가져오고 또 무엇 무엇을 가져오라"고 말해 준다면, 두 번 세 번 오지 않아도 됩니다. 그러지 않으면 담당자가 휴가를 내고 내일 출근하지 않아서 다른 사람을

---

66 산스크리트어 '옴마니반메훔'을 발음대로 한자로 표기한 것으로서, 다른 이름으로는 육자대명왕진언(六字大明王眞言)이라고도 한다. 그 뜻은 "온 우주(Om)에 충만해 있는 지혜(mani)와 자비(padme)가 지상의 모든 존재(Hum)에게 그대로 실현될지라"이다. 마니(mani)는 여의주로서 지혜를 상징하고, 반메(padme)는 연꽃으로서 무량한 자비를 상징하며, 훔(Hum)은 우주의 개별적 존재 속에 담겨 있는 소리를 의미한다.

헛걸음하게 만드니, 그것이 업을 짓는 행위가 아니고 무엇입니까? 무엇이 보시입니까? 곳곳에서 다른 사람을 편리하게 해 주고, 입으로 손으로 다른 사람을 도와준다면 그것이 바로 보시이고 또 공양입니다! 손을 드는 수고와 입을 여는 수고조차 하려 하지 않고, 다른 사람이 곤란을 겪는 것을 봐도 이상하다는 눈빛으로 쳐다보고, 이 세계 중생의 악함은 참으로 형용할 방법이 없습니다. 제가 보기에는 십팔 층 지옥도 부족합니다. 제가 염라대왕이라면 반드시 오십 층 지옥으로 수리할 것입니다. 아! 정말로 지혜가 없습니다! 경전에서 "어리석고 지혜가 없다〔愚癡無智〕"라고 말한 것처럼 참된 지혜가 없습니다.

믿음의 뿌리가 없고 재물을 많이 모으다

"믿음의 뿌리가 없고〔闕於信根〕", 바른 믿음이 없는 것은 미신이며 지혜가 없는 믿음도 미신입니다. 일체의 진리를 깨닫지 못하고 부처님의 이치를 깨닫지 못한 어리석은 믿음은 모두 다 미신입니다. 예를 들어 여러분이 정좌 수련을 하면서 아무 생각 없이 그 자리에 멍하니 있다면, 그런 어리석음의 과보는 내세에 태어날 때 축생도로 떨어지는 것입니다. 어리석은 행선(行善)의 과보는 내세에 아수라로 태어나는 것입니다. 그러므로 불법을 배우는 것은 '대지도(大智度)'[67]이니 모든 것을 반야(般若)에 의지해야 합니다. 지혜가 없이 불법을 배우는 미신의 과보는 대단히 두렵습니다.

이 세계의 중생은 어리석고 지혜가 없어서 바른 믿음이 없고 믿음의 뿌리가 부족합니다. 여러분은 염불하면서 천지와 양심을 걸고 참으로 믿습

---

67 분별과 집착을 떠난 뛰어난 지혜의 완성을 말한다.

니까? 염불하면서 다른 한편으로는 마음속으로 물음표를 그리고 있지 않습니까? 이렇게 염불하는 게 맞을까? 아미타불은 정말 있을까? 정말로 왕생할 수 있을까? 그런 식으로는 반나절을 염불해도 다 헛것입니다. 그렇지 않습니까? 육도윤회(六道輪迴)[68], 삼세인과(三世因果)[69] 어느 것을 정말로 믿습니까? 탐내고 성내고 어리석고 게으르고 의심하고, 이 의심은 태어나면서부터 지닌 것입니다. 무엇 때문에 의심을 품게 될까요? 믿음의 뿌리가 견고하지 않아서입니다. 여러분은 심리학을 연구해 보셨을 테지만 저는 여러분에게 이렇게 말합니다. 이것은 모두 중생의 심리 상태가 지닌 결함입니다.

"재물과 보물을 많이 모아 부지런히 지키고〔多聚財寶, 勤加守護〕", 죽어라 돈을 벌어서 그 돈을 단단히 지키며 수전노(守錢奴)로 변해 갑니다. 여러분에게 요즘 이야기 하나를 들려 드리겠습니다. 교태흥공사(僑泰興公司)의 사장은 태국에서 온 광동 화교인데 부인도 여러 명 있고 재산도 아주 많습니다. 대북 시립체육관도 그가 세운 것입니다. 어느 날 예전에 헌병사령관을 지낸 이(李) 장군이 그 사장을 만나서 물었습니다. "당신은 나이도 많은데 재산이 그렇게나 많습니다. 어차피 곧 죽을 사람이 무엇 때문에 죽어라 사업을 해서 돈을 모으십니까?" 그러자 사장이 대답했습니다. "허! 당신은 모르십니까? 나이가 많아서 곧 죽을 테니까 서둘러 돈을 벌려고 하는 것 아닙니까! 안 그랬다가는 늦습니다!" 그 말은 들은 장군은 어안이 벙벙했습니다! 이것은 무슨 철학입니까? 천하의 시비(是非)에는 일정한 이치가 있지 않습니까? 하지만 이런 생각을 지닌 사람은 아주 많

---

68 일체 중생이 자신의 지은 바 선악의 업인(業因)에 따라 천도·인도·수라·축생·아귀·지옥의 육도 세계를 끊임없이 윤회전생(輪廻轉生)하게 된다는 뜻이다.

69 과거의 인(因)에 의하여 현재의 과(果)를 받고, 현재의 인에 의하여 미래의 과보를 받는 것을 말한다.

습니다. 과거에 어떤 수전노는 임종 시에 등불의 심지가 타들어 가는 것을 보고 마음이 아파서 숨이 끊어지지 않았다고 합니다. 이 세계의 중생은 대부분 그렇습니다.

"걸인이 오면 마음속으로 불쾌하게 생각합니다〔見乞者來, 其心不喜〕." 걸인이라고 해서 반드시 밥을 구걸하는 사람만 가리키는 것은 아닙니다. 어떤 사람이 그에게 도움을 청하러 오면 마음속으로 불쾌하게 생각합니다. 여러분도 반성해 보십시오. 다른 사람이 도움을 청하러 찾아오면 여러분은 마음속으로 몇 번이나 기뻐했습니까? 불법을 공부하는 사람은 반성해야 합니다! 겉으로는 "좋습니다, 좋아요. 제가 방법을 생각해 보지요"라고 말하면서 마음속으로는 생각합니다. '귀찮아 죽겠네. 얼른 안 가나?' 다른 사람이 와서 요구하면 마음이 기쁘지 않습니다.

보시를 무딘 칼로 살점을 도려내는 고통에 비유

"자신에게 아무런 이익도 없이 보시할 때에는 자기 몸의 살점을 도려내는 것처럼 몹시 아프고 아까워하는 마음을 내느니라."

設不獲已, 而行施時, 如割身肉, 深生痛惜.

이것은 불경의 표현입니다. 부득이하게 보시를 하게 되는 경우, 가령 화연(化緣)[70]이나 모금이나 스님의 탁발[71]에 돈을 조금 내면 몹시 아파하고

---

70 인가(人家)에 다니면서 염불이나 설법을 하고 시주하는 물건을 얻는 것을 말한다.
71 승려들의 생활 방식이자 수행 방식으로, 출가 수행자가 무소유계를 실천하기 위해서 음식을 얻어먹는 것을 말한다.

몹시 아까워합니다. 불경에서는 이 네 구절을 가지고 아주 문학적으로 표현했지만, 제가 생각하기에는 사천 사람들이 가장 딱 들어맞는 표현을 했습니다. 사천 사람들은 이렇게 말합니다. "다른 사람에게 돈을 내라고 권하는 것은 무딘 칼로 살점을 도려내는 것 같다." 예리한 칼로 살점을 도려내면 그 순간에는 통증을 느끼지 못하다가 피가 흘러나와야 비로소 통증을 느낍니다. 하지만 무딘 칼로 천천히 살점을 도려내면 "아야!" 하고 당장에 비명을 지르면서 몹시 아파합니다. 그러므로 절대로 다른 사람에게 보시를 권하면 안 됩니다. 돈은 내겠지만 마음속으로는 아파합니다! 무딘 칼로 살점을 도려내는 것처럼 대단히 고통스러워합니다.

제가 예전에 법사들에게 이야기 하나를 들려 드렸는데, 한번은 대마왕이 세상에 나와서 세상을 마구 어지럽혔습니다. 옥황상제가 요괴를 잡아오라고 수많은 사람을 보냈지만 아무 소용이 없었습니다. 나중에 그 사실을 관세음보살에게 보고하게 되었고 관세음보살은 손오공을 불렀습니다. 왜냐하면 이 세상의 요괴란 요괴는 손오공이 다 알고 있었기 때문입니다. 손오공이 가서 보더니 관세음보살에게 보고했습니다. "죄송합니다! 다른 요괴는 제가 다 아는데 그 마왕의 근원은 저도 잘 모르는 터라 방법이 없습니다." 끝내 아무런 방법이 없자 서방의 여래불을 찾아갔습니다. 부처님께서는 세상에 그런 요괴가 출현했다는 말을 듣자 웃으면서 말했습니다. "괜찮다. 내가 제자 하나를 보내면 된다." 여래불은 젊은 스님에게 법보와 바랑을 주면서 영산(靈山)을 내려가 세상에 가서 요괴를 잡아오라고 했습니다. 젊은 스님은 누런 바랑을 등에 짊어지고 사부의 법보를 지니고서 산을 내려가 마왕의 앞에 섰습니다. 마왕은 힐끗 쳐다보고서 이렇게 말했습니다. "석가모니불이 어쩌자고 이런 젊은 화상을 보냈지? 나는 옥황상제나 염라대왕도 안중에 없는데, 젊은 화상이 무슨 대수라고!" 그러자 젊은 스님이 말했습니다. "아미타불, 화내지 마십시오. 제 사부께서 저를 보내셨으니 저도 어쩔 도리가 없습니다. 사부께서는 당신에게 한마디만 하고 한 가지 물건만 보여 주라고 하셨습니다." 젊은 스님은 바랑을 열고 법보, 즉 화연 장부를 꺼내어 요괴의 면전에 펼쳤습니다. "사부님께서 돈을 좀 내달라고 말씀하셨습니다." 요괴는 그것을 보자 얼른 말했습니다. "됐다! 썩 꺼져라! 나도 더 이상 여기에서 시끄럽게 굴지 않겠다!" 마왕은 그러고는 얼른 달아나 버렸습니다.

보십시오. 마왕조차 화연 장부를 두려워합니다. 법사님들은 절대로 화연을 하러 나가지 마십시오!

계속해서 부처님이 말씀하신 보시의 이치를 살펴보겠습니다. 대승의 수지이건 소승의 수지이건 대체로 보시를 우선시합니다. 보시는 중국 고유 문화 가운데 '인(仁)'의 발휘라 할 수 있습니다. 인(人) 자 옆에 이(二)를 붙인 것이 인(仁)이니, 사람과 사람 사이에서 남을 사랑하고 타인에게 자비해야 비로소 인(仁)이라 부를 수 있습니다. 『대학(大學)』에서 말하기를 "가까운 사람들에게 친하게 하고서 백성에게 인하며, 백성에게 인하게 하고서 만물을 사랑한다〔親親而仁民, 仁民而愛物〕"라고 하였습니다. 가까운 사람들에게 친하게 함〔親親〕이란 "내 어린이를 돌보는 마음으로 남의 어린이에게 미치고, 내 어른을 섬기는 마음으로 남의 어른에게 미친다〔幼吾幼以及人之幼, 老吾老以及人之老〕"라는 것이니, 먼저 자신의 친척과 친구에서부터 시작하고 그런 후에 사회 대중 내지는 전 인류에까지 발전시켜 나갑니다. 백성에게 인함〔仁民〕이란 중생에게 자비함이니, 중생에게 자비하는 것으로부터 넓혀서 다른 생명까지 미칩니다. 사람이 오직 인류만을 사랑하는 것은 이기적인 것입니다. 결국에는 만물을 사랑하고 모든 생명을 사랑해야 합니다. 그러므로 인(仁)은 불가의 자비와 보시의 기본입니다. 인자한 행위의 첫걸음이 바로 보시입니다. 부처님께서는 약사불의 십이대원을 소개한 후 맨 먼저 보시의 중요성을 설명했습니다. 그러나 모든 중생은 보시를 내키지 않아 합니다.

앞에서 말했듯이 모든 중생은 다른 사람이 고통스러워서 도움을 청하러 오면 처음부터 내키지 않는 마음이 듭니다. 그러다가 나중에 어쩔 수 없어 보시를 하더라도, 마음속으로 생각하면 할수록 마치 무딘 칼로 살점을 도려내는 것처럼 아픕니다. 부처님께서는 왜 이런 도리를 말씀하셨을까요? 『약사경』에서 언급한 보시와 약사불의 수행법은 무슨 관계가 있을까요? 관계가 대단히 큽니다. 먼저 원문을 보고 나서 그 원인을 살펴보도록 하겠습니다.

아끼고 탐냄을 그치지 않아 병증이 쌓인다

"또 물건을 아끼고 탐내는 헤아릴 수 없는 유정들이 재물을 쌓아 놓고서 자신을 위해서도 쓰지 못하거늘, 어찌 하물며 부모와 처자식과 노비와 품팔이꾼과 구걸하러 오는 자들에게 쓸 수 있겠느냐?"

復有無量慳貪有情, 積集資財, 於其自身, 尙不受用, 何況能與父母妻子奴婢
作使, 及來乞者.

부처님께서 말씀하시기를, 세상에는 헤아릴 수 없이 아주 많은 중생이 재물과 물건을 쌓아 두기를 좋아해서 자기 자신에게도 아까워서 쓰지 못하는데, 하물며 자신의 부모와 처자식과 노비 및 구걸하러 오는 사람들에게는 말할 것이 있겠느냐고 하셨습니다.

째째하고 인색함(慳吝)이란 아까워서 베풀지 못하는 것을 말합니다. 인색함(吝)은 째째함(慳)보다는 조금 낫습니다. 인색함은 비교적 아까워함이니, 설사 다른 사람에게 내어준다고 하더라도 십 분의 일 혹은 백 분의 일에 불과합니다. 하지만 쩨쩨함은 속마음이 견고해 아까워서 차마 쓰지 못함이니, 한 올의 털조차 뽑아 주지 않습니다. 인색함은 타인에게 아낌없이 주려는 마음이 없음이요 다른 사람을 도와주려 하지 않으니, 인자함을 베풀기 원하지 않는 것입니다. 하지만 절약하고 아낌(節省)은 쩨쩨하고 인색함과 다릅니다. 만약 자기 자신에 대해서는 담박(淡泊)을 요구하고 자신의 욕망은 엄격하게 통제하면서도 다른 사람에 대해서는 아낌없이 주려고 한다면, 그것은 절약하고 아낌입니다. 중국 문화 유가의 교육은 "자기 자신에게는 두텁게, 다른 사람에게는 얇게 책망한다(躬自厚, 薄責於人)"라는 것입니다. 궁(躬)은 자기 자신을 가리키는데, 자기 자신에 대한 요구는 아주 두텁고 엄격합니다. 반면에 다른 사람에게는 관용과 아량으로 대하고 심하게 책망해서는 안 됩니다. 이런 행위가 바로 보시에 속합니다.

그런데 우리는 사람과 사람 사이에서, 즉 부부 사이나 형제 사이나 친구 사이에서 진정으로 자기 자신에게는 두텁게 다른 사람에게는 얇게 책망하는 사람이 거의 하나도 없음을 봅니다. 다른 사람을 탓하고 다른 사람에게는 매우 엄격하게 요구합니다. 온갖 도덕적 표준은 다른 사람에게 요구하는 것이지 자기 자신에게 요구하는 것이 아닙니다. 이것이 바로 범부 중생입니다. 보살도의 도덕적 표준은 자기 자신에게는 엄격함으로 다스리고 다른 사람에게는 관대함으로 대함인데, 이를 실행하지 못한다면 그것이 바로 쩨쩨하고 인색함입니다. 무릇 쩨쩨하고 인색한 사람은 틀림없이 탐내고, 탐내는 사람은 반드시 사납습니다. 이런 심리는 연쇄적이고 필연적입니다. 왜 그럴까요? 탐욕이 만족을 얻지 못하면 상반된 작용이 바로 사나움이기 때문입니다. 관대하고 담박한 사람은 틀림없이 인자합니다. 세상의 모든 중생은 거의 대부분 아끼고 탐내는 가운데 있습니다. 쩨쩨하고 인색함을 버리지 못합니다. 탐욕은 다른 사람을 침범하여 그에게서 약간의 이익이라도 얻으면 기뻐합니다. 하다못해 말로만 이익을 보더라도 기뻐합니다. 아무튼 온갖 방법을 동원해서 다른 사람에게 손해를 입혀야 만족합니다.

그러므로 아끼고 탐내는 것은 모든 중생의 기본적인 심리이고 심병(心病)입니다. 이런 심병은 오로지 심약(心藥)을 사용해야만 치료할 수 있습니다. 심약은 바로 스스로 이치를 깨달은 후에 보시를 아는 것입니다. 아끼고 탐내는 마음은 오랜 시간이 지나면 신체의 질병으로 변합니다. 저는 한의학과 서양 의학을 연구하는 친구에게 늘 이런 우스갯소리를 하는데 실은 진담이기도 합니다. 오늘날 의학이 제아무리 훌륭하고 얼마나 발달했든지 간에 중국인에게는 이런 오래된 말이 있습니다. "약은 가짜 병이나 고칠 수 있고 술은 진짜 근심을 풀어주지 못한다〔藥能醫假病, 酒不解眞愁〕." 모든 의약(醫藥)은 제아무리 훌륭해도 가짜 병이나 치료할 수 있을 따름입니다. 한의학이 됐든 서양 의학이 됐든 진정으로 치료하지 못하는 것은 죽음의 병〔死病〕입니다. 사람이 곧 죽으려고 할 때에는 여러분에게 아무런 방법이 없습니다. 아무리 해도 치료하지 못합니다. 만약 사람을 치료해서 병이 없게 할 수 있다면 사람은 죽지 않을 것입니다. 그러므로 의학이 아무리 발달했다 하더라도 사람은 어김없이 죽습니다.

불법은 "생을 마치고 죽음에서 벗어나기〔了生脫死〕"를 표방하고 생로병사(生老病死)의 병을 치료합니다. 그러나 사실상 세간에서 부처님을 믿고 불법을 배우는 사람들은 여전히 생로병사를 겪습니다. 그 원인은 바로 사람이 끝내 자신의 심병을 치료하지 못하기 때문입니다. 아끼고 탐내는 심리를 지닌 사람은 높은 지혜와 깊은 정력(定力) 혹은 정혜(定慧)를 지닌 사람에게는 한눈에 즉시 간파됩니다. 비단 사람뿐 아니라 모든 중생 내지는 동물이 만약 아끼고 탐내는 심리를 지닌다면 아주 쉽게 겉으로 드러납니다. 그것은 무슨 이치일까요? 심리(心理)가 생리(生理)로 변하기 때문입니다. 마음에 아끼고 탐내는 응어리가 있으면 그 사람의 표정이나 기색, 생명의 사대(四大)[72]에 드러나기 때문에 한번 보기만 해도 알 수 있습니다. 헤아릴 수 없는 중생이 아끼고 탐냄을 그치지 않기 때문에 이미 병증이 쌓이고 있습니다.

소소한 일을 한 가지 들어보겠습니다. 어느 날 홍콩의 한 친구에게서 전화가 왔습니다. 이 친구는 가족 모두가 좋은 일을 많이 하는데, 대여섯 명의 가족이 좁은 집에서 살고 있습니다. 대만에 사는 친구들이 홍콩에 가면, 그는 사람들이 여관에서 숙박하느라 돈을 쓰게 하지 않고 자기 집으로 초대했습니다. 제 아들이 미국에서 돌아오는 길에 홍콩을 들렀을 때에도 끌고 가서 재웠습니다. 나중에 제 아들이 편지를 보내 말하기를, 홍콩 그 친구의 정성스러운 초대에 아주 감사하기는 했는데 돌아간 후에 한 달이나 아팠다고 했습니다. 여름의 홍콩은 대단히 덥습니다. 하지만 그 친구는 아까워서 에어컨을 달지 않고 돈이 조금이라도 생기면 그 돈으로 좋은 일을 했습니다. 온 식구가 좁은 집에서 사는 데다가 방을 손님에게 내주었으니, 제 아들 말이 너무 더워서 병이 났다는 것이었습니다. 어젯밤에 그 친구가 전화를 해서 이렇게 말했습니다. "선생님! 제가 선생님께 욕을 먹고는 모질게 마음을 먹었답니다! 에어컨을 샀어요." 제가 말했습니다. "잘했네! 에어컨을 달아 놓고 촌뜨기처럼 굴지는 말게나! 솜저고리를 걸쳐야 될 정도로 틀어 대지는 말라는 소리야. 자네 집을 내가 보지는 못했지만 친구들이 갔다 와서 내게 말해 줬다네. 그저 시원한 정도까지만 틀면 돼!" 그러자 그가 말했습니다. "저도 압니다, 알고말고요. 아직도 저는 전기가 아까운 걸요!"

---

72 불교에서 인간의 육신을 비롯한 일체의 물질을 구성하는 지수화풍(地水火風)의 네 가지 원소를 말한다. 불교에서는 우주의 모든 물질은 사대의 이합(離合)이나 집산(集散)으로 생겨나기도 하고 없어지기도 한다고 생각한다.

그 친구처럼 아까워하는 것은 절약하고 아낌〔節省〕이지 쩨쩨하고 인색함〔慳吝〕이 아닙니다. 무엇 때문에 여러분에게 이런 이야기를 할까요? 많은 사람들이 시원함을 탐해서 밤새도록 에어컨을 틀어 놓는데, 저는 그런 사람들에게 그렇게 하지 말라고 말해 줍니다. 감기에 걸리니까요! 하지만 끝내 제 말을 듣지 않다가 날마다 이곳으로 와서 약을 받아 갑니다. 그도 아니면 머리가 아프고 몸에 울긋불긋한 것들이 돋아납니다. 그렇게 하면 병에 걸린다고 아무리 말해 줘도 한사코 시원함을 탐합니다. 무엇을 탐심(貪心)이라고 부릅니까? 여러분은 자신이 돈을 탐하지 않고 명예를 탐하지 않고 이익을 탐하지 않으면 그것이 바로 탐내지 않음이라고 여깁니다. 그러나 여러분이 틀렸습니다. 우리의 심리 행위는 수시로 탐냄을 범합니다. 시원함을 탐하다가 병에 걸려놓고 또다시 돈이 아까워서 병원에 가지 못합니다. 아깝기도 하고 아무튼 그래서 고집을 부립니다. 때로는 제가 약을 가지고 가서 다그치고, 그래도 안 되면 먹으라고 부탁을 합니다. 부탁해도 안 되면 그때는 욕을 해 버립니다. 그러면 무서워하면서 약을 먹습니다. 사실 제 약 한 포의 원가도 몇 백 위안은 되지만 그는 알지 못합니다. 그저 즉석 식품을 먹는 정도로만 여깁니다. 밤에 시원함을 탐해서 밤새도록 선풍기를 틀어 놓지 말라고 하면 그제야 하지 않습니다. 중생은 모든 면에서 아끼고 탐냄을 범합니다.

우리 어린 시절을 회상해 보면 그 시절에야 선풍기가 어디 있었습니까? 날씨가 푹푹 찌면 기껏해야 짧은 바지에 러닝셔츠를 걸치는 정도였습니다. 어떤 할머니들은 상의를 훌렁 벗어 버리고 커다란 젖가슴을 주머니처럼 배 위에 늘어뜨리고 있었습니다. 늙으면 뻔뻔해진다고, 어쨌든 늙었으니까요. 그런 모습을 봐도 우리는 아무렇지도 않게 자신의 할머니처럼 공경했습니다. 할머니는 골목 어귀에 의자를 끌어다 놓고 앉아서 바람이라도 지나갈라치면 손에 든 부채를 연신 흔들며 수시로 차나 녹두탕을 마셨습니다. 그런 호사를 누리다 보면 마치 색계천(色界天)의 천정에 온 것 같았습니다! 우리는 그런 시절도 보냈으며, 그것도 아주 잘 보냈습니다. 지금은 선풍기도 있고 에어컨도 있는데 이처럼 견디지 못하고 힘들어합니다. 물질문명이 발달할수록 인류의 아끼고 탐내는 심리는 더욱 심해져서 이름도 모르는 병이 갈수록 늘어납니다. 어디서 오는 걸까요? 아끼고 탐내는 심리에서 옵니다.

『약사경』에서 언급한 아끼고 탐냄과 보시는 무슨 관계가 있을까요? 그 의미가 자못 깊은데, 심리적으로 아끼고 탐냄에서 벗어날 수 있어야 그것이 바로 자신을 향한 내보시(內布施)입니다. 가령 여름에 땀을 흘리면 얼마나 상쾌합니까! 생리 위생과 양생의 도라는 측면에서 보면 여름에는 마땅히 땀을 흘려야 합니다. 사람이 여름에 땀을 흘리지 않으면 체내에 쌓인 나쁜 것들이 배출될 방법이 없습니다. 겨울에는 또 난방을 마치 여름처럼 하는 것이 유행이라서 여름옷을 입어야만 쾌적합니다. 미국이나 캐나다 같은 지역에는 냉난방으로 인한 불치병이 특히 많습니다.

한 가지 더 말씀드리겠습니다. 나이가 좀 많은 학생이 한 사람 있었는데 그는 사무실에 앉아서 일을 하는 사람이었습니다. 어깨가 시큰거리고 팔을 들어 올릴 수가 없어 여러 병원에서 온갖 검사를 다 해 봤는데, 병원에서는 별다른 문제는 없고 약간의 류머티즘이 있다고 했습니다. 하지만 류머티즘 약을 먹어도 낫지를 않았습니다. 어느 날 저에게 와서 말하기를, 글씨도 못 쓰고 너무나 고통스럽다고 했습니다. 저는 그에게 병원에 가 보았느냐고 물었습니다. 한의원도 병원도 모두 다 가 봤다고 했습니다. 제가 말했습니다. "자네 사무실 책상은 아주 크고 그 위에 유리판이 깔려 있지?" 그가 말했습니다. "맞습니다! 선생님은 가 보지도 않고 어떻게 아십니까?" 제가 말했습니다. "알지. 자네의 두 손이 항의하고 있지 않은가!" 그가 말했습니다. "그게 무슨 관련이 있습니까?" 저도 예전에 유행을 따른답시고 사무실 책상 위에 유리판을 깔아 놓았는데, 여름에는 책상에 손목을 내려놓으면 아주 시원했습니다. 며칠 후 정좌 수련을 하는데 그 부분의 기맥이 통하지 않는 것이었습니다. 저는 유리판에서 문제가 생겼음을 알았습니다. 그래서 학생들에게 유리판을 죄다 치워 버리고 사용하지 못하게 했습니다. 나일론이나 플라스틱도 사용하지 못하게 하고 대신에 두꺼운 종이판을 깔게 했지요. 위에는 천을 놓았더니 좋아졌습니다. 학생들은 제 말대로 처리하면서도 못내 아까워했습니다. 두꺼운 유리판 하나에 천 위안도 넘는 데다가 새로 판자를 덧대려면 또다시 돈을 써야 한다는 것이었습니다. 하지만 저는 이렇게 말했습니다. 돈을 써야 하면 써야지. 그래야 기가 통할 게 아닌가!

저는 어깨 통증을 호소하는 학생에게 사무실 책상 위 유리판을 치워 버리면 약을 먹지 않아도 얼마 후면 좋아질 거라고 말해 주었습니다. 마침내제 처방대로 하더니 약을 먹지 않고도 나았습니다. 무엇 때문이었을까요? 손을 차가운 유리판 위에 놓고 하루 종일 일했기 때문입니다. 그는 멋을 누리고 싶었습니다. 유리판 아래 천을 깔아 놓으면 푸르고 반들반들하니 얼마나 멋있습니까! 게다가 옆에서 시중드는 사람이 차를 내오고 맡은 일도 일사천리는 아니더라도 그런대로 재미가 쏠쏠했는데, 안타깝게도 두 손이 견디지 못하고 말았습니다. 그 이치가 어디에 있습니까? 병의 원인이나 병증을 이야기하자면 그렇게 된 것이고, 원리를 이야기하자면 아끼고 탐내는 심리가 문제입니다. 과학 문명이 진보하면 할수록 사람들은 심리적 해탈을 구할 줄 모르고 오로지 물질적이고 기계적인 생활에만 빠져서 아끼고 탐냄은 더욱 심해지고 질병은 더욱 많아질 것입니다. 마치 등불이 밝으면 밝을수록 좋지만 그로 인해 눈의 질병도 많아지는 것과 같습니다.

그렇다면 이것이 보시와 무슨 관계가 있습니까? 내보시는 해탈이고 내려놓음이니, 모든 외경(外境)을 다 벗어날 수 있습니다. 외보시는 자신의 재물이나 좋은 것을 모두 다른 사람이 쓰도록 주는 것이니, 쓰고 싶은 대로 가져가서 쓰게 합니다. 중생은 본디 아끼고 탐내니까요! 그렇기 때문에 『약사경』은 아끼고 탐내는 도리를 이야기합니다.

부귀공명이 가장 사람을 미혹케 한다

"또 물건을 아끼고 탐내는 헤아릴 수 없는 유정들이 재물을 쌓아 놓고서〔復有無量慳貪有情, 積集資財〕"라고 하였는데, 자(資)는 자산(資産)이며 유형의 물질이고 재(財)는 금전이나 지폐 등입니다. 재물을 쌓아 놓고서도 죽어라 돈을 법니다. 벌고 또 벌어서 재물이 많아져도 더 많이 원하고, 재물이 있어도 더 가지려고 합니다. 저도 명리(名利)를 즐긴 적이 있고 권위를 탐한 적이 있지만 부귀공명에 대해서는 잘 알고 있습니다. 자신은 명리를 조금도 원하지 않는다고 말하는 학생들을 볼 때면 저는 항상 '개소리' 하고 있다고 말합니다. 제 욕을 먹은 학생들은 어안이 벙벙해합니다. 저는 묻습니다. 여러분은 명리를 본 적이 있습니까? 여러분이 명리를 추구한다고 해서 얻을 수 있습니까? 부귀공명을 원하지 않는다니, 여러분이 과연 그렇게 할 수 있습니까? 부귀공명이 얼마나 좋은 것인데요! 여러분이 그런 위치에 올라가 보면 알게 됩니다. 마음속으로 차를 마시고 싶다고 생각하며 시선을 돌리면 찻잎이 그쪽에서 일렬로 늘어서 있습니다. 우롱차도 있습니다! 철관음도 있습니다! 철나한도 있습니다! 녹차에 화차(花茶)에 국화차까지 있어야 할 건 다 있습니다. 그건 여러분이 명리를 지녔고 권위를 지녔기 때문입니다. 만약 여러분이 어떤 물건을 원하면 그 즉시 눈앞에 대령할 것입니다. 그 얼마나 황홀한 일입니까! 아무렇게나 말해도, 분명히 잘못 말했는데도, 아래에 수천 명이 서서 "네!" 하고 외칩니다. 그 멋진 기분이라니! 정말로 자신이 아주 높아진 것처럼 느껴집니다. 저에게도 그런 경험이 있습니다. 연단 위에 서서 아무렇게나 말했는데도, 마음속으로 잘못 말했다고 생각하고 있었는데 사람들은 오히려 맞다고 환호했습니다. 저는 속으로 다시는 이렇게 하면 안 되겠다고 생각했습니다. 만약 또 그런다면 스스로를 묻어 버릴 것입니다. 그렇게 스스로 경각심을 가져야 합니다.

　부귀공명은 만족하는 때가 영원히 오지 않으며 많으면 많을수록 좋습니다. 정말로 재미있습니다. 우연히 어떤 곳에 가서 밥을 먹고 식사가 끝난 뒤에 계산을 하는데, 만약 한 끼에 만 오천 위안이라고 합시다. 좋아! 팁까지 해서 이만 위안을 줍니다. 오천 위안은 팁입니다. 부귀공명은 돈이 있어야 하니까요! 그러다가 다음번에 그곳에 다시 가서 어떤 자리를 달라고 하면 곧바로 그 자리를 내주고, 또 어떤 요리를 달라고 하면 곧바로 그 요리를 대령합니다. 모두가 돈이 그렇게 만든 것입니다. 여러분은 부귀공명을 원하지 않는다고 하는데, 이런 재미를 맛본 적이 있습니까? 소고기면을 배불리 먹고 서로 돈을 내겠다고 하는 이런 게 부귀공명을 원하지 않는 것이라고 여기십니까? 큰소리치지 마십시오. 여러분도 그런 위치에 가면 틀림없이 얼떨떨해질 것입니다. 여러분처럼 젊은 사람들은 아무것도 필요 없다고 하는데, 이리로 와서 한번 시험해 보십시오. "선생님 안녕하세요! 선생님 멋있어요! 선생님 대단해요!" 머리가 온통 어질어질해집니다! 여러분 자신이 아주 위대한 것처럼 여겨질 것입니다. 자기 자신이 바라볼수록 위대하게 느껴지는 것은 재물을 쌓아 두는 것과 똑같습니다. 돈이 있으면 무엇이든 원하는 대로 가질 수 있습니다. 산동 말에 "원하라, 가지리라〔要夳麽, 有夳麽〕"라는 말이 있는데 얼마나 멋있고 사람을 유혹하는지요!

아끼고 탐내어 모으다

　아끼고 탐냄[慳貪]과 모음[積聚]은 연달아 나옵니다. 아끼고 탐내면 그
것을 모으기 좋아합니다. 가지면 더 가지고 싶고 많으면 더 많이 원합니
다. 저 같은 경우에는 이제 다른 것은 아무것도 필요 없지만, 홍콩이나 다
른 지방에 좋은 책이 있다는 말을 들으면 탐이 납니다. 어떤 사람이 저에
게 전화를 걸어서 말합니다. "선생님! 여기서 좋은 책을 발견했습니다."
"그래? 무슨 책인가?" "오! 좋아, 좋아! 빨리 보내 주게! 돈은 얼마가 들
든 상관없네." 또 탐내는 것이 있습니다! 불상이 장엄하다고 하면, 좋아!
사지! 얼른 보내 주게! 한 무더기의 불상이 저를 둘러싸고 있으면 제 자신
이 정말로 아끼고 탐낸다는 생각을 하게 됩니다. 그렇지 않습니까? 저는
잘못이 있으면 솔직히 시인합니다. 불법을 배우는 사람은 수시로 자신을
반성해야 합니다. "재물을 쌓아 둔다[積集資財]"는 것이 단지 돈만을 가리
킨다고 생각해서는 안 됩니다. 돈은 비교적 분명하게 드러날 뿐이고 어떤
물질이든지 다 해당됩니다. 그렇기 때문에 출가한 사람의 의복은 세 벌만
허락되고 네 번째는 소유하면 안 됩니다. 저는 과거에 이 계율을 지켜서
양복을 항상 세 벌만 갖고 있었습니다. 네 번째 양복이 생기면 꼭 다른 사
람에게 보내 주었습니다. 그러나 저에게는 꽤 여러 벌의 두루마기가 있지
만 다른 사람에게 보내 주려고 해도 보낼 수가 없었습니다. 만약 저랑 키
가 비슷한 젊은이에게 보내 그가 두루마기를 입고 거리를 돌아다닌다면
사람들이 보고서 이렇게 말할 것입니다. "저게 뭐야, 말도 안 돼!" 별 수
없이 두루마기를 걸어두는 수밖에 없습니다.

　그다음에 부처님이 하신 말씀은 탄식의 소리입니다. "자신을 위해서도
쓰지 못하거늘, 어찌 하물며 부모와 처자식과 노비와 품팔이꾼과 구걸하
러 오는 자들에게 쓸 수 있겠느냐?[於其自身, 尚不受用, 何況能與父母妻子

奴婢作使, 及來乞者]"부처님께서는 아끼고 탐내는 그 사람이 좋아하는 물건은 자기 자신도 아까워서 잘 쓰지 못한다고 말씀하십니다. 여러분도 생각해 보십시오. 다른 사람에게는 볼 것도 없이 자기 자신에게도 좋은 물건은 냉장고에 넣어 두고 아까워서 먹지 못합니다. 한 달이 지나면 상해서 버릴 수밖에 없더라도 그렇게 합니다. 아까워서 부모나 처자식이나 노비에게도 주지 못하고 다른 사람에게는 더더욱 주고 싶지 않습니다. 지금 이야기하는 것은 바로 우리의 심리 상태입니다! 세상 사람들을 권면하는 문장이라도 되는 양 여기지 마십시오. 불경은 모든 중생의 심리 상황이 바로 이와 같다고 말하고 있습니다. 『약사경』의 비밀이 어디에 있을까요? 그것은 여러분에게 분명히 말합니다. 몸의 병은 심리로부터 서서히 형성된 것이라고요.

아까워서 자신이 쓰지 못할 뿐 아니라 가족들에게도 주지 않고 구걸하는 사람에게는 더더욱 주지 않습니다. 세상에는 모두가 이런 중생입니다. 이와 같은 심리를 지니고 있기 때문에 질병으로 변합니다. 가령 재물을 잃게 되면 내심의 고통과 번뇌와 후회로 자기도 모르는 사이에 신체의 병이 생깁니다. 그러므로 모든 중생은 수시로 자신의 마음을 반성해야 합니다.

그러고 보니 수십 년 전의 일이 생각납니다. 한번은 제가 보시에 대해 강연했는데, 제 친구 하나가 자리에서 다 듣고 돌아가더니 저를 크게 욕하면서 말했습니다. "그가 말한 보시의 의미라는 것이 다른 사람에게 돈을 내라는 것이었어. 그는 나에게 오만 달러의 예금이 있다는 걸 알았던 거야." 실제로 저는 그에게 돈이 있다는 것을 전혀 몰랐습니다. 아! 무슨 방법이 있겠습니까? 중생은 아끼고 탐냅니다. 여기에 계신 여러분 가운데에도 그런 경험이 있을 것입니다. '여기에서 돈을 모금하지는 않을까' 하는 생각 말입니다. 어찌 됐건 여기에서는 받지 않습니다. 왜일까요? 여러분이 진정으로 낼 수 있어야 하기 때문입니다. 안 그랬다가는 나중에 생각하고 후회로 엄청나게 고통스러워할 것이니 그 과보는 생각도 할 수 없습니다. 우리가 받을 과보가 아니라 여러분 자신의 마음속 고통과 번뇌의 과보를 생각도 할 수 없다는 말입니다. 고통의 과보는 훗날의 병을 가져옵니다. 훗날이 가리키는 것은 내생이 아니라 이생입니다. 이것이 바로 수행의 이치입니다.

아끼고 탐냄의 과보

이제 부처님께서는 아끼고 탐내는 심리로 인해 내생에 얻게 될 과보의 모습에 대해 말씀하십니다.

"저 유정들은 인간의 목숨을 마치면 아귀의 세계나 축생의 세계에 태어나는데, 이것은 인간 세계에 있을 적에 잠깐이라도 약사유리광여래의 명호를 듣지 못했기 때문이니라. 그러나 이제 아귀의 세계나 축생의 세계와 같은 악취에서 잠깐이라도 저 약사유리광여래의 명호를 생각하면, 생각하는 그 즉시에 저 악취에서 인간의 몸으로 태어나며, 숙명통을 얻어 악취의 고통을 두려워하여 탐욕과 쾌락을 즐기지 않고 보시를 즐겨 행하며, 보시하는 이를 찬탄하고 자신이 가지고 있는 모든 재산을 욕심내거나 아까워하지 않고, 점차 자기 육신의 머리와 눈, 손과 발, 피와 살 등을 필요로 하는 이들에게 보시하거늘 하물며 여타의 재물에 있어서이겠느냐?"

彼諸有情, 從此命終, 生餓鬼界或傍生趣. 由昔人間, 曾得暫聞藥師琉璃光如
來名故, 今在惡趣, 暫得憶念彼如來名, 即於念時, 從彼處沒, 還生人中, 得宿
命念, 畏惡趣苦, 不樂欲樂, 好行惠施, 讚歎施者, 一切所有, 悉無貪惜, 漸次

尚能以頭目手足血肉身分施來求者, 況餘財物.

밤낮 아끼고 탐내던 사람은 죽은 후에 악도(惡道)로 떨어져서 아귀로 변합니다. 아귀의 과보는 바로 아끼고 탐내는 심리로부터 옵니다. 불경에서는 아귀를 어떻게 형용했습니까? 아귀 중생은 몸집은 큰데 목구멍과 식도가 대단히 작아서, 혹은 위가 좋지 않아서 음식을 받아들이지 못합니다. 여러분은 어디에서 그런 것을 볼 수 있느냐고 묻겠지요. 생물을 연구하는 사람은 바로 알 수 있습니다. 심해(深海)에서 사는 생물들은 고래처럼 수면에까지 떠올라서 물을 뿜는 극소수의 경우를 제외하면 대부분 해면까지 헤엄치지 않습니다. 참으로 가엾지요! 심해 저 아래는 캄캄해서 어떤 생물은 스스로 빛을 내기도 합니다. 하지만 목구멍이 아주 작고 먹이를 찾기가 쉽지 않아서, 만약 수백 년을 산다고 하면 수백 년의 대부분을 굶주린 상태에 있습니다. 이것이 바로 아귀도(餓鬼道)입니다.

사람의 아귀도는 병원에서 볼 수 있습니다. 꽤 많은 사람들이 '먹지 못하는' 병을 앓아서 입에 호스를 꽂고 있습니다. 하지만 먹고 싶은 욕망은 여전히 아주 큽니다. 요즘은 의학이 발달해서 포도당 주사로 에너지를 보충해 주지만 환자들은 '먹지 못하는' 고통을 맛보고 있습니다. 실제로 이미 아귀도의 경계로 들어선 것입니다. 그러므로 이 세계 중생의 모습을 보면 천당과 지옥을 인간 세계에서 아주 분명히 볼 수 있습니다. 다만 여러분의 지혜가 부족해서 알아보지 못할 뿐입니다.

"방생취(傍生趣)"에서 방생(傍生)은 무엇입니까? 방생은 바로 축생입니다. 또 취(趣)는 무엇입니까? 취는 바로 취향입니다. 수많은 사람들이 사람으로 살고는 있지만 마음의 결사(結使)[73]가 생리적인 면에 영향을 미쳐 이미 축생도로 변해 버렸습니다. 세상에는 축생도의 사람이 아주 많습니다. 사람의 형상이 아닌 사람도 그 수를 헤아릴 수 없습니다. 특히 병원이나 나환자 병원과 같이 고통스러운 곳에 가면 볼 수 있습니다. 여러분은 함부로 그들과 접촉해서는 안 됩니다. 나병은 전염성이 아주 강하기 때문입니다.

제가 아는 학생 하나는 나환자 병원에서 십육 년이나 환자들을 돌봐 왔습니다. 저는 정말로 그에게 탄복해서 물었습니다. "무섭지 않나?" 그러자 그는 "무섭습니다!"라고 대답했습니다. 아마도 지금은 이미 전염되었을지도 모릅니다. 그때 우리는 멀찍이 서서 대화를 나누었습니다. 제가 물었습니다. "힘들지 않은가?" 그가 대답했습니다. "힘들지 않습니다. 이번 생은 그들에게 헌신하기를 원합니다." 그 학생은 불교 신자도 아니고 다른 무슨 종교의 신자도 아니었지만 정말로 위대한 사람입니다. 저는 그저 그에게 합장만 했습니다. 제가 그에게 말했습니다. "자네는 나를 선생님이라고 부르지 말게. 내가 자네를 선생이라고 불러야 해. 자네의 이런 행위야말로 보살도이거든!" 그러자 그는 "이건 뭐 그리 대단한 일도 아닌데요"라고 말했습니다. 제가 말했습니다. "나도 해내지 못하는 일이네!" 그 안에 있는 사람들은 대부분 모습이 일그러졌고 아주 고통스러워했습니다. 대다수의 동물과 생물이 옆으로 가거나 기어가기 때문에 방생(傍生)이라고 부릅니다.

부처님께서는 말씀하십니다. 축생도에 있거나 아귀도에 있는 중생들이 만약 여러 생(生) 이전에 불법을 들었거나 '약사경' 혹은 약사여래의 명호를 들었다면, 극심한 고통의 자극을 받을 때 자신도 모르는 사이에 갑자기 '나무소재연수약사불' 혹은 '나무약사유리광여래'를 외우게 됩니다. 그러

---

73 번뇌를 말한다. 번뇌는 중생을 결박하여 미혹에서 벗어나지 못하게 하므로 결(結)이라 하고, 중생의 마음을 마구 부려 산란하게 하므로 사(使)라고 한다.

니 "생각하는 그 즉시에 저 악취에서 인간의 몸으로 태어나고〔卽於念時, 從彼處沒, 還生人中〕", 즉 축생의 몸이 죽고 해탈하여 그 즉시에 사람으로 환생합니다.

이것은 진짜입니다. 이 자리에 계신 많은 분들도 그런 경험이 있을 것입니다. 지금껏 불법을 배우거나 어떤 주문을 외워 보거나 혹은 어떤 수인(手印)을 해 본 적이 없는데도 갑자기 주문을 외우고 수인을 하게 됩니다. 어떤 학생이 어느 날 저에게 '이런' 수인이 있는지를 물었습니다. 어떻게 할 줄 아느냐고 물었더니 정좌 수련을 하다가 보여 자연스럽게 알았다고 했습니다. 제가 말했습니다. "맞아! 그건 아무개 부처님의 수인일세." 이 문제는 아뢰야식(阿賴耶識)[74]과 연관된 것인데, 여러 생(生) 가운데 한 번이라도 들은 적이 있으면 그 종자(種子)[75]가 팔식(八識)[76]의 밭〔田〕에 남아 있습니다. 그러다가 고통이 극이 달하면 아뢰야식을 자극하여 공덕과 지혜의 불성(佛性)이 발현되고, 우연히 그 종자를 포착하여 스스로 외우게 되는 것입니다. 그러므로 아뢰야식에 남겨진 생각의 종자 하나가 중요함을 알 수 있습니다. "인연이 만나질 때 과보를 다시 받는다〔因緣會遇時, 果報還自受〕"라고 하였습니다. 사람은 한 번 생각하는 사이에도 함부로 탐진치(貪瞋癡)[77]의 마음을 일으켜서는 안 됩니다. 함부로 일으켰다가는 아뢰야식의 종성(種性)[78]이 악근(惡根)을 심어 나중에 악과(惡果)를 맺을 것입

---

74 팔식(八識) 가운데 마지막의 제팔식에 해당하는 것이다. 일체법의 종자(種子)를 갈무리하고 일으키는 근본 심리 작용을 말한다. 겉으로 나타나지 않고 맨 밑바닥에 숨어 있는 잠재의식으로서 무의식이라 할 수 있다.

75 불교에서 모든 존재와 현상을 낳게 하는 원인의 씨앗을 비유적으로 가리키는 말이다.

76 유식설(唯識說)에서 분류한 여덟 가지 마음 작용을 말한다. 곧 안식(眼識)·이식(耳識)·비식(鼻識)·설식(舌識)·신식(身識)·의식(意識)·말나식(末那識)·아뢰야식(阿賴耶識)의 여덟 가지이다.

77 탐욕(貪欲)과 진에(瞋恚)와 우치(愚癡), 곧 탐내어 그칠 줄 모르는 욕심과 노여움, 어리석음을 말한다. 이 세 가지 번뇌는 열반에 이르는 데 장애가 되므로 삼독(三毒)이라 한다.

니다. 반대로 선근(善根)을 심으면 선과(善果)를 맺게 됩니다.

고통을 스승으로 삼다

어떤 일에 성공하려면 반드시 인연을 구족(具足)해야 합니다. 현대어로
하면 필요 조건을 충분히 구비해야 한다는 말인데 불법을 배우는 큰일은
더더욱 그러합니다. 그래서 불법을 공부하는 사람은 자신이 내세에 다시
생명을 얻었을 때 삼재팔난(三災八難)을 만나지 않기를 발원합니다. 삼재
는 이 세상의 겁수(劫數)이니 도병겁(刀兵劫), 온역겁(瘟疫劫), 기근겁(饑
饉劫)을 말합니다.

도병(刀兵)의 재난은 바로 전쟁을 말합니다. 여러분 세대는 대부분 전쟁
을 겪지 않았지만 우리 세대는 눈으로 직접 보았습니다. 전쟁이 나면 가장
먼저 피해를 입는 사람은 노약자와 부녀자입니다. 그해[79] 제가 차를 타고
피난 가던 때, 차가 가는 곳마다 보이는 것은 오직 노인과 아이와 부녀자
들이 마치 전당강(錢塘江)의 물결이 스러지듯이 한 줄 한 줄 쓰러져 가는
모습뿐이었습니다. 고개 돌려 바라보면 눈물조차 나오지 않았습니다. 누
구를 구하겠습니까? 사람의 생명이 마치 개미 같았습니다. 그래서 옛사람
은 이렇게 말했습니다. "차라리 태평시대의 개나 닭이 될지언정 난세의
사람이 되지는 말라." 난세의 사람은 생명이 아무런 가치가 없습니다. 여
러분은 아셔야 합니다. 이 색신(色身)은 모두 어머니가 태에서 열 달을 품

---

78 타고난 성품.

79 1937년 7월 7일의 노구교(盧溝橋) 사건을 계기로 시작되어 1945년 9월 2일의 일본 항복까지
계속된 중일 전쟁 시기를 말한다.

어서 태어났으며 고생을 참고 견디면서 길러 냈습니다. 하지만 전쟁이 나면 "발포!" 하는 한마디 명령에 기관총을 쏘아 대고 사람들은 그렇게 한 줄 한 줄 쓰러집니다. 사람을 사람으로 여기지 않고 어디에 사람이 있다고 하면 그쪽을 향해 쏘아 댑니다. 폭탄이 터지면 피와 살점이 이리저리 날아가는 것만 보입니다. 대퇴부가 나무에 걸려 있고 팔 한쪽이 전봇대 위에 걸쳐져 있는, 참으로 그 비참한 모습은 눈뜨고 볼 수가 없습니다. 이것이 도병겁의 재난입니다.

온역겁(瘟疫劫)은 바로 전염병인데 그 상황이 심각합니다. 며칠 사이에 한 지방 내지는 현(縣)의 사람들이 전부 죽어 나갑니다.

기근겁(饑饉劫)은 바로 흉년을 말합니다. 큰 한재(旱災)나 큰 수재(水災)가 나면 먹을 것이 없어지는데 몇 년 지속되면 당연히 사람들은 굶어 죽게 됩니다.

그래서 옛사람들은 발원할 때 내세에 다시 태어나면 무엇보다도 삼재(三災)를 피하기를 원했습니다. 하지만 여러분은 정말로 피할 수 있습니까? 삼재를 피할 수 있다면 이미 여러 생을 수행하여 공덕을 쌓음으로써 얻은 결과일 것입니다.

팔난(八難), 그 가운데 일난은 북구로주(北俱盧洲)에 태어나는 것이고 또 하나의 일난은 장수천(長壽天)에 태어나는 것입니다. 왜냐하면 그곳은 고통이 없고 번뇌가 없기 때문입니다. 고뇌라는 자극이 없으면 불법을 배우려는 마음을 일으키기 쉽지 않습니다. 즐겁게 살면서 병도 없고 재난도 없고 번뇌도 없다면, 무엇이든 원하는 대로 다 가질 수 있다면 이미 신선의 경계에 있는 것이니 굳이 불법을 배우고 수도할 필요가 있을까요? 그래서 부처님께서는 말씀하셨습니다. "고통을 스승으로 삼아라!" 이 사바세계에는 고통도 있고 쾌락도 있고 번뇌도 있고 평화도 있어서 음과 양이 거의 절반씩이라고 할 수 있습니다. 고통스러운 자극이 수시로 여러분의 자성 가운데 선념(善念)의 불성을 격발시키기 때문에 아뢰야식의 종성(種性)이 그처럼 중요한 것입니다. 한 생각이 팔식(八識)의 밭을 거쳐서 이렇게 하나의 종자를 형성하게 되면 극한 고통이 올 때 선심(善心)이 발현됩니다.

세상 사람들의 심리를 보면 최고로 악한 사람이라 할지라도 죽음이 임박했을 때에는 선한 생각을 일으킵니다. 중국인들은 이렇게 말합니다. "사람이 장차 죽으려고 할 때에는 그 말하는 것이 선하고, 새가 장차 죽으려고 할 때에는 그 우는 것이 슬프다[人之將死, 其言也善, 鳥之將亡, 其鳴也哀]." 이는 거의 필연적입니다. 수많은 토비나 강도가 비참하게 죽임을 당하는 것을 보면 여러분은 옆 사람에게 저런 사람을 배워서는 안 된다고 말합니다. 그것은 가장 큰 자극을 받아서 선한 생각이 출현한 것이니 그런 심리가 아뢰야식의 작용입니다.

또 천재는 어떻게 해서 나옵니까? 여러 생(生)에 걸쳐 특정 방면에 집착하면 내세에 태어났을 때 종자가 폭발하여, 어떤 사람은 태어나면서부터 그림을 그릴 줄 아는가 하면 어떤 사람은 태어나면서부터 글자를 알기도 합니다. 당대(唐代)의 백거이는 세 살에 '지(之)'와 '무(無)' 두 글자를 알았다고 합니다. 집안사람들이 믿기 어려워서 글자를 한 무더기 가져다가 시험해 보았는데 과연 두 글자를 찾아내었습니다. 이것이 바로 아뢰야식 근성(根性)의 문제입니다.

그래서 부처님께서는 말씀하셨습니다. 중생들이 세 가지 악취(惡趣) 속에서 극한 고난을 겪고 있을 때 "잠깐이라도 저 약사유리광여래의 명호를 생각하면[暫得憶念彼如來名]", 즉 아뢰야식의 종자가 갑자기 폭발하여 '약사여래'의 명호가 신묘하게 머릿속에 떠오르게 되면, 그 생각으로 인해서 당시에 고통스러운 업보를 받고 있던 몸이 그 즉시 죽습니다. 축생도에 있더라도 죽고 아귀도에 있더라도 죽은 연후에 "인간의 몸으로 태어납니다[還生人中]." 하지만 인간의 몸으로 태어난다고 해도 업력(業力)이 무겁고 무겁지 않고의 차이가 있습니다. 만약 업력이 무거우면 아귀도에서 왔든 지 축생도에서 왔든지 혹은 천인(天人)[80]에서 왔든지 아수라도에서 왔든 지 그의 몸이 지니고 있는 업습(業習)은 끊어지지 않습니다. 조금이라도 정력(定力)[81]이 있는 사람이라면 한눈에 알 수 있습니다.

숙명통

어떤 사람들은 과거 생의 선업(善業)이 크고 악업(惡業)이 작아 태어나 자마자 숙명통(宿命通)[82]을 지니고 자신의 전생이 무엇이었는지를 압니다. 과거에 저에게는 이런 친구가 있었습니다. 평판이 아주 좋은 선배였고 불법도 공부했습니다. 당시 저는 아직 서른도 안 되었는데 그는 이미 칠팔십 세나 되었습니다. 선배는 외모도 아주 훌륭해서 온 얼굴에 붉은 빛이 감돌고 백발이 푸르렀습니다. 흰 머리카락과 흰 수염이 멋들어진 것이 마치 신선 같았습니다. 항일 전쟁에서 승리한 후 저는 남경으로 돌아갈 준비를 하고 있었는데, 제가 사천을 떠나려 한다는 것을 알고는 일부러 멀리서 서둘러 와서 저와 하루를 보냈습니다. 이번에 이별하면 언제 다시 만날지 모른다는 말을 하기에, 저는 비관적인 말을 한다고 의심쩍어했습니다. 그 선배는 글도 아주 잘 썼는데 자신은 과거 생에 송대(宋代)의 구양수였다고 했습니다. 그래서 이번 생에서는 구양수체를 썼는데 자체(字體)도 구

---

80 천계(天界)에 거주하는 자, 천중(天衆)이라고도 한다.

81 선정(禪定)의 힘이라는 뜻이다. 정신 수양으로 마음의 동요 없이 정신 통일이 된 상태를 통해 얻게 되는 힘을 말한다.

82 육신통(六神通)의 하나로 숙명지통(宿命智通)이라고도 한다. 자기나 다른 사람의 지나간 세상에 있었던 모든 일에 대해 자유자재로 훤히 다 아는 신통력을 말한다. 신통력의 크고 작음에 따라서 과거의 한 세상이나 두 세상 또는 천만 세상을 훤히 알게 되는 차이가 있다고 한다.

양수와 비슷했습니다. 또 말하기를 청대(淸代)에는 어떠어떠한 사람이었으며 전생에는 그 과보가 가장 나빠 개였다고도 했습니다. 왜냐하면 재전생(再前生)에 큰 악업을 지어서 전생에 개로 변했다는 것이었습니다. 개로 지낸 팔 년 동안 똥을 먹기 싫어 너무나 고생했다고 했습니다. 나중에는 스스로 울화통이 터져서 죽었다고 했지요. 선배가 아무리 만나지 못할 거라고 말해도 저는 다시 오면 된다고 대수롭지 않게 말했습니다.

저는 젊은 시절에 아주 오만 방자했습니다. 아마 여러분보다 훨씬 더했을 것입니다. 물론 요즘 여러분의 오만 방자함과는 달랐습니다. 요즘 젊은 사람들의 오만 방자함이란 쳐다보고 싶지도 않습니다. 그 선배는 학문도 훌륭하고 지위도 높았는데 저만 보면 머리를 쓰다듬으며 꼬마라고 불렀습니다. 그러면 저는 불쾌해하면서 이렇게 말했습니다. "꼬마라고요? 당신이 두세 살이었을 적에 제가 당신을 안아 줬지 않습니까! 당시 저는 칠팔십 세였는데 왜 저를 꼬마라고 부르십니까?" 당시의 저는 그렇게 밉살스러웠습니다. 제 말에 선배는 어안이 벙벙해했지요.

사람은 세세에 윤회합니다. 어떤 사람들은 태어나면서부터 숙명통을 지니고 있어서 자신의 전생이나 다른 사람의 전생을 알고 있습니다. 숙명통은 정력(定力)으로부터 옵니다. 정좌 수련이 바로 선정이라고 여겨서는 안 됩니다. 여러분은 "저는 삼 년이나 정좌를 했는데도 어째서 숙명통이 생기지 않습니까?"라고 말하지만, 그것은 몽롱함이요 산란함이지 정력(定力)이 아닙니다. 두 다리는 비록 가부좌를 하고 있어도 마음속으로는 생각이 멈추지 않습니다. 선정은 마치 푸른 하늘에 뜬 밝은 해가 비추지 않는 곳이 없는 것처럼, 심경(心境)이 몽롱하지도 않고 산란하지도 않으며 망념(妄念)도 없습니다. 그렇게 선정에 들면 몸은 이미 잊어버립니다. 여러분은 한자리에 앉아서 움직이지 않으면 그것이 바로 선정이라고 생각하십니까? 그런 것은 가부좌를 하고 잠자는 것이라고 부릅니다. 또 있습니다. 정좌 수련을 하는데 제대로 못해 기맥이 통하지 않아서 몸을 이리 비틀고 저리 비틀며 완전히 몸을 쫓아간다면 그것은 병적 상태입니다. 그런데도 여러분은 그것을 기맥이 통한 것이라고 여깁니다! 그것은 병입니다. 무슨 병일까요? 신경병입니다. 정신병이 아니라 신경에 문제가 있다는 말입니다. 신경이 굳어지고 노화되어 기가 통하지 않아서 여기가 아프고 저기가 힘든 것이니 얼른 약사여래를 외우십시오! 절대 수련이라고 오해해서는 안 됩니다.

숙명통은 진정한 선정을 통해 얻습니다. 그런데 어떤 사람들은 선정을 하지 않고도 숙명통을 지니는데, 그런 것은 보통(報通)이라고 부르며 선(善)의 업보에서 옵니다. 여러 생(生)에서 부처님의 명호를 외우거나 약사여래를 수지하거나 아미타불을 외우거나 석가모니불을 부르면, 이생에서 선보(善報)가 나타나서 태어나면서부터 숙명통을 지니게 됩니다. 그렇기 때문에 보통(報通)은 선정을 통해 얻어지는 것이 아닙니다. 숙명통을 얻은 사람은 자신의 전생이 고양이였는지 개였는지 바퀴벌레였는지 미꾸라지였는지를 압니다. 만약 바퀴벌레나 개미나 미꾸라지 등등이었다면 먼저 고양이나 개 같은 고등 동물로 변해야만 비로소 사람의 몸으로 바뀔 수 있으므로 쉽지가 않습니다. 그는 악취(惡趣)의 고통을 잘 알고 있기 때문에 인간 세상의 욕망을 추구하지 않습니다. 이런 종류의 "탐욕과 쾌락을 즐기지 않음〔不樂欲樂〕"은 수도(修道)에 성공해서가 아니라 두려움 때문입니다. 많은 사람들이 이생에서 청담(淸淡)한 생활을 하면서 계(戒)를 지키지 않아도 자연스럽게 계 가운데 있는데, 그것은 간이 작아서이지 결코 도행(道行)을 지녀서가 아닙니다. 죄를 충분히 받아서 심리적으로 두려워하는 것은 계율이 엄한 것도 아니고 지혜나 도덕을 성취한 것도 아닙니다. 과거 생에 축생이나 아귀로 변해 죄를 충분히 받은 것이 아뢰야식의 습기(習氣)[83]에 잠재의식으로 남아 그 두려움 때문에 착실한 것입니다. 그러니

도라고 할 수 없습니다. 도의 경계는 그런 것이 아닙니다.

　현대인의 심리를 이야기하자면 저는 본 적도 많고 경험한 적도 있습니다. 고아였던 사람들은 장성한 후에 두 종류의 극단적인 심리를 지닙니다. 한 부류는 장차 잘살게 되었을 때 다른 사람에게 대단히 잘 합니다. 시원시원하면서 기꺼이 다른 사람을 도와줍니다. 자신이 고아의 고통을 겪었기에 다른 사람은 그렇게 되지 않기를 바랍니다. 또 한 부류는 외롭고 힘들게 성장해서 나중에 성취하게 되면 사회의 모든 사람을 미워합니다. 힘들 때 아무도 자신을 도와주지 않았기 때문에 세상에는 좋은 사람이 없다고 생각합니다. 그래서 고난 가운데에서 성장한 사람들은 다른 사람 돕기를 좋아하는 호인으로 변하거나 아니면 인색하고 욕심 많은 사람으로 변합니다. 그런 경우에는 나쁜 사람보다 훨씬 못되게 굽니다. 이것은 모두 아뢰야식이 선근(善根)을 일으키느냐 악근(惡根)을 일으키느냐와 관계가 있습니다.

보시하는 이를 찬탄하다

　그런 까닭에 비록 이번 생에 생명이 세 가지 악도(惡道)로부터 왔더라도 과거 여러 생에 불법을 닦음으로 인해 선근(善根)이 발현되어 "보시를 즐겨 행하고[好行惠施]", 즉 다른 사람에게 은혜 베풀기를 좋아하고 보시를 좋아하며 심지어 "보시하는 이를 찬탄합니다[讚歎施者]." 즉 다른 사람이 보시하는 것을 보면 칭찬합니다. 보시하는 이를 칭찬하기란 대단히 어렵

---

83 습관으로 형성된 기운이나 습성을 말한다. 현생의 습관은 전생의 습기(習氣)에 의해 형성된다고 한다.

습니다! 사람들은 일반적으로 다른 사람이 어떤 사람을 칭찬하는 소리를 들으면 마음이 그다지 좋지 않습니다. 어찌 됐든 동감하지 못하고 이틀이고 사흘이고 빙빙 둘러서 그 사람을 무너뜨리려고 합니다. 중생의 악업은 이렇게 지어집니다. 그러므로 자기가 보시할 능력이 없다면 다른 사람을 칭찬이라도 많이 해야 합니다.

그런데 제 경험에 의하면 칭찬은 반대 효과도 가져올 수 있어 문제가 있습니다. 여러분도 알다시피 저는 다른 사람을 치켜세우기를 좋아합니다. 특히 학생들을 치켜세우기 좋아하는데 결과적으로는 오히려 학생들을 망쳐 버리고 맙니다. 칭찬을 받은 사람은 선생님이 자기를 대단하다고 말했다고 해서 교만해집니다. 원래는 그에게 착한 구석이 있는 것을 보고 칭찬한 것이었는데, 그러면 더 착해져야 맞는데도 결과는 칭찬할수록 더 '시원찮아집니다.' 수십 년의 경험은 저에게 '이 방법이 통하지 않는다〔此路不通〕'는 사실을 말해 주었습니다. 그래서 지금은 칭찬하는 것에 반대합니다. 금강역사의 화난 눈을 하고 노려봐야지만 조금 말을 듣습니다. 그러지 않고 "자네 대단하구먼! 대단해!"라고 했다가는 결국 시원찮게 변해 버립니다.

그렇더라도 공덕은 칭찬해야 합니다. 왜냐하면 원래는 약간의 장점만 지니고 있었지만 대단하다고 칭찬하면 그런 칭찬을 받은 사람은 미안해서라도 반드시 그 표준에 도달하려고 하기 때문입니다. 원래 칭찬을 하는 동기는 여기에 있습니다. 그런데 애석하게도 반대 효과가 나는 경우가 왕왕 있으니, 보시하는 사람을 칭찬하는 것이 얼마나 어려운 일인지 알 수 있습니다.

부처님께서는 말씀하십니다. 여러 생에서 선근을 지닌 사람들은 "보시하는 이를 찬탄하고 자신이 가지고 있는 모든 재산을 욕심내거나 아까워하지 않으니〔讚歡施者, 一切所有, 悉無貪惜〕", 즉 자신의 모든 재산을 흔쾌히 보시합니다. 보시는 쉬운 일이 아닙니다. 재물을 보시하는 것은 그나마 좀 쉬운 편이고 서서히 자신의 머리, 눈, 손과 발, 피와 살 등을 필요로 하는 사람들에게 주어야 합니다. 신체를 주는 것이 요즘에는 더 편리해졌습니다. 병원에서 헌혈을 하거나 각막을 기증하는 것 등이 모두 그것입니다. 죽음이 임박했을 때 유언을 남겨 신체의 장기를 모두 기증하는데 하물며 재물이겠습니까?

내보시와 외보시

내보시(內布施)로 말하자면 내려놓을 수 있고 벗어날 수 있어야 하기 때문에 대단히 어렵습니다. 인생에서 보시하기 어려운 것에서 첫째는 재물이고 둘째는 생명인데, 이 두 가지를 해낼 수 있다면 성불하거나 보살이 될 것입니다.

이제 여러분에게 제가 들었던 이야기를 하나 들려 드리겠습니다. 학생이 저에게 이야기해 준 것이었는데 들을 당시에는 참으로 감개무량했습니다. 어느 날 학생이 말했습니다.

"인도에서 아무개라는 사람이 와서 선생님을 만나고 싶어 합니다."

제가 말했습니다. "모르는 사람이야."

"그는 선생님을 압니다."

"너무 바쁘니까 됐네!"

"선생님, 그 사람은 큰일을 했어요!"

"무슨 일?"

"'안구 창고'라는 걸 세웠습니다. 전 세계에 각막을 기증하는 일을 발기한 것이 바로 그 사람입니다."

눈을 기증하는 것은 대단히 고통스러운 일입니다. 사람이 숨이 끊어지지 않았을 때 눈을 파내서 얼리기 때문입니다. 그 사람은 아주 많은 눈을 '보유'하고 세계 각국에 나누어 보내는데, 분배권이 그의 수중에 있었습니다. 가령 어느 나라에 얼마만큼 보내 주면 그 나라는 그만큼의 실명한 사람이나 눈이 나쁜 사람을 치료할 수 있는 것입니다. 그래서 모든 국가가 앞다투어 그를 차지하려고 했습니다.

"지금 우리 이곳의 공사립 병원들도 그를 차지하려고 다들 원수로 변했습니다. 왜냐하면 눈을 몇 개라도 더 차지하면 몇 사람이라도 더 구할 수 있어서 병원의 명성도 높아지고 장사도 잘 되니까요."

제가 말했습니다. "이것이 보시의 허물이로구나!" 좋은 일을 하면 문제점도 나타납니다. 생각해 보십시오. 천하의 좋은 일이 쉽던가요? 그러므로 육도만행(六度萬行)[84]에는 지혜가 필요합니다.

따라서 진정한 보시를 하고 보시 하는 이를 칭찬하는 것은 아주 어렵습니다. 머리, 손발, 피와 살 등을 가져다가 보시할 수 있기란 더 어렵습니다! 정신을 사용하는 보시도 어려우니, 한마디라도 더 말하고 다른 사람을 더 돌아보고 시간을 더 할애하는 일은 결코 하려 들지 않습니다. 저는 아주 많이 보았습니다. 조금 더 일하고 조금 더 억울한 일을 당하라고 하면 절대로 하지 않습니다. 겉으로 후하게 보이기는 아주 쉽습니다. 하지만 스스로를 자세히 반성해 보면 조금도 실행하지 않았습니다. 실행하지도 않았으면서 약사불에게 구한들 무슨 소용이 있습니까? 불법을 배움에서 제1조는 바로 외보시와 내보시를 하라는 것입니다.

중생이 의약(醫藥)으로 다른 사람에게 보시하면, 내세에 태어났을 때 병

---

84 불법에서 보살이 수행해야 할 여섯 가지 덕목인 보시(布施), 지계(持戒), 인욕(忍辱), 정진(精進), 선정(禪定), 지혜(智慧) 등을 육도(六度) 혹은 육바라밀(六波羅密)이라고 한다. 만행은 불교도나 수행자가 지켜야 할 여러 행동을 말한다.

도 없고 고통도 없으며 장수할 수 있습니다. 저도 그런 친구를 본 적이 있는데 한평생 병 없이 팔구십까지 살았습니다. 두통이 어떤 기분인지도 맛보지 않았습니다. 또 한평생 꿈을 꿔 본 적이 없는 친구도 있었습니다. 그런 사람은 누우면 곧바로 잠들고 잠에서 깨면 곧바로 일어나는데 꿈이 어떤 것인지 모릅니다. 이 얼마나 행복합니까! 사람의 자리[人位]에서 말하자면 그는 복보가 커서 한평생 꿈을 꾸지 않습니다. 이는 그의 심중에 아무런 번뇌가 없음을 보여 줍니다. 하지만 실제로 잠을 자면서 꿈을 꾸지 않는 것일까요? 틀림없이 꿈은 꾸지만 깨어나서 잊어버릴 뿐입니다. 그것은 무기업(無記業)[85]이 무거워서입니다. 업에는 선업, 악업, 무기업이 있습니다.

따라서 여러분의 기억력이 좋지 못하고 책을 읽어도 기억하지 못하는 것은 전생에 지은 무기업이 무겁기 때문입니다. 무기업의 과보는 축생도입니다. 그러니 여러분은 정좌 수련을 할 때 조심해야 합니다. 결사적으로 무념(無念)을 구하고 멍청한 상태로 반나절을 수련했다가는 소나 말의 태 속으로 들어가고 말 것입니다. 무엇이 선정입니까? 선정의 그림자도 깨닫지 못한 채 무념(無念)이 바로 선정이라고 여긴다면, 여러분의 그 무념이 바로 소나 말의 태속으로 들어갈 인(因)이 됩니다. 작은 멍청함이 무기(無記)이며 실념(失念)입니다. 주의하십시오! 수지(修持)를 함부로 해서는 안 됩니다. 이러한 도리를 참으로 깨달아야 몸이 자연스럽게 약사불의 감응을 얻게 됩니다. 어떤 감응입니까? 약사불의 명호를 외우는 것은 감응이라고 할 수 없습니다. 반드시 온 마음이 청정하고 심신의 안팎에 유리광이 비쳐서 약사불의 경계 가운데 있으면, 자연히 약사불의 관정(灌頂)과 가

---

[85] 선(善)도 아니고 악(惡)도 아닌 행위와 말과 생각으로, 선악의 과보를 받지 않을 행위와 말과 생각을 말한다.

비(加庇)를 얻어 자연스럽게 병도 없고 고통도 없어집니다. 이것은 장수의 수련법이기도 합니다.

이상은 보시에 관한 내용입니다. 만약 설명을 하지 않는다면 이 단락은 뭐 그리 대단할 것 없는, 그저 사람에게 선을 행하라고 권하고 보시를 강조한 것에 지나지 않습니다. 그것이 약사불과 무슨 관계가 있습니까? 그 관계는 방금 여러분에게 말씀드렸습니다.

계율을 지키다

이제부터는 지계(持戒)에 대해 말씀드리겠습니다.

"문수사리보살이여! 모든 유정들 중에서 부처님에게 가르침을 받고서도 계율을 지키지 않는 이가 있으며, 계율을 지키더라도 규칙을 지키지 않는 이가 있으며, 계율과 규칙을 지키더라도 정견을 무너뜨리는 이가 있으며, 정견은 무너뜨리지 않더라도 부처님의 교법을 많이 듣는 것을 포기하여 부처님이 말씀하신 경전의 심오한 뜻을 이해하지 못하는 이도 있느니라."

復次, 曼殊室利, 若諸有情, 雖於如來受諸學處, 而破尸羅. 有雖不破尸羅, 而破軌則. 有於尸羅軌則, 雖得不壞, 然毀正見. 有雖不毀正見, 而棄多聞, 於佛所說契經深義, 不能解了.

부처님께서는 말씀하십니다. "문수보살이여! 어떤 중생들은 부처님에게 가르침을 받고 배우기를 구하느니라." 여기에는 출가(出家)와 재가(在家)가 모두 포함됩니다. 바꾸어 말하면 어떤 중생들은 부처님에게 배우고

거기다 진정으로 불법을 배워 부처님의 모든 교법을 받아들입니다. "제학처(諸學處)"는 경교(經教), 교리(教理), 대소승(大小乘), 현밀교(顯密教), 계율(戒律) 등을 모두 포함합니다. 그런데 경률론(經律論) 삼장(三藏)에 모두 통한 불법을 배우는 자가 오히려 "계율을 지키지 않는〔而破尸羅〕" 경우가 있습니다. 시라(尸羅)는 계율입니다.

저를 포함해 수많은 사람들이 말끝마다 자신은 계율을 지킨다고 말하거나 계율을 가지고 자신을 치켜세웁니다. 하지만 엄격히 말하면 도처에서 계율을 범합니다. 왜냐하면 보살계 제1조가 바로 "자신을 칭찬하고 남을 헐뜯어서는" 안 된다는 것이기 때문입니다. 자신은 계율을 표방하고 선종을 표방하고 혹은 정토(淨土)를 표방하며 다른 것은 모두 싫어한다고 생각한다면 그로써 이미 근본계(根本戒)를 범한 것이 됩니다. 근본 시라를 이미 범했습니다.

불교에는 이런 통속적인 말이 있습니다. "만약 불법이 흥하고자 한다면 오직 승려가 승려를 칭찬해야 한다." 출가인은 반드시 피차간에 칭찬하고 피차간에 공경하며 피차간에 좋은 말을 해야 불법이 흥성할 것입니다. 그런데 오늘날의 불교는 오히려 "오직 승려가 승려를 헐뜯으니" 문제가 상당히 심각합니다. 그러지 않으면 '나'의 교리를 들은 적이 없다고 해서 그 사람을 깔봅니다. 특히 하나의 종파를 표방하는 사람들은 이런 잘못을 심각하게 범합니다. 제가 보기에는, 저는 일개 범부이지만, 가엾어하는 눈으로 천하의 가엾은 사람들을 보면 세상은 전부 가엾습니다. 불법을 배우는 사람들을 보더라도 모두가 가엾은 파계(破戒) 가운데에 있습니다. 아주 심각하고 아주 서글픕니다.

부처님께서는 또 말씀하십니다. 불법을 배우는 사람들 가운데 어떤 사람들은, 여기에는 교의(教義)를 받지 않은 사람은 계산하지 않습니다. 비록 계율을 범하지는 않아도 단체의 규칙을 깨트립니다. 예를 들어 사찰은 환경의 차이 때문에 제각기 특정한 규약이나 원칙을 지니고 있습니다. 그러나 스스로를 대단하다고 여기는 일부 사람들은 그런 원칙을 준수하려 들지 않는데 이것을 "규칙을 지키지 않음[破軌則]"이라고 부릅니다. 함께 수행하는 단체 생활의 궤칙(軌則)을 깨트리면 그것을 범한 죄업이 더 큽니다. 그러므로 우리 이곳에서는 그런 사람을 욕하고 쫓아내 버릴지언정 더 이상 그런 업을 짓지 않기를 바랍니다. 그것이 자비입니다! 함께 수행하는 도량에서 정한 규칙이 바로 계율입니다. 어떤 사람들은 시라(尸羅)를 지키지 않을 뿐 아니라 규칙까지 깨트리려고 하는데, 불법의 진정한 교육은 단정하고 성실한 사람을 만드는 데 있습니다. 여러분이 어떤 단체나 어떤 환경에 처했을 때 규칙을 지키지 못한다면 이는 여러분의 사람됨이 규칙을 지키지 않음을 보여 줍니다. 건들건들거리면서 궤도 위를 걷지 않는다면 그것이 무슨 소용이 있습니까? 사람들 속에서도 이미 하나의 구성원이라고 할 수 없습니다.

부처님께서는 한 걸음 더 나아가 "계율과 규칙을 지키더라도 정견을 무너뜨리는 이가 있다[有於尸羅軌則, 雖得不壞, 然毁正見]"고 말씀하셨습니다. 한 단계 한 단계 더 엄격해지는 것이지 갈수록 죄가 가벼워지는 것이 아닙니다. 규칙이 계율에 비해 더 중대하고 또 정견이 규칙에 비해 더 중대합니다. 어떤 사람들은 불법을 배우면서 계율도 범하지 않고 규칙도 깨트리지 않습니다. 하지만 마음속의 눈이 이미 멀어 버려 정견(正見)을 지니지 못합니다. 무엇이 진정한 불법이고 무엇이 진정한 수지인지를 제대로 알지 못합니다. 그것은 지혜가 부족하고 두뇌가 없기 때문입니다. 바른 견해를 지니지 못하면 불법의 장님이니 아무리 수지한들 눈먼 수행일 뿐입니다. 저는 이런 사람들을 자주 보게 되는데, 불법에 대해 말하는 것이 다 이치에 들어맞고 자신은 어떤 사람보다 총명하고 훌륭하다고 여깁니다. 아주 듣기 좋은 말만 하지만 실제로는 전혀 불법이 아닙니다. 행하는 것은 모두 마도(魔道)요 심지어 지옥도(地獄道)입니다. 왜 그럴까요? 정견을 지니지 못했기 때문입니다. 그러므로 정지(正知)와 정견(正見)은 불법을 배우는 데 가장 중요한 것입니다. 아주아주 중요한 관건입니다.

정견을 지녀야 계율을 말할 수 있다

앞에서 보시와 지계에 관해 말씀드렸는데 여러분이 유의해야 할 부분이 있습니다. 거의 모든 경전에서 보살도의 육도(六度) 즉 보시, 지계, 인욕, 정진, 선정, 반야를 언급하는데 왜 『약사경』에서도 이런 것들을 언급할까요? 일반인의 관념에는 『약사경』은 마땅히 어떻게 장수할 것인가, 어떻게 재난을 없앨 것인가, 어떻게 원하는 바를 구할 것인가와 같은 내용을 말해야 한다고 생각할 것입니다. 그런데 어째서 다른 경전과 마찬가지로 육도를 말하는 것일까요? 이 문제의 관건은 바로 여기에 있습니다. 재난을 없애고 번뇌와 병고를 없애고자 하면 마음의 수지로부터 시작해야 합니다. 즉 자신의 심리 행위를 바꾸는 것에서부터 시작해야 약사불의 감응을 얻을 수 있습니다. 그 때문에 『약사경』 역시 육도의 중요성을 크게 언급하지 않을 수 없는 것입니다.

"정견은 무너뜨리지 않더라도 부처님의 교법을 많이 듣는 것을 포기하여 부처님이 말씀하신 경전의 심오한 뜻을 이해하지 못하는 이도 있다[有雖不毀正見, 而棄多聞, 於佛所說契經深義, 不能解了]"라고 했습니다. 만약 참된 지혜인 정지(正知)와 정견(正見)이 없으면 육도 만행이 때로는 선한 일을 하는 것처럼 보여도 실은 나쁜 일을 한 것이 됩니다. 그러므로 모든 것은 정견을 으뜸으로 삼아야 합니다. 왜냐하면 정견(正見)이 미신을 깨트리고 바른 믿음을 일으킬 수 있기 때문입니다. 정견은 어디에서 옵니까?

정견을 지니려면 반드시 고도의 진정한 반야를 지녀야 합니다. 고도의 진정한 반야는 또 어디에서 옵니까? 반드시 방편반야(方便般若), 문자반야(文字般若), 경계반야(境界般若), 권속반야(眷屬般若)를 깨달아야 합니다. 반야의 의미는 지혜입니다. 하지만 중국 문자 '지혜'로는 반야의 의미를 개괄하기 부족하기에 직접적으로 지혜로 번역하지 않고 범음인 '반야'로 대체합니다. 다섯 반야는 이러합니다.

1. 실상반야(實相般若) : 도를 깨달으면 '도체(道體)'의 본 모습이 보이는데 그것이 바로 실상반야입니다.

2. 경계반야(境界般若) : 도체가 보이면 '견도(見道)'의 경계를 지니게 됩니다.

3. 방편반야(方便般若) : 실상반야가 보이는 것은 '근본지(根本智)'에 속합니다. 근본지가 생기면 반드시 '차별지(差別智)'를 구해야 하니, 모든 차별 법문을 충분히 꿰뚫어 알아야 합니다. 그런 까닭에 선재동자(善財童子)가 도를 깨달은 후 그의 스승인 문수보살은 그에게 또다시 나아가서 배우고 수행하라고 했습니다. 물론 견도 후에는 외물과의 접촉으로 각종 방편 반야가 일어나 스승이 없어도 저절로 통하게 됩니다. 하지만 우리는 그것을 이유로 학습을 중단해서는 안 되며, "법문은 헤아릴 수 없이 많지만 다 배우기를 서원〔法門無量誓願學〕"할 줄 알아야 합니다.

4. 문자반야(文字般若) : 방편반야를 지니게 된 사람은 자연스럽게 문자 반야가 뛰어납니다.

5. 권속반야(眷屬般若) : 보시, 지계, 인욕, 정진, 선정을 포괄합니다.

반야가 바로 정견(正見)입니다. 정견을 지닌 사람이라야 수지와 성취를 논할 수 있습니다. 그러지 않으면 눈먼 수행이 됩니다. 그렇다면 참된 정지(正知)와 정견(正見)은 어디에서 옵니까? 많이 들음〔多聞〕에서 옵니다. 정견을 지니지 못하는 원인은 바로 스스로 많이 듣기를 구하지 않아서입니다.

불학에서 말하는 다문(多聞)은 결코 일반적인 들음이 아닙니다. 불경에 기재된 부처님의 십대제자 가운데 아난존자(阿難尊者)가 다문(多聞) 제일 이었습니다. 다문은 모든 학문, 모든 차별법을 포괄합니다. 아난존자는 부처님을 오랫동안 따라다니면서 부처님이 말씀하신 일체 경(經), 일체 율(律) 등 모든 학문을 절절이 기록하고 들었습니다. 그래서 다문으로는 첫째였습니다.

정견(正見)은 많이 들음에서 오는 것이라는 말이 단순히 저 자리에 앉아 있기만 하면 된다는 의미가 아님을 알았습니다. 많이 들음을 구하지 않고 또 부처님의 경률론(經律論)의 깊은 뜻을 연구하지 않고서는 정견을 얻을 수 없습니다.

"경전의 심오한 뜻을 이해한다[契經深義]"에서 계(契)는 완전히 맞아떨어진다는 의미입니다. 불경의 심오한 뜻을 완전히 이해한다는 말을 고대에는 계경(契經)으로 번역했습니다. 만약 부처님이 말씀하신 경전의 진정한 의미를 이해하지 못한다면 문자는 볼 줄 알더라도 경의(經義)의 핵심을 깨닫지 못합니다. 그로 인해 다문을 성취할 수 없고 정견 역시 성취할 수가 없습니다.

예를 들어서 말해 보겠습니다. 현대에는 불학이 매우 유행하고 불학을 연구하는 사람들도 석박사 학위를 받아서 다른 사람을 가르치는 교수가 됩니다. 하지만 불경 원전을 연구했느냐고 물어본다면 부정적으로 답할 것입니다. 그렇다면 이 학자들이 본 불학 저작은 근대인이 쓴 문장과 주해서가 아닙니까? 대부분이 그렇습니다. 오늘날 불학을 연구하는 사람들은 거의 이런 길을 가기 때문에 상황이 대단히 심각합니다. 이것은 "부처님이 말씀하신 경전의 심오한 뜻을 이해하지 못하는" 잘못을 범하는 것입니다. 기존의 불학에 관한 글들을 보면 무슨 공(空)이니 연기(緣起)니 하면서 불학의 관점을 언급하고 있지만 그런 것들은 진정한 불학과는 전혀 상관이 없습니다.

또 예를 들어 우리가 지금 보는 『약사경』 원문의 문자는 이해하기 쉽습니다. 만약 "경전의 심오한 뜻을 이해하는" 데 도달하고자 한다면, 문의(文義)를 이해(理解)해야 할 뿐 아니라 완전히 이해〔解了〕해야 합니다. 이른바 "분명히 보다〔了了見〕"라는 말처럼 모든 말을 자신의 마음에서 증거를 찾고 통달한 후에야 비로소 '이해했다〔解〕'고 할 수 있고 또 '완결했다〔了〕'고 할 수 있습니다.

불경을 이해한 후에 많이 듣게 되고 또 많이 들은 후에 정견을 세우게 됩니다. 바꾸어 말해서 우리가 문자를 뒤집어서 보면 정견이 생긴 후라야 비로소 계율을 따지고 규칙을 깨트리지 않으며 시라를 어기지 않을 수 있습니다. 이제 문의(文義)를 따라 내려가면 이렇게 말할 수 있습니다. 정견을 무너뜨리지 않고자 한다면 반드시 삼장십이부(三藏十二部)의 경률론(經律論), 특히 경전에 대해 훤히 알아서 막히는 부분이 없어야 합니다. 왜냐하면 계율은 경전에서 나왔기 때문입니다. 부처님이 말씀하신 것을 경(經)이라 부르고 율(律)은 석가모니불 당시에 제정한 계조(戒條)입니다. 어떤 것들은 부처님의 제자들이 현장에서 생긴 일에 대해 정립한 규범이기도 합니다. 논(論)은 후세 보살들의 저작인데 『성유식론(成唯識論)』이나 『대지도론(大智度論)』 같은 것이 그러합니다.

불법의 경률론의 진정한 깊은 의미는 어디에 있을까요? 모든 부처님이 직접 말씀하신바 대소승 경전 가운데 있습니다. 그러므로 대승 경전과 소승 경전을 모두 연구해야 비로소 경문의 깊은 의미를 이해할 수 있습니다. 그런 다음에 다문을 늘리고 정견을 성취해야 합니다. 그렇게 해야 참된 수행입니다.

중생이 나면서부터 지닌 오만

"부처님의 교법을 많이 듣더라도, 아직 깨닫지 못하였는데도 이미 깨달았다고 생각하는 교만함이 생겨서, 그러한 교만함이 마음을 덮어 버린 까닭에 자신은 옳고 남들을 그르다 하며, 부처님의 정법을 싫어하고 비방하면서 마구니의 패거리가 되는 이도 있느니라."

有雖多聞, 而增上慢, 由增上慢, 覆蔽心故, 自是非他, 嫌謗正法, 爲魔伴黨.

어떤 사람들은 학문이 대단히 훌륭합니다. 특히 불법을 배우는 사람이 경률론을 연구한 적도 있고 또 불경도 이해했다면 그런 사람은 과연 무엇을 성취하였을까요? 증상만(增上慢)[86]이라고 하는 심각한 잘못을 성취하였습니다. 비단 사람뿐 아니라 모든 중생 및 모든 생명체는 나면서부터 탐(貪, 욕심), 진(瞋, 분노), 치(癡, 어리석음), 만(慢, 교만), 의(疑, 의심)를 지니고 있습니다. 탐, 진, 치는 여러분 모두 많이 들으셨을 것입니다. 그러면 만(慢)이란 무엇일까요? 만은 교만함으로 바로 나입니다. 우리는 구두선(口頭禪)을 말하는 사람이나 혹은 길거리에서 화가 난 사람이 내뱉는 말 가운데 '이 몸[格老子]'이라는 말을 자주 듣습니다. '이 몸'이라는 그 말이 바로 자만심입니다. 세상에는 자기 자신을 하찮게 여기는 사람은 하나도 없습니다. 아무리 자신을 낮추는 사람이라 할지라도 스스로는 대단하다고 여깁니다. 사실 자신을 낮추는 사람은 모두 대단히 오만합니다. 왜 그럴까요? 자신을 대단히 중요하게 생각하고 자신만을 마음에 두기 때문입니다. 다른 사람과 비교할 수가 없습니다. 사실 자신을 낮추는 것과 오만

---

86 아직 깨닫지 못하였는데도 이미 깨달았다고 생각하는 교만함을 말한다.

한 것은 동전의 양면이고 똑같습니다. 어떤 사람이 스스로를 낮추지도 않고 또 오만하지도 않다면 그것은 대단히 소박하고 자유로운 경지입니다.

중국 문화에는 "사마귀가 수레를 막아서다[螳臂當車]"라고 하는, 오만을 비유한『장자』의 전고가 있습니다. 화가 난 사마귀가 가늘고 긴 두 팔을 번쩍 들고 수레를 막아서서 지나가지 못하게 한다면 그 결과는 생각만 해도 뻔합니다. 수레바퀴에 깔릴 뿐 아니라 온 몸이 눌려 터져 버릴 것입니다.『장자』의 이 말은 사람이 "스스로를 헤아리지 못하는 것"을 비유하였습니다. 자신의 능력과 지혜의 범위를 넘어서는 일은 결코 해서는 안 됩니다. 당시 사마귀에게 어떻게 그리 큰 용기가 있었기에 두 팔로 수레를 막아서려고 했을까요? 바로 '교만함' 때문입니다. 사람들은 늘 이렇게 말합니다. "이 몸께서는 말이야, 그런 건 아무것도 아니야!" 여러분도 그렇게 했다가는 곧바로 육장(肉醬)이 되고 말 것입니다!

중생의 자만심은 나면서부터 지니는 것입니다. 어떤 사람이 만약 자만심을 없애 버릴 수 있다면 곧 '무아(無我)'에 이를 수 있을 것입니다. 심리학의 관점에서 보면 자만심이 유독 큰 사람이 처리한 일은 모두 괴상하기 짝이 없습니다. 오만한 심리로 말미암아 어떤 부분에서 겉으로 드러나 버립니다. 부끄러움을 타는 아이는 다른 사람을 보면 숨는데 그것이 못나서일까요? 절대 아닙니다. 그는 겉으로는 부끄러워하지만 내심으로는 대단히 오만합니다.

또 치(疑)가 있습니다. 의심이 많으면 어떤 일이나 어떤 사람에 대해, 특히 수지에 대해서 믿지 못합니다. 욕심, 분노, 어리석음, 교만함, 의심은 중생의 나쁜 근성으로 없애 버리기가 쉽지 않습니다. 교만함과 의심은 욕심, 분노, 어리석음 속에 포함되어 있습니다. 어리석음은 지혜가 없는 것입니다. 수지에 있어서 교만함과 의심은 비교적 알아보기 쉽고 비교적 이해하기 쉽습니다. 그래서 통상 욕심, 분노, 어리석음만을 언급하고 교만함과 의심은 덜 언급합니다.

증상만

이제 자만에 대해서는 알게 되었는데 그렇다면 무엇을 증상만(增上慢)이라고 할까요? 증상만의 의미는 이러합니다. 사람은 본래 잘난 체하는 마음을 지니고 있지만 모종의 원인으로 인해 잘난 체하는 마음의 작용이 남김없이 온통 발휘되기도 합니다. 가령 학문이 훌륭하고 견문이 넓은 사람이 증상만이 되기가 가장 쉽습니다. 어찌 학문만 그러하겠습니까. 모든 사람이 어떤 방면에 성취가 있기만 하면 틀림없이 잘난 체하는 마음이 더 높고 높아집니다. 총명한 사람은 본래 자신이 대단하다고 여깁니다. 만약 총명한 사람이 학식과 경험을 더하게 된다면, 또 만약 그런 사람이 나쁜 길을 간다면 바로 옛사람들이 "학문이 그 간사함을 이루기 족하다[學足以濟其奸]"라고 말한 것이 됩니다. 배우지 않는 편이 차라리 좋았을 것입니다. 학문이 오히려 나쁜 짓을 조장합니다.

중국 역사상의 간신은 모두 학식이 일류인 인재였습니다. 모두가 잘 아는 진회(秦檜) 같은 경우는 학문이 훌륭하고 두뇌도 총명했습니다. 일인지하 만인지상의 자리에 있으면서 한 손으로 하늘을 가리고 윗사람을 속였으니 그 능력이 얼마나 대단했는지 짐작할 수 있습니다. 일개 부하가 뛰어난 주인을 속여 아래의 사정을 볼 수 없게 만들었으니 그것은 결코 보통 사람이 할 수 있는 바가 아닙니다. 그런 사람들은 대체로 '많이 들은 선비[多聞之士]'였습니다. 불법을 배우는 사람들도 이런 잘못을 범하기 쉽습니다.

저는 늘 사람들에게 저 자신을 예로 들면서 보살도는 실행하기가 아주 어렵다고 공개적으로 경고했습니다. 만약 오늘 어떤 사람이 저에게 한쪽 어깨를 달라고 하면 저는 아까워하면서 차마 주지 못할 것입니다. 저도 아직은 어깨를 사용해야 하고 아직은 글자를 써야 하니까요! 머리, 눈, 뇌수를 몽땅 보시하라고 하면 저는 하지 못할 것입니다. 그렇기 때문에 저는 자신이 불법을 배우고 있노라고 감히 가볍게 말하지 못합니다. 그러나 수많은 사람들이 불법을 배우기만 하면 재가든 출가든 "천상천하 유아독존(天上天下, 唯我獨尊)"의 잘못을 범하는 것을 자주 봅니다. 그러면 저는 그들에게 "천상천하 유아독존"인 분은 교주이고 우리의 스승인 석가모니불이지 안타깝게도 여러분도 아니고 저도 아니라고 환기시킵니다. 심지어 이런 잘못된 논리도 있는데 일부 사람들은 이렇게 말합니다. "글자를 모르고 불경을 연구하지 않더라도 괜찮아. 육조(六祖)도 그렇게 해서 도를 깨달은 건 아니니까. 육조는 책을 읽어서 도를 깨달은 게 아니었다고." 그러면 저는 이렇게 말합니다. "그건 육조이니까 그렇고, 자네는 육조 반(半)도 아니고 칠조(七祖)도 아니잖은가. 안 그래?" 육조는 책을 읽지 않았습니다. 하지만 그는 오조(五祖)라는 훌륭한 스승을 만났습니다. 석가모니불은 조사(祖師)에 의지해 도를 깨달은 것은 아니었는데 그는 책을 읽지 말라고 하지 않았습니다. 석가모니불은 십팔 세 이전에 세간의 모든 학문을 성취했습니다. 그런데 왜 여러분은 책을 읽으려고 하지 않습니까? 부처님을 배우려고 하지 않습니까?

불법을 공부하면 귀의(歸依)[87]를 이야기하는데, 부처님〔佛〕께 귀의하고 법(法)에 귀의하고 승(僧)에 귀의합니다. 또 사무량심(四無量心)을 공부하느라 아침에도 공부하고 저녁에도 공부합니다. 도대체 몇 번이나 외웠는지 모릅니다. 법문은 이루 다 헤아릴 수 없으니 배우기를 서원합니다. 이

---

87 돌아가 의지한다는 뜻이다. 불법승(佛法僧) 삼보(三寶)에 돌아가 의지하며 깊이 믿고 구원을 청하는 것을 말한다.

루 다 헤아릴 수 없는 법문에는 사마외도(邪魔外道)[88]도 포함되어 있습니다! 이루 다 헤아릴 수 없다고 했는데 여러분은 얼마나 공부했습니까? 모조리 증상만계(增上慢戒)를 범했습니다. 증상만은 하나의 계(戒)입니다. 증상만의 반대는 겸허함이니, 절대적인 겸허함은 바로 노자가 말한 "겸허한 마음이 깊은 골짜기 같다[虛懷若谷]"라는 것입니다. 그러므로 여러분은 증상만을 범하지 않도록 공부해야 합니다. 여기에서 말하는 것은 계(戒)일 뿐이고 더 중요한 것은 이것입니다. 증상만의 마음을 없애야 비로소 많이 들음을 증가시킬 수 있습니다.

저는 학술계에서 학식이 뛰어난 사람들을 자주 만나는데 그들은 대뜸 이렇게 말합니다. "제가 질문 하나 하겠습니다." 그러면 저는 얼른 그를 바라봅니다. 그는 다시 무어라 말하지만 저는 이렇게만 말합니다. "저는 잘 모르겠습니다." 그 사람은 "질문하겠습니다"라고 말하고 저는 "잘 모르겠습니다"라고 말합니다. 그런 태도와 그런 어조로 다른 사람에게 물어보다니 얼마나 큰 증상만입니까! 여쭤 보겠다[請問]거나 가르침을 청하겠다[請教]는 '청(請)' 자도 사용하려고 하지 않습니다.

증상만의 과보는 무엇입니까? 계속해서 보십시오.

"마음을 덮어 버려서[覆蔽心故]", 증상만이 자신의 본심을 덮어 버려서 스스로를 대단하다고 여기고, 자신의 생각이 옳고 다른 사람은 모두 틀렸다고 생각합니다. 제가 나이를 많이 먹은 지금이야 그리 흔하지 않지만 젊은 시절 대륙에서는 증상만의 사람들을 아주 많이 봤습니다. 그들의 명성과 평판은 사람을 놀라게 할 정도였고 그 증상만의 정도는 참으로 대단했습니다. 사실 우리가 젊었던 시절에는 증상만이 상당했습니다.

---

88 삿된 마귀와 정법이 아닌 다른 가르침을 말한다. 사마(邪魔)는 마음을 빼앗아 가는 나쁜 경계, 외도(外道)는 정법 수행을 방해하는 모든 외학(外學), 외교(外敎), 외법(外法)을 가리킨다.

과거에 학식과 명성이 최고였던 어떤 선배 거사가 있었는데, 병이 나서 죽음이 임박하자 허둥대면서 대단히 고통스러워했습니다. 하지만 아무런 방법이 없었습니다. 모든 학문과 불법도 그때에는 아무런 소용이 없었습니다. 최후의 순간에 한 무리의 사람들에게 둘러싸여 있던 거사는 후배들에게 이렇게 훈계했습니다. "너희들은 앞으로 착실히 염불하거라!" 그 이름은 언급하지 않겠습니다. 이름을 언급하면 증상만계를 범하기 때문입니다. 아마 여러분도 대충 짐작하리라 생각합니다. 그 원인을 따져 보면 진정한 수지가 없었기 때문입니다. 학문이 뛰어나고 문장이 다른 사람에 비해 훌륭했기 때문에 증상만계를 범했던 것입니다.

이러한 증상만은 여러분이 다른 사람보다 교만하려고 하는 한 제어할 방법이 없습니다. 그렇다면 어떻게 해야 할까요? 많이 들어야 하고 학문이 다른 사람보다 훌륭해서 정견을 지녀야 하고 참된 수지가 있어야 합니다. 그러지 않고는 방법이 없습니다.

부처님은 경전에서 우리에게 말씀하셨습니다. 학문이 훌륭할수록 소지장(所知障)[89]이 많을수록 도를 수증(修證)하기가 어렵습니다. 그가 내세에 태어날 과보는 사상가요 학자이니 수행으로 깨달음을 얻을 수가 없습니다. 대승의 보살 과위를 수증하지 못할 뿐 아니라 소승의 과위도 불가능합니다.

여러분은 항상 입에 "외도, 외도"라는 말을 달고 다니는데, 외도(外道)는 여러분이 상상하는 다른 종교 혹은 사마왜도(邪魔歪道)가 결코 아닙니다. 바깥 어디로 간다는 말입니까? 무릇 마음 밖에서 법을 구하는 것이 모두 외도입니다. 학문이 있고 사상이 있고 말을 잘 해서 하는 말마다 이치에 맞더라도 그 사람에게 심신으로 증명하라고 하면 할 수 있는 것이 하나

---

89 지장(知障)이라고도 한다. 탐욕과 성냄과 어리석음 등의 근본 번뇌가 사물의 진실을 파악하지 못하게 함으로써 진실한 지혜가 일어나지 못하도록 막는 번뇌이다.

도 없을 것입니다. 왜냐하면 사상과 생각이 고요해지지 못하고 하나가 되지 못해 정(定)이 불가능하기 때문입니다. 그러므로 학문이 훌륭할수록 증상만이 생겨나기 쉽습니다. 스스로 자신의 본심과 본성을 덮어 버려 "자신은 옳고 남들은 그르다〔自是非他〕" 합니다. 스스로 자기 생각만 옳고 다른 사람은 옳지 않다고 생각하는 것입니다.

그러므로 대승 보살도의 대계(大戒) 가운데 첫째 조항은 바로 "자기 자신을 칭찬하고 남을 헐뜯는〔自讚毀他〕" 것입니다. 대승 보살도에서 가장 먼저 배워야 할 것은 진정한 겸허입니다.

제가 항상 학생들에게 하는 말인데, 저는 학자를 보면 두렵고 문인을 보면 두렵고 예술가를 보면 두렵고 재능이 뛰어난 사람을 보면 두렵습니다. 그런 사람들은 보기만 해도 두려운데 무엇이 두려울까요? 자고이래로 문인, 학자, 예술가 들은 모두 똑같은 잘못을 범합니다. "문인들은 서로를 경시하여〔文人相輕〕" 다른 사람을 깔보고 문장은 자신의 것이 훌륭하다고 여깁니다. 자식은 자기 자식이 좋고 마누라는 남의 마누라가 좋다고들 하지요. 안 그렇습니까?

우리는 어린 시절에 이런 명시를 읽어 보았습니다.

천하에 뛰어난 문장은 삼강에 있고	天下文章在三江
삼강의 문장 하면 우리 마을이지	三江文章屬我鄕
우리 마을의 문장은 내 아우를 꼽고	我鄕文章算舍弟
내 아우는 나에게 문장을 배웠다오	舍弟隨我學文章

삼강(三江)은 바로 강소(江蘇), 절강(浙江), 강서(江西)를 말합니다. 온종일을 떠들어도 여전히 내가 최고입니다. 문인들은 하나같이 다 그렇고 모든 사람이 똑같습니다. 점쟁이, 관상가, 예술가는 하나같이 피차 "천고

에 서로를 경시하여[千古相輕]" 서로 질투하고 심지어 싸우기까지 합니다. 다른 사람이 장사가 잘 되는 것을 보면 눈이 시뻘개지고, 어떤 사람이 운세를 잘 본다고 해도 수긍하려 들지 않습니다.

종교를 믿는 사람들 역시 기독교든 불교든 천주교든 하나같이 "천고에 서로를 시기합니다[千古相嫉]." 남의 절이 번성하고 내 절은 번성하지 않으면 미워 죽습니다. 미워서 밤중에 그 절에 불이라도 지르든지 혹은 그 절이 무너지라고 주문을 외우지 못하는 것이 한스러울 뿐입니다.

"문인이 서로를 경시하는 일은 옛날부터 그러했다[文人相輕, 自古而然]"라고 옛사람들은 말하지만 저는 거기에 두 구절을 덧붙입니다. "강호는 천고에 서로를 원수로 여기고, 종교는 천고에 서로를 시기한다." 저는 세 가지 경우를 모두 겪어 보았는데 참으로 가엾습니다! 가끔 눈을 감고 생각해 보면 "천고에 서로를 경시하고" "천고에 서로를 시기하고" "천고에 서로를 원수로 여기는" 몇 겹의 스트레스를 받으면서 아직까지도 살아 있고 거기다 수십 년을 살았다는 사실이 아주 진기하게 느껴집니다.

이런 사실들과 이치를 이야기한 것은, 사람이 근본적으로 저지르는 잘못은 바로 잘난 체하는 마음이 너무 커서 자기 자신은 칭찬하고 남은 헐뜯으며 자신이 모두 옳다고 여기는 것임을 설명하기 위해서였습니다. 저는 항상 이렇게 말합니다. 이 세상에는 자신이 잘못했다고 스스로 인정하는 사람이 절대 없으며 모두 다른 사람이 틀렸다고 한다고 말이지요. 저는 택시를 타면 습관이 하나 있는데, 차에 오르자마자 먼저 이렇게 말합니다. "미안합니다! 저를 어디어디에 데려다 주시겠습니까?" 그러면 운전기사는 고개를 돌려 묘하다는 표정으로 저를 바라봅니다. '이 노인네는 정말 이상하군. 왜 미안하다고 말하는 거지?' 하고 생각하는 것입니다. 그러고는 저에게 말합니다. "저는 지금껏 당신 같은 사람을 본 적이 없습니다." 그러면 저는 이렇게 말합니다. "그렇군요! 부탁합니다! 번거롭게 하고 수고를 끼치네요." 차에서 내리면서 또 운전기사에게 이렇게 말합니다. "감사합니다!"

어떤 사람이든 잘못을 저지르면 마음속으로 알기 때문에 즉시 얼굴이 빨개집니다. 하지만 잠시 후면 스스로 생각해 보고 얼른 자신을 지켜 줄 수많은 이유를 찾아내어 자신은 옳으며 잘못한 쪽은 상대라고 생각합니다. 우리 각자가 다 그렇지 않습니까? 물론 그 속에는 저도 포함되어 있습니다.

정법을 싫어하고 비방하다

사람은 모두 "자기 자신을 칭찬하고 남은 헐뜯으니〔自讚毀他〕", 내가 옳고 잘못한 쪽은 다른 사람입니다. 그런 까닭에 수행하는 사람이라고 부르지 못하고 그런 까닭에 도를 이루지 못합니다. 더 심각한 경우는 "부처님의 정법을 싫어하고 비방하면서 마구니의 패거리가 되는〔嫌謗正法, 爲魔伴黨〕"것입니다. '방(謗)'은 정법(正法)을 헐뜯고 비방한다는 말입니다. "정법(正法)"이라는 두 글자에 주의해야 합니다. 무엇이 정법입니까? 설명하기 어렵습니다. 여러분은 불교가 정법이고 다른 종교를 믿는 것은 사교(邪教)라고 말하겠지만 도대체 어떤 종교가 정법입니까? 종교에는 하나의 공통점이 있습니다. 사람들에게 선을 행하라고 권한다는 점입니다. 종교를 믿는 사람들은 어쨌든 다른 사람에게 나쁜 일을 하라고 감히 권하지는 않습니다! 진정한 교의(教義)는 누구의 것이 높고 심오합니까? 누구의 것이 철저합니까? 별도로 토론하기로 하고 여기에서는 그만두지요. 그러나 일반 종교인들은 다른 사람의 신앙을 헐뜯고 비방하면서 정법이 아니라고 말합니다.

무엇을 정법이라고 부릅니까? 도를 깨우치지 못하고 실상을 증득하지 못하고서 여러분은 무엇이 정법인지 아십니까? 정견도 없으면서 어떻게 정법을 아십니까? 또 정법은 어떤 법입니까? 불경에 근거해서 스스로 살펴보고 어떤 법이 정법인지 여러분이 찾아내 보십시오.

물론 삼십칠보리도품(三十七菩提道品), 사제(四諦), 십이인연(十二因緣)은 정법이며 성문(聲聞), 연각(緣覺)도 정법입니다. 그런데 『능엄경』에서는 부처님께서 직접 성문, 연각을 외도(外道)라고 배척하셨습니다. 『법화경』에서는 부처님께서 말씀하시기를, 삼승도(三乘道)는 없고 오직 일승도(一乘道)만 있다고 하였습니다. 또 『금강경』에서는 부처님께서 말씀하시기를, 하나의 법을 말한 적이 없고 하나의 글자를 말한 적도 없다고 하면서 모조리 부인하셨습니다. 물어보겠습니다. 어떤 것이 정법입니까? 내가 불법을 배우면 내가 배우는 것이 바로 정법이라고 생각해서는 안 됩니다. 그것은 증상만이며 그것이 바로 정법을 헐뜯고 비방하는 것입니다. '정(正)' 위에 '불(不)'이라는 글자가 넣어 합쳐서 읽으면 어떤 글자가 됩니까? 왜(歪)입니다.

진짜 정법은 말할 수가 없습니다. 우리가 오늘 여기에서 『약사경』을 강연하는 것이 이미 쓸데없는 일입니다. 『약사경』을 이야기하기 이전에 일찌감치 크게 깨달았어야지 비로소 정법이라 할 수 있습니다. 팔만 사천의 법문이 하나같이 다 외도이며 또 하나같이 다 정법입니다. 그러므로 선종의 육조(六祖)가 당시 제자들에게 일러 주었던 말에는 그 나름의 정확한 이유가 있었습니다. 육조는 이렇게 말했습니다. "바른 사람이 잘못된 교법을 사용하면 잘못된 교법도 바르게 되며, 잘못된 사람이 바른 교법을 사용하면 바른 교법도 잘못된다〔正人用邪法, 邪法亦是正. 邪人用正法, 正法亦是邪法〕."

그렇다면 정법(正法)은 어디에 있습니까? 정법은 정지견(正知見), 즉 정지(正知)와 정견(正見)에 있습니다. 하지만 엄격히 말해서 진정한 정지와 정견이면 될까요? 그래도 안 됩니다. 하나의 법이라도 얻어서는 안 됩니다. 정말로 분명히 해야 합니다. 바름도 없고 잘못됨도 없고, 선도 없고 악도 없고, 옳음도 없고 그릇됨도 없어야, 심지어 없음조차 없어야 거의 정법에 들어섰다고 할 수 있습니다. 그렇지 않다면 모든 사람이 법이라고 하는 것도 모두 정법이 아닙니다. 지금 저처럼 강연하고 설법하는 것도 정법을 헐뜯고 비방하는 것이라 말할 수 있습니다.

'방(謗)' 자 앞에는 '혐(嫌)' 자가 하나 더 있는데 혐은 싫어한다는 의미입니다. 많은 사람들의 근기(根器)를 보면 그들에게는 정법을 강연할 수가 없습니다. 정법을 이야기하려고 하면 그들은 곧바로 싫어하면서 들으려고 하지 않으니 어찌해 볼 방법이 없습니다. 여러분도 앞으로 나이가 더 들면 선지식(善知識)[90]이 되고 경험이 생기겠지만, 상대방이 들으려고도 하지 않고 붙잡고 이야기하려고 하면 얼른 달아나 버릴 때의 여러분 심정은 참으로 비할 데 없이 서글프고 가슴 아플 것입니다. 그런 경우는 정말로 방법이 없습니다. 그래서 저는 가끔 할아버지 할머니들에게 이렇게 말합니다. "많이 말하려 하지 말고 듣는 데 주의하세요." 그렇게 말해도 여전히 들으려고 하지 않습니다. 별 상관도 없는 말은 잘도 들으면서 말이지요. 두 번 세 번 말하고 난 다음에는 저도 더 이상 말하지 않습니다. 왜일까요? 그의 업력이 너무 무겁기 때문입니다. 몇 바퀴를 굴러서 업력이 다 소멸되면 그때 가서 다시 말해야겠지요. 여러분이 아무리 자비를 베풀려 해도 방법이 없습니다. 그냥 나가서 단련을 통해 업장을 소멸시키게 내버려 두는 것이 큰 자비입니다. 가서 고통을 받지 않으면, 좌절을 겪지 않으면 업장의 소멸이 더딥니다.

---

90 선종에서 수행자들의 스승을 이르는 말이다.

그런 까닭에 많은 사람들이 정법을 비방하고 또 싫어합니다. 여러분 자신은 그런 사실을 알고 있습니까? 알기가 쉽지 않습니다. 나이가 아주 많은 사람과 이야기를 한 적이 있었습니다. 그런 사람은 여러분이 백 번을 이야기하더라도 듣지 않고 자기 말만 합니다. 제가 말했습니다. "제가 벌써 당신에게 이야기하지 않았습니까?" 그러자 그는 "선생님! 잊어버렸습니다"라고 말했습니다. 얼마나 성가신 일인지 모릅니다! 극도의 인내심과 극도의 지혜를 가지고 가르치는 수밖에 없습니다.

이런 상황들이 모두 정법을 싫어하고 비방하는 것입니다. 정법을 싫어하고 비방하는 것은 어디에서 올까요? 바로 '자만심'과 '증상만'의 심리로부터 옵니다. 그렇기 때문에 자만심을 경계해야 합니다.

『약사경』이 단락에서 계율을 설명한 요점은 이러합니다. 먼저 여러분은 계율을 잘 알아 두어야 합니다. 그런 다음에는 계율을 잘 지키고 파계하지 않아야 합니다. 파계하지 않으려면 반드시 바른 견해〔正見〕를 지니고 많이 들어야〔多聞〕 합니다. 정견과 다문의 가장 중요한 조건은 반드시 증상만을 없애 버리고 자기 자신을 위주로 하는 심리를 없애 버려야 한다는 것입니다. 그러므로 근본으로 돌아가서 궁구해 보면 요점은 여전히 증상만 하나에 있습니다. 경문의 요점을 명확히 아셨습니까? 또다시 스스로의 자만심에 가려져 버리면 안 됩니다.

사견과 정견

"이와 같이 어리석은 사람은 스스로 사견을 행할 뿐 아니라 헤아릴 수 없는 유정들로 하여금 크게 위험한 구덩이에 떨어지게 하느니라. 이 모든 유정들은 응당 지옥, 축생, 아귀의 세계에 태어나 끊임없이 유전해야 하느니라."

如是愚人, 自行邪見, 復令無量俱胝有情, 墮大險坑. 此諸有情, 應於地獄傍
生鬼趣流轉無窮.

"스스로 사견을 행한다〔自行邪見〕"고 했는데 무엇이 사견(邪見)입니까?
철학의 이치 및 불학의 논리적 변론으로도 정론을 내리기가 어렵습니다.
하지만 우리가 말하는 사견은, 정견을 제외하고 우리가 도를 깨닫는 것을
방해하는 관념과 사상을 말합니다. 신견, 변견, 사견, 견취견, 계금취견의
다섯 가지로 분류합니다.

이른바 견(見)은 눈으로 본다는 의미가 아닙니다. 우리는 흔히 "아무개
라는 사람은 견해가 없다"라고 말하는데, 요즘 말로 하면 올바른 관념이
없다는 의미입니다. 그렇다면 무엇을 관념이라고 합니까? 일반적으로 사
람들은 정식으로 철학을 배우지 않으면 "너의 관념은 옳지 않아"라고만
말하는데, 이것은 관념의 의미를 정확히 알지 못하는 것입니다. 관념이 바
로 견(見)입니다. 여러분의 사상과 견해가 심리상 하나의 정확한 모식(模
式)을 구성하면 바로 그것을 관념이라고 부릅니다. 여러분이 이렇게 하면
맞다 혹은 틀렸다고 생각하는 것은 습관성 관념입니다. 바꾸어 말하면 제
육식인 의식(意識)은 대단히 견고한데 이런 이해 혹은 관점이 맞다고 생
각하는 그것이 바로 관념입니다.

예를 들어 우리 세대 사람들은 하나의 낡은 관념을 지니고 있는데 바로
두루마기를 입어야 한다는 것입니다. 선풍기도 없던 과거에는 여름에 친
구를 만나러 가거나 어른을 찾아뵈러 갈 때면 반드시 두루마기를 입어야
만 했습니다. 더워서 땀이 등을 흠뻑 적셔도 감히 벗을 수가 없었습니다.
집에서 짧은 저고리를 입고 있다가 어른이나 선생님이 들어오시는 소리
를 들으면 얼른 방으로 달려가서 두루마기를 걸쳤습니다. 그럴 때면 단추

를 잠그면서 한편으로는 이렇게 말했습니다. "죄송합니다, 죄송합니다, 곧 나갑니다." 그러면 어른들은 "괜찮다. 여름에는 군자도 없다고 하지 않느냐! 벗거라, 벗어." 그러면 이쪽에서는 이렇게 대답합니다. "아닙니다, 아니에요." 그러면 저쪽에서 다시 말합니다. "벗거라, 벗어." 그렇게 하고서야 감히 두루마기를 벗습니다. 고대에는 그것이 예의였으니 관념이 만들어 낸 일종의 관습이었습니다. 지금은 벗지 못해 안달이지만 말입니다. 고대에는 잘못된 것으로 여기던 것을 지금은 당연한 것으로 여기는 이런 것이 바로 관념이고 견(見)입니다.

우리가 정견을 얻지 못하고 도를 수증하지 못하는 까닭은 우리 마음이 시시각각 '오견(五見)'에 의해 방해받기 때문입니다.

이 오견의 첫 번째가 신견(身見)입니다. 여러분도 잘 살펴보십시오. 어떤 것이 수도(修道)와 증과(證果)를 하려고 합니까? 말할 것도 없습니다! 자리에 앉아서 정좌 수련을 하면 '아! 몸의 기맥이 움직이는구나!' '이런! 여기는 기맥이 통하지 않아' 하고 생각하는데, 그것이 신견입니다. 몸은 내버릴 수도 비울 수도 없습니다. 사대가 모두 비어 있다[四大皆空]고 말하지만 여러분이 한번 비워 보십시오. 사흘만 밥을 주지 않으면 정좌 수련을 하다가 배가 고파서 정신이 혼미해질 것입니다. 여러분이 한번 사대(四大)를 모두 비워 보십시오! 장도 비워 보세요! 위도 비워 보세요! 배고프다고 하면 안 됩니다! 과연 비울 수 있습니까? 왜 비울 수 없을까요? 도를 닦는 사람의 관념이 문제입니다. 비울 수 없는 것이 아니라 여러분의 신견의 관념이 너무 견고한 것입니다. 가끔 몸을 내버리기도 하지만 금방 다시 돌아옵니다. 막 자리에 앉는 그 순간에는 마치 신견이 없는 것 같아서 아주 좋았겠지만 똑바로 앉아서 손을 올려놓는 순간 신견이 통째로 찾아옵니다. '오! 내가 여기에 앉아 있구나.' 이처럼 온통 신견이니 어떻게 도를 깨닫겠습니까?

무엇을 초과나한(初果羅漢), 이과나한(二果羅漢)이라고 부릅니까? 탐(貪), 진(瞋), 치(癡), 만(慢), 의(疑)의 오독(五毒)에다가 신견, 변견, 사견, 견취견, 계금취견을 더한 이 열 가지 근본을 여러분이 얼마나 없애느냐에 따라 그만큼의 과(果)를 증득할 수 있습니다. 무엇을 증과(證果)라고 부릅니까? 여러분은 이십 위안을 내고 사과(蘋果)를 사는 것을 증과라고 부르는 줄로 생각하십니까? 오독과 오견을 사용해서 자기 자신을 측정하려고 드니 여러분은 과연 자신이 신견을 얼마나 없애 버렸는지 생각해 보십시오.

변견(邊見)은 말하자면 이런 것입니다. 가령 가끔은 앉아 있으면 청정해지고 또 공(空)이 되기도 합니다! 그렇다면 그럴 때의 그 공은 얼마나 큽니까? 딱 물통만 합니다. 스스로는 '아, 비웠구나! 아, 이제 나는 없어졌어!' 하고 느끼지만 여전히 일정량을 지니고 있고 모든 면에서 변견 가운데에 있습니다. 불법은 무량무변(無量無邊)인데 여러분은 도처에서 유량유변(有量有邊)입니다. 게다가 그 끝(邊)도 잘못된 끝으로 멀찌감치 가 버리니 어떻게 증과할 수 있겠습니까? 불법을 배우고 정좌 수련을 하고 도를 수행하고 주문을 외우고 염불을 하지만 결국 어디로 갔습니까? 서방극락세계에 왕생하기를 구하여, 앉는 것도 감히 동쪽으로는 향하지 않고 굳이 서쪽으로만 앉으려고 하지만, 만일 죽을 때 북쪽을 향하고 죽는다면 어떻게 합니까? 온통 변견에 사로잡혀 있으니 어떻게 왕생하겠습니까? 우주는 둥글고 『약사경』은 여러분에게 동방 약사불의 불국토와 서방의 불국토는 평등하고 차이가 없다고 말합니다. 변견의 의미는 내가 날마다 이 자리에 앉아 있어도 끝을 보지 못했다는 그 끝을 말하는 것이 아니라 여러분의 마음의 크기(心量)에 한계가 있음을 말하는 것입니다.

계금취견(戒禁取見)은 훨씬 더 심각합니다. 무엇을 계금취견이라고 부를까요? 소위 압단교(鴨蛋敎)를 믿는 사람들에게는 달걀을 먹지 않는 금계(禁戒)가 있는데, 달걀을 먹으면 타락하고 오리알을 먹어야 도를 깨달는다고 생각하기 때문입니다. 이것이 계금취견입니다. 또 배화교(拜火敎)는 천주(天主)를 숭배하려면 불(火)을 숭배해야 한다고 생각합니다. 또 어떤 사람들은 소식(素食)을 하지 않으면 증과할 수 없다고 생각하는데, 이 또한 계금취견에 떨어진 것입니다. 물론 여러분은 고기를 먹으면 도를 깨달을 수 없다고 말하지는 않겠지요. 그 또한 계금취견입니다. 그러므로 악법(惡法)이라고 말해서는 안 되며 선법(善法)이라 할지라도 조금이라도 집착하면 도를 깨닫지 못합니다.

계금취견은 아주 많은데, 많은 사람들이 계금취견을 범하면서도 자신은 그것을 알지 못합니다. 우리는 이 세계가 문명사회라고 여기지만 사실은 상당히 낙후합니다. 문명 이야기가 나왔으니 일상생활을 예로 들어 보겠습니다. 과거 우리의 어머니와 할머니 세대에서는 우리는 그들의 속옷 그림자도 보지 못했습니다. 당시 여인들의 속옷은 침상 안쪽의 그늘에서 말렸고, 침상을 마치 궁궐처럼 사방에서 에워쌌습니다. 절대 바깥으로 가져다가 태양 볕에 말릴 수 없었으니 밝은 빛을 보면 큰일이었습니다. 천상의 계율을 어긴 것이 되기 때문입니다. 어디 요즘처럼 삼각팬티를 바깥 아무 데에나 걸어놓고 말릴 수 있었겠습니까? 거기다 속까지 훤히 비치는 요상하게 생긴 것을 마치 '만국기'라도 되는 양 높은 건물 꼭대기에 걸어놓습니다. 옛사람들의 관념에는 남자가 여인의 옷 아래를 지나가서는 안 되는데, 현대인들은 '만국기' 아래를 왔다 갔다 합니다. 지금껏 없었던 모양새입니다.

계금취견은 아주 많은 것을 포괄합니다. 또 이런 관념도 있습니다. 사람이 죽으면 손은 어디에 놓아야 하고 등불은 어디에 두어야 하며 옷은 어떻게 입혀야 한다는 식입니다. 그렇게 입히지 않으면 환생하지 못한다고 생각하는데, 모두 계금취견에 속합니다. '견(見)'이 하나라도 있으면 도를 깨우치지 못합니다.

견취견(見取見)은 본 것이 있으면 그것을 붙잡고 놓지 않는 것입니다. 가령 '필경공(畢竟空)'[91]이나 '승의유(勝義有)'[92]의 법문으로 들어가더라도 원만하게 하나로 융합됨이 없으면 '유(有)'나 '공(空)'의 한 측면만 보게 되는데, 그것을 궁극이라고 여깁니다. 그것이 바로 하나의 큰 장애가 됩니다.

다음은 사견(邪見)입니다. 사견은 물론 잘못(歪)되었습니다. 하지만 잘못된 견해(歪見)와 바른 견해(正見)는 대단히 판별하기 어렵습니다. 비유하자면 마치 우리의 입이 보기에는 아주 똑바른 것 같지만 점차 조금씩 비뚤어지다가 결국 비뚤어진 입이 되어 버리는 것처럼, 바른 견해도 때로는 조금 잘못된 것이 마침내 잘못된 견해가 되어 버립니다.

그러므로 진정으로 정견에 도달한다는 것은 말처럼 그리 쉽지 않습니다. 예를 들어 선종 어록에는 이런 공안이 있습니다. 어떤 사부가 도를 깨달았지만 아직 의발을 전수하지 못했습니다. 큰 제자가 재능이 훌륭해서 정좌 수련이든 눕지 않는 수련이든 다 잘 하니, 모두들 사부가 그에게 의발을 전수해 주리라 생각했습니다. 그런데 뜻밖에도 사부는 세상을 떠나기 전에 사제(師弟)를 돌아오게 하더니 그에게 법인(法印)을 전수해 주었습니다. 사형(師兄)은 속으로 매우 불쾌했고 증상만이 올라왔습니다. 사제가 돌아와서 방장(方丈)의 지위를 받았는데 한눈에 사형이 불쾌해한다는 것을 알았습니다. 물론 그 사람들은 수양이 아주 높아서 불쾌한 속내를 드러내지 않았습니다. 사실 수지(修持)가 그들 정도의 경지에 이르면 굳이 얼굴로 말하지 않더라도 생각만 하면 즉시 느낄 수 있습니다. 심통(心

---

91 십팔공(十八空)의 하나로 모든 현상에 대한 분별이 완전히 끊어진 상태를 말한다.

92 일체 만유의 현상과 작용은 모두 공이며 자성이 없지만 진실한 이치로서 '승의(勝義)'라 불리는 열반, 진여 등 형이상의 '그것'은 진실로 존재한다는 것을 말한다. 유식을 종지로 삼은 법상종은 이를 인정한다.

通) 능력은 그에게는 아주 쉬운 일이었습니다. 여러 제자들이 사부를 화장할 때 법을 받은 제자가 사부의 지위를 이어받았는데, 황제가 어린 태자에게 자신의 지위를 전해 주는 도리와 똑같았습니다. 어린 태자가 보위에 오르면 형이라 할지라도 마찬가지로 무릎을 꿇고 머리를 조아려야 합니다. 사제는 사형의 태도를 보고 이렇게 말했습니다.

"사형! 사부께서 저에게 사부의 지위를 전해 주신 것은 잘못된 것이 아닙니다. 사형은 더 노력해야 합니다."

사형이 말했습니다. "사제, 자네는 나를 인정하지 않는가?"

사제가 말했습니다. "인정하고 안 하고를 떠나서 제가 하나 물어보겠습니다. 사부께서는 평소 우리에게 참선을 가르치시면서 한 오라기 흰 비단을 밟듯 하라고 하셨는데, 그것이 무슨 뜻입니까?"

사형이 소리쳤습니다. "향을 붙이게."

고대 사찰의 향은 손가락처럼 굵었는데, 선당에서 정좌 수련을 할 때 향한 자루를 피우면 두 시간 반이나 지속되었습니다.

사형이 말했습니다. "향 연기가 끊어지기 전에 나는 떠날 것이네." 사제는 웃으며 아무 말도 하지 않았습니다.

당연히 생사의 문제라는 것이 떠나겠다고 말한다고 해서 떠나고, 오려고 한다고 해서 올 수 있는 간단한 일이 아닙니다. 어렵고도 어려운 일입니다. 향이 채 타지 않았는데 떠난다면 그 얼마나 큰 능력입니까! 태어나려고 하면 태어날 수도 있다는 것입니까? 우리가 알아낼 수는 없지만 적어도 그가 떠나겠다고 말한 것은 수면제를 먹거나 목매달아 죽겠다는 말은 아니었습니다.

사제가 그의 몸을 툭툭 치면서 말했습니다.

"사형! 그렇게 해도 아무 소용이 없습니다! '좌탈입망하는 경우가 없지 않지만 돌아가신 스승의 뜻을 아직 꿈에서도 보지 못하였네[坐脫立亡卽不

無, 先師意尙未夢見在〕라고 했습니다."

'좌탈입망(坐脫立亡)'은 가부좌를 하거나 혹은 선 채로 "떠난다!"라고 한마디 하고 죽는 것을 말합니다. 그런 능력은 단지 정력(定力)의 수련에서 오는 것이지 도를 깨달은 것이 아닙니다.

사제가 말했습니다. "사형은 불법의 정견에 대해서는 그 그림자조차 꿈에서 보지 못했습니다. 떠난다고 말하고 떠나는 것을 불법이라 부른다고 생각하십니까?"

이 공안이 설명하는 바는 이러합니다. 그 사형의 경우에 수도(修道)는 이미 '좌탈입망'의 경지에 도달했지만 여전히 정견은 얻지 못했습니다. 불법을 근거로 말하면 성문, 연각의 나한과위를 수증했다 하더라도 정견을 얻었다고 할 수 없으며, 벽지불과(辟支佛果)를 성취했다 할지라도 역시 마찬가지입니다. 오로지 아뇩다라삼막삼보리를 수증해서 손가락을 튕기는 아주 짧은 시간에 당장 깨달아야 그것이 비로소 정견입니다.

그래서 『능엄경』에서는 이렇게 말했습니다. "보는 것을 볼 때의 그 견은 대상을 보는 견이 아니며, 그 견은 능견과 소견을 벗어나니 그 견에 미칠 수가 없다〔見見之時, 見非是見, 見猶離見, 見不能及〕." 이것이 바로 정견(正見)입니다. "보는 것을 볼 때〔見見之時〕"는 대보살이 도를 깨닫고 도를 볼 때를 의미합니다. "그 견은 대상을 보는 견이 아니며〔見非是見〕", 견도(見道)라고 할 때의 그 견(見)은 눈으로 무엇을 보는 것이 아닙니다. 또 마음속으로 혹은 정좌 수련을 할 때 무엇을 보는 견도 역시 아닙니다. "그 견은 능견과 소견을 떠나니〔見猶離見〕", 견도라고 할 때의 그 견(見)은 보는 자〔能見〕와 보는 바〔所見〕를 벗어난 것입니다. "그 견에 미칠 수가 없다〔見不能及〕", 여러분의 사상과 관념이 도달할 수 있는 바가 아니라는 의미입니다. 이 네 구의 게(偈)조차 정견은 아닙니다. 정견을 투영해 놓은 형용사일 따름입니다.

이것을 보더라도 불법을 배우는 모든 중생이 불법에 대해 정견을 지니는 것이 참으로 어렵다는 것을 알 수 있습니다. 불법을 배우면서도 정견은 지니지 못하고 대부분 사견 속에 빠져 있습니다. 그래서 부처님께서는 말씀하셨습니다. 모든 중생은 증상만이 마음을 가려 버린 까닭에 "이와 같이 어리석은 사람은 스스로 사견을 행하고[如是愚人, 自行邪見]", 스스로 잘못된 견해의 길을 가는 것은 말할 것도 없고 다른 사람에게까지 영향을 미치고 다른 사람을 해롭게 합니다. 헤아릴 수 없는 유정들로 하여금 크게 위험한 깊은 구덩이에 빠져서 영원히 환생하지 못하게 합니다. 남의 스승된 자는 자칫 방심하면 그런 길을 걷게 됩니다. 그렇다면 그런 사람의 과보는 어떠할까요?

잘못된 견해의 과보와 약사불의 위력

"이 모든 유정들은 응당 지옥, 축생, 아귀의 세계에 태어나 끊임없이 유전해야 하느니라[此諸有情, 應於地獄傍生鬼趣流轉無窮]."

심한 사람은 지옥에 떨어지고 조금 가벼운 사람은 방생(傍生) 즉 축생으로 변하며 어떤 사람들은 아귀도의 중생으로 변합니다. 잘못된 견해를 범하고 불법의 정견을 얻지 못하고 증상만이 생겨났기 때문에, 또 자신을 옳다 하고 다른 사람은 그르다 하여 정법(正法)을 싫어하고 비방했기 때문에 그로 인해 하삼도(下三道)로 굴러 떨어져서 과보를 받게 됩니다. "유전(流轉)"은 바로 윤회의 현상을 형용하는 말입니다. 흐르는 물처럼 휘돌며 요동합니다.

"이 약사유리광여래의 명호를 들으면 곧바로 악행을 버리고 모든 선법을

닦아서 악취에 태어나지 않느니라."

若得聞此藥師琉璃光如來名號, 便捨惡行, 修諸善法, 不墮惡趣.

부처님께서는 이런 사람들이 만약 약사불의 이름을 듣고서 악하고 나쁜 관념을 버리고 정법을 닦는다면 자연히 지옥, 아귀, 축생도로 떨어지지 않을 것이라고 말씀하셨습니다. 다만 그 사람 자신의 아뢰야식이 그것을 기억해 내야만 합니다. 그러지 않으면 그런 기회를 얻기가 쉽지 않습니다.

이 부분에서 질문이 없습니까? 여러분이 질문하지 않으니 제가 여러분을 대신해서 의문을 제기하겠습니다. 약사불이 그렇게나 큰 위력을 지니고 있다면 우리가 지옥, 아귀도로 가서 좀 논들 무슨 문제가 있습니까? 많이 체험하고 많이 이해할 수 있지 않습니까! 앞으로 더 많은 중생을 제도할 수도 있고 말입니다. 돼지가 되어 본 적이 없으니 돼지로 변하는 재미도 맛보고, 장차 돼지 말도 배워서 돼지 나라로 유학 가서 돼지를 제도하기도 좀 더 쉽지 않겠습니까! 그렇게 하면 안 됩니까? 여러분 주의하십시오. 경전에는 불법을 배우는 모든 사람은 먼저 계율을 지켜야[持戒] 한다고 했습니다. 과거에 계율을 잘 지킨 기초가 있으면 나중에 사견(邪見)에 빠져 길을 잘못 가고 다문(多聞)을 구하지 않아 스스로를 옳다 하고 다른 사람은 그르다 하며 증상만이 생겨나더라도, 이런 근기(根器)의 사람들은 삼악도(三惡道) 가운데 떨어져서도 그의 근성(根性) 속에 오래전 계율을 지킨 종성(種性)이 여전히 존재하기 때문에 그 신령한 빛이 결코 완전히 망가지지는 않습니다. 그래서 약사유리광의 이름을 듣기만 하면 악행을 버리고 모든 선법을 닦습니다.

경전을 읽을 때에는 주의해야 합니다. 특히 출가한 학생들은 앞으로 불법을 널리 펼칠 기회가 있을 터인데, 장님이 장님을 이끌어서는 함께 모래

구덩이로 굴러 떨어집니다. 그렇게 되면 움직일수록 점점 더 낭패스러워지고 끝없이 흘러갑니다. 그 때문에 제가 특별히 여러분에게 이 경전을 강연하고 있는데, 여러분은 자세히 읽어 보아야 합니다. 부처님이 말씀하신 "경전의 심오한 뜻[契經深義]"을 이해해야 합니다. 여러분은 말할지도 모릅니다. 저는 단지 수행을 하고 싶고 정좌 수련만 하면 됩니다! 경전을 연구하고 싶어 하지 않는다면 그것은 어리석은 마음이며, '많이 들음을 구하지 않는[不求多聞]' 계를 범하게 되어 장차 더욱 어리석어질 것입니다. 그러니 주의해야 합니다! 중국에서 불경을 번역하면서 석가모니를 무슨 부처님이라고 번역했습니까? '석가문불(釋迦文佛)'이니 문장의 '문(文)'입니다. 그러므로 게을러서는 안 됩니다. 경전을 연구하지 않고 불경을 보지 않으면 안 됩니다.

이 단락의 문제에 대해서는 이미 여러분에게 대답했습니다. 여러 생 이전에 불법을 배우고 계율을 지켰던 그 신령한 빛의 '인(因)'이 있어야 비로소 약사유리광여래의 이름을 들으면 "곧바로 악행을 버리고 모든 선법을 닦아서 악취에 태어나지 않는[便捨惡行, 修諸善法, 不墮惡趣]" '과(果)'를 지니게 됩니다.

"설령 모든 악행을 버리고 선법을 닦지 않아 악취에 태어나는 자가 있더라도, 저 약사여래의 본원의 위력으로 눈앞에 나타나게 하여 잠깐이라도 약사여래의 명호를 듣게 되면, 고통받는 그 세계에서 목숨을 마치고 인간 세계에 태어나서, 정견을 얻어 정진하고 마음속 즐거움을 잘 조절하여, 집을 버리고 출가하여 여래의 교법 가운데에서 계율을 받아 지니고 잘 지키며, 정견을 많이 듣고서 깊고 깊은 뜻을 분명히 이해하여, 잘난 체하는 마음을 버리고서 정법을 비방하지 않으며, 마구니의 패거리가 되지 않고 점차적으로 모든 보살행을 수행하여 속히 원만한 깨달음을 성취하느니라."

設有不能捨諸惡行, 修行善法, 墮惡趣者, 以彼如來本願威力, 令其現前, 暫
聞名號, 從彼命終, 還生人趣, 得正見精進, 善調意樂, 便能捨家, 趣於非家,
如來法中, 受持學處, 無有毀犯, 正見多聞, 解甚深義, 離增上慢, 不謗正法,
不爲魔伴, 漸次修行諸菩薩行, 速得圓滿.

부처님과 대적한 제바달다

삼악도의 중생이라도 과거에 계율을 지켰던 신령한 빛(靈光)과 근기(根
器)로 인해 악을 버리고 선법을 닦으면 악도에서 벗어날 수 있다고 방금
전에 말씀드렸습니다. 하지만 악도 가운데 있는 것에 익숙해진 중생도 있
습니다. 이것은 관념의 문제입니다. 예를 들어 『법화경』에는 큰 비밀이 하
나 있습니다. 오랜 생에 걸쳐 부처님과 엇나갔던 제바달다(提婆達多)는 부
처님의 형제였습니다. 석가모니가 성불하자 제바달다는 비로소 출가하여
부처님께 신통(神通)을 배웠습니다. 부처님께서는 제바달다를 가르치기
원했기 때문에 또 다른 사촌형제인 아난(阿難)에게 그를 가르치게 했습니
다. 아난은 부처님께 설법을 들어서 방법을 모두 기억하고 있었습니다. 그
러나 정작 본인은 수지(修持)하지 못했습니다. 아난이 제바달다를 가르쳤
고 칠 일을 수행하자 제바달다는 오통(五通)을 구족하게 되었습니다. 물
론 누진통(漏盡通)[93]은 얻지 못했지만 나중에 스스로 교주가 되어 부처님
께 대적했습니다.

제바달다는 매사에 부처님을 괴롭혔는데, 부처님께서 집을 떠나실 때
그는 신통력으로 법술을 부려 산 위에서 커다란 바위가 굴러 내려와 부처
님을 압사시키도록 준비했습니다. 다행히 원래는 아무것도 할 줄 몰랐던,

오백 생 이전에는 개였던 제자 주리반타가(周利槃陀迦)가 부처님을 구해 냈습니다. 처음에 부처님께서는 주리반타가에게 불경을 외우고 염불을 하고 주문 외우는 것을 가르쳤습니다. 하지만 그는 아무것도 해내지 못했습니다. 그래서 부처님께서는 그에게 '소파(掃把)'[94]라는 두 글자를 외우게 했습니다. 그런데 그는 '소' 자를 외우면 '파' 자를 잊어버리고, '파' 자를 외우면 '소' 자를 잊어버렸습니다. 나중에 주리반타가는 마침내 나한과 위를 증득했고, 제바달다가 법술을 부려 부처님을 해치려는 것을 신통력으로 알고는 빗자루로 바위를 막아 밀쳐 보냈습니다. 바위가 비록 부처님을 명중시키지는 못했지만 또다시 튕겨서 돌아와 부처님의 엄지발가락을 눌러 상처를 입혔습니다.

나중에 제바달다는 여러 생에 걸쳐 지옥에 떨어졌는데, 그가 부처님 면전에 있을 때 땅이 저절로 갈라져서 떨어져 버렸습니다. 전하는 말로는 지금 인도에 가면 그 구덩이를 볼 수 있다고 합니다. 다만 아주 얕습니다. 부처님의 형제들은 모두 한탄하면서 부처님께 왜 그렇게 되었는지 물었습니다. 부처님께서는 한숨을 쉬며 말씀하셨습니다. "너희는 모른다. 그는 이번 생뿐 아니라 여러 생에서 나와 대적하였다. 과거의 어떤 생에서는 내가 이로 변했는데, 그는 벼룩으로 변해서 나보다 총명하고 뛰어나고 또 빨리 뛰었다. 한번은 어느 가난하고 비쩍 마른 나한이 정좌 수련을 하고 있었는데, 내가 그의 몸을 아무리 뒤져도 먹을 것을 찾지 못해 굶어 죽을 지경이 되었다. 그런데 벼룩으로 변한 제바달다는 잘 먹어서 까맣고 반들반들했다. 그래서 내가 물었지. '노형은 어디에서 먹을 걸 드셨소?' 그가 나

---

93 번뇌와 망상이 완전히 끊어지고 모든 것을 다 아는 신통을 말한다. 육신통(六神通) 가운데 오통(五通)까지는 수행자나 귀신도 얻을 수 있으나 누진통은 아라한이나 불보살만이 얻을 수 있다.

94 소(掃)는 쓸어 버린다는 뜻이고 파(把)는 움켜쥔다는 뜻이다.

한테 말해 주기를, 나한이 선정에 들어가서 지금 정수리에 피가 가득하니 거기로 기어 올라가서 한입 물면 배불리 먹을 수 있다고 했다. 나는 벼룩의 말을 듣고 나한의 정수리로 올라가서 한입 물었다. 그랬더니 선정을 잘하고 있던 그 나한도 신견(身見)은 잊어버리지 못했던지라 통증이 느껴지자 손으로 나를 집어서 눌러 죽였다." 부처님이 이로 변한 것만 해도 이미 가엾은데 제바달다는 벼룩으로 변해서 그를 해쳤습니다.

그런데 부처님께서는 『법화경』을 강연하실 때 비로소 말씀하셨습니다. "너희들은 착각하지 마라! 제바달다가 어떤 사람이냐? 그는 내가 처음 불법을 배우기로 발심하였을 때의 스승이다. 나를 인도하고 내 도심(道心)이 물러설까 두려워서 여러 생에 걸쳐 나를 괴롭힌 것이다. 사실 그는 이미 깨달음을 성취하였다. 너희는 그가 정말로 지옥에 내려갔다고 생각하느냐?" 아난은 그 형제들과 함께 제바달다가 가장 깊은 지옥에 있는 것을 관찰했습니다. 아난은 세존께 신통력으로 제바달다를 지옥으로부터 제도해 주시기를 청했습니다. 부처님께서 말씀하셨습니다. "아난아, 너는 참으로 어리석구나! 내가 그를 제도하려고 하지 않는 것이 아니라 그가 지옥을 떠나려고 하지 않는 것이다." 아난이 믿지 않자 부처님께서 아난을 지옥으로 보냈습니다. 과연 제바달다를 만나자 아난이 물었습니다. "형님은 지옥에서 괴롭지 않으십니까?" 제바달다가 대답했습니다. "홍! 나는 여기가 삼선천(三禪天)보다 훨씬 즐거운데 뭐가 괴로워?" 아난은 그에게 지옥을 떠나고 싶지 않느냐고 물었습니다. 그러자 제바달다가 말했습니다. "가라, 가! 가 버려! 누가 널 내려 보냈지? 나는 여기가 삼선천의 경계보다 훨씬 즐거운데 무엇 때문에 떠나겠어?" 이것은 하나의 커다란 비밀입니다. 그래서 지장왕보살은 지옥에서 우리들, 업장이 무거운 우리 중생들이 내려오는 것을 기다리기 원합니다.

악을 버리고 선을 행하다

다시 본론으로 돌아와서 어떤 사람들은 악법을 즐거움으로 여겨서 버리려고 하지 않습니다. 설령 그를 제도하려고 해도 그 사람이 악법을 버리고 선법을 닦기 원하지 않습니다. 이런 사람들은 삼악도 가운데 있어도 "저 여래의 본원의 위력으로[以彼如來本願威力]" 즉 약사여래의 원력이 넓고 크기 때문에 "눈앞에 나타나게 하여 잠깐이라도 약사여래의 명호를 듣게 되면[令其現前, 暫聞名號]"이라 하였는데, 어떤 것을 "눈앞에 나타나게 하여"라고 말합니까? 주의하십시오! 신령한 빛이 나타나면서 갑자기 영문도 알 수 없게 약사불의 이름이 들립니다. 혹은 자신의 여러 생의 인연이 약사불의 본원, 위력, 광명, 명호의 힘 때문에 꿈속에서 우연히 나타납니다. 혹은 죽음이 임박했을 때 부처님이나 부처님의 광명이 나타났다가 사라집니다. 『서장도망경(西藏度亡經)』에서 말한 것처럼 말입니다.

"고통받는 그 세계에서 목숨을 마치고 인간 세계에 태어나서[從彼命終, 還生人趣]", 부처님의 위신(威神)이나 불광(佛光)의 비춤을 얻어 삼악도 가운데에서 벗어나 인간으로 환생합니다. "정견을 얻어 정진하고 마음속 즐거움을 잘 조절하여[得正見精進, 善調意樂]", 사람의 몸을 얻은 후에는 정견을 구비하고 정진하여 수도합니다. 이제 막 삼악도로부터 온 많은 사람들은 불광의 가비를 입었기 때문에 수행하고 정진하여 정견을 얻습니다. 그 사람들은 선근(善根)을 구족하였으므로 쉽사리 "마음속 즐거움을 잘 조절합니다[善調意樂]." 정견을 지니지 못하고 거기다 또 정진하지 않으면 "선조의락(善調意樂)" 이 네 글자는 참으로 해내기 어렵습니다. 우리의 사상과 의식은 아침부터 밤까지 계속해서 번뇌, 분노, 고통, 근심 속에 있습니다. 마음에 한순간의 쾌락도 없습니다.

그 사람들은 자신의 마음속 즐거움을 잘 조절하기 때문에 출가할 수 있습니다. "비가(非家)"가 바로 출가인데 세상의 일반적인 가정이 아니라 여래법왕의 집을 말합니다. 서서히 불법 가운데에서 일곱 학처(學處)[95], 즉 자기 자신을 이롭게 하고 타인을 이롭게 하는 모든 계(戒), 정(定), 혜(慧)를 받아 지닙니다. 이생에서 진정으로 정견을 얻어 수지하고 또 거기에다 정견을 많이 듣기를 구하고 모든 경전의 깊고 깊은 뜻을 이해할 수 있다면, 잘난 체하는 증상만의 마음에서 멀리 벗어나 정법을 비방하지 않으며 마구니의 패거리가 되지 않고 점차 모든 보살행을 닦게 됩니다. 보살도를 닦고 보살만행(菩薩萬行)을 수행하면, 즉 일시적으로 해낼 수 있는 것이 아니라 점차적인 수행을 하면 대승도(大乘道)에서 서서히 진보하여 마침내 원만한 깨달음을 성취하고 성불하게 됩니다.

행하고 공이 있어야 덕이다

계(戒)의 문제에 있어서는 정견(正見)를 지녀야 합니다. 게다가 가장 중요한 것은 잘난 체하는 증상만의 마음을 제거하고 많이 들음으로써 자신의 정견을 배양하는 것입니다. 정견을 얻어야 계행(戒行)이 청정할 수 있습니다. 정견을 얻지 못하면 모든 중생은 스스로 마음에서 이미 병이 생겨서 아무리 약사여래의 이름을 들어도 서로 감응하기가 어렵습니다. 정견이 있어야 약사여래의 이름을 들었을 때 즉시 감응하고 즉시 성취할 수 있습니다.

사실 소승의 사제든 십이인연이든 대승의 육도만행이든 모든 불법은 계(戒)에서 벗어날 수 없습니다. 소위 계(戒)란 바로 행(行)이니 어떤 행입니

---

95 수행승이 배워야 할 것이라는 뜻으로 특히 계율을 가리킨다.

까? 선을 행하고 악에서 떠나 지극히 선한 데 머무르며, 행하고 나서 공 (功)이 있어야 합니다. 즉 덕행(德行)을 성취해야 합니다. 옛사람들이 "행 하고 공이 있어야 덕이다[行到有功卽是德]"라고 말한 것에 반드시 주의해 야 합니다. 이 말은 일[事]을 하고 공(功)이 있어야 덕이라는 뜻이기도 합 니다. 무엇이 공덕(功德)입니까? 모든 일에는 반드시 성과가 있어야 합니 다. 행위를 했으면 성과가 있고 공훈이 있어야 진정한 공덕이라 할 수 있 습니다. 예를 들어 어느 날 다함께 식사를 하면서 학생들과 이야기를 했는 데, 누가 무슨 일을 하느냐 하는 그런 이야기였습니다. 심지어 탁자를 닦 아서 실내 환경을 깨끗하게 청소하는 것 같은 아주 작은 일도 있었습니다. 우리는 스스로를 반성해야 합니다. 어느 누가 "오래도록 평생의 다짐을 잊지 말아야 한다[久要不忘平生之言]"라는 이 한 구절을 실행할 수 있을까 요? 우리는 그저 오 분 정도 곰곰이 생각하고 마는 경우가 허다합니다.

아마도 많은 학생들이 저에게는 지나친 결벽증이 있음을 알고 있을 것 입니다. 게다가 가지런히 정리하는 버릇도 있어서 물건은 반드시 제자리 에 정리해 놓아야 합니다. 한번은 아무개 교수가 다른 교수와 이야기를 나 누면서 제 책상에서 메모 노트를 가져다가 기록했습니다. 그러고 나서 다 시 제자리에 놓았는데 아주 가지런히 정리해 두었습니다. 그는 메모 노트 를 자리에 내려놓는 내내 전전긍긍하며 저를 바라보았는데, 제대로 정리 해 놓지 못할까 봐 걱정하고 있었습니다. 그가 평소 집에서는 그렇게 하지 않는다는 것을 알고 있었습니다. 부인이 있어서 그를 잘 돌봐주기 때문입 니다. 불안한 표정으로 제 얼굴을 쳐다보면서 일부러 노트를 가지런히 놓 는 것이 마치 이렇게 말하는 듯했습니다. 이번에는 제가 선생님 마음에 들 었겠지요! 하지만 결국은 그가 내려놓은 후에 제가 다시 노트를 들어 새 로 놓자 그는 어안이 벙벙해졌습니다. 당시에는 장관들과 손님들이 자리 에 있어서 그가 저에게 물어보기도 쑥스러웠고 저 역시 말할 수가 없었습니다. 사흘이 지난 후 그가 왔기에 제가 그 얘기를 꺼냈습니다. 그러자 그가 말했습니다. "그렇습니다! 선생님. 저는 선생님 앞에 물건을 내려놓을 때는 제대로 정리해야 한다는 걸 알고 있습니다." 제가 말했습니다. "자네가 제자리에 내려놓은 건 맞네. 하지만 그건 겉으로 보기에만 제대로 정리한 것이고 실제로는 노트의 아래쪽 몇 장이 접힌 채 눌러졌다네. 자네는 보지 못했지만 말일세. 자네가 지나치게 조심하고 또 눈으로 계속해서 나를 쳐다보느라 아래쪽까지 신경 쓰지 못한 게지."

한 사람이 보살도를 수행하면서 계(戒)의 행위를 말하려면 이렇게 작은 동작도 대충 해서는 안 됩니다. "선이 작다고 해서 행하지 않아서는 안 되고, 악이 작다고 해서 행해서는 안 된다〔莫以善小而不爲, 莫以惡小而爲之〕"라고 하였는데, 이것이 바로 계입니다. 저는 늘 학생들에게 말합니다. "나는 여러분이 발심하였음을 압니다." 발심(發心)은 불가의 말인데 보통 사람들이 말하는 입지(立志)의 의미입니다. "하지만 사흘도 못 가서 나흘째가 되면 느슨해지고 서서히 움직이지 않게 된다는 것도 압니다." 한 사람이 입세(入世)가 됐든 출세(出世)가 됐든 자신의 일생에서 성취를 거두고 못 거두고는, 그 사람이 "오래도록 평생의 다짐을 잊지 말아야 한다"라는 말을 실행할 수 있느냐에 달렸습니다. 이것은 대단히 실행하기 어려운 일입니다. 왜냐하면 환경이 바뀌면 자기 자신도 곧 변하기 때문입니다. 변하고 나서 수많은 이유를 찾아내어 자기를 용서하고 자기를 변명합니다. 결국 자신에게는 잘못이 없고 잘못한 쪽은 모두 다른 사람이라고 생각합니다. 그것도 아니면 이곳의 환경이 좋지 않다고 말합니다.

그런 까닭에 대승 불법의 보시 역시 계(戒)입니다. 보시는 바로 자기 자신을 희생하는 것이기 때문입니다. 누가 진정으로 자기 자신을 희생할 수 있습니까? 아무도 없습니다. 친구가 병이 나면 얼른 가서 도와주고 돌봐주겠노라 용감하게 말합니다. 사흘? 삼 개월? 삼 년? 내지는 십 년? 여러분은 스스로를 원망하지 않겠습니까? 친구를 원망하는 것이 아니라 자기 자신을 원망하게 될 것입니다. 이런, 애초에 내가 왜 하겠다고 말했을까! 안 그렇습니까? 그래서 어렵다는 것입니다! 수행은 이런 행위들에 공을 들여서 심리적 행위가 외면적 행위로 이어지게 해야 합니다. 그렇기 때문에 "행하고 공이 있어야 덕이다"라고 말하는 것입니다. 공덕을 성취하지도 못하고서 수도하고 정좌 수련해서 깨달음을 얻고자 하십니까? 그것이 되겠습니까? 그렇다면 여러분은 일찌감치 '틀렸습니다.' 일을 그르쳤습니다.

불법은 행을 중시한다

따라서 모든 것은 행(行)에 있습니다. 특히 세계는 지금 선(禪)을 숭상하는 기풍이 거세게 일고 있습니다. 하지만 진정한 선종은 행에 있는 것이지 입으로만 떠드는 구두선이 아니라는 사실에 유의하지 않으면 안 됩니다. 그저 입으로만 선을 이야기하는 것은 아무런 소용이 없고 실행을 해야 합니다. 그렇기 때문에 달마조사가 전한 선종에 특별히 유의해야 하는데, 달마선(達摩禪)은 '이입(二入)'과 '사행(四行)'[96]을 핵심으로 삼습니다. 이른바 이입(二入)은 이입(理入)과 행입(行入)입니다. 사행은 보원행(報冤行), 수연행(隨緣行), 무소구행(無所求行), 칭법행(稱法行)인데 이 네 종류의 행(行)을 모두 실행해야 합니다. 만약 실행하지 못한다면 우연히 독창

---

[96] 중국에 선종을 일으킨 초조 달마대사가 말한 깨달음에 이르는 선 수행법. 이입(理入)은 경전에 의거해 부처님의 근본 뜻을 깨닫는 것이고 행입(行入)은 근본 뜻을 깨닫기 위한 수행이다. 사행 중 보원행은 수행자가 고통을 당할 때 과거에 자신이 저지른 행위의 과보라 생각하여 남을 원망하지 않는 것이다. 수연행은 연(緣)에 따라 일어나고 사라지므로 거기에 흔들리지 말라는 것이다. 무소구행은 밖에서 구하고 대상에 집착하는 것을 그치고 공을 깨달으라는 것이다. 칭법행은 자신의 성품은 본래 청정하다는 공(空)의 입장에서 공에 적합한[稱] 육바라밀을 닦는 것이다.

적이고 초월적인 견해를 얻거나 또는 정좌 수련을 하다가 우연히 공령(空靈)[97]의 경지를 얻었다 할지라도 그것은 선이 아닙니다. 그것은 어떤 사람이라도 다 해낼 수 있는 것입니다.

일개 예술가나 문학가 내지는 극도로 힘든 사람이 짐을 지고 백 리 길을 가다가 우연히 짐을 내려놓고 땅바닥에 앉으면 마음이 가벼워지는데, 그럴 때면 잡념이 없어지고 아주 청정합니다. 각종 방법을 동원하면 청정한 심경을 얻기란 아주 쉽지만 그런 것은 선이 아닙니다. 만약 그것이 도(道)라고 생각한다면 마지막까지 불법을 배우더라도 아무것도 배우지 못할 것입니다. 그저 게으름 피우며 청정을 욕심내는 것이나 배우게 될 것입니다. 그러나 그것은 결국에는 청정이 아닐 것입니다. 참된 청정은 반드시 지혜와 공덕이 원만해야 합니다.

공덕은 행에서 오는 것이지 정좌 수련에서 오는 것이 아닙니다. 정좌 수련이라는 것이 원래 향수(享受)가 아닙니까! 가부좌를 하고 눈을 감고 만사를 상관하지 않으니 천지간에 어떤 것이 이보다 더한 향수이겠습니까? 그것은 절대적인 이기(利己)입니다. 그렇다면 정좌 수련은 필요가 없습니까? 필요합니다! 그것은 여러분 자신의 생각의 움직임을 훈련하는 것입니다. 생각을 비워 버리거나 생각을 억제하거나 혹은 선을 행하고 악을 버리는 훈련을 합니다.

어느 날 어떤 학생이 여기에 와서 일하겠노라고 했는데, 하루 일하고는 오지 않았습니다. 게다가 저에게 아무 말도 안 하니 그것이 과연 불법을 배우는 사람의 행위입니까? 그런 작은 일조차 제대로 해내지 못하면서 무슨 불법을 배우겠다는 것입니까? 사람이 되어서 신의조차 없는데 그러고도 불법을 배우겠다고요? 무엇을 믿음(信)이라고 합니까? 말을 했으면 믿

---

97 텅 비어 있으면서 변화무쌍한 경계를 말한다.

음이 있어야 하고 오지 않더라도 무슨 이유가 있어야 하지 않습니까! 자신은 불법을 배운답시고 온종일 떠벌리고 있지만 스스로를 속이고 남을 속이고 있습니다.

불법은 행을 중시합니다. 무미건조하게 앉아 있는 것은 의미가 없습니다. 날마다 집안에 앉아 있어서는 일만 년을 해도 이치는 하나도 건지지 못합니다! 그저 정좌 수련만 한다고 해서 성불할 수 있습니까? 그렇다면 바깥 저 자리에 앉아서 비바람에도 꼼짝하지 않는 석사자는 이삼십 년을 앉아 있었으니 득도하지 않았겠습니까? 실행하지 않으면 아무 소용없습니다! 주의하십시오.

아끼고 탐내다

"문수사리보살이여! 만일 모든 유정들 중에서 물건을 아끼고 탐내며 남을 질투하고, 자기 자신을 칭찬하고 남을 헐뜯는 이는, 삼악취에 태어나서 한량없는 세월 동안 말할 수 없는 고통을 받느니라."

復次, 曼殊室利, 若諸有情, 慳貪嫉妒, 自讚毀他, 當墮三惡趣中, 無量千歲, 受諸劇苦.

"부차(復次)"는 현대어로 해석하면 '또 말하거니와' 라는 뜻이니, 이제 또 너희에게 말한다는 의미입니다. 우리가 불경을 보면 대개 그 종교적 분위기와 종교적 형식에 가려지곤 하는데, 실제로 불경은 유가 공맹의 도에서 강조하는 사람됨과 일 처리에서의 '행(行)'과 완전히 일치합니다. 다만 일치하는 가운데에서도 약간의 차이가 있으니, 공맹의 도는 우리에게 사람됨과 일 처리의 대원칙을 말하고 있지만, 불가에서는 사람됨과 일 처리를 자기 생각의 움직임을 살피는 것에서부터 시작하라고 말합니다. 속마음에서부터 바로잡아야 하기 때문에 수행(修行)이라고 하고 수심(修心)이라고도 합니다. 천천히 자신의 마음을 관찰하여 생각의 움직임이 깨끗하고 선한지를 살펴봐야 합니다. 그리하여 악한 생각이 완전히 없는 경지에 이르러야 하지만, 그렇다고 그것이 다가 아닙니다. 나아가 악한 생각을 비우고 선한 생각도 비워서 본래의 선하지도 않고 악하지도 않은[非善非惡], 그리고 자아도 없고 마음도 없는[無我無心] 상태를 회복하여, 본디 머무르는 바가 없으나 그 마음이 생겨나는 그런 궁극적인 청정함이 바로 바른 길[正路]입니다.

이제 부처님께서는 우리에게 이 세상 중생들의 기본 심리상의 나쁜 습성에 대해 말씀하십니다. 부처님께서 재차 문수보살에게 "만일 모든 유정들 중에서[若諸有情]"라고 말씀하셨는데, 영지(靈知)를 지니고 사상을 지니고 감정을 지닌 세상의 모든 중생을 유정(有情)이라고 칭하셨습니다. "간탐질투(慳貪嫉妬)"는 네 가지 심리 습성으로 앞에서 이미 말씀드린 바 있습니다. 쩨쩨하고 인색함[慳吝]이 겉으로 표현되어 나온 행위는 절약하고 검소함[節儉]과 비슷해 보여도 차이가 있습니다. 예를 들어 유가의 이치로 말하자면 우리가 친구, 친척, 부모, 형제, 자녀 등에게 또는 사회의 여타 상관없는 사람들에게 도움 주기를 아까워한다면, 그것은 쩨쩨하고 인색함이지 절약하고 아낌이 아닙니다. 자기에게 필요한 것을 대단히 절약하고 아끼고 아까워한다면 그것은 절약하고 검소함이지 쩨쩨하고 인색함이 아닙니다. 인색함[吝]은 사람이 어떤 물건을 아까워하면서 꽉 붙들고 있는 것인데, 이것은 그래도 비교적 얕은 단계에 속합니다. 한 단계 더 깊이 들어간 것이 바로 '간(慳)' 즉 쩨쩨함이니 속마음이 대단히 견고하게 인색한 것입니다.

속마음의 쩨쩨하고 인색함은 어디에서 올까요? 자세히 반성해야 합니다. 특히 불법을 배우고 선을 배우는 여러분은 매사에 마음을 살펴야 하는데, 사람 노릇 하고 일 처리를 하면서 자기 생각의 움직임을 관찰해야 합니다. 쩨쩨하고 인색함은 자기 자신으로부터 나오는데 모든 것에서 내가 먼저이기 때문입니다. 예를 들어 내가 시원한 곳에 앉아 있는데 뚱뚱한 사람이 이쪽으로 옵니다. 날씨가 너무 더우니 제 옆에 앉아 더위를 식혀 볼 요량인 것입니다. 저는 일부러 꼼짝도 하지 않습니다. 심지어 엉덩이를 조금 옮겨 자리를 좀 더 차지합니다. 약간의 시원한 바람도 다른 사람에게 양보하려 들지 않고 다른 사람이 이득을 못 보게 하려는 그것이 쩨쩨하고 인색함이며 자신을 높이는 것입니다.

대략 삼십 년 전쯤으로 기억하는데 지금과 같은 사회 상황은 아니었습니다. 어떤 친구가 저에게 불법을 배우느냐고 물었습니다. 모두들 제가 불법을 배운다고 말했지만 정작 저는 아니라고 말했습니다. 왜냐하면 저는 불법을 배울 자격이 없기 때문입니다. 불법을 배운다는 것이 어디 말처럼 그리 쉽습니까? 나중에 그 친구가 저에게 무엇이 보살이냐고 물었습니다. 저는 이렇게 말했습니다. "자네가 사흘을 굶다가 근근이 밥 한 공기를 얻었는데 다른 사람도 밥을 먹지 못하고 있는 것을 보게 되었네. 그럴 때 자기도 배가 고프지만 그 밥을 다른 사람에게 줄 수 있다면 그것이 바로 보살도라네. 나는 그렇게 할 수 없기 때문에 불법을 배우는 사람이라고 할 수 없다는 게지." 그 후 그는 또다시 저에게 물었습니다. "보살은 어디에 있는가? 절에 있는가?" 저는 보살이 인간 세상에 있다고 말해 주었습니다. 불교가 됐든 천주교가 됐든 기독교가 됐든 심지어 아무 종교도 믿지 않더라도 그들의 행위가 바로 보살입니다.

다음은 '탐(貪)'입니다. 쩨쩨하고 인색한 사람은 모두 반드시 탐내게 되어 있으니, 탐냄과 쩨쩨하고 인색함은 언제나 함께 있습니다. 가령 우리가 아무개라는 사람은 털 한 올도 뽑으려 들지 않는다고 말한 다음에는 반드시 덧붙이는 말이 있습니다. "그래도 그 사람 돈을 아주 많이 모았어"라는 것입니다. 이것은 필연적입니다. 아까워서 돈을 못 쓰지 않았겠습니까! 쩨쩨하고 인색하게 굴면 쌓아 둔 재산이 많아지고, 호탕하고 의로운 사람은 대부분 돈이 없는 법입니다. 특수한 상황을 제외하면 말이지요. 그래서 중국에는 예부터 이런 말이 있습니다. "자비로운 사람은 군사를 거느리지 못하고 의로운 사람은 재물을 모으지 못한다[慈不掌兵, 義不掌財]." 마음이 자비로운 사람은 군사를 거느리지 못하고, 호탕하고 의로운 사람은 장사를 하지 못합니다. 어떤 학생들이 장사하러 나간다기에 제가 여덟 글자로 당부를 했는데 이것이 돈 버는 원칙입니다. "돈을 목숨처럼 사랑하고 자리는 못 박아놓은 것처럼 지켜라[愛錢如命, 立地如釘]." 한곳에 자리를 벌렸으면 마치 땅에 못을 박아놓은 것처럼 지켜야 하니, 밥을 먹는 것도 중요하지 않습니다. 돈을 벌기 위해서라면 참고 또 참아야 부자가 될 수 있습니다. 불법의 견지에서 말한다면 바로 아끼고 탐냄을 위주로 삼아야 한다는 말입니다.

사실 우리가 하루 종일 여기에서 정좌 수련을 하고 불경을 외우면서 부처님을 구하고 복보를 구하고 지혜를 구하는 것도 아끼고 탐냄이 아닙니까? 절대적인 아끼고 탐냄입니다. 어떤 때 다른 사람이 여러분에게 도움을 청해도 "잠시 기다리십시오. 제가 가부좌를 해야 해서요. 아직 수련이 끝나지 않았거든요" 합니다. 남이야 죽든 말든 상관하지 않습니다. 도의 성취를 탐내기 때문에 그렇게 해야 성불할 수 있다고 생각합니다. 귀신이 되겠지요! 무슨 부처님이 되겠습니까? 불법을 배우는 진정함은 어디에 있을까요? 여러분의 그 형식주의에 있지 않으며 여러분이 연출하는 학불(學佛)과 수도(修道)의 엄숙한 모양에도 있지 않습니다. 그 자리에 구부정하게 앉아서 마치 노승이 선정에 든 것처럼 하고 있지만, 실제로는 원하는 바를 향수하려고 탐내고 있으니 자신만을 위하고 만사는 상관하지 않으며 다른 사람을 속이고 있습니다. 이런! 제가 열심히 정좌 수련을 하는 것도 전부 아끼고 탐내는 심리입니다. 이 방면의 악업은 태어나면서부터 지니고 있으니 수행은 이런 근본적인 부분에서부터 노력해야 합니다. 자기 마음의 아끼고 탐냄의 뿌리를 제거해야 합니다.

질투하다

다음은 '질투(嫉妬)'입니다. 질(嫉)은 질시(嫉視)이고 투(妬)는 투기(妬忌)입니다. 질투 두 글자는 모두 여(女) 자를 부수로 합니다. 중국의 옛사람들은 질투의 감정 변화가 여성에게서 가장 두드러지게 나타난다는 것을 알았습니다. 물론 남자에게는 질투심이 없다는 말은 아닙니다. 남자도 마찬가지로 심하게 질투합니다. 모든 중생에게는 질투심이 있지만 다만 여성의 표현이 가장 두드러집니다. 질시가 극에 달하면 병이 나고, 투기가 극에 달하면 사람의 마음이 죽어서 돌같이 변해 버립니다.

저는 늘 청년들에게 이런 우스갯소리를 합니다. 질투의 심리가 누구에겐들 없겠냐마는 여성이 가장 두드러집니다. 길거리에 나가서 보십시오. 어떤 여성이 길거리를 걸어가다가 맞은편에서 오는 여성이 자기보다 예쁘게 입었거나 자기보다 예쁘게 생겼거나 혹은 손에 들고 있는 것이 색다르기라도 하면 눈을 흘기며 쳐다보고는 '치' 소리를 냅니다. 질투하는 것입니다. 길거리에 걸어가는 사람이 예쁜 것이 자기랑 무슨 상관이 있습니까? 그런데도 봐주지를 못하고 질투합니다. 여성에게는 이와 유사한 심리가 아주 많습니다. 어떤 일이나 어떤 부분에서 다른 사람에게 좋은 점이 조금이라도 있으면 질투하지 않고는 못 배깁니다.

남성의 질투심은 여성보다 좀 나은 것같이 보이지만 사실은 똑같습니다. 다만 차이가 있다면 남성은 명리(名利)에서 그것이 드러납니다. 동료가 승진을 했거나 사장이 어떤 사람에게 잘해 주면 말할 수 없이 질투합니다. "그 자식이 뭐 대단하다고! 쳇!" 그렇게 한마디 합니다. 질투는 그 밖에도 아주 많습니다!

질투의 심리도 태어나면서부터 지니고 있으며 그 현상은 대단히 많습니다. 이 두 종류의 심리 상태는 독입니다! 불경에 근거하면 질투의 심리는 남자의 몸에서 여자의 몸으로 변하는 근본 업력인데, 그 심리가 대단히 교묘합니다. 여러분도 스스로를 잘 살펴보세요. 어린 시절 같은 반 친구가 자기보다 글씨도 더 잘 쓰고 글짓기도 더 잘 하고 공부도 더 잘 하면 여러분은 진심으로 그를 인정했습니까? 그를 미워하지는 않았겠지만 이런 심리가 있었을 것입니다. '나는 다른 방면에서 잘 하잖아!' '자존심 상해.' 무엇이 자존심입니까? 질투입니다. 듣기 좋게 말해서 자존심이지 그건 교묘한 말로 자신의 부끄러움을 가리는 것이며 땜띠약일 뿐입니다. 이른바 자존심은 잘난 체하는 증상만이고 자만이니, 이름만 바꿔서 자존심이라고 부르는 것입니다. 왜 자신을 높이려고 합니까? 자기를 중심으로 삼고 자기가 스스로를 치켜 주며 하늘이 크고 땅이 크고 내가 큽니다. 달 아래서 자신을 보니 볼수록 위대합니다. 그것을 자존심이라고 부릅니까? 그것은 자만입니다. 자만이 변해서 질투가 됩니다.

역사에서 수많은 인물, 수많은 친구를 보다가 이런 생각이 들었습니다. 중국인들은 오륜(五倫) 즉 군신, 부자, 형제, 부부, 친구를 중시합니다. 앞의 네 가지 인륜은 중요하다고 하겠는데 왜 거기에 친구가 들어갈까요? 친구도 대단히 중요합니다. 때로는 친구가 부모나 형제보다 중요할 때가 있는데 왜 그렇습니까? 사람이 어떤 일에 부닥쳐서 모종의 심리가 생겨났을 때 부모나 형제, 배우자는 도와주지 못하는데 친구가 해결해 줄 수 있을 때가 있습니다. 그런데 중국 역사에서는 친구 사이의 도리라고 하면 관중(管仲)과 포숙아(鮑叔牙)의 고사만 들먹입니다. 설마하니 수천 년 중국 역사에서 그들 두 사람 사이에만 친구의 도리가 있었다는 말입니까? 물론 아닙니다. 그들 외에 비지식인 가운데에도 아주 많이 있었습니다. 지식인 은 오히려 쉽지 않습니다.

수십 년 제 경험에 의하면 옛사람의 이 말은 오늘날 더 인정받을 만합니다. "의를 좇는 사람은 언제나 백정들이고 양심을 저버리는 사람은 대부분 공부한 이들이네〔仗義每從屠狗輩, 負心多是讀書人〕." 저는 최근에 이것과 관련된 대련(對聯)을 하나 써서 다른 사람에게 주었습니다. "덕을 갚는 사람은 적고 원한을 갚는 사람은 많네〔報德者寡, 報怨者多〕." 지금 시대는 여러분이 아무리 많이 주어도 얻는 것은 모두 원한입니다. 옛사람도 "의를 좇는 사람은 언제나 백정들"이라고 했습니다. 사회에서 진정으로 다른 사람을 도와줄 수 있고 타인을 동정하고 가엾어하는 사람은 가난한 사람입니다. 가난한 사람이 가난한 사람을 동정할 수 있고 고통 속에 있는 사람이 고통스러워하는 사람을 동정할 수 있습니다. 백정은 돼지 잡고 개 잡는 사람으로 공부를 한 적이 없습니다. "양심을 저버리는 사람은 대부분 공부한 이들이니", 지식인은 지식이 많아서 자기 생각을 변호합니다. 하고 싶지 않을 때에는 온갖 변명을 다 갖다 붙입니다. 하지만 지식이 적은 사람은 변호할 줄 모릅니다. 친구잖아! 왜 안 가? 친구를 위해서 안 갈 이유가 없습니다. 왜냐하면 그는 생각이 복잡하지 않기 때문입니다. 학문이 높을수록 생각이 복잡합니다. 학문이 높은데도 단순하고 한결같은 사람은 그야말로 천하에 최고의 사람입니다.

관중과 포숙아는 지식인의 우정을 보여 주었는데 그들 사이에는 질투란 없었습니다. 왜 그랬을까요? 관중이 가난하고 불쌍하던 시절에 두 사람은 함께 장사를 했습니다. 관중의 개성이 본디 그러했지만 이익을 나눌 때면 언제나 더 많이 가져갔습니다. 예를 들어 백만 위안을 벌었다면 그가 팔십만 위안을 가져갔는데, 포숙아는 언제나 그러라고 말했습니다. 참으로 쉽지 않은 일이지요! 재상이 된 관중에게 죽음이 임박하자 제 환공은 그가 죽은 후에 어떻게 해야 하느냐고 물었습니다. 누구를 재상으로 삼아야 합니까? 우리 생각에는 관중이 포숙아를 추천해야 맞습니다. 제 환공도 포숙아가 그의 자리를 물려받는 것이 어떤지를 관중에게 물었습니다. 하지만 관중은 안 된다고 대답했습니다. 포숙아의 개성이 너무 반듯하고 너무 완벽함을 추구하기 때문에, 지나치게 훌륭할 것을 요구하고 도량이 만상을 포괄하지 못하기 때문에 재상을 맡아서는 안 된다는 것이었습니다. 그래서 제 환공이 포숙아를 재상으로 삼으려는 것을 저지하고 다른 사람을 추천했습니다.

이른바 자신을 알아주는 친구가 어디에 있습니까? 만약 다른 사람이었다면 틀림없이 이렇게 생각했을 것입니다. '내가 관중 너와 수십 년을 친구로 지내면서 가난했던 시절에는 너를 도와주었고 정치에 나가서는 네가 높은 자리에 올라갈 수 있도록 협조해 주었다. 죄를 지었을 때에는 내가 보호해 줘서 네 목이 잘리지 않았다. 지금껏 수십 년이나 재상을 지냈으니 네가 죽으면 그 자리는 나에게 양보하는 게 맞지. 황제까지도 나에게 맡으라는 뜻을 비쳤는데 네가 오히려 반대를 한다는 말이냐.' 보통 사람이라면 틀림없이 관중에게 나쁜 놈이라고 욕했을 것입니다. 그런데 포숙아는 관중이 제 환공에게 자신이 재상을 맡아서는 안 된다고 말했다는 것을 듣자 대단히 고마워하면서 "나를 아는 이는 오직 관중밖에 없다"라고 말했습니다. 실제로 관중이 그를 사랑하고 보호한 것이었습니다. 재상의 배포는 배를 띄울 수 있을 정도가 되어야 하는데, 개성이 너무 반듯하고 도량이 너무 좁으면 재상의 자리에 앉아 있다가 스스로를 망치게 됩니다. 관중은 포숙아를 보전하기 위해서 그가 재상을 맡는 것에 반대했습니다. 오직 포숙아만이 자신을 사랑하고 보호하려는 관중의 심리를 이해했던 것입니다. 그들 두 사람 사이에는 질투의 심리가 전혀 없었는데 그것은 상당히 어려운 일입니다.

질투의 심리는 대단히 무섭습니다. 제가 보기에는 남녀 사이에도 질투가 있습니다. 신혼부부는 사이가 가장 좋을 것 같지요? 그 사이에도 질투가 있다면 믿겠습니까? 심리학을 공부하는 사람들이 연구해 봤더니, 만약 부부가 어떤 곳에 갔는데 많은 사람들이 부인을 칭찬하면 남편의 마음이 그다지 좋지만은 않다고 합니다. 남자들이 자기 부인을 칭찬하는 것은 말할 것도 없고, 여자들이 부인만 많이 칭찬하고 자신에게는 칭찬 한마디 하지 않으면 앉아 있는 내내 마음속으로 기분이 별로입니다. 반대로 남편을 많이 칭찬하면 부인은 비록 기쁘기는 해도 마음속으로는 기분이 별로입니다. 이런 '기분이 별로인' 심리가 바로 질투입니다. 여러분은 부부 사이에서는 질투하지 않는다고 생각하십니까? 형제 사이에서는 질투하지 않는다고 생각하십니까? 심지어 부자지간, 사제지간에서도 질투합니다!

사람이 만약 아끼고 탐내고 질투하는[慳貪嫉妒] 마음을 없애 버릴 수 있다면 그 반대편에는 어떤 것이 있을까요? 오로지 다른 사람을 돕고 오로지 다른 사람을 치켜 주고 오로지 다른 사람을 길러 줍니다. 다른 사람이 잘 되는 것을 바라고 모든 영광을 상대에게 돌립니다. 그래야 질투하지 않음을 실행했다 할 것입니다. 무엇을 일러 불법을 배운다고 합니까? 이것이 바로 불법을 배우는 것입니다! 여러분은 그저 머리 조아려 부처님께 절하고 불경을 외우고 소식을 먹으며 부처님의 보우하심을 구하는 것이 불법을 배우는 일이라 생각하십니까? 여러분은 아직도 '간탐질투(慳貪嫉妒)' 이 네 글자가 여러분이 잘 되게 보우해 줄 것을 구하고 있습니다. 여러분이 '간탐질투' 이 네 글자를 참으로 버릴 수 있다면 여러분은 성불의 길을 절반 이상 간 것입니다.

자신을 칭찬하고 남을 헐뜯다

아끼고 탐내고 질투하는 것에 이어서 오는 내용은 바로 "자신을 칭찬하고 남을 헐뜯는[自讚毁他]" 것입니다. 이 자리에 있는 학생들은 매일 계를 암송하므로 '보살계본(菩薩戒本)'의 제1조를 잘 알고 있을 것입니다. 가장 엄중한 계가 바로 "자찬훼타(自讚毁他)" 즉 자신을 칭찬하고 남을 헐뜯는 것입니다. 이런 심리가 반영된 현상은 아주 많으며 특히 이 방면의 심리 업력이 무거운 사람일수록 더 심합니다. 수십 년간 저는 아주 많이 봐 왔는데 특히 경선(競選) 때가 아주 심합니다. 오늘날의 경선은 모두 자신을 칭찬하고 남을 헐뜯는 것입니다. "부탁합니다! 저에게 귀한 한 표를 주십시오. 저는 이러저러하게 훌륭한데 아무개 인사는 어찌어찌해서 나쁩니다. 절대로 그 사람에게 표를 주지 마십시오." 남을 헐뜯는 말이 아주 대단합니다.

"아무개 인사를 당신이 아십니까?"

"알다마다요!"

"당신이 보기에 그 사람의 학식은 어떻습니까? 인품은 또 어떻습니까?"

"자신을 칭찬하고 남을 헐뜯는" 기술이 훌륭한 사람은 '간(奸)'이라는 한 글자로 형용할 수 있습니다. 만약 어떤 사람이 그에게 아무개 인사가 어떠하냐고 물어보면 그는 곧 이렇게 말합니다. "그 사람요? 잘 모릅니다!" 이런 사람이 가장 나쁩니다. 아주 많은 사람들이 제 면전에서 이러한 행위를 합니다. 저는 이런 사람이 가장 나쁘다는 것을 알고 있습니다. 그 것은 무형의 칼로 사람을 죽이는 행위입니다. 바로 공자가 "점점 스며들어 가는 참소와 살가죽을 찌르는 듯한 하소연[浸潤之譖, 膚受之愬]"이라고 말한 것입니다. '참(譖)'은 다른 사람을 헐뜯는 말이며 '소(愬)'는 심리적인 원망입니다. 그런 종류의 파괴는 물에 젖는 것과 마찬가지로 언뜻 보기에는 별 상관이 없고 큰 장애가 아니지만 서서히 젖어들다가 오래 되면 썩어 버립니다. 역사를 읽다 보면 간신이 충신을 헐뜯을 때 이런 방법을 사용한다는 것을 알게 됩니다. 오늘 조금 하고 내일 조금 하고 그렇게 쌓이다 보면 황제는 자신도 모르게 그 충신에 대해 미워하는 마음이 생겨서 결국에는 죽이고야 맙니다.

자신을 칭찬하고 남을 헐뜯는 방법은 아주 많습니다. 그 사람의 배후에서 나쁜 말을 하고 온갖 계략을 다 써서 헐뜯습니다. 무엇 때문에 그런다고 생각하십니까? 그 사람도 무엇 때문에 그러는 것이 아니라 그렇게 해야 만족할 수 있으니까요!

어떤 사람들은 겉으로 보기에 아주 겸손합니다. 사람을 만나면 허리 굽혀 인사하고 말을 할 때에도 그렇게 공손하지만 사실은 자신을 칭찬하고 있으며 겸손 중에 오만함이 충분히 드러납니다.

그러므로 "아끼고 탐내고 질투하고, 자신을 칭찬하고 남을 헐뜯는" 심리와 행위는 수행과 절대적으로 연관이 있습니다. 지관 법문의 관심(觀心)은 이런 것들도 보아야 합니다. 여러분은 자리에 앉아서 관심(觀心)하는 것을 다음처럼 생각합니다. '아! 나는 청정을 얻었어. 아! 기맥이 움직였고 엉덩이까지 왔어. 아! 정수리까지 왔고 독맥(督脈)이 통했어.' 여러분은 귀신과 통했습니다! 여러분의 아끼고 탐내고 질투하는 심리는 아주 견고해서 꿈쩍도 하지 않았습니다.

주의하십시오! "자신을 칭찬하고 남을 헐뜯다〔自讚毁他〕"라는 두 글자만으로도 각기 하나의 심리 관념이 됩니다. 자신을 칭찬함〔自讚〕이 하나의 심리 관념이고 남을 헐뜯음〔毁他〕이 하나의 심리 관념입니다. "아끼고 탐내고 질투함〔慳貪嫉妬〕"은 네 가지 서로 다른 심리 관념입니다. 종합해서 말하면 "아끼고 탐내고 질투하면" 필연적으로 "자신을 칭찬하고 남을 헐뜯게" 됩니다.

부처님께서는 계속해서 문수보살에게 말씀하시기를, 모든 중생은 아끼고 탐내고 질투하고 자신을 칭찬하고 남을 헐뜯고 있다고 하셨습니다. 이런 심리 행위에 대해 진정으로 불법을 배우고 불법을 연구하려는 사람은 각각의 글자를 가볍게 넘겨서는 안 됩니다. 어떻게 말해야 할까요? 우리가 경문을 볼 때에는 자신의 사상 행위와 심리 상태를 확실하고 철저하게 점검해야 합니다. 예를 들어 계(戒)에 대해 이야기하자면, 전통 불법의 대승 계율 『유가사지론(瑜伽師地論)』[98] '보살계본'의 제1조가 바로 "자찬훼타(自讚毁他)"해서는 안 된다는 것입니다. 자신을 칭찬하고 남을 헐뜯는 것은 보살도 가운데 가장 심각한 일입니다. 만약 이 네 글자로 일반 심리학과 함께 연구해 보면 이 사회를 살아가는 사람들 가운데 어떤 사람이 그런 길을 가지 않겠습니까? 만약 자신을 칭찬하고 남을 헐뜯지 않는다면 살아갈 수가 없습니다. 남보다 두각을 나타내기 위해 온갖 방법을 다 써서 다른 사람에게 상해를 입힙니다. 만약 어떤 사람이 스스로 일어섰다면 다른 사람에게 상해를 입히지 않을 뿐 아니라 동시에 다른 사람도 일어서게 만들어야 그것이 바로 보살도입니다. 불법을 배우는 관건이 바로 여기에 있습니다. 그러나 일반인들은 이것을 해내지 못합니다. 스스로 일어서면 모두 보살계를 범하여 자기를 칭찬하고 남을 헐뜯습니다. 모두가 다른 사람을 공격해야 자기가 성공합니다.

우리가 중국 문화를 보면 당(唐)·송(宋) 이래로 수많은 문인과 문학가들이 난세와 전쟁에 대한 혐오의 감정을 묘사했습니다. 당대(唐代)에 가장 유명한 이런 시가 있습니다.

---

98 대승 불교의 한 유파인 유가행파(瑜伽行派)의 기본 논서(論書). 인도의 미륵보살이 지은 글을 당나라의 현장이 번역하여 천자문의 순서대로 100권을 수록한 것으로, 11세기에 간행한 『초조대장경』 가운데 하나이다.

그대에게 권하노니 제후의 인장을 구하려 하지 마시게   勸君莫覓封侯印

장수 한 사람 공을 세우기 위해 일만 군사의 뼈가 마른다네   一將功成萬骨枯

전쟁의 참상이 어찌 그와 같을 뿐이겠습니까? 당 말에 천하가 크게 혼란스러운 가운데 한유(韓愈)가 피난길에 본 상황은 이러했습니다.

천 가구 마을이 한식날이라도 된 듯   千家村落如寒食

사람 자취는 보이지 않고 꽃만 보이네   不見人煙只見花

청명절 전날을 한식이라고 합니다. 피난 가는 길에 천 가구 만 가구의 촌락을 지나고 혹은 한 성(省) 두 성을 지나갔지만, 사람은 그림자도 보이지 않고 집 안에 자라난 들꽃과 들풀만 보이니 그것이 어떤 지경입니까?

그래서 저는 늘 이렇게 말합니다. 영웅의 사업은 대중의 고통 위에서 세워지고 성인은 천하 사람들의 고통을 어깨에 짊어지니, 영웅과 성인의 차이가 바로 여기에 있습니다.

사실 자신을 칭찬하고 남을 헐뜯는 이야기가 나왔으니 하는 말인데, 역사상 유명한 인물들은 모두 "장수 한 사람 공을 세우기 위해 일만 군사의 뼈가 마르는" 식이었습니다. 우리 이 사회에서 어느 하나의 업적과 어느 한 사람의 성취는 모두 다른 사람들을 계산에 넣은 것입니다. 즉 수많은 사람들의 실패를 가지고 자신을 성취한 것입니다. 만약 어떤 사람이 성공을 거두었는데 다른 사람들도 이익을 얻었다면 그것이 바로 불도(佛道)요 보살도입니다. 불법을 배우는 핵심이 바로 여기에 있으니 반드시 유의해야 합니다.

아끼고 탐내고 질투하고
자신을 칭찬하고 남을 헐뜯은 과보

　부처님께서는 모든 중생이 만약 아끼고 탐내고 질투하고 자신을 칭찬하고 남을 헐뜯는 길을 향해 간다면 삼악취(三惡趣)에 떨어진다고 말씀하셨습니다. 지옥에 내려가서 축생으로 변하고 아귀가 됩니다. 삼악도(三惡道)의 중생 가운데 특히 "아끼고 탐내고 질투하고 자신을 칭찬하고 남을 헐뜯는" 중생이 많은 것은 다 이것을 근본으로 해서입니다. 귀도(鬼道) 가운데 아끼고 탐내고 질투하는 중생이 특별히 많기 때문에 우리는 이렇게 욕하는 말을 자주 듣습니다. "너 이 자식을 어떻게 하지? 귀신이나 만나라!" 그 귀신이 사람과 무슨 상관이 있답니까? 흥! 그가 기어이 당신을 혼내려고 하는 것은 무엇 때문입니까? 질투지요! 다른 원인이 없습니다. 습성이 그렇습니다. 그래서 그들은 세 가지 악취 가운데에서 한량없는 세월 동안 "말할 수 없는 고통을 받습니다[受諸劇苦]." 즉 극도의 고초를 겪습니다.

　아끼고 탐내고 질투하고 자신을 칭찬하고 남을 헐뜯는 사람이 죽은 후에 지옥, 아귀, 축생도에 떨어져서 고통을 받고 죄를 받는다는 것은 우선 거론하지 않겠습니다. 그저 생각만 해 봐도 알 수 있는 것이, 현실 인생에서 아끼고 탐내고 질투하면 그 즉시 이미 마음이 지옥에 떨어져 대단히 초조하고 대단히 고통스럽습니다. 아무리 생각해도 안 되겠고 잠도 못 자서 결국은 온갖 방법을 다 짜내서 다른 사람을 혼내고 상하게 합니다. 분쟁을 일으키고 일을 꾸미느라 그 사람의 심리는 이미 귀도 가운데 있으며 축생도의 모습과 성정도 다 드러납니다. 죽은 다음의 과보까지 말하지 않더라도, 사람에게는 남을 해치려는 이런 심리가 있음을 그저 보기만 해도 알 수 있습니다. 현대 심리학은 이미 의학과 결합하여 사람의 심리에 중대한 변화가 생기면 혈액 세포에 바로 변화가 일어남을 알아냈습니다. 특히 몹시

화를 낼 때 그의 혈액을 뽑아서 검사해 보면 혈액의 색이 변하고 독소가 들어 있습니다. 그래서 수행하는 사람은 살생을 하지 않고 육식을 하지 않습니다. 어떤 생물이든지 죽임을 당할 때에는 분노를 일으켜 혈액에 독성을 품게 되는데, 고기를 많이 먹으면 그 때문에 중독됩니다.

사람의 심리에 만약 각종 나쁜 생각이 일어나면 시간이 지난 후에 생리상의 신경과 세포에 반드시 변화가 수반되지만 정작 본인은 그런 사실을 절대 알지 못합니다. 과거 대륙에 있을 때 수많은 사형수들을 보았는데 그들의 모습은 확실히 달랐습니다. 그래서 예전에는 범인을 심문하는 관리가 되면 먼저 관상을 배워야 했습니다. 범죄자의 모습은 보통 사람과 다르기 때문입니다. 왜 그럴까요? 심리가 생리에 영향을 미쳐 현신(現身)이 이미 삼악도에 떨어졌기 때문입니다.

"말할 수 없는 고통을 마치고 그 생명이 끝나서 인간 세계에 태어나더라도, 소나 말이나 낙타나 노새가 되어 항상 채찍질을 당하고, 배고픔과 목마름 속에서 괴로워하며, 또 등에는 항상 무거운 짐을 지고서 먼 길을 걸어가는 고통이 있느니라."

受劇苦已, 從彼命終, 來生人間, 作牛馬駝驢, 恒被鞭撻, 飢渴逼惱, 又常負重, 隨路而行.

지옥, 축생, 아귀도에서 과보를 다 받으면 "그 생명이 끝나서 인간 세계에 태어나게〔從彼命終, 來生人間〕" 됩니다. 하지만 세상에 오더라도 아직 사람으로 태어나지는 않습니다! 이 세계에 와서 "소나 말이나 낙타나 노새〔作牛馬駝驢〕"의 과정을 거쳐야 합니다. 게다가 좋지도 않습니다. 축생도의 운명에도 좋고 나쁨이 있는데 인도에서 소로 태어나면 영원히 얻어

맞지 않고 또 고기로 먹히지도 않습니다. 남의 집에 마구 들어가서 똥오줌을 싸도 사람들이 얼른 받들면서 절을 합니다. 인도 사람들은 소를 숭배하고 성스러운 짐승으로 여기니, 소로 태어나더라도 인도에 가서 환생하면 과보가 그런대로 좋지 않습니까!

따라서 소로 태어나고 말로 태어나더라도 행과 불행이 있습니다. 운수가 좋은 말의 경우에는 하루 온종일 브랜디에 고량주를 마시고 콩을 먹으니 참으로 편안합니다. 물론 달리는 일이 힘들기는 합니다. 하루에 천 리를 달려야 하니 말입니다. 오백 리를 못 가면 삼백 리라도 어쨌든 달려야합니다. 하지만 짐을 끄는 멍청한 말을 보면 얼마나 가엾습니까! 아마 여러분은 별로 보지 못했겠지만 우리 세대는 직접 봤습니다. 저처럼 비쩍 마른 노새가 매일같이 짐을 끄는데, 지금 제가 소로 변하고 말로 변한다면 그런 모습일 것입니다. 저도 제 자신이 지옥의 경계에 떨어졌음을 잘 알고 있습니다. 제가 제 자신에게 준 평어(評語)인 '우마정신(牛馬精神)'이 바로그런 의미입니다. 여러분은 정말로 축생으로 변해야만 "소나 말이나 낙타나 노새"라고 부른다고 생각하시겠지요!

"소나 말이나 낙타나 노새가 되어 항상 채찍질을 당합니다〔牛馬駝驢, 恒被鞭撻〕." 영원히 얻어맞는데 왜 얻어맞을까요? 과보인 겁니다! 과거 생에서 아끼고 탐내고 질투하고 자신을 칭찬하고 남을 헐뜯은 심리로 얻은 과보 때문입니다. 예를 들어 부녀자들의 질투는 그래도 괜찮습니다! 역사상 황후들은 비(妃)를 질투하여 온갖 술수를 다 생각해 냈습니다. 심지어는 비의 손과 발을 자르고 술독에 넣어 술로 익사시키고는 취비(醉妃)라 불렀습니다. 이유는 오로지 그녀가 예뻤기 때문입니다! 황제를 모시고 술을 마셨기 때문에 술에 취해서 죽게 만든 것입니다. 여러분, 말해 보십시오. 그런 것은 어떤 과보일까요? 요즘은 그렇지 않다고 말하겠지만 지금도 각종 다른 술수가 난무하고 있습니다. 인간의 질투 심리는 정말로 형용할 방법이 없습니다.

    그런 까닭에 설사 지옥과 아귀의 죄를 다 받았더라도 동물로 변해서 채찍질을 당하고 배불리 먹지도 못합니다. 심지어는 먹을 것을 찾지도 못합니다. 똑같은 소나 말이고 똑같은 동물이나 생물이라도, 만약 동물원에서 사육되면 그래도 편안하겠지만 우리가 사는 이곳에 떨어지면 고기로 잡아먹힐 수도 있습니다.

    "배고픔과 목마름 속에서 괴로워하며, 또 등에는 항상 무거운 짐을 지고서 먼 길을 걸어가야 합니다[飢渴逼惱, 又常負重, 隨路而行]." 먹을 것과 마실 것이 없고 잠잘 곳도 없습니다. 또 항상 무거운 짐을 짊어져야 합니다. 부처님께서는 과거 생에 자신을 칭찬하고 남을 헐뜯고 아끼고 탐내고 질투하는 각종 심리로 인해 이런 과보를 얻게 된다고 말씀하셨습니다. 이런 인과응보가 종교적 미신입니까? 자세히 연구해 보십시오. 어떤 사람이 아끼고 탐내고 질투하고 남을 혼내고 해치고 말로 남을 다치게 하는 등의 각종 생각과 행위를 하면, 그것은 상대방으로 하여금 소나 말이 채찍질을 당하는 고통보다 몇 배의 고통을 받게 하는 것입니다. 안 그렇습니까? 그렇다면 자신에게 되돌아온 과보는 아주 자연스럽습니다.

    무엇이 과보입니까? 바로 중국 문화에서 강조하는 '천도호환(天道好還)' 네 글자입니다. 환(還)은 바로 되돌아온다는 의미입니다. 여러분이 어떻게 지불하든 그대로 거두어들이게 됩니다. 되돌아올 뿐 아니라 본전에 이자까지 붙어서 되돌아옵니다. 중국 『역경』의 이치는 "평평하기만 하고 기울어지지 않는 것은 없고, 가면 돌아오지 않는 것은 없다[無平不陂, 無往不復]"라는 것입니다. 평평한 길도 오래 걸어가면 반드시 기복이 있기 마련이고, 마찬가지로 영원히 앞으로만 걸어가고 되돌아오지 않는 것이란 없습니다. 지구는 둥글기 때문입니다. 그러므로 인과(因果)의 이치가 무엇일까요? 이 우주와 지구의 물리법칙이라고도 말할 수 있습니다. 사람은 우주 공간에 가 보면 이러한 원리를 알 수 있습니다. 손목시계를 허공에 던지면 그것은 자연스럽게 한 바퀴 돌아서 원래 위치로 되돌아옵니다. 사람이 지구 위에서 손목시계를 떨어뜨리면 손목시계가 땅에 떨어지는 것은 지구의 인력 때문입니다. 과보(果報)는 바로 회전이요 윤회의 이치입니다. 여러분이 하나의 심리를 일으켜서 "아끼고 탐내고 질투하고 자신을 칭찬하고 남을 헐뜯어서" 다른 사람의 마음을 괴롭게 하고 고통을 준다면, 여러분은 이미 소나 말로 변해서 채찍질을 당하는 고통스러운 과보를 시작한 것입니다.

인과응보는 누가 주도하는 것입니까? 당신을 주관하는 사람이 있는 것이 아니라 모두 여러분 자신이 만드는 것입니다. 그것을 자업자득이라고 부릅니다.

지극한 마음으로 귀의하다

"설령 사람으로 태어나더라도 빈천하게 생활하며, 남의 노예가 되어 혹사를 당하므로 항상 자유가 없느니라. 만일 전생에 사람의 몸을 받았을 적에 세존이신 약사유리광여래의 명호를 들은 적이 있었다면, 이 좋은 인연으로 말미암아서 지금 다시 약사유리광여래의 명호를 기억해 내고, 지극한 마음으로 귀의하여 부처님의 위신력으로 모든 고통에서 벗어나며, 제근이 총명하고 이로우며, 지혜롭고 부처님의 진리를 많이 듣고 항상 수승한 법을 구하느니라."

或得爲人, 生居下賤, 作人奴婢, 受他驅役, 恒不自在. 若昔人中, 曾聞世尊藥師琉璃光如來名號, 由此善因, 今復憶念, 至心歸依, 以佛神力, 衆苦解脫; 諸根聰利, 智慧多聞, 恒求勝法.

부처님께서는 전생에 이런 나쁜 심리와 행위가 비교적 가벼웠던 사람들은 "사람으로 태어나더라도 빈천하게 생활한다〔或得爲人, 生居下賤〕"고 말씀하셨습니다. 여전히 사람의 몸으로 환생하기는 하지만 하등한 사람이 되는 것입니다. "남의 노예가 되어 혹사를 당하므로 항상 자유가 없느니라〔作人奴婢, 受他驅役, 恒不自在〕", 즉 영원히 자유를 얻지 못합니다. 그런데 부처님께서는 이렇게 말씀하십니다. 그런 중생들 가운데 만약 전생에 선근(善根)을 지녀서 즉 "만일 전생에 사람의 몸을 받았을 적에 세존이신 약사유리광여래의 명호를 들은 적이 있었다면, 이 좋은 인연으로 말미암아서 지금 다시 약사유리광여래의 명호를 기억해 낸다〔曾聞世尊藥師琉璃光如來名號, 由此善因, 今復憶念〕"라고 말입니다. 그가 악업(惡業)을 짓기 이전이나 혹은 막 악업을 짓고 있는 그 일생 가운데에서 불법(佛法)의 교육을 받은 적이 있거나 약사유리광여래의 명호를 들은 적이 있었다면, 설사 그렇게 한 번 들은 것이고 여러 생에서 어느 한 겁에 그렇게 한 번 들은 것이라 할지라도, 이생의 극도의 고통 가운데에서 우연히 자신의 신통력을 끌어내어 범부일지언정 기억해 냅니다. 즉 영문도 모르고 당시로 되돌아가서 부처님을 생각해 냅니다. 그때 "지극한 마음으로 귀의하여 부처님의 위신력으로 모든 고통에서 벗어난다〔至心歸依, 以佛神力, 衆苦解脫〕"라고 했습니다.

주의하십시오! 여러분은 이렇게 말할지도 모릅니다. "저희는 지금 반나절이나 약사유리광여래를 외웠지만 해탈을 얻지 못했습니다!" 여러분이 아셔야 할 것은 "지극한 마음으로 귀의한다〔至心歸依〕"라는 말입니다. 여러분은 그것을 해내지 못했습니다. 여러분은 또 이렇게 말하겠지요. "저는 무릎을 꿇었어요! 거기다 절도 했고요! 제 주머니 속의 돈이 다 쏟아져 나왔는데요! 이것으로도 부족합니까!" 그런 것을 "지극한 마음으로 귀의한다"라고 하지는 않습니다. 왜냐하면 여러분은 마음을 밝혀 자신의 본성을 보지〔明心見性〕 못했기 때문이지요! '지극한 마음〔至心〕'에 도달하여 자기의 본심과 본성을 인식해야 비로소 진정한 불법에 귀의함, 즉 "지극한 마음으로 귀의함"이기 때문입니다. 그렇게 되면 부처님의 능력이 여러분에게 더해지게 됩니다. 사실은 부처님의 능력이 여러분에게 더해지는 것이 아니라 여러분 자신의 능력이 자신에게 더해지는 것입니다. 그때가 되면 여러분의 마음이 지극해져서 바로 여러분이 부처가 됩니다. 그런 까닭에 지극한 마음으로 귀의해야 모든 고통에서 벗어날 수 있다는 것입니다. 만약 스스로 지극한 마음의 경지에 도달하지 못하고 망령된 생각의 마음으로 염불했는데도 효과가 있다면, 그것은 선인(善因)을 심은 것일 뿐입니다. 해탈을 얻고자 한다면 반드시 수지하여 "지극한 마음으로 귀의함"에 이르러야 합니다.

그런 까닭에 말이지요! 한편으로 염불하면서 한편으로는 부처님의 도리〔佛理〕를 살펴서 도리에 스며들고, 또 한편으로는 마음을 살펴서〔觀心〕 해탈 수양을 한다면 효과가 없지 않을 것입니다. 이번 생에서 효과를 볼 것입니다.

만약 어떤 사람이 이렇게 수지하여 "지극한 마음으로 귀의하고" 이번 생에서 자신의 심성(心性)을 보게 되었으며, 자신의 불력(佛力)의 가피를 얻어 고통에서 벗어났다면 그러고도 다시 수양을 해야 할까요? 거기에 대해 선종의 오조는 육조에게 이렇게 말했습니다. "본심을 알지 못하면 불법을 수양해도 무익하다〔不識本心, 修法無益〕." 마음을 밝혀 자신의 본성을 보아야, 마음을 살펴보아야 비로소 진정한 수행이라 하겠습니다. 왜냐하면 마음을 밝혀 자신의 본성을 본 후에는 여러분 자신의 사상 행위, 마음과 생각의 움직임, 선한 생각과 악한 생각의 움직임을 스스로 명확히 알 수 있기 때문입니다. "각성이 항상 있기〔覺性常在〕" 때문이지요! 불(佛)은 깨달음〔覺〕이니 여러분의 경각심이 높아진다면 그것을 참된 수행이라 하겠습니다.

　범부 중생이 스스로 정좌 수련을 아주 잘 했다고 생각해서 "청정한 경계구나! 내가 도를 깨달았어!"라고 하니, 수많은 사람들의 망령됨에는 방법이 없습니다! 자신의 오랜 습성과 업력 가운데에서 스스로 잘 보지도 못하면서 그것을 일러 도를 깨달았다고 말합니까? 불(佛)은 보리(菩提)인데, 보리는 번역하면 깨달음(覺悟)입니다. 각성(覺性)이 높지 않아 약간의 경각성도 없으면서 어떻게 수행이라고 부릅니까? 수행은 이성(理性)의 경각성이 특히 강해서, 자신의 마음과 생각의 움직임과 일거수일투족을 명확히 알고 있습니다. 이것이 죄인지 복인지, 공(功)인지 과(過)인지 스스로 명확하게 봐야만 비로소 수행이라고 말합니다.

해탈 후에도 수행을 해야 하는가

　"지극한 마음으로 귀의한" 이후 "모든 고통에서 벗어나서(衆苦解脫)" 즉 해탈을 얻은 후에도 수행을 해야 할까요? 해탈은 삼계육도(三界六道)의 모든 고난을 해탈했다는 것이니, 이는 그저 문제를 해결한 것일 뿐입니다. 빚진 것은 모조리 다 갚은 셈이지만 그런 다음에도 계속 생활비가 필요하지 않습니까? 그것은 단지 해탈일 뿐 아직 성취한 것은 아닙니다. 해탈, 반야, 보리원만(菩提圓滿)의 세 가지 가운데 어느 하나라도 빠져서는 안 됩니다. 해탈을 얻은 후에도 수행을 해야 하는데, 하물며 우리는 해탈조차 아직 해내지 못했으면서 망령되게도 자신이 선(禪)을 이야기하는 것만으로 도를 깨달았다고 생각합니다. 아! 천지간에는 이런 부류의 망령된 사람들이 그 수를 이루 헤아릴 수 없으니 근본적으로 증상만(增上慢)을 범했습니다.

따라서 참으로 해탈을 얻은 사람이 수행을 잘 하면 그는 내세에 태어나 "제근이 총명하고 이로우니〔諸根聰利〕", 육근(六根)이 특히 총명합니다. 총명(聰明)이라는 두 글자는 바로 귀가 밝고 눈이 밝다는 뜻인데, 귀가 영민하고 눈이 좋고 두뇌가 명석하다는 말입니다. 많은 사람들이 귀의 청력은 좋은데 눈이 안 좋고, 또 어떤 사람들은 눈은 좋은데 귀가 좋지 않거나 그러지 않으면 축농증으로 코가 좋지 않습니다. 또 코가 좋으면 입이 좋지 않거나 혹은 신근(身根)이 좋지 않습니다. 그 중에서도 신근에 문제가 가장 많은데 신근은 심장, 간, 비장, 폐, 신장, 위 등 오장육부를 포괄하며 몸의 피부와 뼈마디도 모두 신근에 속합니다. 심신(心身)의 안팎이 절대적으로 건강한 사람은 이 세상에 단 한 사람도 없습니다. 도를 완성한 사람을 제외하면 말입니다. 그러므로 제근(諸根)이 총명하고 이롭기는 지극히 어렵습니다. 총명하면 반응이 빠르고 지혜가 높으니 이롭습니다. "지혜롭고 부처님의 진리를 많이 듣고〔智慧多聞〕", 지혜도 높고 학문도 박식합니다. 뭐든지 다 들은 적이 있고 배운 적이 있습니다. 그것은 아무것도 아닙니다. "항상 수승한 법을 구하니〔恒求勝法〕", 배우는 것이 모두 일류의 것입니다. 불법을 배워도 일류의 선지식(善知識), 일류의 명사(明師)를 만나게 되고 일류의 수지 방법을 배우게 됩니다.

"항상 좋은 벗을 만나고, 영원히 수행을 방해하는 마구니를 끊고, 무명의 껍질을 깨뜨리고 번뇌의 물결을 없애, 모든 태어나고 늙고 병들고 죽고 근심하고 슬퍼하고 괴로워하고 번뇌하는 데에서 벗어나게 되느니라."

常遇善友, 永斷魔罥, 破無明殼, 竭煩惱河, 解脫一切生老病死, 憂愁苦惱.

"항상 좋은 벗을 만나고〔常遇善友〕", 늘 선지식을 지닌 친구를 만나서 교

류하는 이 일은 정말 어렵습니다. 지금 이 자리에는 젊은 사람도 있고 나이 든 사람도 있는데 생각해 보세요. 자신은 사회에서 한평생 좋은 친구를 몇 명이나 사귀었나요? 한 명도 안 됩니다. 남편이나 아내를 포함해서 모두가 진정으로 자신을 알아주는 친구는 아닙니다. 인생에서 자신을 알아주는 친구를 하나라도 얻었다면 죽어도 여한이 없습니다. 그래서 중국 문화에서는 시종 관중과 포숙아를 들먹입니다. 그것이 지기(知己)입니다. 공자와 안영(晏嬰) 두 사람도 마찬가지로 지기입니다. 공자는 제나라의 난쟁이 재상 안영을 칭찬하여 "안평중은 다른 사람과 사귐에 뛰어나니 오래도록 공경하였다〔晏平仲善與人交, 久而敬之〕"라고 말하고서 그와 오래도록 친구로 지냈습니다. 그가 사랑스럽다고 느낄수록 그를 더욱 공경했는데, 그것이 어렵습니다.

그렇다면 사회에서는 어디에서 좋은 벗을 찾을까요? 좋은 친구가 원수로 변하는 경우는 너무도 많습니다. 불법을 배우고 수도를 하고 출세법(出世法) 가운데 있는 좋은 벗은 더더욱 찾기 어렵습니다. 좋은 벗은 여러분이 위로 향하도록 도와주고 타락하지 않게 끌어줍니다. 더욱이 여러분이 도업(道業)을 향해 걸어가는 것을 파괴하지 않습니다. 이 세상에는 악한 지식과 악한 벗이 너무나도 많다는 것을 저는 압니다!

"영원히 수행을 방해하는 마구니를 끊고, 무명의 껍질을 깨뜨리고〔永斷魔罥, 破無明殼〕", 영원히 생사의 마귀, 번뇌의 마귀 등등을 끊어 버리고 무명의 껍질을 깨뜨립니다. "무명의 껍질〔無明殼〕"에 주의하십시오! 바꾸어 말하면 우리는 본래 빛〔光明〕입니다. 업력이라는 껍질이 우리를 덮어씌우고 있기 때문에 자성(自性)의 빛을 볼 수가 없는데, 무명의 껍질을 깨뜨려야 자성의 빛이 겉으로 드러납니다. "번뇌의 물결을 없애〔竭煩惱河〕", 영원히 번뇌가 일어나지 않습니다. "모든 태어나고 늙고 병들고 죽고 근심하고 슬퍼하고 괴로워하고 번뇌하는 데에서 벗어나게 되느니라〔解脫一切

生老病死, 憂愁苦惱〕." 우리 인생들이 세상을 살면서 생로병사우수고뇌(生
老病死憂愁苦惱)라는 이 여덟 글자는 영원한 마장(魔障)[99]입니다. 근심〔憂〕
과 슬픔〔愁〕의 심리 상태는 똑같지 않습니다. 근심은 오늘 요긴한 일이 있
어서 걱정하는 것이고, 슬픔은 영원히 근심하고 두려워하며 앞길이 아득
한 것입니다. 괴로움〔苦〕은 현상이 심각한 것이고, 번뇌〔惱〕는 그에 비해
경미한 고통입니다. 어느 누구도 고통과 번뇌를 벗어나 본 적이 없습니다.
그렇기 때문에 태어나고 늙고 병들고 죽고 근심하고 슬퍼하고 괴로워하
고 번뇌하는 것은 우리 이 세상에서는 영원한 마장입니다.

그렇다면 어떻게 해야 해탈할 수 있을까요? 진정으로 약사유리광여래
의 명호를 외워야 하고, 진정으로 동방 유리세계를 알아야 합니다. 안에서
바깥까지 온통 푸른 하늘같이 밝고 깨끗한, 이 마음과 이 몸의 안팎에 한
점 찌꺼기도 없는 그것이 바로 유리광여래의 경계입니다.

인성의 나쁜 일면

이어서 부처님께서는 또 다른 심리 범죄 경계의 행위에 대해 말씀하십
니다.

"문수사리보살이여! 모든 유정들이 어깃장 놓기를 좋아하며, 서로 다투고
소송을 걸어, 자신과 남을 괴롭히고 어지럽게 하며, 몸과 입과 뜻으로 가지
가지 나쁜 행위를 저지르고, 끊임없이 이익 없는 일을 만들어 서로 상대방
을 해치느니라."

---

99 불도의 수행에 장애가 되는 것을 말한다.

復次, 曼殊室利, 若諸有情, 好喜乖離, 更相鬪訟, 惱亂自他, 以身語意, 造作增長, 種種惡業, 輾轉常爲不饒益事, 相互謀害.

경전이 바로 계율이고 수행의 교본입니다. 이 대목은 부처님께서 문수보살에게 중생이 지닌 나쁜 근성에 대해 말씀하신 부분입니다. 중생은 어깃장 놓기를 좋아하고 남을 망치기를 좋아하는데, 천성적으로 단체를 파괴하기 좋아하고 다른 사람의 일을 망치기를 좋아합니다. 우리는 사회에서 자신과 아무런 상관도 없는 일인데도 쫓아가서 망쳐 버리는 사람들을 자주 봅니다. 출가인들은 사회와 별로 접촉할 일이 없지만 우리 같은 재가인들은 사회에서 부딪치는 일이 많아 보는 것도 더 많습니다.

때로는 어떤 친구가 여러분에게 무슨 일에 대해 이야기하면서 삼십삼천(三十三天)이니 십팔층지옥(十八層地獄)이니 온갖 상관없는 일을 한나절이나 떠들어 댑니다. 한번은 어떤 사람이 와서 저에게 그런 일들을 이야기하기에 제가 말했습니다. "자네 말이야! 밥은 먹었나?" "먹었어, 근데 왜 그런 걸 묻나?" "배불리 먹고 할 일이 없는 거지? 나는 자네가 나에게 이야기해야 할 요긴한 일이 있는 줄 알았네. 나는 아주 바빠. 자네 이야기를 듣고 있을 시간이 없다네. 하나 물어보세. 자네가 주워들은 이 일들을 자네는 본 적이 있나?" "없네." 제가 다시 물었습니다. "자네 사촌 형이 보았나?" "허허, 그런 일 없어." 제가 말했습니다. "그럼 자네 사촌 형수가 보았나?" "아니." 그래서 제가 말했습니다. "자네는 배불리 먹고 할 일이 없구먼."

하늘 아래에는 수많은 헛소문이 있습니다. 그러나 "헛소문은 지혜로운 자에게서 멈춥니다〔謠言止於智者〕." 누가 보았습니까? 제 사촌 형이요. 사촌 형을 찾아서 물어보면 사촌 형은 이씨가 보았다고 합니다. 이씨를 찾아오면 결국은 귀신이 보았고 아무도 본 사람이 없습니다. 그 원인은 다 사람들이 입으로 잘못을 저지르기 좋아하는 데 있습니다.

양설(兩舌)로 양쪽에서 서로 다른 말을 해서 이간질을 합니다. 그러므로 일을 주관하는 사람은 경험이 오래되면 마음으로 터득하게 됩니다. 아주 간단합니다. 와서 시비를 논하는 그 사람이 바로 시비의 당사자입니다. 윗자리에 오래 앉아 있으려면 이 방면의 두뇌가 아주 명석해야 합니다. 갑이 와서 을에 대해 이야기한다면 갑과 을 사이에는 일찌감치 이견과 불화가 생겼다는 의미입니다. 만약 이견이 없다면 한가족처럼 지낼 텐데 굳이 찾아와서 그 사람에 대한 나쁜 말을 하겠습니까? 그 사람에 대한 좋은 말만 했겠지요. 하지만 여러분은 이것도 알아야 합니다. 만약 갑이 와서 을에 대한 좋은 말을 한다고 해도 마찬가지로 문제입니다. 따라서 오랫동안 일을 주관하다 보면 교활하고 간사해진다는 말을 인정할 수밖에 없습니다. 총명하고 훌륭한 사람의 면전에서는 말을 적게 해야 합니다. 여러분이 어떤 사람의 장단점을 거론하면 즉시 의심을 살 것입니다. '이 녀석 뭐 하는 거야? 그 사람의 장단점을 내가 모르고 있다는 거야? 그래서 네가 참견해야 한다는 거야?'

저는 이런 일을 자주 경험합니다. 어떤 사람의 장단점을 제가 모르겠습니까? 제가 수십 년을 살았는데 두 눈이 멀기라도 했습니까? 만약 제가 잘못 봤다면 눈이 멀었다고 인정하겠습니다. 하지만 여러분 자신은 양설계(兩舌戒)를 범했습니다. 시비를 따지기 좋아하는 것은 특히 여자들이 심합니다. 공연히 생트집을 잡고 다른 사람을 망치려고 합니다. 사실 어디 여자들만 그렇겠습니까? 남자들도 마찬가지입니다. 다만 방식이 다를 뿐입니다. 사람은 결국 그렇게 하는 것을 좋아합니다. 옛사람이 이렇게 말했듯이 말입니다. "그 누가 내 등 뒤에서 내 말 하지 않으며, 나는 어느 사람 앞에서 남 말 하지 않겠는가〔誰人背後無人說? 哪個人前不說人〕." 사람과 사람이 만나면 틀림없이 다른 사람 이야기를 합니다. 두 사람이 만났습니다. "어이! 자네 누구누구 봤는가?" "못 봤는데." "그 녀석 며칠째 못 봤는데, 뭐 하나 몰라?" 바로 이렇게 다른 사람 이야기를 합니다.

상대방 면전에서 다른 사람 이야기를 하는 것은 중생이 태어날 때부터 지닌 업력입니다. "어깃장 놓기를 좋아함〔好喜乖離〕"이 바로 다른 사람을 망치기 좋아하는 사람의 계략입니다. 다른 사람을 망쳐 놓는다고 해서 자기에게 좋은 점이 있습니까? 그런 사람도 때로는 다른 사람을 위해 눈물을 흘리는데, 그럴 거면 그렇게 하지 않으면 안 됩니까? 하지만 그 사람 자신도 어떻게 통제하지 못합니다. 그것이 자신의 업, 지옥업이기 때문입니다.

그렇다면 불법은 어디에서 배워야 합니까? 바로 여기에서 자신의 심리를 점검해야 합니다. 이런 일을 하는 것이, 이런 말을 하는 것이 "어깃장 놓기를 좋아함"을 범하는 것은 아닐까? 이런 계를 범하면 절을 만 번 하더라도 아무런 쓸모가 없습니다. 쓸모가 있다면 그것은 여러분이 선심으로 절을 해서 얻게 되는 좋은 과보(果報)이겠지요. 하지만 계를 범한 과보와 절을 해서 얻은 과보는 별개입니다. 그 둘은 서로 상쇄시킬 수 없습니다. 선에는 선보(善報)가 있고 악에는 악보(惡報)가 있어서 서로 상쇄시킬 수도 화해시킬 수도 없습니다. 인정(人情)은 화해시킬 수 있지만 우주 법칙은 화해시킬 수 없습니다. 암흑과 광명은 중화시킬 수 없는 것과 똑같은 이치입니다. 인과응보는 우주의 자연 법칙이지 결코 미신이 아니며 사람이 주관하는 것도 아닙니다. 천도(天道)는 주는 대로 되돌아옵니다.

어떤 사람은 인과응보를 믿기 어렵다고 말합니다. 하지만 제가 나이가 들고 보니 볼수록 믿어지고 볼수록 두렵습니다. 특히 지금은 더 무섭습니다. 우리가 젊은 시절에는 어디 에어컨이 있었습니까? 날씨가 더우면 상의를 벗어 버리고 책을 읽으면서 부채를 부쳤는데, 그야말로 "강 위에 삭

풍이 맑구나(江上朔風淸)"라는 것이었습니다. 특히 한 차례 시원한 바람이라도 불어올라치면 정말 말로 할 수 없는 쾌적함이 있었습니다. 당시에는 과보(果報)가 느렸습니다. 제가 늘 느끼는 바인데, 지금 이 시대는 염라대왕이 있는 지옥도 컴퓨터로 작업을 할 것입니다. 요즘 세상은 보고해야 할 일이 너무 많기 때문입니다. 과학 시대에는 보응도 아주 과학적입니다. 여러분 스스로 연구해 보고 이 사회를 살펴보고 이 인생을 살펴보면 자기 자신을 이해할 수 있을 것입니다.

"호희괴리(好喜乖離)"에서 괴(乖)는 어그러짐이고 이(離)는 떨어짐입니다. 이(離)는 이간이니, 시비를 걸어서 사람과 사람 사이의 감정을 파괴합니다. 괴(乖)는 사람과 사람 사이를 어긋나게 만드는 것입니다. 본래는 사이가 아주 좋았는데 그가 두 사람 사이를 틀어지게 만들어 버립니다.

"서로 다투고 소송을 건다(更相鬪訟)", 또 한 종류의 심리가 있는데, 다른 사람을 도발하고 남과 다투고 싸우기를 좋아합니다. 다툼(打架)이라는 명사는 하북(河北), 동북(東北), 북방(北方) 지역에서 그 의미가 모두 다릅니다. 변론(辯論)도 말다툼이라고 하고, 두 사람이 말다툼하는 것을 '한판 싸우다(打一架)'라고 합니다. 사람의 본성은 다투기를 좋아하고 다른 사람의 나쁜 점을 이야기하기 좋아합니다. 어떤 사람들은 인성의 이런 나쁜 일면을 이용해서 다른 사람들이 서로 다투게 만듭니다. 동서고금의 역사를 보면 사람으로 하여금 분노하게 만드는 이런 종류의 일을 도처에서 발견할 수 있습니다.

송(訟)은 바로 소송을 거는 것을 말합니다. 말다툼을 하고 입으로 논쟁하는 것도 송(訟)이라고 부릅니다. 어떤 사람들은 입으로 하는 말이 모두 이치에 맞고 하는 일마다 다 이유가 있어서, 여러분이 그에게 제대로 말도 꺼내기 전에 벌써 이유를 한 무더기 갖다 댑니다.

"투송(鬪訟)" 두 글자는 서로 연결되어 있습니다. 이것들은 모두 인간 본성의 죄업이기 때문에 수행을 하려면 이런 부분에서 자신의 흠을 찾아내야 합니다. 지관(止觀)이나 관심(觀心) 법문은 도대체 무엇을 본다는 말입니까? 바로 이런 병의 뿌리를 모두 찾아낸다는 말입니다.

그러므로 어깃장 놓기를 좋아하며 서로 다투고 소송을 거는 사람은 "자신과 남을 괴롭히고 어지럽게 합니다[惱亂自他]." 다른 사람을 고통스럽게 할 뿐 아니라 자신도 고통스럽습니다. 아침부터 밤까지 기쁘지 않고 번뇌하며 어지러워합니다. 다른 사람을 어지럽게 하면서 자신을 더욱 어지럽히는 것입니다.

어깃장 놓기를 좋아하며 서로 다투고 소송을 걸다

앞에서 우리는 "모든 유정들이 어깃장 놓기를 좋아하며, 서로 다투고 소송을 걸어, 자신과 남을 괴롭히고 어지럽게 하는" 것에 관해 이야기했습니다. "어깃장 놓기를 좋아함"은 모든 중생의 나쁜 근성[劣根性]인데, 이간질하기를 좋아하여 사람과 사람 사이의 감정을 파괴하고 다른 사람의 좋은 일을 망치기 좋아합니다. 기본적으로 이런 것들은 모두 인성의 질투 심리에서 비롯됩니다. 어깃장 놓는 성향은 모든 사람이 지니고 있으니 어떤 한 사람의 특성이 아닙니다. 이것은 모든 중생의 근성이며 제팔아뢰야식이 지닌 종자(種子)입니다. 이 근성의 종자에는 세 종류가 있는데 선(善)과 악(惡)과 무기(無記)입니다. 사람의 생각의 움직임과 그것이 겉으로 드러나는 행위는 선업(善業)을 짓지 않으면 악업(惡業)을 짓습니다. 중간 노선은 없습니다. 억지로 중간을 말한다면 그것이 바로 선도 없고 악도 없는 무기(無記)입니다. 우리가 늘 말하는, 왜 그렇게 했는지 모르겠다는 바로 그것입니다. 실제로는 무기 역시 악에 속합니다. 다만 정도가 가장 가벼운 악입니다.

　수행은 바로 근성 가운데 선(善)의 종자를 밝고 깨끗하게 닦아서 그것을 개발해 내는 것입니다. 바꾸어 말하면 수행은 선을 행하고 악을 제거하여 스스로 나쁜 근성을 바꾸는 것입니다.

　모든 사람은 "어깃장 놓기를 좋아하는" 나쁜 근성을 지니고 있어서 사람과 사람 사이에서 문제를 일으키기 좋아합니다. 몇 사람이 함께 있기만 하면 대개는 일부러 여러분을 놀리고 난처하게 만드는 사람이 있습니다. 혹은 일부러 엇나가는 말을 해서 좌중을 웃게 만듭니다. 심지어는 일부러 여러분을 깜짝 놀라게 하고 곤란하게 만들어서 사람들의 웃음거리가 되게 하고는 농담한 것이라고 말합니다.

　이런 것들은 신업(身業), 구업(口業), 의업(意業)의 삼업(三業) 가운데 구업의 일종입니다. 구업에는 네 가지가 있으니 망어(妄語), 양설(兩舌), 악구(惡口), 기어(綺語)입니다. 사람과 사람이 모이면 미약하고 서로 상관없는 동작이나 혹은 경미한 우스갯소리로 인해 다툼과 말싸움 심지어는 송사까지 벌어집니다. 어떤 학생은 일기에 이렇게 써 놓았습니다. 자신의 가족은 아버지, 어머니, 형, 형수, 동생이 아주 즐겁고 화목하게 지냈는데, 이웃에 사는 부인이 불화를 조장해서 가족들을 고통스럽게 한다고 했습니다. 이것이 바로 인성의 기본적인 약점입니다. 다른 사람이 좋아하는 꼴을 못 봅니다. 때로는 의도가 없는 것처럼 보이지만 엄밀히 말하면 의도가 없었다고 할 수 없습니다. 심리상으로 말하면 잠재의식의 나쁜 근성에서 나온 것이므로 결코 의도가 없는 것이 아닙니다. 의도가 없었다는 말만으로 용서할 수는 없습니다. 진정으로 불법과 수행을 중시하는 사람은 자신에게 의도가 없었다고 하여 용서해서는 안 됩니다. 다른 사람을 용서하는 것은 여러분이 관용의 덕성을 지닌 것이지만 자기 자신을 용서하는 것은 죄과입니다.

따라서 우리는 "어깃장 놓기를 좋아하며 서로 다투고 소송을 거는" 나쁜 근성이 천성적인 것임을 알았습니다. 그렇다면 그 결과는 무엇일까요? "자신과 남을 괴롭히고 어지럽게 합니다." 자신을 번뇌하게 할 뿐 아니라 다른 사람도 번뇌하게 만듭니다. 다른 사람을 성가시게 만들 뿐 아니라 자기 자신도 성가시게 만듭니다. 그러므로 부처님께서는 이렇게 말씀하셨습니다. "몸과 입과 뜻으로 가지가지 나쁜 행위를 저지르고, 끊임없이 이익 없는 일을 만드느니라〔以身語意, 造作增長, 種種惡業, 輾轉常爲不饒益事〕."

열 가지 악업

　　우리가 알다시피 불법은 대소승을 막론하고 기본적으로 몸〔身〕과 입〔口〕과 뜻〔意〕의 청정함을 중시합니다. 몸과 입과 뜻으로 짓는 악업을 종합해 보면 열 가지 모양이 있습니다. 몸으로 짓는 악업은 살(殺) · 도(盜) · 음(淫)이고, 입으로 짓는 악업은 망어(妄語) · 양설(兩舌) · 악구(惡口) · 기어(綺語)이며, 뜻과 생각으로 짓는 업은 탐(貪) · 진(瞋) · 치(癡)입니다. 우리의 몸 자체도 어깃장을 놓을 수 있는데, 현대의 용어로 말한다면 '신체언어〔肢體言語〕'입니다. 어떻게 몸이 다른 사람을 도발할 수 있다는 것입니까? 때로는 말을 할 필요도 없습니다. 예를 들어 눈은 신체의 일부분입니다. 한 무리의 사람들이 사이좋게 앉아 있는데, 맞은편 사람이 일부러 당신에게 눈을 껌뻑거리면서 어떤 사람이 당신을 좋아하지 않는다고 암시하면서 도발하면 여러분들은 곧바로 원수지간이 될 수 있습니다. 눈을 껌뻑거리는 그 동작이 바로 몸으로 업을 짓는 것입니다.

　　말로 업을 짓는 것은 더욱 심합니다. 중국 유가에서도 늘 언어의 심각성을 강조합니다. 『서경(書經)』에서 말하기를 "오직 전쟁을 부추기기 좋은 말만 한다〔惟口出好興戎〕"라고 하였는데, 한마디 말로 나라를 일으킬 수도 있고 나라를 망하게 할 수도 있다는 뜻입니다. 역사를 깊이 있게 읽지 않았다면 이 말을 믿지 않았을 것입니다. 역사를 보면 한마디 말이 국가를 흥성하게도 할 수 있고 멸망시킬 수도 있음을 알 수 있습니다.

사실상 몸〔身〕과 입〔口〕의 업력을 총지휘하는 것은 뜻〔意〕입니다. 바로 의식·생각·사상을 말하는데, 뜻으로 짓는 업은 주로 탐내고 성내고 어리석은 것에서 옵니다. 가령 우리는 어쩌다 약간 불쾌한 기분이 들 때가 있어도 별로 대수롭지 않게 여기지만, 수행의 관점에서 보면 사람이나 일에 대해서 불쾌하게 생각하는 것만으로 이미 진계(瞋戒)를 범했습니다. 성내는 심리 행위는 아주 많은데 미세한 경우는 깨닫기도 어렵습니다.

예를 들어 좋은 사람이 나쁜 사람을 미워하는 것은 당연한 도리가 아닙니까! 그러나 이런 미워하는 마음이 바로 성내는 마음입니다. 인도적인 측면에서 보면 그다지 큰 잘못이라고 할 수 없지만, 그렇다고 해서 전혀 잘못이 없다고는 말할 수 없습니다. 왜냐하면 불쾌하게 여기는 심리는 틀림없이 미워하고 성내는 것이기 때문입니다. 보살도의 관점에서는 나쁜 사람을 보면 오히려 가엾어하고 자비를 베풉니다. 그것은 마치 자신이 가장 사랑하는 자녀가 나쁜 짓 하는 것을 보게 되었을 때와 꼭 같습니다. 비록 성내고 욕하지만 부모가 자녀를 때릴 때 보면 때리면서 눈물을 흘리는 경우가 종종 있습니다. 그것이 보살의 행위와 꼭 같으니 속마음에 진정한 성냄이 없습니다. 만약 이러한 부모의 심정을 지니지 않았다면 성내는 마음입니다. 시비가 너무 분명하고 선악이 너무 명확한 것도 이미 성내는 마음의 종자입니다.

우리가 알다시피 아수라도(阿修羅道)를 중국어로 번역하면 비천(非天)이라는 뜻입니다. 아수라도 역시 천도(天道)라서 아주 높습니다! 사람이 죽은 후에 아수라도에 간다는 것은 말처럼 그리 쉬운 일이 아닙니다. 우리가 통상 말하는 신도(神道)가 바로 아수라도입니다. 이 도의 중생은 선악을 아주 분명하게 나누는데 성내는 마음이 너무 커서 증과(證果)를 얻지 못합니다. 천인(天人)의 경계까지는 거론할 수 없지만 그렇다 해도 천인의 공덕과 복보는 지니고 있습니다. 그렇다면 그 이유는 어디에 있을까요? 그의 생각에 계금취견(戒禁取見)이 있어서, 옳은 것은 옳고 그른 것은 그르다고 하는 선악과 시비가 지나치게 분명하고 명확하기 때문입니다. 그렇기 때문에 어떤 사람이 부처님과 보살의 면전에서 잘못을 범하거나 보살을 욕하면 그래도 달아날 수가 있지만, 만약 귀신의 면전에서 그런 짓을 했다면 틀림없이 처벌을 받을 것입니다. 아수라도의 중생은 선악의 관념이 너무 엄격하기 때문입니다. 그러나 보리도(菩提道)를 수행하는 과정에서 성내는 마음의 계를 범했다면, 바로 계금취견의 관념이 너무 무거운 것 때문에 증과를 얻지 못합니다.

탐(貪)은 삼독(三毒) 가운데 하나입니다. 만약 어떤 사람이 자신은 모든 인연을 내려놓고 오직 청정만을 좋아한다고 말한다면 그것이야말로 탐입니다! 청정을 탐내는 것 역시 탐이며 공(空)을 탐내는 것 역시 탐입니다. 보리도의 궁극은 공마저도 철저하게 비워야 합니다. 청정과 공까지도 내려놓아야 합니다. 그렇게 하지 않는다면 비록 모든 인연을 내려놓고 청정과 공의 경계에 머문다 해도 그 역시 탐냄이기 때문입니다.

사람들은 정좌 수련을 해서 청정한 선정〔定〕을 수행하기 좋아하는데, 지금은 아직 선정을 얻지 못했지만 설사 그것을 얻었다 해도 선정의 경계를 탐했다면 보살계를 범한 것이 됩니다. 왜일까요? 선정의 경계를 탐하면 자비심이 일어나지 않고 자기를 희생하여 남을 이롭게 할 수 없기 때문입니다. 자비심으로 중생을 이롭게 하는 일〔慈悲利生〕을 못했기 때문에 보살계를 범한 것입니다.

치(癡)는 더욱 많습니다. 요컨대 마음을 밝혀 자신의 본성을 보고 크게 깨달아 성불하기 이전에는, 더 나아가 보살의 위치에 있는 동안에도 모두 어리석고 궁극에 도달하지 못했습니다.

살·도·음·탐·진·치·양설·악구·망어·기어를 십악업(十惡業)이라고 부릅니다. 우리가 수행하는 핵심은 어디에 있을까요? 대소승을 막론하고 그 기초는 먼저 십선업(十善業)을 수행하는 데 있습니다. 몸과 입과 뜻으로 짓는 악업을 선업으로 바꾸어 놓는 것, 그것이야말로 수행이라고 부릅니다. 따라서 수행은 언제 어디서나 자신의 사상, 언어, 행위를 점검하는 것이어야 합니다.

부처님께서는 모든 중생이 "몸과 입과 뜻으로 가지가지 나쁜 행위를 저지른다"라고 말씀하셨습니다. 뜻〔意〕은 생각이라는 것을 만들어 내는데 결국 무엇을 만들어 낼까요? 수시로 잘못된 생각으로 치우쳐서 "어깃장 놓기를 좋아하며 서로 다투고 소송을 겁니다." 아무튼 내 생각이 옳고 상대방의 생각은 틀렸다고 여깁니다. "자신과 남을 괴롭히고 어지럽게 하니", 일단 그런 심리가 생기면 첫 번째 번뇌는 바로 남을 곱게 봐 주지 못하는 것입니다. 못마땅해하다가 연이어서 다른 사람이 피해를 입습니다.

우리는 세상에서 많은 사람들이 착한 일 하는 것을 보는데, 선인(善因)을 심은 것처럼 보이지만 결과적으로 얻는 것은 오히려 악과(惡果)이니 그 이유는 바로 반야의 지혜가 부족하기 때문입니다. 수행은 지혜에 있습니다. 스스로 선을 행하고 있다고 여겨서는 안 됩니다. 몸과 말과 뜻으로 갖가지 나쁜 행위를 저지르고 있으면서도 스스로 알지 못하는 경우가 많습니다.

몸으로 짓는 악업, 말로 짓는 악업, 뜻으로 짓는 악업의 세 가지는 서로 전환〔輾轉〕되기도 합니다. 가령 의식이 움직이면 입이 말하고 몸도 행동으로 옮깁니다. 얼굴을 비롯한 육근(六根)의 표정도 겉으로 드러납니다. 혹은 다른 사람의 표정과 동작을 본다거나 외부 환경의 영향을 받아서 자기 내심의 번뇌가 더 증가하기도 합니다. '전전(輾轉)'이라는 두 글자가 의미하는 바는, 다른 사람의 인(因)이 자신의 연(緣)을 돕거나 혹은 자신의 인(因)으로 다른 사람의 연(緣)을 돕는다는 말입니다. 인연은 서로 돌고 도니 마치 연환도(連環圖)[100]처럼 서로 연쇄적으로 관계를 발생시킵니다. 모든 중생은 항상 인연이 굴러가는 사이에서 다른 사람을 이롭지 못하게 하는 일을 합니다.

"서로 상대방을 해치니[相互謀害]", 즉 당신이 나를 해치고 내가 당신을 해칩니다. '모(謀)'는 꾀를 써서 남을 해치는 것이니 드러내 놓고 할 수 없는 경우에 남몰래 해를 가합니다. 종교를 믿는다 하더라도 똑같습니다.

부적을 그리고 저주를 외우다

"산림이나 무덤 등의 귀신들에게 하소연하고, 여러 짐승을 잡은 고기와 피를 가지고 야차와 나찰 등에게 제사 지내며, 원한 맺힌 사람의 이름을 써놓거나 그 형상을 만들어 놓고 나쁜 주술로 저주하느니라."

告召山林樹塚等神, 殺諸衆生, 取其血肉, 祭祀藥叉羅刹娑等; 書怨人名, 作其形象, 以惡咒術, 而咒詛之.

종교를 믿는다면서 약간의 종교적 미신이나 종교적 정서를 지닌 사람들에게 이런 경우가 더 많습니다. 세상에는 많은 사람들이 남을 해치고 싶어 합니다. 하지만 힘으로 쓰러뜨리지 못하면 어떻게 할까요? 바로 산림의

---

100 고리가 이어지듯이 서로 연속적으로 이어지는 그림을 말한다.

신에게 가서 절하거나 혹은 조상의 무덤에 가서 귀신들에게 빕니다. 혹은 저주를 외우거나 부적을 그립니다. 상대방이 병에 걸려서 그 가족을 편안 치 못하게 해달라거나 혹은 그들 부부가 영원히 싸우게 해달라고 말이지 요. 그러면 그것을 안 상대방은 또 다른 부적을 그려서 그 법술을 깨뜨립 니다. 예전에 대륙에서는 대단히 보편적인 광경이었는데, 부적을 한 장 그 려 놓고 주술을 외우면 죽은 사람이 혼미한 상태의 여자나 어린아이의 몸 에 붙어서 말을 했습니다. 이런 것들을 가지고 다른 사람을 모해한 후에 조건을 내걸었는데, 돼지머리나 닭을 내놓고 자기가 시키는 대로 절하고 외우라고 했습니다. 그런 것들은 모두 크나큰 잘못을 범한 것입니다.

또 어떤 사람들은 나쁜 신들에게 절하기도 했는데 이를테면 "야차에게 제사 지냈습니다〔祭祀藥叉〕." 『약사경』에서도 불법을 수호하는 대장을 약 차(藥叉) 또는 야차(夜叉)라고 말했습니다. 남성을 야차라고 부르는데 지 상의 야차, 허공의 야차, 하늘의 야차 세 종류가 있고 악귀의 부류이지만 개중에는 보살의 화신도 있습니다. 일반적으로 말해서 허공의 야차와 하 늘의 야차는 대부분 착하지만 지상의 야차는 대부분 나쁩니다. 지구상의 야차나 귀신 부류의 중생은 희로(喜怒)와 호오(好惡)가 일정하지 않습니 다. 이런 것들을 이야기하면 흡사 미신 같지만 스스로 경험해 보지 않았으 면 무턱대고 미신이라는 말로 단정 지어서는 안 됩니다.

예를 들어 북서쪽의 신강(新疆), 몽고(蒙古) 일대나 혹은 남서쪽의 운남 (雲南), 귀주(貴州) 등의 변경 지대 내지는 서장(西藏), 서강(西康)에 가면 자주 괴이한 현상을 만나게 됩니다. 사람이 산 속을 걸어가면 자기 이름을 부르는 소리가 들립니다. 우리도 예전에 그런 경험을 했지만 아주 조심해 야 합니다. 절대 함부로 대답하면 안 됩니다. 여러분이 외국인이든 중국인 이든 상관없이 대답하기만 하면 곧바로 기절하고 죽게 되는데, 이것을 혼 부르기라고 합니다. 그렇다면 이것은 무슨 이치일까요? 아마도 과학적 원리가 있을 것입니다. 우리가 줄곧 연구 중에 있으니 단정 지어서는 안 됩니다.

산의 정령이나 귀신, 도깨비 부류처럼 불가사의한 일은 아주 많습니다. 아무리 과학의 시대에 산다 하더라도 이런 부류의 신화는 아주 많은데, 다만 모두가 주의를 기울이지 않았을 뿐입니다. 그러므로 사람의 생명, 귀신, 우주 등의 오묘한 비밀은 오늘날까지도 끝내 명확히 밝힐 방법이 없습니다.

'나찰바(羅刹婆)'는 여성을 대표하는 야차로서 악귀의 부류에 속하는데 대부분 아주 예쁩니다. 결코 못생기지 않았습니다. 과거에 이런 부류의 귀신을 전문적으로 섬겼던 사람들은 각종 수련법을 지니고 있었습니다. 가령 사십구 일 혹은 백 일 이내에 오로지 하나의 주술을 수련했습니다. 수련에 성공한 후에는 '소통(小通)'이 생겨서 작은 일에는 아주 영험했습니다만 큰일은 잘 모르겠습니다.

제가 기억하기로는 칠팔 년 전에 대학에서 강의를 할 때였는데 어떤 학생이 저에게 주술을 믿느냐고 물었습니다. 저는 믿는다고 대답했습니다! 무슨 뜻에서 그런 질문을 했느냐고 물었더니, 그는 한참 동안 웃기만 하고 말하려 들지 않았습니다. 그에게 주술을 할 수 있느냐고 물었더니 그렇다고 대답했습니다. 왜 그런 것을 배웠느냐고 또 물었습니다. 그가 말하기를 집안에 전해지는 것이라고 했습니다. 그래서 제가 물었습니다. "자네는 어떤 것을 할 줄 아는가?" 그가 말하기를 다른 사람을 위해 지혈을 할 수 있다고 했습니다. 아주 영험하고요! 그래서 저는 그에게 나쁜 것일랑 절대 하지 말라고 말했습니다. 그러자 그가 말했습니다. "나쁜 것은 배우지 않았습니다. 어른들도 가르쳐 주려 하지 않았고요."

그 학생은 아주 젊었는데 그의 말이 자신은 이미 대학 교육까지 받았고 과학에도 상당한 기초 지식이 있다고 했습니다. 하지만 과학적인 이치로 말한다면 끝내 무엇 때문인지 알 수가 없다는 것이었습니다. 여러분이 보시기에 그것이 아무런 쓸모가 없습니까? 쓸모가 있습니다. 다만 무슨 이치에서 그런 작용이 일어나는지 모를 뿐입니다.

이런 것을 배운 사람들 가운데 일부는 자신의 원수를 대적하는 데 쓰기도 합니다. 우리 같은 노인들은 함부로 팔자를 가지고 운세를 보지 않습니다. 만약 운세를 본다고 하더라도 점쟁이에게 누구의 팔자인지 말하지 않습니다. 어떤 점쟁이들은 그것을 가지고 나쁜 짓을 하기도 하는데, 운세를 보고 관상을 보는 것과 저 요상한 것들이 서로 연관이 있기 때문입니다. 일반적으로 그런 것을 통칭해서 '강호(江湖)'[101]라고 합니다. 제가 알기로 어떤 사람들은 다른 사람의 사진을 가지고 가서 그런 괴이한 일을 벌이는데, 부적을 그리고 주술을 외워서 서서히 원수가 병이 나게 만듭니다. 이 또한 "어깃장 놓기를 좋아하며, 서로 다투고 소송을 걸어, 자신과 남을 괴롭히고 어지럽게 하며, 몸과 입과 뜻으로 가지가지 나쁜 행위를 저지르는" 것입니다.

중국의 유불도 삼가의 관점에서 보면 이런 부류의 과보는 대단히 심각합니다. 서양 국가의 종교, 가령 기독교나 천주교나 회교라 할지라도 이런 부류의 일은 허락하지 않습니다. 커다란 과보를 받지 않을 수 없습니다.

그런데 이 세상에는 이런 종류의 잘못된 일이 정말로 있습니다. 예를 들어 티베트에는 흑교(黑敎)라 불리는 교파가 있는데, 사용하거나 입는 것이 모두 검은색입니다. 사천 사람들은 흑(黑)을 오(烏)라 칭하기 때문에 사천 토박이말로는 오교(烏敎)라고 합니다. 오(烏)가 검다는 의미이기 때문입니다. 사천 사람들은 나쁜 사람을 욕할 때 "너 이 자식은 오교야"라고

101 옛날에 세상 각지를 떠돌아다니며 재주를 팔거나 약 따위를 파는 사람 또는 그런 직업을 강호라 불렀다.

말하는데, '오교'가 나쁜 사람을 욕하는 대명사인 셈입니다. 흑교는 분교(笨敎)[102]라고도 칭하는데 그런 짓을 전문적으로 합니다.

중국 역사에서 유명한 것으로 삼국 시대 황건적의 오두미교(五斗米敎), 원 왕조 때의 백련교(白蓮敎) 등이 있었는데 그것이 변해서 동선사(同善社), 일관도(一貫道)가 되었습니다. 다 그렇게 된 것이었습니다. 물론 오늘날의 일관도는 아마도 그런 능력이 없을 것입니다. 그저 길흉이나 봐주는 정도이고 지금은 그마저도 점점 쓸모가 없어지고 있습니다.

정말로 그런 능력을 지니고 있다면 참 재미있을 것입니다. 여러분은 그냥 여기에 앉아 있기만 해도 그가 휙휙 부적을 그리고 주문을 외우면 비행기를 탈 필요도 없이 이 자리에서 곧바로 여러분이 가고 싶은 곳으로 날아갈 것입니다. 혹은 종이 연을 오려 놓고 주문을 외우면 작은 종이 연이 크게 변해서 사람이 올라타고 날아갈 것입니다. 그래서 전해지는 말로는 이번에 티베트 사람들이 피난할 때에 오교 사람들은 전원이 도망 나왔다고 합니다. 오늘날 오교는 유럽과 미국에서도 유행하고 있는데 오교의 서적을 전수해 주는 사람도 있다고 합니다. 하지만 오교파 사람들은 대단히 적습니다. 티베트 사람들이 피난할 때 소수의 라마승만이 근근이 도망 나왔는데, 어떻게 오교파 전원이 도망 나올 수 있었겠습니까? 하지만 라마승들은 그들에게는 법술이 있지 않느냐고 말합니다. 전 교인들을 불러 모아서 양탄자 위에 서게 하고 교주가 주문을 외우면 양탄자가 떠올라서 네팔이나 인도로 날아갔습니다. 그래서 그들은 법기(法器)를 하나도 잃어버리

---

102 티베트족(藏族)의 본교(本敎)는 티베트 지역에 불교가 전래되기 이전에 그들이 신앙하였던 일종의 전통 종교로서, '흑교(黑敎)'라고도 하며 '뻰(本)'이라는 티베트 말을 한어(漢語)로 음역하여 발교(鉢敎) 또는 분교(笨敎)라고도 한다. 본교는 원시 사회 단계에서 발생하여 이후 도교와 샤머니즘의 요소를 흡수하고 8세기 이후에는 티베트 불교인 라마교의 영향을 받았으며, 일부 불교 경전을 본교의 경전으로 받아들이기도 하였다. 현재 티베트 자치구의 동부와 북부 그리고 사천성의 일부 지역에 잔존하고 있다.

지 않았고 그처럼 서로 전수해 주었다고 합니다. 사실인지 아닌지는 알 수 없습니다.

그러나 이들 사도(邪道) 역시 사람을 해치라고 가르치지는 않습니다. 그냥 성내는 마음이 큰 것입니다. 밀종을 배우는 사람은 밀레르파(密勒日巴)[103]의 전기를 읽기 좋아합니다. 밀레르파가 사람을 해치는 법술을 처음으로 배우기 시작했는데 그것이 바로 오교의 법술입니다. 그는 우박을 내리게 할 줄 알았는데, 주문을 외우면 하늘에서 우박이 내려서 사람이고 가축이고 죄다 죽게 만들었습니다. 그 때문에 그는 뼈저리게 참회하고 구원을 받았습니다.

지금은 과학 시대이고 이런 재주들도 더 이상은 존재하지 않습니다. 하지만 화학 약품이나 마취 약품을 이용해서 사람을 해치는 일이 너무나 많습니다. 다 똑같은 이치입니다. 그런 부류의 사람들은 참으로 가엾습니다. 너무나도 큰 잘못을 범하고 있기 때문입니다.

염매의 학문

"염매의 주술이나 독을 쓰고 주문으로 죽은 시체를 일으켜서 사람의 목숨을 끊게 하거나 몸을 망가뜨리도록 하는 이가 있느니라."

魘魅蠱道, 咒起屍鬼, 令斷彼命, 及壞其身.

---

103 티베트 밀교 카규파의 시조인 마르파의 제자로 2대 조사(祖師)이며 중국어로 밀라레파(米拉日巴) 혹은 밀레르파(密勒日巴)로 번역하였다.

'염(魘)'은 압(壓)이라고도 부르는데, 밀종의 항복법(降伏法)[104]을 포함합니다. 다만 현재 중국에 전해진 밀종은 대부분 이 법문을 없애 버렸습니다. 만약 어떤 사람에게 불만이 있고 원한이 있어서 억지로 그 사람에게 저주를 걸어서 죽게 한다면 그것은 염승(厭勝)[105]의 수법입니다.

'매(魅)'는 귀신을 보내서 사람을 홀리는 주술을 말합니다. 이런 방법은 모두 잔인하고 수련하려면 간이 커야 합니다. 저는 정말로 그들에게 탄복하는데, 그 주술을 하려면 무덤을 파고 관을 열어서 금방 죽은 사람의 머리를 가져와야 합니다. 머리 다섯 개를 모아 놓고 주문을 외우는데, 또 어려운 점은 언제 태어났고 언제 죽었는지를 다 알아야 한다는 것입니다. 죽은 사람의 관을 열라고 하는 것만으로도 이미 우리 같은 사람은 엄두도 못내는데, 머리를 잘라 와서 주문을 외운다는 것은 말해 무엇 하겠습니까. 죽은 사람의 뼈를 훔쳐 와서 백 일 간 주문을 외우면 죽은 사람의 영혼이 환생하지 못하고 여러분의 노예가 되어 따라다니면서 여러분이 시키는 대로 합니다. 이것을 "염매(魘魅)"라고 부릅니다.

1954년에 제가 기륭(基隆)에서 『능엄경』을 강연하던 시절의 일입니다. 어떤 학생이 일부러 달려와서 저에게 말하기를, 자신은 한 달간 수업을 들으면서 아주 유익했다고 했습니다. 그는 중국어가 서툴렀고 저를 만났을 때에 대만어도 잘 못해서 두 사람이 대화하면 아주 우스꽝스러웠습니다. 그가 말하기를, 자기 아버지가 여기에 가서 경전 강연을 들으라고 했다는 것이었습니다. 그게 무슨 말이냐고 제가 물었습니다. 그는 자신의 아버지가 '주문'을 할 줄 안다고 했습니다. 아버지께서 어떤 법술을 하실 줄 아느냐고 제가 다시 물었습니다.

---

104 밀교에서 명왕(明王)을 본존으로 하여 온갖 장애와 악마를 굴복시키는 의식을 말한다.
105 압승(壓勝)이라고도 하며 주술을 써서 사람을 누르는 일 또는 그런 주술을 말한다.

그가 말했습니다. "그해 대륙의 스승님께서 대만에 와서 전수해 주셨을 때에 제 아버지의 법술은 대단했습니다. 아버지의 성은 간(簡)이었고 정파(正派)셨는데, 대만의 이쪽 계통 사람들은 '간 백부님'이라는 말만 들어도 모두 두려워했습니다. 제 아버지께서 돌아가실 무렵 임종 직전에 저에게 분부하시기를, 이런 건 배우지 말고 선생님께 가서 경전 강연을 들으라고 하셨습니다."

제가 말했습니다. "자네 아버지의 그 책들을 가져와서 좀 보여 주게."

그가 말했습니다. "제 어머니께서 몽땅 다 태워 버리셨습니다."

제가 말했습니다. "아이고, 정말 아깝구먼!"

그의 부친은 완전히 정도(正道)로만 걸었는데, 대만에는 그런 사람들이 아주 많았습니다. 나쁜 짓을 하는 사람들은 그의 이름만 들어도 기겁을 했습니다. 그의 부친은 나쁜 짓을 하는 사람을 불러다가 묶는 줄도 필요 없이 그저 손짓만으로 사람을 공중에 매달았습니다. 그러면 마치 여러 명에게 흠씬 두들겨 맞기라도 한 것처럼 다시는 나쁜 짓을 하지 않겠노라 용서를 구합니다. 부친이 다시 손가락으로 지시하면 곧바로 바닥으로 떨어졌습니다.

그 학생은 아주 생동감 넘치게 이야기를 했는데 또 이런 이야기도 해 주었습니다. "밤에 아버지 혼자 주무셨는데, 저는 밤새 자다 깨다 하면서 아버지 방에서 여러 명이 이야기하는 소리를 들었습니다. 무슨 말을 하는지는 전혀 알아들을 수가 없었고요. 제가 들어가서 보니까 아무도 없고 아버지 혼자 계셨는데 밤새도록 주무시지 않았던 겁니다. 아버지는 평생 바깥에서 좋은 일만 하셨는데, 누가 병에 걸리면 곧바로 가서 치료해 주셨습니다. 남부 지방에 계셨을 적에는 다른 사람을 위해 벼도 베셨답니다. 농번기 때면 가난한 농가에서는 벼 베기를 할 일꾼을 부르지 못하는데, 그것을 가엾이 여긴 아버지께서 밤중에 가서 벼를 다 베어 놓으신 것이지요. 바깥에서 좋은 일을 하고 다른 사람이 돈을 주면 그 돈을 받으셨습니다. 하지만 한 번도 그 돈을 집으로 가져오지는 않으셨습니다. 아예 약방을 하나 차려 놓고 누가 병이 났다 하면 치료해 주고 약을 지어 주셨습니다. 다 당신의 돈으로 말이지요. 그러니 제 어머니께서는 화가 나실 수밖에 없었습니다. 제 집은 평생 가난했고 돈을 벌 수 있는 기회가 생겨도 마다하셨습니다. 그래서 아버지께서 돌아가시자 어머니는 책을 전부 불태워 버리셨고 저희들에게 그런 걸 배우지 못하게 하셨습니다."

부친께서 조금도 가르쳐 주지 않으셨냐고 묻자 그가 말했습니다. "제가 배우고 싶어 해서 아버지께서 저를 데리고 가르쳐 주신 적도 있었습니다. 어릴 때 아버지를 따라 무덤이 많은 곳에 가서 잠을 잤는데, 죽은 사람의 관 위에서 제가 어떻게 잠들 수 있었겠습니까? 하지만 아버지 곁에 바짝 붙어서 겨우 잠이 들었습니다. 그러다가 잠이 깼는데 둘러보니 아버지는 안 계시고 사방이 모두 관과 죽은 사람뿐이라 정말 놀랐습니다. 그렇게 네댓 번 놀라고 난 후에는 저도 점점 무섭지 않게 되었지요. 어쨌든 그 정도까지는 훈련이 돼서 죽은 사람들 사이에서 잠을 자도 무섭지는 않았습니다. 나중에 아버지께서 제가 그런 걸 배워서는 안 되겠다고 생각하셔서 더 이상 가르치지 않으셨습니다." 그 학생은 아마 아직도 그곳에 있겠지만 아주 오랫동안 만나지 못했습니다.

중국 문화를 이야기할 것 같으면 그런 것들도 중국 문화입니다. 다만 나쁜 측면에 속하지요. 수천 년의 세월이 쌓인 문화에는 좋은 사람도 나쁜 사람도 그처럼 많습니다. 좋은 문화도 물론 많지만 나쁜 유산도 적지 않습니다. 이런 것이 바로 염매이며 귀도(鬼道) 수련의 일종입니다.

독에 당하지 않게 조심하라

　다음은 '고(蠱)'입니다. 고도(蠱道)를 수련하는 사람은 대만에는 없지만 운남이나 귀주에 가면 무서운 일이 있습니다. 묘족(苗族) 자치구에 가서는 함부로 남의 집에서 무엇을 먹거나 차를 마시면 안 됩니다. 어쩌면 그 속에 독을 탔을지도 모르기 때문입니다. 고(蠱)라는 독은 무색무미의 독약인데 뱃속에 들어가서도 문제를 일으키지 않습니다. 만약 여러분이 묘족 자치구에 갔다가 예쁘고 다정다감한 아가씨의 마음에 들기라도 한다면, 남자 법사가 갔으니 안 될 것도 없지요, 여러분이 그녀의 집에 가서 밥을 먹거나 차를 마셨다가는 그녀와 혼인하지 않으면 안 됩니다. 그녀에게 장가들지 않으면 그곳을 떠날 수가 없습니다. 결혼한 후에 그곳을 떠나 고향으로 돌아가려고 한다면, 삼 년 후에 돌아오겠다고 말했으면 반드시 그때 돌아와야 합니다. 기한을 넘기면 병이 발작해서 고통스럽게 죽습니다.
　남서쪽 변경에는 고(蠱)를 쓰는 사람이 아주 많은데 북서쪽 변경에는 또 다른 종류가 있습니다. 고는 세균성 동물입니다. 그렇기 때문에 우리가 변경에 가려면 먼저 고를 예방하는 약을 준비해야 합니다. 설사 고를 예방하는 약이 없다 할지라도 먼저 이렇게 외쳐야 합니다. "이봐요! 여기에 고가 있습니까?" 우리는 사천의 동쪽이나 남쪽 같은 남서쪽 변경이나 남서쪽 귀퉁이인 귀주 일대에 그런 것이 있다는 것을 알고 있습니다. 식당에 가서 밥을 먹을 때 바닥이나 탁자가 유달리 깨끗하게 닦여 있다면 틀림없이 고가 있습니다. 왜냐하면 고를 쓰는 사람들은 반드시 주위가 깨끗해야만 고를 양식할 수 있기 때문입니다. 정말로 두려운 것은 소리도 없고 냄새도 없고 색깔도 없고 맛도 없기 때문에 어디에서 고에 중독되었는지 알 수 없다는 사실입니다.
　그 밖에 날아다니는 고도 있습니다. 경치가 아주 좋은 변경에 가면 밤에 반짝반짝하는 빛이 날아다니는 것을 볼 수 있는데 건드렸다가는 큰일 납니다.

중국은 땅이 너무나도 커서, 미국보다 훨씬 크고 게다가 문화도 뛰어나서 좋은 재주도 많고 나쁜 재주도 많습니다. 하지만 안타깝게도 젊은 여러분은 책도 만 권을 읽지 않았고 여행도 만 리를 가지 않았기 때문에 이처럼 기괴한 것들을 본 적이 없습니다.

주문으로 죽은 시체를 일으키다

방금 말씀드린 고(蠱) 외에 "주문으로 죽은 시체를 일으키는[呪起屍鬼]" 것도 있는데, 주문을 걸어서 죽은 사람의 시체를 일어나게 할 수 있습니다. 호남(湖南)의 서부와 광서(廣西)의 북부 일대에는 시체를 몰아가는 사람이 있습니다. 중국 사람들의 관념에는 사람이 외지에서 죽으면 동료들이 그의 시체를 고향으로 돌려보내기를 원합니다. 그것은 아주 큰 도덕이지만 돈이 없으면 어떻게 해야 할까요? 그러면 시체를 몰아가는 사람을 부릅니다. 그런 사람들의 구령소리를 들으면 시체가 뒤따라서 갑니다. 보름이나 한 달을 걸어가는데 시체가 썩지도 않습니다. 어떻게 걷느냐고요? 영화에서 보셨지요? 저도 직접 보지는 못했지만 그들에게서 들었습니다. 도사가 앞에서 길을 인도하면서 징을 치는데, 징을 한 번 치고 한 걸음 걸으면 뒤에서 시체들이 따라옵니다. 들리는 말로는 법력이 큰 도사들은 수십 명이 뒤따르게 하는데, 한 명씩 줄을 지어서 따라오다가 한 집 한 집 차례로 보낸다고 합니다. 대부분 밤에 길을 가지만 그들도 여관에 투숙합니다. 그래서 남서쪽 변경 지역에서 여관에 투숙할 때에는 먼저 자세히 알아봐야 합니다. 그 여관에 시체를 몰아가는 사람이 있는지를 말이지요. 만약 먼저 투숙했다면 한밤중에 시체를 몰아가는 사람이 그곳에 들어올 수도 있습니다. 그렇더라도 별다른 방법이 없습니다.

나중에 군인 친구가 말해 주었는데 자신은 사람을 보내 전문적으로 배우게 했다고 합니다. 그가 말하기를, 시체의 등에 팻말을 꽂는데 꽂을 때에도 특별한 방법이 있다고 했습니다. 손짓을 이렇게 해야 하는데 그 방법이 틀리면 시체가 움직이지 않습니다. 자세한 방법은 저도 잘 모릅니다만 어쨌든 "주문으로 죽은 시체를 일으키는" 그런 일이 있습니다.

시체를 손에 넣으면 주문으로 귀신을 부르는데 그것은 또 다른 법술입니다. 그런 것들은 모두 사도(邪道)입니다. 그런 것들을 연마하는 사람들은 그것으로 무엇을 할까요? "사람의 목숨을 끊게 합니다〔令斷彼命〕." 귀신을 보내어 사람을 죽여 버립니다. 혹은 사람을 죽이지는 않더라도 "몸을 망가뜨려 놓습니다〔及壞其身〕." 일부러 그 사람의 눈을 멀게 하거나 혹은 한쪽 다리를 부러지게 만듭니다. 왜 그럴까요? "어깃장 놓기를 좋아하며 서로 다투고 소송을 걸기" 좋아하기 때문이니, 이런 사도를 배워서 다른 사람을 해치는 것입니다. 하지만 이런 것을 배운 사람 역시 그 대가를 치러야 합니다. 한평생 객지를 떠돌아다녀야 하고 심지어 설날에도 집안에 들어오지 못하고 헛간이나 변소에서 지내야 합니다. 그 밖에도 한평생 가난하고 혈혈단신으로 살아야 합니다. 아무것도 지니지 못하고 자손도 보지 못합니다.

이런 부류의 사람을 예전에 만난 적도 있지만 괴상망측한 재주가 정말 많습니다. 제가 예전에 성도(成都)에서 만난 사람은 귀신을 볼 수도 있고 귀신을 불러서 다른 사람과 이야기하게 할 수도 있다고 했습니다. 그 사람의 눈은 파랬는데 외국인처럼 그렇게 눈동자만 파란 것이 아니라 온통 파랬습니다. 얼굴이 하얗고 생기가 하나도 없는 것이 정말 무서웠습니다. 보기에도 아주 괴이했고 그 사람 곁에 서면 뭔가 편안하지가 않았습니다. 저는 그 자리에서 당장 그에게 귀신을 불러내서 우리에게 보여 달라고 했습니다. 그렇게 말하면서도 속으로는 무서워서 머리털이 쭈뼛 섰습니다. 저를 따라 갔던 사람들은 다 보았다고 하는데 저는 끝내 귀신을 보지 못했습니다.

젊은 시절의 저는 어느 집에 귀신이 있다고 하면 굳이 들어가 보려고 했습니다. 들어가서 자면 안 된다고 해도 기어코 들어가서 잤습니다. 다른 사람들은 모두 귀신을 보았다고 하는데 제가 들어가면 아무 일도 없었습니다. 이상도 하지요! 아마 저라는 사람이 너무 못돼서 귀신도 무서워하나 봅니다.

이 세상에 그런 부류의 사람이 있을까요? 있습니다. 그런 것을 배우는 사람들은 대부분 증오심이나 반항심에 차 있고 기쁨과 분노가 유달리 일정치 않습니다. 조금이라도 거슬리는 부분이 있으면 얼굴빛이 단번에 파랗게 변해서 함께 있기가 힘듭니다. 그렇게 된 근원을 캐 보면 제팔아뢰야식의 근성 때문에 그런 방법으로 나쁜 일 꾸미기를 좋아하는 것인데, 그 과보는 참으로 비참합니다.

"이러한 모든 유정들이 만일 약사유리광여래의 명호를 듣는다면, 모든 나쁜 일로 해치지 않게 되느니라. 모두 마음이 변해 자비심을 일으켜서 이익을 얻고 안락함을 얻으니, 손해를 입히거나 괴롭히려는 마음과 미워하거나 원망하는 마음이 없어지느니라. 저마다 모두 기뻐하며 자신의 처지에 대해서 기뻐하고 만족하는 마음을 내어, 서로 해치지 않고 이익 되게 하느니라."

是諸有情, 若得聞此藥師琉璃光如來名號, 彼諸惡事, 悉不能害. 一切輾轉, 皆起慈心, 利益安樂, 無損惱意, 及嫌恨心. 各各歡悅, 於自所受, 生於喜足, 不相侵陵, 互爲饒益.

부처님께서 말씀하셨습니다. "이러한 모든 유정들이 만일 약사유리광여래의 명호를 듣는다면, 모든 나쁜 일로 해치지 않게 되느니라〔是諸有情, 若得聞此藥師琉璃光如來名號, 彼諸惡事, 悉不能害〕." 다른 사람이 주문을 외우거나 고(蠱)의 독을 사용해서 여러분을 해치려고 한다면 어떻게 피해야 할까요? 오직 나무약사유리광여래의 명호를 외우는 방법밖에 없습니다. 그러면 그 외부의 나쁜 것들의 방해를 제거할 수 있어서 다른 사람이 여러분을 해치려고 해도 해칠 수가 없습니다. "모두 마음이 변해 자비심을 일으켜서 이익을 얻고 안락함을 얻으니, 손해를 입히거나 괴롭히려는 마음과 미워하고 원망하는 마음이 없어지느니라〔一切輾轉, 皆起慈心, 利益安樂, 無損惱意, 及嫌恨心〕." 게다가 여러분이 지극한 마음으로 약사유리광여래를 외우면 도리어 상대방의 마음속에 변화를 일으켜서 자비심이 일어납니다. 그로 인해 그들도 이익을 얻고 안락함을 얻어서 손해도 입히지 않고 괴로워하지도 않습니다. 또 다른 사람을 원망하는 마음도 일어나지 않게 됩니다.

"저마다 모두 기뻐하며 자신의 처지에 대해서 기뻐하고 만족하는 마음을 내어, 서로 해치지 않고 이익 되게 하느니라〔各各歡悅, 於自所受, 生於喜足, 不相侵陵, 互爲饒益〕." 바꾸어 말하면 약사불의 명호를 외우기 때문에 그 나쁜 사람들의 마음을 변화시켜서 그들의 증오심을 기쁨으로 바꿀 수 있습니다. 모든 기뻐하는 마음을 일으켜서 더 이상 남을 해치고 싶어 하지 않게 됩니다. 만약 여러분이 이런 자비심을 가지고 수지해 나간다면 여러분 스스로 재난을 없앨 수 있고, 나쁜 사람의 마음을 변화시킬 수도 있고, 서로 이익을 얻을 수 있습니다.

불교의 호칭

"문수사리보살이여! 네 부류의 제자가 있으니 비구, 비구니, 우바새, 우바니와 그 밖에 정신을 지닌 선남자, 선여인 등이 있느니라."

復次, 曼殊室利, 若有四衆, 苾芻, 苾芻尼, 鄔波索迦, 鄔波斯迦, 及餘淨信善男子善女人等.

사중제자(四衆弟子)는 불학의 고유 명사입니다. 사찰에서 사중제자라는 말을 자주 쓰는데 부처님의 사중제자가 불교에서 칭하는 사중제자입니다. 이른바 사중(四衆)은 바로 비구, 비구니, 남자 거사(居士), 여자 거사입니다.

출가 비구는 보통 화상이라고 부릅니다. '화상(和尙)'이라는 두 글자는 참 대단합니다! 불교가 전해진 지 수천 년이 지났지만 지금까지도 사람들은 제대로 알지 못해서 화상이라는 두 글자를 우습게 여깁니다. 사실 '화상'은 바로 상사(上師), 법사(法師), 대사(大師)입니다. 진정한 불교의 대사찰, 대총림에서는 오직 방장(方丈) 한 사람만 화상이라고 부를 수 있고 나머지는 그렇게 부를 수 없습니다. 함부로 법사라고 불러서도 안 됩니다. 과거 수천 년 동안 대륙의 불교에서는 내내 이 전통을 지켜 왔습니다. 우리가 대총림에 가면 오직 방장 한 사람만 '화상'이라고 부르고 그 나머지 일반 출가승들은 '모모사(某某師)'라고 부릅니다. '사(師)'라는 한 글자에는 존경의 의미가 담겨 있습니다. 통상 대륙에서 재가(在家)의 속어로 사찰의 대화상과 출가 비구는 '대승(大僧)'이라 부르고 출가 비구니는 '이승(二僧)'이라고 부릅니다. 역시 승(僧)이고 법사라고는 잘 부르지 않습니다. 법사는 수지의 측면에서든 교리의 측면에서든 상당한 성취를 거둔 사람을 말합니다. 그러므로 과거에 태허 법사, 인광 법사, 원영 법사 같은 분을 제외하고 전국에 법사라고 불린 분은 몇 명 없었습니다.

대만에 온 이후로 명칭이 아주 많이 변했습니다. 특히 요즘은 오늘 출가하면 내일 법사라고 부릅니다. 게다가 비구와 비구니를 모두 법사라고 부르니 이는 전통 불교에서는 익숙하지 않은 일입니다. 하지만 세상일이라는 것이 때로는 잘못인 줄 알면서도 계속하는 경우가 있으니, 지금은 그렇게 부르지 않으면 잘못인 시절이 되었습니다. 그래서 천지간의 시비와 선악은 단정 지어 말하기가 어렵습니다.

과거 대륙에서는 나이가 많은 비구니를 존칭하여 '사태(師太)'라고 부르고 대단히 공경했습니다. 사실 중국 불교 초기에는 '니고(尼姑)'라는 두 글자에 업신여기는 뜻이 전혀 없었습니다. '니(尼)'는 인도어 '여성'의 번역음으로 중국 문자로 '여자의[女的]'라는 뜻입니다. '고(姑)'는 출가한 여성을 고고(姑姑)라 칭했으니, 아버지의 누나 혹은 여동생을 우리가 고모[姑媽]라고 부르는 것과 똑같습니다. 합쳐서 '니고'라고 불렀습니다. 지금은 '화상'과 '니고'라는 두 명칭 모두 별로 듣기 좋지 않은 명사로 변해 버렸습니다.

참된 불교의 대총림에서는 오직 방장 한 사람만이 화상이라 불릴 수 있으니, 화상은 불법승(佛法僧) 삼보(三寶)를 대표합니다. 밀종의 관점에서 보면 육신불(肉身佛), 현재불(現在佛)을 대표합니다. 우리 재가인(在家人)들은 나이가 좀 많은 비구니에게는 사태(師太)라고 부르고 일반적으로는 모모사(某某師)라고 부르며 대단히 공경합니다.

우바새(鄔波索迦), 우바니(鄔波斯迦)는 삼귀오계(三歸五戒)를 받은 진정한 남자 거사와 여자 거사를 말합니다. 사찰에서는 일반적인 재가인을 거사라고 부릅니다.

예전에 대륙에서는 사람들이 저를 거사라고 불렀는데 저는 그다지 수긍하지 않았습니다. 왜 그랬을까요? 감히 그렇게 불릴 수 없다고 생각했기 때문입니다. 진정한 거사 역시 법사와 마찬가지로 되기가 쉽지 않습니다. 나이가 많고 도와 덕을 지니고 있는 데다 불교를 위해 진정으로 홍법(弘法) 활동을 할 수 있고, 진정으로 삼보를 공양할 수 있고, 진정으로 재가인과 출가인의 선지식(善知識)이 될 수 있어야 비로소 거사라 불릴 자격이 있습니다. 일개 평범한 재가인을 거사라고 부르는 것이 아닙니다. 여자 거사 역시 마찬가지이며 심지어 더욱 엄격하기까지 합니다.

요즘 이곳의 종교 형태를 보면 귀의한 신앙인을 '신도(信徒)'라고 부르는데 저는 매우 반대합니다. 과거 대륙에서 참된 불교는 이런 어휘를 사용하지 않았습니다. '신도'라는 두 글자는 일본 불교에서 아무렇게나 사용하던 것이 전해진 말로 다른 종교에서도 사용합니다. '도(徒)'에는 노예성과 강제성이 있습니다. 대륙에서는 사중제자 특히 재가 제자를 '신중(信衆)'이라 불렀습니다. 신중이라는 말이 얼마나 좋습니까! 왜 신도라고 칭합니까? 내 신도니 당신 신도니 무슨 당파처럼 변해서 대단히 금기를 범하고 있습니다. 종교 관리를 엄격히 연구해 본다면 이 명사는 곧바로 수정해야 할 것입니다.

우리가 구소설을 보면 '단월(檀越)'이라는 두 글자를 볼 수 있는데 바로 거사, 대호법(大護法)[106]이라는 뜻입니다. '단(檀)'의 의미는 이렇습니다. 육도(六度) 가운데 보시바라밀을 단바라밀이라고 부르므로, 단은 바로 보시를 의미합니다. '월(越)'은 범음의 호칭으로서 공경하는 어른이라는 뜻입니다. 그래서 당·송 연간에는 출가인들이 재가의 도우(道友)를 '단월'이라 불렀습니다. 즉 보시를 좋아하고 공덕과 도를 지닌 어른이라는 의미입니다. 명(明)·청(淸) 이후로 '대호법'이라고 부르는 관습이 생겼습니다.

---

106 보시하는 사람이라는 의미이다.

우리는 이런 이치에 관해 알고 있어야 합니다. 한 가지 더 유의할 점이 있습니다. 출가한 동학들은 앞으로 신중(信衆)들에게 편지를 쓸 때, 공경하는 마음으로 나이가 많은 분들은 거사라고 칭하고 만약 나이가 더 많다면 모공거사(某公居士)라고 칭하면 실례가 되지 않고 계율에도 맞습니다. 그런데 출가한 동학이 거사에게 쓴 편지에 모모유마(某某維摩)라고 칭한 것을 본 적이 있습니다. 모모유마라고 일컫는 것은 절대 불가하며 의미도 통하지 않습니다. 유마는 유마거사이니 논리적 범주상 특칭(特稱)에 속합니다. 다른 거사들은 설사 유마거사와 똑같은 경지나 정도에 도달했다 할지라도 모모유마라고 불러서는 안 됩니다. 여러분은 그런 잘못을 범하지 마십시오. 그랬다가는 문화 수준이 낮다고 비웃음을 사게 될 것입니다.

"정신을 지닌 선남자, 선여인[淨信善男子, 善女人]"에 대해 어떤 경전에서는, 특히 현장 법사가 번역한 경전에서는 '근사남, 근사녀(近事男近事女)'라고 칭했습니다. 일반적으로 삼귀오계를 받지 않은 사람은 날마다 절에 가서 절해도 기껏해야 근사남, 근사녀라고 부를 수 있을 뿐입니다. 조금씩 가까이하여 서서히 불도(佛道)라는 그 길을 걸어갈 뿐입니다.

부처님의 제자는 칠중(七衆) 제자이니 즉 비구, 비구니, 사미, 사미니, 학법녀(學法女), 근사남, 근사녀입니다. 만약 오늘은 사찰에 사중제자가 모두 왔다고 말한다면 우리는 듣자마자 그것이 화상, 비구니, 남자 거사, 여자 거사를 말한다는 것을 알 수 있습니다. 만약 "오늘 법회에는 칠중 제자가 모두 왔습니다"라고 말한다면 그것은 아주 성대한 법회가 될 것입니다. 불교나 불법에 대해 조금의 인상이라도 지닌 사람은 모두 온 것입니다.

불보살의 감응은 어떻게 얻는가

이쯤에서 문제를 하나 꺼내려고 하는데 여러분도 유의해야 합니다! 『약사경』을 외우는 법, 수련법, 염불과도 모두 관련이 있습니다.

요 며칠 저는 부쩍 바빴는데 특히 각지의 중국인과 외국인이 편지를 보내 와서 질문을 하는 일이 대단히 많았습니다. 도미니카에 사는 한 학생은 편지를 보내기 전에 장거리 전화를 걸어왔습니다. 어느 날 밤에 전화를 해서는 자기 아버지가 갑자기 돌아가셨다는 것이었습니다. 그는 다급하고 화가 나서 전화상으로 화를 냈습니다. 저는 그에게 인생은 결국 죽음으로 가는 것이라고 말해 주었지만 그는 아니라는 것이었습니다. 아버지가 누군가에게 맞아서 돌아가셨다는 것입니다. 그가 말하기를, 아버지는 『약사경』을 그토록 오래 외우고 『금강경』을 그토록 오래 외웠건만 결과는 오히려 맞아 죽었으니, 과연 불법의 도리가 있기나 한 것이냐고 물었습니다. 그는 전화상으로 큰 소리로 부르짖었습니다. 제가 말했습니다. "그 도리를 어떻게 자네에게 이야기하겠나? 자네는 지금 정서가 불안정하니 먼저 안정을 찾게." 저는 『금강경』에 이런 대목을 기억하느냐고 물었습니다. "이 경전을 수지하고 독송하는데 만약 다른 사람이 업신여긴다면, 이 사람이 전생의 죄업으로 악도에 떨어진 것이니 금생에 다른 사람이 업신여긴 연고로 전생의 죄업이 소멸되었느니라(受持讀誦此經, 若爲人輕賤, 是人先世罪業, 應墮惡道, 以今世人輕賤故, 先世罪業, 卽爲消滅)." 이 두 구절을 설명하기 위해 장거리 전화로 한 글자 한 글자 그에게 해석해 주었습니다.

나중에 그는 다시 편지를 보내서 물었습니다. 『약사경』에 어찌어찌 해야 한다고 말한 대로 이미 십만 번 이상 약사불을 외웠고 또 어찌어찌 했는데도 그런 고통을 겪게 되었다는 것이었습니다.

게다가 이런 요구도 했습니다. "선생님께서는 저에게 말씀해 주셔야 합니다. 첫째, 저희 아버지께서 누군가에게 맞아 돌아가셔서 병원으로 이송되는 바로 그 무렵에 제 누나가 막 진통이 와서 아이를 낳았는데, 많은 사람들이 말하기를 그 아이는 바로 제 아버지가 환생하신 것이라고 했습니다. 선생님께서 대답해 주십시오. 이제 막 태어난 그 조카가 제 아버지이신가요?"

아이고! 여러분은 절대로 다른 사람의 스승이 되지 마십시오! 무슨 일이든지 다 책임져야 하고 뭐든지 다 대답해 줘야 합니다. 병이 나도 선생님을 찾고 문제가 생겨도 선생님을 찾고 밥을 못 먹어도 선생님을 찾고 변비에 걸려도 선생님을 찾으니, 아무튼 다른 사람의 스승이 되는 것은 평생 운수 사나운 일입니다. 저는 깊이깊이 고통을 느낍니다. 만약 여러분이 선생이라면 그의 첫 번째 질문에 어떻게 대답하시겠습니까? 저는 신통력도 없고 설사 신통력이 있다 할지라도 말할 수 없습니다. 결코 말할 수 없습니다. 말했다가는 보살계를 범하게 됩니다. 여러분 말해 보십시오. 제가 어떻게 대답했어야 합니까?

두 번째 질문입니다. 제가 전화를 받은 다음 날은 종지법사(從智法師)를 불러다가 부친을 위해 불사(佛事)를 해서 제도(濟度)한다고 했습니다. 당연히 이미 입관해서 매장을 한 상태였습니다. 그런데도 그는 선생님께서 신통력을 발휘해서 아버지가 다시 살아나게 해 달라고 요구했습니다. (일동 웃음) "왜냐하면 제가 선생님이라고 부르잖습니까! 선생님! 사람들은 모두 선생님이 신통력이 있다고 말합니다. 이번에는 선생님이 신통력을 발휘해서 저희 아버지를 다시 살려 내지 않으면 안 됩니다!" 여러분, 이 아이가 미치지 않았습니까?

그 편지는 대단히 심각했는데, 외교상 '최후통첩'과 마찬가지로 그렇게 하지 않으면 당신과는 전쟁이라는 식이었습니다. 제가 어떻게 대답해야 했습니까? 이 세상의 많은 근사남, 근사녀가 바로 이런 문제를 지니고 있습니다. 하나라도 잘못 되면 흡사 선생님과 원수가 되겠다는 식입니다. 그런 사람이 약사불을 배우고 있습니다! 하지만 여러분이 말해 보십시오. 그에게 죄과가 있습니까? 부모에 대한 효심이 격동되어 거의 미친 것이나 다름없었습니다.

그런 다음 세 번째 일을 저에게 말해 주었습니다. 자신이 원래는 출가하려고 했지만 지금은 안 되는 것이, 아버지가 돌아가셨기 때문에 어찌됐든 먼저 여자를 찾아서 아들을 낳아 드리는 것이 급하다는 것이었습니다.

이 세 가지 질문은 모두 제가 대답하기 어려운 것이었습니다. 그렇기 때문에 여러분은 제발 주의하십시오! 젊은 사람들은 절대로 다른 사람의 스승이 되지 마십시오. 다른 사람의 스승이 되면 평생 운수 사나운 일입니다!

제가 말씀드리는 이 일에 유의해야 합니다! 여러분도 이런 생각을 하실 겁니다. 『약사경』이 그렇게나 신묘하다면서, 『약사경』을 외우고 또 약사주(藥師呪)를 외우고 또 약사불에게 절했는데도 어째서 마찬가지로 병에 걸리는 것일까?

그 이치는 제가 앞에서도 설명한 적이 있습니다. 먼저 약사불에게는 십이대원이 있었는데, 여러분이 자신의 행위를 살펴보면 그 가운데 어느 하나라도 실행한 것이 있습니까? 실행하지도 않았으면서 약사불의 큰 감응을 얻은 경우는 지금껏 없었습니다. 두 번째, 약사불의 모든 계율과 심행(心行) 즉 심리적 수행 가운데 스스로 돌이켜 보아 조금이라도 실행한 것이 있습니까? 실행하지도 않았으면서 보살의 감응을 요구하기란 어렵습니다. 비유하자면 여러분은 부하인데 장관이 여러분에게 요구한 행위를 잘 실행했습니까? 자신은 행하지도 않았으면서 마땅히 위에서는 나에게 잘해 주고 잘 대우해 주어야 한다고 일방적으로 요구하기만 해서는 안 될 것입니다.

그러므로 '감응도교(感應道交)'[107] 이 네 글자에 특별히 유의해야 합니다. 보살의 가피를 얻고자 한다면 여러분 자신이 그 재료가 아니어서는 안 됩니다. 가령 잔에 오줌이 가득 찼는데 여러분이 차를 따르고자 한다고 해서 되겠습니까? 반드시 더러운 것을 쏟아 버리고 빈 잔이 되어야 비로소 차를 채울 수 있고 비로소 감응도교 할 수 있습니다.

불법을 배우는 사람, 종교를 믿는 사람이 자기 자신은 잘 수지하지 않으면서 믿는답시고 요구만 그렇게 많다면 어떨까요? 마치 약사불을 외우기만 하면 엄청난 것이 생길 것처럼 말입니다. 그 학생처럼 아버지도 잘 되고 부자도 되고 자손만대에 출세하려고 한다면, 여러분 생각해 보십시오, 얼마나 이기적입니까! 만약 하느님이나 보살이 그렇게 치우치고 편애한다면, 죄송하지만 저는 믿지 않겠습니다. 그것은 보통 사람과 똑같이 치우치고 편애하는 것입니다. 비위를 잘 맞추는 사람은 돌봐주고 그러지 않은 사람은 상대하지 않는다면 그를 부처님이라고 부르고 보살이라 부르겠습니까?

여러분은 불법을 배우면서 도리를 잘 깨달아야 합니다. 이어지는 내용은 바로 이러한 도리를 설명하는 것입니다. 불법을 배우면서 감응을 얻고자 한다면 어떻게 해야 할까요?

"팔분재계를 받아 지켜 혹 일 년을 지나고 혹 다시 석 달을 지낼 수 있다면, 학처를 받아 지키고 그 선근으로 무량수불이 계신 서방 극락세계에 태어나서 정법 듣기를 원하지만 아직 극락왕생하지 못한 사람은, 만일 세존이신 약사유리광여래의 명호를 들으면 목숨을 마칠 적에 팔대보살이 나타나니

---

107 사람이 불심을 느끼고 부처가 이에 응하여 서로 통함. 즉 부처님과 수행자의 마음이 서로 교류하는 것을 말한다.

그 이름은 문수사리보살, 관세음보살, 득대세보살, 무진의보살, 보단화보살, 약왕보살, 약상보살, 미륵보살이니라. 이 팔대보살이 허공으로부터 내려와서 그 길을 보여 주니 저 세계의 갖가지 색으로 장엄된 연화대 위에 자연스럽게 화생하도록 해 주느니라."

有能受持八分齋戒, 或經一年, 或復三月, 受持學處, 以此善根, 願生西方極樂世界, 無量壽佛所, 聽聞正法, 而未定者, 若聞世尊藥師琉璃光如來名號, 臨命終時, 有八大菩薩, 其名曰: 文殊師利菩薩, 觀世音菩薩, 得大勢菩薩, 無盡意菩薩, 寶檀華菩薩, 藥王菩薩, 藥上菩薩, 彌勒菩薩. 是八大菩薩乘空而來, 示其道路, 卽於彼界, 種種雜色, 衆寶華中, 自然化生.

이 단락은 『약사경』에서 가장 중요한 핵심이니 특히 유의해야 합니다. 여러분은 감응이 없다고 말하는데, 간단히 예를 하나 들어보겠습니다. 정(丁) 선생님이라는 의사가 있는데 그가 조금 전에 저에게 이렇게 말했습니다. 자신은 불법을 오랫동안 배웠는데, 이상하게도 약사불의 발심(發心) 대목을 듣자마자 갑자기 심경이 또 하나의 경지에 도달한 것처럼 대단히 차분해지더니 그것이 꽤 여러 날 지속되었다고 합니다. 물론 그 후에 어떠했는지는 거론하지 않겠습니다. 그것이 바로 참되고 자연스러운 발심입니다. 그는 의학을 배우면서 오랜 시간 보시를 해 왔으니 『약사경』과는 특별한 인연이 있습니다. 저는 나름대로 마음속으로 생각했습니다. 이번에 『약사경』을 강연하면 그가 틀림없이 올 것이다. 다른 경전, 다른 불학 수업을 할 때에는 가끔 참석하라고 유혹해도 그는 이렇게 말했습니다. 선생님! 안 가는 게 아니고 정말로 시간이 없습니다. 반은 진심이고 반은 거짓말입니다. 이번에도 그는 정말 시간이 없지만 『약사경』과 인연이 있고 흥미를 지니고 있기 때문에 왔습니다. 그는 왔기 때문에 약사불의 감응을 얻게 됩니다. 인연이 생기는 법은 제각기 다릅니다.

약사불의 감응을 얻고자 하면 먼저 "받아 지킬 수〔能受持〕" 있어야 합니다. 수(受)는 받아들인다는 뜻이고 지(持)는 지킨다는 뜻입니다. 가령 여러분이 오늘 삼보(三寶)에 귀의하거나 혹은 아무개 법사에게 귀의하여 귀의를 받았다고 합시다. 하지만 귀의하던 그 순간의 경계를 영원히 지키지 못한다면 '지키지〔持〕'는 못하고 그저 '받았다〔受〕'고만 할 수 있습니다. 받아서 지킬 수 있어야만 참된 수행입니다.

수행에 성취가 없다면 그것은 받아 지키지 못하기 때문입니다. 그러므로 경전을 읽고 경전을 공부할 때에는 특히 이 부분에 주의해야 합니다.

팔분재계를 수지하다

"팔분재계[108]를 수지할 수 있어야 합니다〔有能受持八分齋戒〕." 유의하십시오! '팔분재계'는 재가든 출가든 불법을 배우는 첫걸음입니다. 팔분재계란 무엇일까요? 조심해야 합니다. 일반인들은 불법의 경(經)과 율(律)에 대해 연구하지 않았기 때문에, 팔관재(八關齋)라고 하면 소식(素食)을 먹는다거나 정오가 지나면 먹지 않는 것을 생각합니다. 맞습니다. 하지만 꼭 맞는 것은 아닙니다.

지금 우리는 정식으로 경전을 살펴보고 있습니다. 모든 계율의 근거는 경전이기 때문입니다. 마치 정부의 모든 법률이 헌법에 의거하는 것과 똑같습니다. 헌법이 모든 법률의 어머니인 것처럼 일체 대소승 경전은 계율

---

108 재가 신도가 육재일(六齋日) 곧 음력 매월 8, 14, 15, 23, 29, 30일에 하루 낮 하루 밤 동안 받아 지키는 여덟 가지의 계율을 말한다.

의 어머니입니다. 그러므로 진정한 계율은 반드시 경에 근거해야 합니다. 이제 계율 이야기가 나옵니다. 약사불, 약사법을 수행하고자 하면 '팔분재계'를 수지해야 합니다. 백화로 번역한다면 한 글자를 덧붙여야 하는데 '팔분재의 계〔八分齋的戒〕'라고 하면 이해하기 쉽고 관념이 더 명확해집니다. 이 구절의 뜻은 이러합니다. "어떤 사람이 팔분재의 계율을 받아 지킬 수 있다면, 혹은 온 생각이 받아 지키는 가운데 있을 수 있다면"입니다. 바꾸어 말하면 "계를 받을 당시의 경계를 오로지 하나의 생각 가운데에서 계속해서 지켜 나갈 수 있다면"이라는 말입니다. 오전에 경을 외우고 정좌 수련을 해서 심경이 매우 좋았는데, 오후에 작은 일 때문에 사람을 미워하고 욕하다가 죽이지 못해 한스러워 한다면 그것을 수지라고 말할 수 있습니까? 그런 것은 마계(魔戒)를 수지하고 지옥계(地獄戒)를 수지한다고 말해야 할 것입니다. 당장에 과보를 쌓게 됩니다.

팔분재의 계를 수지하되 혹은 일 년을 지내고 혹은 석 달을 지냅니다. 무엇을 할까요? 그 석 달 혹은 일 년 동안 오로지 수련하여 그 경계를 지켜 나갑니다. 낮이고 밤이고 한마음으로 변함없이 팔분재의 계를 수지합니다.

'재(齋)'가 반드시 소식(素食)을 먹는 것은 아닙니다. 재 자를 '소식을 먹다'로 해석하는 것은 크나큰 잘못입니다. 완전히 엉망진창이라고 하겠습니다. 하지만 "재가 소식을 먹는 것은 아니다"라고 말한다고 해서 그렇다고 고기를 먹는다는 말입니까? 그것 역시 틀렸습니다. 재는 중국 문화이며 어원은 『장자』의 '심재(心齋)'입니다. 마음속에 잡념, 망상, 욕망 따위가 조금도 없이 청정한 마음을 지키는 것을 '재'라고 부릅니다. 그것은 소식을 먹는 것과는 상관이 없습니다. 참된 소식은 내심의 소박함〔素〕이 극에 이른 것입니다. 수수함과 깨끗함이 극에 도달한 것을 '심재'라고 부릅니다. 중국 문화에서 수천 년 동안 재를 말한 것은 마음의 청정함을 말한 것이지 불교의 소식이 아닙니다.

그래서 고대의 황제들은 국가에 큰일이 생기거나 큰 재난이 닥치면 '목욕재계(沐浴齋戒)'를 했습니다. 예를 들어 삼백 년 역사를 지닌 청 왕조에서는 중요한 국가 대사를 결정하는 때가 되면 황제는 황후, 비(妃)와 합방을 해서는 안 됩니다. 목욕재계는 그저 머리 감고 몸을 씻는 것만이 아닙니다. 여러분은 단지 목욕만 하면 깨끗해진다고 생각하십니까? 마음속에 잡념이 조금이라도 있으면 이미 재(齋)가 아닙니다. 그래서 공자는 안회에게 이렇게 말했습니다. "네가 '심재(心齋)'를 해야 내가 비로소 너에게 전해 줄 것이다." 선종도 마찬가지입니다. 여러분의 마음이 청정하지도 않으면서 다른 사람이 맞아들여 줄 것을 기대합니까? 무엇을 맞아들일까요? 많은 학생들이 스승에게 자신을 맞아들여 달라고 하는데, 여러분이 심재를 해낼 수 있습니까?

그러므로 심재의 단계에서 마음의 청정함, 생각의 청정함, 뜻의 청정함을 지킬 수 있다면, 그렇게 석 달을 지낼 수 있다면 여러분 생각해 보십시오. 도를 완성하지 못한 사람이라도 도를 완성하게 될 것입니다.

소식(素食)을 하는 건 그렇다 치고, 소식은 계율상으로 엄격히 말하면 훈(葷)을 먹지 않는 것인데 훈은 오훈(五葷)[109]을 가리킵니다. 오훈을 먹지 않는다고 해서 결코 재를 지키는 것이 아닙니다. 팔관재를 거론하면 곧바로 소식을 연상하는 것은 논리적으로도 잘못이고 불법의 사상에 대해서도 잘못입니다. 특별히 조심해야 합니다.

태허 법사의 주해에 의거해서 팔분재계를 해석하자면, 분(分)은 가지[支]이니 아래에 여덟 조목의 계가 있다는 말입니다. 첫째는 중생을 죽이지 말고, 둘째는 훔치지 말고, 셋째는 음행하지 말고, 넷째는 망령된 말을

---

[109] 맛이 맵고 냄새가 짙은 다섯 가지 채소 즉 마늘, 부추, 파, 달래, 생강을 말한다.

하지 말고, 다섯째는 술을 마시지 말고, 여섯째는 머리에 꽃장식을 달지 말고 향을 바르지 말고 풍류를 즐기지 말고, 일곱째는 높고 넓고 큰 평상에 앉지 말고, 여덟째는 때가 아닐 적에 먹지 말라는 것입니다.

이 여덟 조목의 계는 거사와 사미가 모두 받을 수 있습니다. 바꾸어 말하면 재가이든 출가이든 기본적으로 모두 팔관재계를 받는 것으로부터 시작합니다.

젊은 여성이 팔관재계를 받으면 향수나 루즈 등을 바르면 안 됩니다. 당연히 몸은 깨끗이 씻어야 합니다. 머리에 꽃을 꽂아서도 안 되고 노래를 불러서도 안 되고 춤을 추어서도 안 됩니다. 때로는 채소를 씻다가 흥이 나면 씻으면서 노래를 부르기도 하는데 그런 것도 안 됩니다.

높고 넓고 큰 평상에 앉지 않는다는 것은

일곱 번째 조목인 "높고 넓고 큰 평상에 앉지 않는다〔不坐高廣大床〕"를 놓고, 일반인들은 출가한 사미는 높고 넓고 큰 평상에 앉지 않으며 팔관재계를 받은 출가인과 거사는 큰 평상과 큰 의자에 앉아서는 안 된다는 뜻이라고 말합니다. 이것은 무슨 이치일까요? 일반인들은 계를 잘 이해하지 못해서, 계를 지키기 위해 낮은 걸상에만 앉습니다. 저는 대륙에서 나이든 사람들이 출가하는 것을 많이 보았습니다. 출가한 동학들은 유의해야 합니다. 특히 나이 든 사미의 경우, 불문에서는 먼저 산문(山門)에 든 사람이 윗사람이 됩니다. 여섯 살 어린아이가 어제 출가했다고 합시다. 아무리 구십 세의 늙은이라 할지라도 오늘 출가했다면 여섯 살 어린아이가 당신의 사형이 됩니다. 게다가 사형에게는 공경해야 합니다. 일 분이라도 일찍 출가하면 사형이 됩니다. 대륙에서는 나이 든 사람이 출가하면, 우리가 보면 늙은 사미라고 부르지만 실제로 절에서는 어린 사미입니다. 진정한 어린 사미는 사미계를 받을 준비를 합니다. 아직 사미계를 받지 않은 사람은 '구오(驅鳥)'라고 부릅니다. 산속에서 곡식을 널어 말릴 때 까마귀를 쫓는 사람이라는 뜻이니 아직은 사미라고 부를 수 없다는 의미입니다. 그렇다면 그 사람들은 어째서 높고 넓고 큰 평상에 앉아서는 안 되는 걸까요?

저는 과거에 절에서 이런 일을 보았는데 속으로 참 재미있다고 생각했습니다. 제게는 나이가 많은 친구가 하나 있었는데 사회적 지위를 따져도 상당히 높았습니다. 결국 출가를 했는데 나이가 칠십이 넘었으니 늙은 사미였던 셈입니다. 당시 저는 젊었지만 나이를 잊은 사귐을 나누는 친구가 많았습니다. 한번은 우리 두 사람이 절에서 마주쳤는데 제가 노스님을 만나러 왔다고 말하자 그 노스님이 바로 자신의 사부라고 했습니다. 그런데 그의 말이 "제발 노스님이 나를 부르지 않게 해 주게! 안 그러면 나는 등받이 없는 낮은 나무걸상을 들어다가 그 옆에 앉아 있어야만 한다네"라고 했습니다. 제가 왜냐고 물었습니다. 그의 말이 높고 넓고 큰 평상에 앉아서는 안 되기 때문이라고 했습니다. 제가 말했습니다. "그럴 리가 있나요! 당신이라는 사람은 언제나 진지하지 않더니, 왜 또 이러십니까?" 그러자 그가 말했습니다. "노형, 그러지 말게. 난 이제 출가인이야." 제가 말했습니다. "압니다. 당신은 방법이 없지만 저는 방법이 있습니다. 당신의 사부는 저의 사부이기도 합니다. 하지만 저는 거사이니 그의 옆에 앉을 수 있어요."

그 노스님은 명성이 대단했는데, 제가 들어가서 예를 올리자 노스님이 말씀하셨습니다. "왔는가! 정오에 이곳에서 공양하게." 제가 말했습니다. "물론입니다! 당연히 이곳에서 공양하겠습니다." 제가 물었습니다. "사부님! 아무개라는 사람이 이곳에서 출가했습니까?" 사부님이 말씀하셨습니다. "그렇다네!" 제가 말했습니다. "그 사람도 오라고 해서 이야기하지요." 사부님이 말씀하셨습니다. "좋지!" 제가 말했습니다. "그렇지만 등받이 없는 낮은 나무걸상에 앉게 하지는 마십시오!" 사부님이 말씀하셨습니다. "그것은 절의 일반적인 규칙이라네!" 제가 말했습니다. "사부님! 저희 두 사람이 오늘 이야기를 나눴는데, 당신은 제 사부이시고 저도 당신께 귀의했습니다. 가르침을 청하고자 하는데, 왜 팔관재계를 받은 사람과 사미는 높고 넓고 큰 평상에 앉아서는 안 되는 겁니까? 게다가 큰 평상은 얼마나 큰 것을 말하는 겁니까? 일인용 평상입니까, 아니면 이인용 평상입니까? 그 길이가 육 척입니까, 아니면 팔 척입니까? 사부님께서 해석해 주십시오."

당시 저는 아주 공손했습니다! "해석해 주십시오"라고 말할 때에는 일어나서 합장한 다음 꿇어앉아서 가르침을 청했습니다. 여러분이 선생님에게 질문을 할 때와는 다르지요. 요즘은 선생님이 조금이라도 늦게 대답하면 마치 선생님은 죽어 마땅하다는 그런 얼굴을 합니다. 이런! 업을 짓다니! 제가 무슨 화근을 만들고 있는지 모르겠네요!

저는 당시 아주 재미있었습니다. 만약 기록해 두었다가 소설을 썼더라도 대단히 재미있었을 것입니다. 노스님이 대답을 끝내자 저는 고개 숙여 인사하고 일어나서 말했습니다. "사부님! 사부님의 말씀은 틀렸습니다."

거사는 계(戒)를 말해서는 안 됩니다! 하지만 저라는 사람은 원래 누군가가 마왕거사라고 불렀던 사람입니다. 틀렸으면 곧바로 틀렸다고 하고 맞으면 곧바로 맞다고 하고, 잘못된 것은 잘못되었다고 하고 옳은 것은 옳다고 합니다. 마왕거사라는 호칭은 바로 그렇게 해서 생겨난 것입니다.

"높고 넓고 큰 평상에 앉지 않는다"라는 것은 인도의 제도인데 고대 중국에서는 통했습니다. 중국은 당 왕조 이전 즉 진·한 시대에는 의자가 없었습니다. 인도도 마찬가지였는데 모두 바닥에 앉았습니다. 지금 일본의 다다미가 바로 한 왕조 이전 진시황 시대에 전해진 규정입니다. 당 왕조에 이르면 역사를 봐도 알 수 있듯이 특정 인사나 황제는 '호상(胡床)'에 앉았습니다. 무엇을 호상이라고 불렀을까요? 서역에서 전해져 들어온 것을 그렇게 불렀습니다. 우리의 고각팔선의(高脚八仙椅)[110]나 정좌 수련용의 '승상(繩床)'[111] 역시 당 왕조 이후에나 생겨난 것입니다.

북방 사람들이 '좌항(坐炕)'[112]이라고 부르는 것은 두껍고 큰 받침대 같은 것인데, 나이 든 사람이나 지위가 높은 사람 혹은 다리가 불편한 사람에게 앉게 합니다. 바닥에 앉으면 허리가 아픈 사람이나 좌골신경통이 있는 사람은 높은 자리에 앉아야 합니다. 북방 사람들은 나이 든 사람이 오는 것을 보면 "자리에 오르시지요[請上座]"라고 말하고 젊은 사람이 아래에 서서 시중을 듭니다. 불법을 배운 사람은 겸손해야 합니다. 높고 넓고 큰 평상에 앉아서는 안 된다는 말은 바로 윗자리에 앉아서는 안 된다는 의미입니다.

제가 말했습니다. "사부님께서 조사해 보십시오. 사부님이 맞는지 아니면 제가 맞는지요" 그러자 노스님께서 말씀하셨습니다. "자네가 맞네! 완전히 맞아!" 저의 그 사형도 더 이상은 낮은 나무걸상에 앉을 필요 없이 우리와 함께 앉을 수 있었습니다. 저는 절에만 가면 그렇게 했습니다. 그래서 많은 노스님들이 저를 보면 반가워하면서도 골치 아파했습니다.

어떤 친구는 출가하면서 어머니도 모시고 가서 출가시키려 했습니다. 그의 어머니는 한평생 술에 중독되어서 술을 마시지 않으면 죽습니다. 이번에는 정말 큰일 났습니다. 출가하면 계를 받아야 하는데 주계(酒戒) 때문에 죽게 생겼습니다. 하지만 계를 받지 않을 거면 뭐 하러 출가합니까?

---

110 여덟 사람이 앉을 수 있는 넓고 다리가 높은 의자를 말한다.
111 노끈으로 얽어서 접었다 폈다 할 수 있게 만든 의자를 말한다.
112 항(炕)은 중국식 온돌을 말한다.

저는 제가 보내 드리겠다고 말하고 상해 용화사로 보내고 용화사 방장에게 말했습니다. "사부님께서 개차(開遮)[113]해 주실 것을 청합니다. 제 친구의 어머니가 오셔서 계를 받을 것인데, 삼사백 조목 아니 비니야계(毗尼耶戒)[114]를 포함하여 칠백 조목이든 팔백 조목이든 상관없이 무슨 계라도 다 받을 수 있습니다. 그 어머니는 비구니가 되려고 하는데 한 조목의 계가 문제입니다. 제가 지금 사부님께 무릎 꿇고 청하니 주계(酒戒)를 받지 않도록 허락해 주십시오."

용화사 장로는 탁 트인 사람이었습니다! "남 거사, 당신이 말했소! 그러니 당신이 보증하시오." 제가 말했습니다. "물론입니다!" 사부께서 말씀하셨습니다. "좋소! 내 허락할 테니 계단(戒壇)으로 가시오."

그 비구니는 주계라는 조목은 받지 않았습니다. 왜냐하면 그녀에게는 술이 약이라서 없으면 죽기 때문입니다. 통달한 노스님께서는 경률론도 꿰뚫고 있었습니다.

높고 넓고 큰 평상에 앉지 않는다는 말은 비구, 비구니, 팔관재계를 받은 사람은 매사에 겸허해야 한다는 뜻입니다. 다른 사람보다 높은 자리에 앉지 말고 낮은 자리에 앉으라는 말입니다. 좋은 자리를 보면 먼저 차지한 채 가부좌를 하고 앉아서 다른 사람이 다가오면 이상하다는 듯이 쳐다봅니다. 그런 것은 팔관재계가 아니라 칠관재계, 육관재계라 하겠습니다.

---

113 계율을 실천함에 있어 열기도 하고 막을 줄도 아는 융통성 있는 수행법을 말한다. '개(開)'는 행하는 것을 용서하는 것이고 '차(遮)'는 행하는 것을 금하는 것인데, 생명이 위험할 때에는 계율을 지키지 않아도 좋은 것[開]과 죽게 될지라도 계율은 지켜야만 하는 것[遮]이 있다.

114 계율(戒律)은 계(Śīla)와 율(Vinaya)의 합성어이다. 산스크리트어 실라(Śīla)는 시라(尸羅)로 음역(音譯)되며 계로 의역(意譯)되는데 자율적으로 규율을 지킨다는 의미가 있다. 산스크리트어 비나야(Vinaya)는 비니야(毗尼耶)로 음역되며 율로 의역되는데, 불교 교단의 질서 유지를 위한 규율로서 타율적인 규율의 의미가 있다.

정오가 지나면 먹지 않는다

계에 관해 어떻게 이야기해야 할까요? 가끔은 정말로 계에 관해 이야기하고 싶지만 정말로 말하기가 쑥스럽습니다. 출가인 가운데에서 계에 관해 이야기해 줄 사람을 찾고도 싶지만 어떤 분이 계율을 제대로 연구했는지 모르겠고 저 역시 나가서 찾아보지를 못했습니다. 거사가 대신해서 계에 관해 이야기하려니 어쨌든 그리 좋지만은 않습니다. 만약 보살계에 관해 이야기한다면 그것은 가능합니다. 하지만 저는 그렇게 하고 싶지 않습니다. 왜냐하면 일반인들은 불법을 잘 모르기 때문입니다.

정말로 계에 관해 이야기하려고 하면 문제가 많습니다. 예를 들어 어떤 학생이 저에게 "정오가 지나면 먹지 않는다〔過午不食〕"라는 문제를 질문했습니다. 그가 말했습니다. "낭패스러운데요. 저희는 열두 시에 수업이 끝나기 때문에 점심을 먹으면 열두 시 반이 되어 버립니다. 정오가 지나면 먹지 않는다는 계를 지키려면 어떻게 합니까?" 당시 저는 매우 바빴지만 눈을 휘둥그레 뜨고 그를 바라보며 물었습니다. "무엇을 오시(午時)라고 하지?"

오전 열한 시에서 오후 한 시까지가 오시이니, 열두 시 오십 분에 밥을 먹어도 오시를 넘긴 게 아닙니다! 한 시 일 분부터 미시(未時)가 시작되는데 열두 시 반에 왜 밥을 먹어서는 안 됩니까? 여러분이 그 시간을 반드시 지키고 싶다면 좀 빨리 먹으면 되잖습니까! 우리가 군대에 있을 때에는 "행동 개시"라는 구령 한마디에 모두들 한입 집어넣는 동시에 한입 삼키면서 오 분이면 밥을 다 먹었습니다. 밥을 더 달라는 것은 양심 없는 짓이었지만 밥주걱으로 꾹꾹 눌러서 몇 입에 다 해치우고 얼른 한 공기 더 가져왔습니다. 이 자리에 계신 나이 든 분들은 모두 군인 시절에 그런 경험이 있습니다. 나중에야 식사 시간 규정이 삼십 분으로 바뀌었습니다. 요즘

군대야 더더욱 대우가 좋아서 아주 편안합니다.

자, 축, 인, 묘, 진, 사, 오, 미, 신, 유, 술, 해의 열두 시진(時辰)과 태양의 운행을 가지고 계산해 보면, 오시(午時)는 해가 정중앙에 오는 시간이며 열두 시진의 중간이기도 합니다. 굳이 계를 들먹인다면 여러분은 모두 계를 지키지 못합니다. 우리가 정오에 밥을 먹는 시간은 미국에서는 밤에 잠을 자면서 귀신과 교제하는 시간입니다. 만약 서반구를 표준으로 삼는다면 미국의 정오는 바로 이 땅의 밤중입니다. 어쩌면 그렇게 꽉 막혔습니까?

불교의 역사를 보더라도 남북조 시대의 양무제는 재승(齋僧)[115] 보시를 좋아했습니다. 그는 스스로를 절에 노예로 보시한 다음 재상과 대신들이 돈을 모아 자신을 되사오게 했습니다. 그는 늘 이런 것을 즐겼는데 결과적으로는 국가를 다 들어먹고 말았습니다. 어느 날 양무제가 재승을 베푸는데 오시가 지나서야 황제가 도착했습니다. 모두들 황제를 기다리느라 식사를 못 했고 이대로 하루를 굶는구나 하고 생각했습니다. 당시 주지 스님은 유명한 대사(大師)였는데 그 노스님이 말했습니다. "왜 밥을 먹으면 안 되겠는가? 황제는 천자이시다. 하늘의 아들이 막 도착했으니 해가 정중앙에 온 것이다. 지금이 바로 오시니 행동을 개시하거라!" 계율이 그처럼 인정에 통하지 않는 것이겠습니까? 그처럼 변통(變通)이 없는 것이겠습니까?

저 같은 사람은 밥을 먹는 데 있어서 늘 표준이 따로 없습니다. 어젯밤부터 오늘까지 죽 한 그릇만 먹었습니다. 많이 먹으면 머리가 멍해져서 여러분과 수업할 때 자고 싶어집니다. 수업을 하거나 일을 할 때에는 머리를

---

115 재일(齋日)에 '재 수행'을 위해 절에 와서 스님들께 공양을 올리는 것을 재승(齋僧)이라고 한다.

맑게 하기 위해서 자주 밥을 먹지 않습니다. 하지만 제가 정말로 밥을 먹는 때는 밤입니다. 곧 잠잘 것이니 배불리 먹고 멍해져도 상관이 없습니다. 음식을 많이 먹고 영양이 좋으면 멍해지기 쉽고 머리가 맑지 않습니다. 그렇게 되면 제가 수행하는 것이 어찌 귀도가 아니겠습니까? 그렇게 되면 안 되지요! 제가 밥을 먹는 시간은 밤 열한 시에서 한 시까지의 자시(子時)이니, 바로 천인(天人)이 식사하는 시간입니다.

이런 이치들을 이야기하자면 끝이 없습니다! 요약하자면 불법을 배우려면 경률론(經律論)에 모두 통해야 하고, 사람 노릇 하고 학문을 하는 데에도 통해야 합니다. 통하지 않으면 그것은 바로 두뇌가 막힌 것입니다. 대변이 막힌 변비와 마찬가지이니 그래서야 어떻게 학문을 하겠습니까? 어떻게 수도를 하겠습니까?

소식(素食)의 문제는 이야기하지 않겠습니다. 마땅히 소식을 해야지요! 하지만 그 가운데 밀법(密法)이 있으니 나중에 다시 이야기하겠습니다. 계율 문제를 이야기하다가 말이 나온 김에 "정오가 지나면 먹지 않는다"는 문제까지 덧붙이게 되었습니다. 이어서 다시 본문으로 돌아가 "때가 아니면 먹지 않는다[不非時食]"를 이야기하도록 하겠습니다.

먹는 문제

불경에 의하면 새벽은 천인이 밥을 먹는 시간이고 정오는 부처님과 사람이 밥을 먹는 시간이며 저녁은 아귀가 밥을 먹는 시간이라고 합니다. 아침은 천인과 함께 먹고 점심은 사람과 함께 먹는다는 말도 합니다.

『금강경』은 가장 소박한 경전입니다. 시작하자마자 곧바로 부처님께서 화연(化緣)을 떠나 식사를 하고 발을 씻고 의발을 받았다고 말합니다. 부처님께서는 다른 사람에게 의지하지 않고 스스로 의복과 가사를 개켰고, 물을 길어 와서 바리때와 발을 깨끗이 씻었습니다. 반면에 어떤 사람은 화연을 떠나서도 여전히 진흙탕을 밟습니다. 결코 연꽃을 밟으며 걸어가지 않습니다. 발을 씻은 후에는 자리를 펴고 앉아서 정좌 수련을 합니다. 석가모니불은 식사 후 정좌하여 선정에 들었는데 신시(申時)까지 계속했으니 대략 오후 서너 시까지입니다. 그러므로 모든 불경의 대화는 오후 세 시 이후의 기록입니다. 부처님의 계율을 연구하려면 『관불삼매해경(觀佛三昧海經)』을 자세히 연구해야 하는데 부처님의 생활, 부처님의 교화는 대단히 평범합니다. 후세에 우리가 빚어서 만든 부처님이 정수리가 빛나고 발밑에 연꽃을 밟고 있는 것과는 전혀 다릅니다. 전구를 달아놓은 것처럼 아침부터 밤까지 빛난다면 얼마나 견디기 힘들겠습니까!

영국인들은 아침은 풍성하게 먹고 점심은 대충 먹고 저녁에는 술을 마셔야 한다고 주장합니다. 미국인들은 저녁을 잘 먹어야 한다고 말합니다. 온종일 고생했으니 저녁에는 잘 먹어야 한다는 것인데 나름대로 일리가 있습니다. 중국인과 인도인은 점심을 잘 먹으려고 합니다. 그런데 중국인들은 아랑곳하지 않고 세 끼 모두 잘 먹으려고 합니다. 그뿐 아니라 밤참은 더 잘 먹으려고 합니다. 세계 각지의 식사 풍속, 즉 어느 민족은 어느 끼니에 신경을 쓰는가 하는 문제를 연구해 보면 그것 자체로 학문입니다. 만약 중동에 갔다면 중동은 회교 국가이므로 돼지고기를 먹어서는 안 됩니다. 거론조차 해서도 안 됩니다. 예전에 대륙에서는 '회(回)' 자를 보면 바로 회교 식당임을 알았습니다. 음식을 주문할 때 볶은 돼지간을 달라고 해서는 안 됩니다. 만약 그랬다가는 머리가 깨지도록 맞을 것입니다. 맞아 죽더라도 아무도 상관하지 않습니다. 왜냐하면 여러분이 그들의 계를 범했기 때문입니다. '돼지'라는 글자는 입에 올려서도 안 됩니다.

불교를 믿어 소식(素食)을 하는 우리 같은 사람들은 집 밖을 나가면 아주 불편합니다. 현지에 가면 어디에 '교문(敎門)' 식당이 있는지 알아보는데, 교문관(敎門館)은 회교 식당을 말합니다. 식물성 기름으로 채소를 볶는데 아주 깨끗합니다. 절대로 돼지기름이나 소기름을 사용하지 않습니다. 이런 상식들은 잘 알아 두어야 합니다. 세계 각국의 음식 풍속을 살펴보았습니다만 천인(天人)은 아침을 먹는다고 설마하니 영국인이 천인이라는 말일까요? 그럼 미국인은 모두 아귀겠네요? 이런 도리는 모두 방편(方便)[116]입니다.

그렇다면 왜 "정오가 지나면 먹지 말아야" 합니까? 이치가 있는 말입니까? 절대적인 이치가 있습니다. 중국인들의 많은 문제는 모두 먹는 데에서 비롯됩니다. 중국인들은 먹는 것에 가장 치중합니다. 특히 시골이 심한데, 사천의 시골에 가서 벼 베기를 도와주면 시골 사람들은 손님을 좋아해서 거절할 수 없을 정도로 식사를 권합니다. 손님이라면 젊은 사람이든 나이 든 사람이든 상관없이 높고 넓고 큰 평상에 앉혀 놓고, 집안의 어린아이나 일하는 사람이 밥공기를 받쳐 들고 그 곁에 아주 공손하게 서 있다가 수시로 손님의 공기에 밥을 더 덜어 줍니다. 그들은 손님이 밥을 더 가지러 가기 쑥스러울까 봐 손님의 밥공기를 노려보고 있다가 공기를 비우기 무섭게 즉시 한 공기 더 엎어놓습니다. 많이 먹으라고 권하는 것이지요. 중국인들은 이렇게 먹는 것을 중시합니다. 밥 주는 것도 아까워하면서 손님을 초대한다고 합니까? 그래서 필사적입니다! 주인도 손님을 주시하고 일하는 사람도 손님을 주시합니다. 밥을 남기기라도 하면 예의가 없는 것이므로 억지로 밀어 넣으니 위장도 편하지 않습니다. 나중에 우리 같은 외

---

116 방(方)은 방법, 편(便)은 편리를 뜻하여 일체 중생마다 다른 성질과 능력에 부합하는 방법을 편리하게 쓰는 일을 뜻한다. 중생 제도에 목적을 둔 대승 불교에서는 방편을 중시하여 설법하는 장소와 상대에 따라 갖가지 방편이 설명되고, 경전에 따로 「방편품(方便品)」을 두는 예가 많다.

부인들은 밥을 다 먹으면 얼른 밥공기를 탁자 아래로 집어넣고 서둘러 감사 인사를 했습니다. 정말로 더 먹을 수 없었기 때문입니다. 이 자리에 계신 분들 가운데 대후방(大後方)[117]을 지나가 본 사람은 사천의 친구 집에 가서 밥을 먹기가 무섭다는 것을 잘 알 것입니다. 나중에 일부 대가정들의 경우에는 우리가 먼저 잘 교섭해서 그런 규칙을 없앴습니다. 안 그랬다가는 한 공기 다 먹으면 한 공기 더 얹어 주고, 게다가 평평하면 예의가 없다고 고봉으로 얹어 주려고 하니 어떻게 합니까?

항전 시기에 독일인들은 식량이 부족해서 이차 세계대전에서 패배했습니다. 그들이 중국인들의 식생활을 연구해서, 만약 전 중국인의 대변 속 양분을 다시 가공해서 식량을 만들었다면 삼 년은 더 전쟁을 계속할 수 있었을 것입니다.

중국인은 농업으로 나라를 세웠기 때문에 밥 먹는 것을 중시합니다. 사실 한 사람의 신체가 연료나 에너지로 삼기 위해 필요로 하는 밥의 양은 겨우 반 공기입니다. 만약 세 공기를 먹는다면 나머지 두 공기 반은 모두 낭비됩니다. 흡수되지 못한 많은 부분은 대변으로 변해 배설되고, 또 몸 안의 회충과 세균들에게 제공하는 셈입니다.

중국인은 먹는 것을 좋아해서 위장이 모두 고장 났습니다. 많은 병이 모두 위장이 막히고 중기(中氣)가 부족한 데에서 생겨납니다. 병을 줄이려면 위장이 건강해야 합니다.

---

117 국민당 정부는 1945년까지 중국 지역을 윤함구(淪陷區), 대후방(大後方), 해방구(解放區)로 구분했는데 윤함구는 일본군 점령 지역, 대후방은 국민당 점령 지역, 해방구는 공산당 점령 지역을 뜻한다.

곡기를 끊다

먹지 않으면 배가 고프다고 말하는 것은 거짓 배고픔입니다. 저는 이십
팔 일간 밥을 먹지 않는 체험을 했는데, 여러분에게 경험을 말씀드리자면
배가 고파서 죽지는 않습니다. 다만 기공(氣功)을 잘 알아서 위장 내에 기
가 충만하도록 해야 합니다. 위장의 기능은 쉴 새 없이 움직여서 삼킨 음
식을 마찰시켜 소화시키는 것입니다. 음식의 소화가 끝나고 위장 안이 비
어도 위장은 마찬가지로 꿈틀거리며 연동 운동을 합니다. 만약 기가 충만
하지 않으면 위가 마찰로 찢어져서 출혈이 일어납니다.

불법을 배우던 나이 든 거사 한 분이 제가 밥도 먹지 않고 잠도 자지 않
는 것을 보고는, '정말 좋구나. 저렇게 하면 많은 일을 할 수 있겠어' 하는
생각에 저를 따라 밥을 먹지 않다가 십사 일 만에 병원에 실려 가고 말았
습니다. 제가 가 봤더니 이미 위를 삼분의 일이나 잘라냈다고 했습니다.
어쩌다가 위출혈이 일어났는지 물었더니 그가 허허 웃으면서 겸연쩍게
말했습니다. "선생님을 따라 했지요! 밥을 먹지 않았습니다." 제가 말했
습니다. "당신은 정말 자신을 하찮게 여겼군요. 그 일은 장난이 아니고 따
로 방법이 있습니다. 방법도 모르면서 어떻게 함부로 따라 한다는 말입니
까?"

일반인은 일주일에 하루만 밥을 먹지 않으면 위장을 깨끗이 청소할 수
있어서 대단히 좋습니다. 생리위생에도 대단히 적합합니다.

그런 까닭에 회교에는 재계월(齋戒月)[118]이 있고, 천주교와 기독교에서
도 수지를 중시하는 사람들은 하루 동안 금식하기도 합니다. 요가를 배우
는 사람들은 일주일에 하루 금식을 하는데 아주 건강합니다. 중국 불교의
총림 제도는 백장선사가 만들었는데 그 역시 여러분에게 이렇게 말합니
다. "질병에는 먹는 것을 줄이는 것이 탕약이다." 무슨 병이든 상관없이

먼저 위장을 깨끗이 청소하는 것이 어떤 약을 먹는 것보다 낫습니다.

"때가 아니면 먹지 않는다[不非時食]"에는 위생의 도리만 있는 것이 아닙니다. 두뇌를 깨우고 욕망이 일어나지 않게 하려면 정오가 지나면 먹지 않아야 합니다. 왜 욕망이 일어나지 않는가 하면 여러분이 욕망을 굶겨 죽였기 때문입니다! 이 녀석! 못되게도 말을 듣지 않으니 이 몸이 널 굶겨 죽일 테다 하는 것입니다. 정말 하룻밤 굶으면 고분고분해집니다. 욕망이 일어나지 않고 머리가 깨끗해지면 정혜(定慧)를 얻기 쉬워집니다. 때가 아니면 먹지 않는다는 것이 이렇게나 좋은 점이 많습니다. 중국인들은 그런 이치를 벌써 알고 있었습니다. 그래서 이런 말이 있습니다. "저녁을 한 입 적게 먹으면 구십구 세까지 산다." 안타깝게도 대다수 사람들은 오히려 밤에 필사적으로 먹으려 듭니다.

절에서는 "정오가 지나면 먹지 않는다"는 것은 정말로 견디기 힘듭니다. 당시 제가 가 본 곳은 허운(虛雲) 노스님의 총림인 남화사(南華寺) 즉 육조(六祖)의 도량이었습니다. 그곳은 계율이 엄하고 규칙이 엄했는데, 밤이 되면 견디기 힘들어진 스님들이 누룽지까지 훔쳐다 먹었습니다. 그래서 허운 노스님은 누룽지마저도 궤짝 속에 넣고 잠갔습니다. 제가 말했습니다. "사부님! 너무 지나치신 것 같습니다." "허! 이렇게 하지 않으면 안 된다네!"

저는 젊은 시절에도 "정오가 지나면 먹지 않는다"는 계율을 연습한 적이 있습니다. 당시 저는 한 끼에 세 공기씩이나 먹었는데 어떻게 했을까요? 먼저 세 공기에서 두 공기로 줄이고 두 공기에서 한 공기 반으로 줄이면서 그렇게 오랫동안 훈련했습니다. 나중에 서서히 한 공기, 반 공기로

---

118 이슬람교에서 행하는 약 한 달가량의 금식 기간을 말하며 라마단이라고 한다. 라마단은 아랍어로 '더운 달'이라는 뜻으로, 이슬람력(曆)에서 아홉 번째 달이다.

줄이다가 마지막에는 한입이 남았는데, 이 한입이 가장 끊기 힘듭니다. 한 입마저 끊은 후에는 생 땅콩 일곱 알을 천천히 씹어도 아주 편안합니다. 일곱 알에서 세 알로 줄이고 세 알에서 한 알로 줄이고 마지막에는 안 먹어도 됩니다. 하지만 밤이 되면 입이 심심해서 뭐라도 먹어서 맛을 느끼고 싶어집니다. 제가 아미산에 있을 때에는 어떻게 했을까요? 차를 마셨습니다. 산 위의 눈 녹은 물로 맑은 차를 우려내면 기름기라고는 없습니다. 먹고 싶어도 먹을 만한 것이 없어서 차 중독이 되었고 위장도 차가워졌습니다. 결국에는 어떤 상태가 되었을까요? 대변을 보고 나서 살펴보면 대변이 색깔도 없이 하얘서 영양분이 전혀 없음을 알 수 있었습니다. 이런 상태가 되어야 음식을 완전히 끊은 것입니다.

이제 하나의 결론을 얻었습니다. 정오가 지나면 먹지 않는다거나 완전히 먹지 않는 것은 어렵지 않습니다. 곤란한 것은 먹고 마시던 습성을 끊기가 어렵다는 것입니다. 제가 이십팔 일간 밥을 먹지 않는 과정에서 가장 힘들었던 것은 사흘째였습니다. 사람이 굶어 죽는 것은 바로 사흘째에서 나흘째라고 합니다. 죽을 것 같아서 손을 들지도 못하는 것은 말할 것도 없고 손가락을 움직이려고 해도 기운이 없습니다. 그러나 저는 알고 있었습니다. 선배들이 저에게 경험을 말해 주었는데, 나흘째가 되면 정신이 회복되어서 맑아지고 눈동자는 전등처럼 빛이 난다고 합니다. 열하루나 열이틀 동안 먹지 않아도 아무 상관이 없습니다. 하지만 집안의 아이들이나 친구들이 와서 밥을 먹으면, 맛있는 요리를 받쳐 들고 와서 식탁 옆에 서서 돌리면서 친구들에게 이게 맛있다 저게 맛있다 말하면 본인은 먹고 싶지 않겠습니까? 당장 그런 현상을 발견할 것입니다. 수행은 바로 그렇게 해야 합니다. 자기 자신에게 그런 생각이 일어난다는 것을 알아야 합니다.

먹고 마시던 생각, 아뢰야식의 종자나 습성은 없애 버리기가 아주 어렵습니다. 그러니 밥을 먹지 않는다고 무슨 소용이 있을까요? 먹고 싶다는 생각의 습성을 변화시키지 않으면 아무 소용이 없습니다. 애써 밥을 먹지 않은 것이 다 헛수고가 됩니다. 여러분은 자신이 이미 사흘이나 밥을 먹지 않았으니 스스로 대단하다고 생각합니다. 그러면서 여기에 앉아서 생각합니다. '백 일을 버틴 후에는 닭다리에 쇠고기에 두부 요리에 한 끼 거하게 먹어야지.' 그 순간에 여러분의 수행은 통째로 날아가 버립니다. 심지어 저는 꿈속에서 거하게 먹은 적도 있습니다. 깨어나는 순간 곧바로 수행이 통째로 날아가 버렸음을 알았습니다. 왜 그렇습니까? 여러분의 모든 습성의 종자가 폭발해 버렸기 때문입니다. 거짓 수행으로 자신을 속여서는 안 됩니다. 꿈속에서 습성이 폭발해 버렸으니 무슨 소용이 있습니까?

팔관재계와 육재일

이 여덟 조목은 '계(戒)'라고 부릅니다. '재(齋)'가 아닙니다. '팔관(八關)'은 이 여덟 조목의 계를 범하지 말라는 말인데 마치 관문(關門)처럼 나쁜 일면은 닫아걸고 범하지 말라는 뜻입니다.

재를 지키는 동안에는 물론 소식(素食)을 하는 것이 가장 좋습니다. 심지어는 아무것도 먹지 않고 그저 맑은 물만 마시면서 마음속에 망념이 일지 않는다면 그것이야말로 참으로 재를 지킨다고 할 수 있습니다.

여러분, 아시겠습니까? 법사인 여러분은 장차 밖으로 나가서 사람들을 가르쳐야 합니다. 잘못 가르쳐서는 안 됩니다. 잘못 가르쳐 놓고 남 선생께 배운 것이라고 말한다면 제 얼굴은 빨갛게 변하는 것이 아니라 초록빛으로 변할 것입니다. 절대로 잊어버리지 마십시오! 앞의 일곱 조목은 계이지만 마지막 조목인 "때가 아니면 먹지 않는다"가 '재'에 포함되기 때문에 "재를 지킨다[持齋]"라고 말하고, 합쳐서 '재계(齋戒)'라고 부릅니다.

보통 사람은 삼귀오계를 받은 적이 없기 때문에 그저 부처님 앞에서 절만 하더라도 팔관재계를 지킬 수 있습니다. 이미 오계(五戒)를 받은 사람은 매달 음력 8일, 14일, 15일, 23일, 29일, 30일의 여섯 날에 재계를 지키면 됩니다.

왜 이 여섯 날에 재계를 지켜야 할까요? 그것은 여러분이 『대보적경(大寶積經)』을 연구해 보면 됩니다. 제가 한 가지 일을 먼저 말씀드리겠습니다. 최근에 비행기가 실종된 일로 산 위에서 초혼(招魂) 독경을 했는데 불경을 한 번 읽자 산 위의 암석이 모두 굴러 내려왔습니다. 현장에 있던 사람들은 모두 어안이 벙벙해졌습니다. 어떤 기자는 저에게 전화를 걸어서 도대체 영혼이 있는 건지 귀신이 있는 건지를 물었습니다. 저는 어떤 사람이 그런 전화를 걸어왔다는 학생의 말을 듣고, 비서인 채(蔡) 선생에게 대답해 주라고 말했습니다. 신문기자 생활을 오래했던 채 선생은 나중에 당시의 상황을 저에게 보고했습니다.

채 : "무슨 일로 남 교수님을 찾으십니까?"

기자 : "남 교수님께 귀신과 영혼에 관한 것을 여쭤 보고 싶어서요."

채 : "아! 그런 일이라면 아직 젊으시니 제가 대답해 드리겠습니다. 이 세상에는 재난이 너무나 많고 국가의 대사(大事) 역시 아주 많습니다. 왜 그렇게나 많은 큰 문제들은 물어보지 않고 남 교수님께 그런 귀신 이야기를 물어보십니까? '백성의 일은 물어보지 않고 귀신의 일만 묻는다〔不問蒼生問鬼神〕'라는 말처럼 말이지요. 게다가 당신은 남 교수님을 아십니까? 그는 도사(道師)도 아니고 부적이나 그리고 주문이나 외우는 사람도 아닙니다. 그가 왜 당신의 이런 질문에 대답해야 합니까?" 나중에 그 기자는 거듭거듭 죄송하다는 말을 했습니다.

채 선생의 보고를 들은 저는 잘 대답했다고 말했습니다. 정말 맞습니다. 가끔은 젊은 분들에게는 감히 일 처리를 부탁할 수가 없습니다. 전화도 받을 줄 모르고 질문에 대답도 못 합니다. 여러분이라면 공손하게 이렇게 말했을 것입니다. "성함이 어떻게 되시나요? 선생님은 아주 바쁘십니다! 안 계셔요!" 아무리 해도 핵심을 파악하지 못합니다. 유능한 사람은 간단명료한 몇 마디에 금방 알아차립니다.

만약 저에게 그런 전화를 받으라고 했다면 저는 한바탕 훈계를 했을 것입니다. 저라면 대뜸 이렇게 묻습니다. "당신은 그분을 아십니까? 모른다고요. 그분은 시간이 없습니다. 당신은 어떤 문제를 질문하실 겁니까? 귀신의 문제라고요. 그분은 아직 돌아가시지 않아서 경험이 없습니다."

정말로 이상하기 짝이 없습니다! 일을 하려면 먼저 그 일에 대해 잘 알아야 합니다. 특히 저라는 사람은, 저에게 하는 질문이 좋은 질문이 아니면 화가 납니다.

'육재일(六齋日)'의 문제도 그와 마찬가지입니다. 왜 매달 그 여섯 날에 재계를 해야 할까요?

그것을 알려면 삼계(三界)[119]의 기본적인 문제를 연구해야 합니다. 우리는 욕계(欲界) 가운데 살고 있는데 이 세상과 관련 있는 욕계천(欲界天)의 천인(天人)이나 신(神) 등은 사람의 시비선악에 대해 잘 알고 있습니다. 요즘 말로 예쁘게 표현하면, 외계의 신들이 그 날짜에 비행접시를 타고 와서 인간들을 시찰합니다. 너희 인간들이 나쁜 짓을 했는지, 마음과 생각이 깨끗한지를 그가 모두 기록합니다. 그렇기 때문에 그 날짜에는 마음을 맑게 하고 욕심을 줄이며 목욕재계를 해서 복보를 얻어야 합니다. 이것이 하나의 원인입니다. 더욱 중요한 이치는 『역경』의 음양학을 연구해야 합니다. 하지만 그것은 깊이가 있고 우주 자연의 법칙에도 합치됩니다. 매달 이 여섯 날만 육재일로 지키지 말고, 소식을 하는 사람이나 출가한 사람이

---

119 욕계(欲界), 색계(色界), 무색계(無色界)를 삼계라 한다.

라면 날마다 재계 가운데 있으면 훨씬 더 좋습니다.

육재일에 대해서는 알게 되었는데, 그렇다면 매년 몇 월에 팔관재계를 지켜야 합니까? 정월, 5월과 9월이 재기(齋期)입니다. 한 달간 소식을 먹고 한 달간 재계를 받으면 공덕이 무량한데, 무슨 이유일까요? 태허 법사는 『약사경 강의』에서 이렇게 풀이했습니다. "부처님께서 말씀하시기를 사천왕이 이 석 달 가운데 순수하여 남섬부주에 도착하기 때문에, 재를 지켜 복을 닦는 자는 그 공이 평소의 배가 된다고 하셨습니다." 이 시기가 바로 천인이 내려와서 세상 사람들이 선을 행하는지 악을 행하는지 형편을 살피는 시기이기 때문입니다.

저는 젊은 시절 불법을 배울 때에도 팔관재계를 지켰습니다. 하지만 나중에 왜 이날에 재를 지켜야 하는지의 이유를 알고 나서는 지키지 않게 되었습니다. 좋은 일을 했는지 나쁜 일을 했는지는 자신이 수시로 스스로를 검사해야지, 만약 귀신이 볼까 봐 무서워서 거짓으로 착한 사람인 척한다면 어찌 아부가 아니겠습니까? 대장부가 일을 하면 스스로 살펴봐야 하고 불법을 배우는 사람은 진정으로 좋은 사람이 되어야지 왜 귀신의 시찰을 두려워합니까? 잘못을 저질렀으면 스스로 참회해야 하고 수시로 자기 자신을 점검해야 합니다.

일반 경전에서는 귀신이 볼 것을 무서워해서 팔관재를 지킨다고 합니다. 이것은 소승적인 이유이고 대승 경전에는 또 다른 높은 이치가 있습니다.

어떻게 왕생하는가

이제 『약사경』 원문으로 되돌아가겠습니다. 방금 "팔분재계를 받아 지켜 혹 일 년을 지나고 혹 다시 석 달을 지날 수 있다면"에 관해 이야기하였는데, 이어서 "학처를 받아 지키고 그 선근으로 무량수불이 계신 서방 극락세계에 태어나서 정법 듣기를 원한다(受持學處, 以此善根, 願生西方極樂世界, 無量壽佛所, 聽聞正法]"라고 하였습니다.

여러분이 그 일을 받아들여 수지할 수 있고 계학(戒學)을 받아 지킬 수 있다면 학처(學處)란 무엇일까요? 경률론이 모두 그 학처를 지니고 있습니다. 경학 학처, 계율 학처, 논학 학처, 이것이 불법을 배우는 선근의 기초입니다. 이 선근으로 서방 극락세계에 태어나기를 원합니다. 여러분은 살아 있을 때 팔관재계를 수행한 기초를 가지고 선근을 배양하여 사후에는 서방국토에 태어나기를 발원합니다. 왜냐하면 아미타불의 극락국토는 약사불과 서로 연결된 연쇄국토이기 때문입니다. 만일 여러분이 살아 있는 동안에 수행한 것이 약사여래의 경계에 도달하지 못한다면, 죽은 후에는 반드시 서방 극락세계 국토에 가게 되는데 아미타불이 바로 무량수불입니다. 바꾸어 말하면 이것은 『약사경』의 비밀인데 진정한 밀종의 약사불은 바로 감색(紺色)의 형상입니다. 그런 까닭에 약사불을 수행하는 것이 바로 장수불이요 바로 무량수불입니다.

약사불이 손에 받쳐 든 것은 바리때 같이 생겼는데, 그 안의 하얀 주머니 속에 든 것은 무수한 약입니다. 약사여래는 왜 감색일까요? 한 사람이 만약 색신을 변화시켰다면 이는 보신(報身)[120] 수행에 성공하여 중맥(中脈)이 통한 것이니, 그렇게 되면 아침부터 밤까지 심신의 안팎이 만 리에 구름 한 점 없는 푸른색의 경계 가운데 있습니다. 그래야만 비로소 보신으로 변해서 장수를 얻을 수 있습니다. 따라서 밀종에서 아미타불의 법인 미타법(彌陀法)을 수행하는 사람은 반드시 장수불(長壽佛)의 법을 동시에 수

---

120 불교에서 말하는 삼신(三身) 즉 법신(法身)·보신(報身)·응신(應身)의 하나로, 과보(果報)와 수행의 결과로 주어지는 불신(佛身)을 말한다. 즉 오랜 수행의 과정을 겪어 무궁무진한 공덕이 갖추어진 몸을 의미한다.

행해야 합니다.

특히 '파와법(破瓦法)'을 수행하는 사람은 동시에 장수법(長壽法)을 수
행해야 합니다. 그러지 않으면 곧 단명하게 됩니다. 무량수불과 아미타불
은 동일한 구(球)의 양면과 같아서 둥글고 통합니다. 모든 악을 짓지 않고
여러 선을 받들어 행하는 사람, 팔관재계를 잘 수지한 사람은 선근을 성취
하여 반드시 무량수불이 계신 서방 극락세계에 왕생하여 정법을 듣게 될
것입니다. 바꾸어 말하면 여러분의 선근이 그 정도에 이르지 못하면 왕생
하고 싶어도 아주 어렵습니다! 그렇다면 어떻게 해야 할까요? 서두르지
마십시오. 유학 할 수 있는 학원이 있습니다. 어디에 있습니까? 동방에 있
습니다. 바로 우리가 있는 이곳입니다. 약사여래는 우리의 선근이 부족할
것을 염려해서 이 세상에 분교를 하나 세웠습니다. 그래서 "아직 극락왕
생하지 못한 사람은 만일 세존이신 약사유리광여래의 명호를 들으면 목
숨을 마칠 적에 팔대보살이 나타납니다〔而未定者, 若聞世尊藥師琉璃光如來
名號, 臨命終時, 有八大菩薩〕."

선근이 그다지 깊고 두텁지 않거나 혹은 선, 악, 무기업력(無記業力)이
정해지지 않은 단계에 있는 사람들의 경우에는, 만약 예전에 약사유리광
여래의 명호를 들은 적이 있어서 이근(耳根)에 듣기만 했다면, 목숨을 마
칠 때에 다른 사람의 도움을 받아 정신을 오로지함으로써 그 영상을 기억
해 내게 됩니다. 혹 우리 수업에 참가한 사람의 경우라면, 지금 이 자리에
서 『약사경』에 대해 이야기했던 정황을 기억해 낸다면 그 효과가 똑같습
니다. 물론 그때는 죽음이 임박했고 신체도 이미 내 것이 아니기는 합니
다! 하지만 신체의 고통과는 상관없이 그 경계, 그 형상을 기억해 내기만
하면 아뢰야식의 그림자가 마치 꿈을 꾸는 것처럼 의식의 경계가 모호해
지면서, '아! 나는 이제 가는구나' 하면서 마음속으로 여래의 명호를 외웁
니다. 여러분이 생각해 내기만 한다면 혹은 지금의 광경을 기억해 내기만

한다면, 그 즉시 팔대보살이 여러분의 면전에 모습을 드러내어 여러분을 맞이합니다.

이 팔대보살은 "문수사리보살, 관세음보살, 득대세보살, 무진의보살, 보단화보살, 약왕보살, 약상보살, 미륵보살"입니다. 약왕보살과 약상보살은 동방 약사불의 시자(侍者)이며, 서방 아미타불의 두 시자인 관세음보살과 대세지보살과 똑같습니다. 팔대보살이 여러분 면전에 모습을 드러내어도 지금 여러분에게는 보이지 않지만, 목숨을 마칠 때에는 모습을 떠올리기만 하면 틀림없이 눈앞에 나타납니다.

"이 팔대보살이 허공으로부터 내려와서 그 길을 보여 주니, 저 세계의 갖가지 색으로 장엄된 연화대 위에 자연스럽게 화생하도록 해 주느니라〔是八大菩薩乘空而來, 示其道路, 即於彼界, 種種雜色, 衆寶華中, 自然化生〕." 여기에서 "허공으로부터 내려온다〔乘空而來〕"는 대목에 주의해야 합니다. 불법을 배우는 사람들이 많이 틀리는 부분입니다. 그들은 정좌 수련을 하면서 이렇게 생각합니다. '아! 마치 비행기나 유성이 허공으로부터 내려오는 것과 같을 거야.' 하지만 그런 생각은 완전히 틀렸습니다. 이 허공은 여러분의 의식 경계의 망상입니다. "승공(乘空)"이란 무엇을 말할까요? 당신도 모르는 사이에 단숨에 나타난다는 말입니다. 이러한 공(空)의 이치는 대단히 중요합니다. 오는 방향도 없고 가는 방향도 없습니다. 어디로부터 오는 건지 알지 못하는 것을 공이라고 부르니, 안인지 밖인지 가운데인지 알 수 없도록 자연스럽게 나타납니다. 순식간에 자연스럽게 한 부처님이 나타나서 여러분에게 이러고저러고 이야기하는 것이 바로 "허공으로부터 내려온다"는 것입니다. 아시겠습니까? 만약 허공으로부터 내려오고 형상을 지니고 있다고 생각한다면 틀렸습니다. 그러면 영원히 외도로 빠질 것입니다.

이 팔대보살이 허공으로부터 내려와서 그 길을 보여 주면서 여러분의 영혼을 지도합니다. 자, 이쪽으로 가자, 나를 따라와라. 혹은 그의 빛이 여러분을 밀어서 저쪽으로 가게 합니다. 혹은 그가 웃기만 해도 여러분은 곧바로 알 수 있습니다. 그때는 굳이 말할 필요가 없습니다. 우리 사람은 말을 해야만 그 뜻을 알 수 있지만 중음신(中陰身)[121] 즉 영혼이 되면 말에 의지할 필요가 없습니다. 보살이 여러분을 눈으로 주시하기만 하면 여러분은 모든 것을 다 알게 됩니다.

또 "그 길을 보여 준다[示其道路]"는 말이 있는데 여러분은 착각해서는 안 됩니다. 남쪽에 새로 생긴 큰길이나 산길 같은 것이라고 생각하면 전부 틀렸습니다. '그 길'은 형용사이며 형상이 없습니다. 그 경계에 이르면 보살이 앞에 나타나 웃으면서 손을 벌리는데, 그 순간 여러분은 어떻게 부처님과 서로 감응하는지를 자신이 알고 있다는 사실을 깨닫게 됩니다. 이러한 생각과 감응으로, 여러분은 이쪽의 기(氣)가 끊어지자마자 저쪽에 이미 왕생합니다. "저 세계의[卽於彼界]" 혹 서방이든 혹 동방이든, "갖가지 색으로 장엄된 연화대 위에[種種雜色, 衆寶華中]" 당신이라는 사람으로 자연스럽게 태어나는데, 연꽃에서 보살이 태어나는 것처럼 여러분 자신은 또다시 하나의 몸을 얻게 됩니다. 그 신체는 더 이상 중음신이 아닙니다. 그런 몸은 의생신(意生身)이라고 부릅니다.

만약 현생에서 의생신을 수양하고자 한다면 그것은 아주 어렵습니다. 도가에서 말하는 출양신(出陽神)[122]의 경계와 비슷합니다. 의생신은 어떻게 수양해야 할까요? 생각을 오로지하는 것은 '공(空)'이 아닙니다. 단지 공(空)만 아는 것은 진정한 불법이 아니라 '유(有)'입니다! 오늘의 경계를 잘 기억하십시오! 한평생 기억하고 있으면 목숨을 마칠 때에 그곳에 갈

---

121 사람이 죽어서 다음 생을 받을 때까지의 잠정적인 몸을 말한다.
122 육체와 영체가 분리되는 현상을 말한다.

수 있습니다. 오늘의 어떤 경계 말입니까? 바로 이런 경계입니다!

위에서 말한 것이 『약사경』의 중심 요점입니다. 여러 불보살 특히 약사불의 감응을 얻고자 한다면 팔관재계 혹은 삼귀오계를 받아서 지키는 것이 가장 좋습니다. 팔관재계의 계율은 위에서 이미 매우 상세하게 설명했습니다.

팔관재계는 무엇 때문에 매 달의 며칠 및 매 해의 석 달만 지재(持齋)하라고 규정하였을까요? 만약 상세히 연구하고 해석한다면 그것은 자연과학적 이치입니다. 육재일(六齋日)의 원인은 그때 천인이 내려와서 인간의 선악을 심사한다는 것뿐만이 아니라, 『역경』에서 말한 태양·태음(달)의 운행 법칙과 연관이 있습니다. 석 달이라는 기간은 태양의 행도(行度)와 인류의 도덕적·생리적 규칙 및 심리적 규칙과 연관이 있습니다. 더 깊이 들어가 해석하고자 한다면 아주 많은 시간을 들여야 합니다. 동시에 『역경』의 상수(象數), 중국의 천문과 과거 동양의 천문과의 연대 관계 등등까지도 언급해야 하는데, 건드리는 범위가 너무 넓으니 여기까지만 이야기하도록 하겠습니다.

팔관재계를 받아서 지키고 마음으로 선을 행하고 또 한마음으로 흐트러지지 않고 약사불의 명호와 법문을 수지할 수 있다면, 현생에서 약사불의 감응을 얻을 수 있을 뿐 아니라 동시에 목숨을 다할 때에도 여러분의 일념에 따라 서방 극락세계에 왕생할 수 있습니다. 약간 부족한 사람이라 할지라도, 이른바 약간의 부족함이란 업력(業力)과 원력(願力)의 부족, 공덕과 계행(戒行)의 불충분함을 말하는데 그런 사람도 마찬가지로 천상에 태어날 수 있습니다.

천당은 어디에 있는가

> "혹 그로 인해 천상에 태어나기도 하는데, 비록 천상에 태어나더라도 본래
> 의 선근이 또한 다함이 없어서 다시는 다른 악취에 태어나지 않느니라."
>
> 或有因此, 生於天上, 雖生天上, 而本善根, 亦未窮盡, 不復更生諸餘惡趣.

업력과 원력 및 현생의 행위가 비교적 부족해서 아미타불과 약사불의
세계에 왕생하지 못하더라도, 오히려 그로 인해 천상(天上)에 태어나게
됩니다. "천상에 태어난다[生天]"는 관념을 명확히 하자면 우리가 일반적
으로 생각하는 그런 것은 아닙니다. 여타 종교에서 말하는, 사후에 천당에
올라간다는 그런 것도 아닙니다.

세상의 모든 학문과 종교에서 말하는 천인(天人)을 살펴보면, 하늘과 사
람 사이의 관계에 대해 불학의 분류가 가장 명확합니다. 불학에는 삼계천
(三界天)이 있는데 욕계, 색계, 무색계입니다. 또 욕계 가운데도 대단히 많
은 하늘이 있습니다. 우리가 절에서 보는 사대천왕 역시 천상의 사람으로,
도덕과 지혜가 우리보다 조금 높은 생명체입니다.

여러분이 주의해야 할 점이 있는데 특히 과학을 배운 사람들은 제각기
그 나름의 견해를 지니고 있습니다. 세상의 모든 인류 문화, 모든 국가 민
족이 그리는 천당과 지옥은 제각기 다릅니다. 중국화가 표현하는 천인과
서양화가 표현하는 천인은 각기 그 민족의 특색을 지니고 있습니다. 동양
의 천인은 동양인의 모습과 비슷하고, 서양의 신은 서양인의 모습과 비슷
합니다. 중동 지역에서 묘사하는 천당과 지옥의 중생은 바로 중동인의 모
습입니다. 만약 종교적 태도를 벗어나서 세계 인류의 종교를 본다면 전부
사람을 속이고 있습니다. 모든 사람은 자신의 상상에 근거해서 나름대로

천당과 지옥을 엮어 냅니다. 똑같은 것이 거의 하나도 없습니다.

게다가 이 세상에서 신통력과 비슷한 재주를 부리는 사람들은 더더욱 기묘합니다! 예를 들어 서양에는 훌륭한 관상술이나 점술이 대단히 많습니다. 전생의 일을 알아내는 부류는 미국이나 남미에 아주 많은데, 타인의 과거와 미래를 알아냅니다. 대만에는 아주 많은 사람들이 전생의 일을 물어보려고 돈을 아끼지 않고 비행기 표를 사서 찾아갑니다. 재미있는 것은 그들이 보는 전생의 대부분이, 당신은 전생에 인도인이었다거나 이집트인이었다고 말한다는 사실입니다. 중국인이었다고 말하는 사람은 하나도 없습니다. 왜 그럴까요? 그들의 의식 범위 안에 중국에 대한 인상이 없기 때문입니다. 만약 중국인이 전생이나 전세(前世)를 봤다면, 당신은 그리스인 혹은 스페인인이 환생하였노라고 말하지 않을 것입니다. 아마도 당신은 고웅(高雄)에서 대북(台北)으로 환생했다고 말할 것입니다. 이처럼 세상의 모든 지식의 범위와 모든 종교의 관념은 다 개인의 의식 안에서 일어나는 구상(構想)입니다. 진정으로 천당과 지옥의 형태를 증명할 수 있는 사람은 결코 없습니다.

현대 과학은 이미 지구 이외의 다른 행성에까지 손을 뻗치고 있습니다. 일부 행성에서 생명체를 발견하지 못했기 때문에 어떤 사람은 모든 가설을 뒤집고 다른 행성에는 사람이 없다고 말합니다. 하지만 저는 언제나 하나의 이치를 고집하며 그들에게 특별히 주의하라고 말합니다. 예를 들어 현재 우리가 가장 잘 알고 있는 것은 달입니다. 달의 표면에는 생명체가 없으며 인류도 장기간 그곳에 머물 수 없습니다. 달에 생명체가 있다고 가정해 보면 지구의 인류와는 달리 공기를 필요로 하지 않을 것입니다. 그 생명체가 달이라는 천체의 중심에 살고 있다면 미래에 우리는 어떻게 설명해야 할까요? 과학은 아직 증거를 구하는 단계에 있으므로, 지금의 유한한 과학 지식에만 기대어서는 안 됩니다. 달에는 생명체가 없다는 말은 설사 미국에서 우주과학을 연구하는 사람이라 할지라도 함부로 단언해서는 안 됩니다. 단지 모른다고만 말해야 합니다.

그러므로 가상하거나 추측해서는 안 됩니다. 또 자아의식으로 해석해서도 안 됩니다. 만약 평범한 철학으로 추리해 본다면 다른 행성의 생명체는 지구에 사는 인류의 모습과 꼭 같지만은 않을 것입니다. 우리는 두 팔과 두 다리가 대단히 아름답다고 생각하지만 다른 생물들이 본다면 그렇지 않을 것입니다. 밀종에는 대단히 많은 화상이 있는데, 사람과 불보살을 포함하여 모두 사람의 얼굴이 아니고 사자나 호랑이 같은 괴상한 얼굴입니다. 팔도 우리처럼 두 개가 아니라 열 몇 개 혹은 몇 천 개 하는 식으로 대단히 많습니다. 발도 우리와 다릅니다. 어떤 사람은 밀종의 불상(佛像)과 신상(神像)은 표현 기법으로서 현교(顯敎)의 이치를 나타낸다고 생각합니다. 서른여섯 개의 팔에 머리 하나를 붙여 놓은 것은 삼십칠도품(三十七道品)을 나타내고, 열여덟 개의 발은 십팔공(十八空)을 나타낸다는 것입니다. 하지만 그것은 우리의 해석입니다. 만약 다른 세계의 생명체가 그 업보가 우리와 다르고 또 다른 모습을 하고 있다면 여러분은 어떻게 설명하겠습니까? 그러므로 이런 종류의 해석도 상당히 대담하다 하겠습니다. 대담한 가설이 반드시 믿을 만한 것은 아닙니다. 예를 들어 사대천왕 그림은 모두 중국의 의관과 모습인데, 모든 인류 가운데 아시아 계통의 몽고 인종의 얼굴에 속합니다. 그렇다면 사대천왕천에는 아시아 사람들만이 태어난다는 말입니까? 설마하니 유럽 등 다른 민족에는 착한 사람이 없다는 말은 아니겠지요? 그들이 모두 천인의 과보를 얻지 못할까요? 반드시 그렇지만은 않을 것입니다. 이런 학문은 불법만 배우거나 종교만 배운 사람들은 들어보지 못하는 것입니다. 이런 것들은 대학 이상에서 배우는 비교종교학의 범주입니다. 그러므로 우리가 학술적 입장에서 모든 종교를 보면 그 지식이 아주 얕고 가엾어 보입니다. 문을 닫아걸고 자신의 입장에서

만 함부로 논증한다면 그 논증이 반드시 믿을 만하지는 않습니다.

하지만 비교종교학의 각도에서 본다면 지금까지는 불학이 비교적 믿을 만하다는 점을 저는 여러분에게 증명할 수 있습니다. 불학에서 말하는 천인은 세계 어느 종교에 비교하더라도 완비되어 있습니다. 천인은 한 종류만이 아니며 천당 역시 하나뿐인 것은 아닙니다. 욕계천에서 가장 저층인 사대천왕천을 가지고 말한다면 그들은 우리와 가장 근접한 천인입니다. 바꾸어 말하면 사대천왕천은 여전히 태양계의 범위 안에 있습니다. 과학으로 말한다면 태양계의 바깥에는 다른 행성이 더 많이 있습니다. 불교 우주관의 해석에 따르면 인류의 조상은 또 다른 공간 즉 광음천(光音天)[123]에서 왔기 때문입니다.

천상에 태어나는 이치

그런데 천상에 태어난다면 어떤 하늘에 태어나는 걸까요? 큰 문제입니다. 수지(修持)를 해서 천상에 태어나는 것은 상당히 어려운 일입니다. 그러므로 우리는 다른 종교를 비방하거나 무시해서는 안 됩니다. 어떤 종교이든 기본적인 공통점이 있는데, 하나같이 사람들에게 좋은 일을 하고 좋은 사람이 되고 선한 도를 행하라고 가르칩니다. 선을 행하는 정도의 깊이가 천상에 태어나는 근본입니다. 선한 도를 행하는 것은 선정(禪定)에 가깝습니다. 일반인들은 형식적인 염불, 배불(拜佛), 정좌 수련을 하는 것으로 불법을 배우는 것이라고 생각합니다. 만약 심리 행위, 외재 행위, 희로

---

123 색계 십팔천(十八天)의 여섯째 하늘. 그 나라에 사는 중생은 음성이 없고 말할 때에는 입에서 전광을 내어 말 대신에 한다고 하며, 인류의 시조가 그 하늘에서 내려 왔다고 한다.

애락 등등의 습성이 바뀌지 않는다면, 설사 한평생을 수련한다 할지라도 초급 단계의 하늘에 태어날 수 있을지 여전히 의문스러울 뿐 아니라 상당히 문제가 됩니다. 평생 수련을 하고 사후에 축생도나 지옥도에 떨어지지 않은 것만으로도 대단하다고 할 수 있습니다.

그러므로 천상에 태어나고 싶다면 반드시 도덕 심리를 지니되, 그것이 실제 행위의 선행과 선정 수련과 잘 조화를 이루어야 합니다. 선정은 반드시 정좌 수련만을 가리키는 것은 아닙니다! 오히려 심리 행위의 평온에 가깝습니다. 참으로 선을 행하는 사람은 심리 행위가 자연스럽게 평온합니다. 평온은 선정의 근본적인 기초이니, 평온의 정도가 바로 선정의 깊이라고 할 수 있습니다. 심리적 평온을 얻고자 한다면 반드시 마음속 감정, 정서, 사상과 외재적인 행위가 절대적인 고요함으로 나아가야 비로소 진정한 평온의 상태에 진입할 수 있습니다.

일반인들은 가부좌 수련, 기공 수련, 호흡 듣기, 염불, 주문 외우기, 관상(觀想) 등을 하지만 그런 것은 대단히 소극적인 선정 수련이며 그렇게 해서는 거의 선정을 얻지 못합니다. 왜냐하면 그런 것들은 여러분이 그 자리에 앉아서 잠시 자신의 사상, 심리 행위를 또 다른 어떤 것에 기탁하는 것이기 때문입니다. 가령 호흡을 듣는 경우, 죽음이 닥쳐서 호흡이 정지하면 여러분은 무엇을 들을 것입니까? 또 주문을 외웠다면 사대(四大)가 분리될 때 생각도 의식도 사그라지면 여러분은 무엇을 외울 것입니까? 여러분은 즉시 의지할 곳을 잃어버릴 것입니다. 의지할 곳이 없어질 때 여러분의 심리 상태와 평생 품어왔던 습성은 온통 눈앞에 떠오르고 철저히 폭발할 것입니다. 그때가 되면 여러분이 제아무리 나는 정좌 수련, 주문 외우기, 호흡 듣기를 할 줄 아니까 하면서 평온해지려고 애써도 거의 불가능할 것입니다. 물론 완전히 불가능한 것은 아닙니다. 여러분이 충분한 견지(見地)와 정력(定力)을 소유했다면 말입니다. 그러므로 단지 선정의 정좌 수련에만 의지해서 도를 완성하고 천상에 태어나고자 한다면 그것은 스스로를 속이는 것입니다.

도를 완성하고 천상에 태어나는 이치는 아주 간단합니다. 심리와 행위로부터 시작해서 선(善)의 방면을 향해 노력해야 하는데 자신의 성격, 개성, 사상, 동작, 언어 등 각종 나쁜 습성과 습관을 마음먹고 철저히 고쳐 나가야 합니다. 따라서 선을 행함으로부터 도에 들어가서 오로지 선을 행한다면 비로소 천상에 태어나 성불할 희망을 가질 수 있습니다.

불학은 대승과 소승으로 구분하는 것이 아닙니다. 진정한 불학은 오승도(五乘道)입니다. 먼저 '입도(入道)'를 수련합니다. 즉 팔관재계가 천인의 기본입니다. 그다음에 비로소 소승의 '성문도(聲聞道)'를 수련할 수 있습니다. 거기에서 한 걸음 더 나아가 소승의 '연각도(緣覺道)'를 수련합니다. 그런 후에 비로소 대승의 '보살도(菩薩道)'입니다. 물론 오승도에는 오로지 하나의 마음만 있기 때문에 일승도(一乘道)라고 부르기도 합니다. 본래는 하나의 마음일 따름입니다. 바꾸어 말하면 심리 행위를 바로잡는 것에서부터 시작합니다.

이런 간단한 이치를 이해했다면 자신의 평생의 심리 행위, 선업과 악업의 공덕을 살펴보고, 자기가 육도(六道) 가운데 어느 도에 왕생할 수 있는지 알아야 합니다. 이 경전에서는 천상에 태어난다는 것이 어느 하늘에 태어나는 것인지 설명하지 않았습니다. 만약 상세히 알고자 한다면 반드시 『구사론(俱舍論)』, 『유가사지론(瑜伽師地論)』 등의 저작을 봐야 합니다. 그런 경전들을 연구하지 않는다면 일반인들이 현대의 불학 관련 글을 읽고 불학 강좌를 듣고서 스스로 불학을 연구하고 있다고 여기는 것과 다를 바가 없습니다. 대문 안에 들어오지도 못했을 뿐 아니라 심지어 줄서서 대기번호도 받지 못했다고 하겠습니다. 특히 이곳에서 불학을 공부하는 여러분은 선(禪)과 불(佛)을 표방하는 사람이니 더더욱 주의해야 합니다. 여러분의 논문이 불학과 밀접한 관계가 있든 없든, 적어도 이곳의 교육 종지가 그 방면으로까지 발전한다 해도 이런 기초조차 없다면 무엇을 쓸 수 있다는 말입니까? 어떤 학생들은 저에게 "논문으로 무엇을 쓸까요?" 하고 묻습니다. 여러분이 무엇을 쓰려고 하는지 제가 묻고 싶었는데 말입니다! 저더러 무엇을 쓸지 가르쳐 달라는 겁니까? 여러분은 아무것도 정확히 알지 못하므로, 여기에 앉아서 먼저 자신이 학문을 하고 도를 하는 것이 자신에게 맞는 것인지부터 점검해야 합니다. 만약 허송세월하며 시간만 축내고 있다면, 그저 번뇌와 망상 속에서 시간을 보내면서도 스스로 수행하고 있다고 여긴다면 저는 여러분에게 소만수(蘇曼殊)의 시와 딱 맞아떨어진다고 말하겠습니다.

천상에 태어나 성불하는 일 어찌 내게 가능하랴	生天成佛我何能
아득한 꿈에도 기댈 곳 없으니 한을 이기지 못하네	幽夢無憑恨不勝
소식을 물어온 유생에게 감사하노라	多謝劉生間消息
아직도 가느다란 운명 붙잡고 시승 노릇이나 하고 있다네	尙留微命做詩僧

여러분은 제가 시를 외우면 그저 베끼기나 할 뿐, 어째서 고생스레 공부한 스승의 정신은 배우지 않습니까? "아이고! 선생님은 타고나셨잖아요." 그럼 여러분은 뭐 땅에서 생겨났습니까? 나 참! 나도 어머니가 낳으셨고 여러분도 어머니가 낳으셨습니다. "선생님께서는 어째서 그렇게 잘 기억하십니까?" 열심히 고생스럽게 공부했으니까요! 좋은 책이나 좋은 구절들을 보면 온 힘을 다해 그것들을 외웁니다. 여러분은 열심히 하지도 않으면서 선생님은 타고나셨다고 말합니다. 뭐 여러분은 고구마가 자라난 것이라도 된답니까? 그런 일은 없습니다.

이것은 소만수의 유명한 시입니다. 유생(劉生)은 그의 친구였는데 편지를 보내서 요즘 생활이 어떠한가를 물었습니다. 그래서 이 시를 써서 보냈습니다. "불법을 배우는 것이 거짓이니, 천상에 태어나고 성불하는 것도 마찬가지로 제대로 해내지 못하네. 하루 종일 번뇌와 망상을 견디지 못하고, 꾸는 꿈조차 엉망진창이네. 고맙게도 자네가 편지를 보내서 내 상황을 물었지만, 지금은 한 가닥 운명이 남아 있어서 여전히 시를 짓고 있노라 말할 수 있을 뿐이네. 참된 화상(和尙)이라고는 말할 수 없고 시승(詩僧)에 불과할 뿐이지."

여러분은 소만수를 대단히 좋아하지 않습니까? 소만수의 시는 우리도 좋아합니다! 어떤 구절들은 대단히 훌륭하고 어떤 것들은 그저 그렇지만, 좋아하는 구절은 곧바로 외웁니다. 독서와 공부는 여러분에게 시간을 쓰라는 것이 아니라 마음을 쓰라는 것입니다. 마음을 쓰는 데 아무런 어려움이 없습니다.

천상의 문제를 이야기하다 보니 이렇게 많은 것까지 언급하게 되었고, 소만수의 "천상에 태어나 성불하는 일 어찌 내게 가능하랴"라는 시까지 인용하였습니다. 그러니 천상에 태어나는 일을 가볍게 보지 마십시오. 쉽지 않습니다!

이제 『약사경』은 우리에게 이렇게 격려합니다. 평소에 팔관재계를 받아 지키고 진정으로 마음을 수련하고 선을 행하면, 설사 목숨이 다할 때 서방 극락세계나 동방 약사여래세계에 왕생하지 못하더라도, "혹 그로 인해 천상에 태어나기도 한다〔或有因此, 生於天上〕"라고 말입니다. 여기에서는 천상의 계층에 대해서는 말하지 않았습니다. 어찌 됐든 장사꾼의 안목으로 본다면 천상에 태어나는 것이 사람 노릇 하는 것보다는 더 좋습니다.

불법을 배우는 사람은 귀신도 공경해야 한다

우리가 젊어서 불법을 배울 때에도 귀의(歸依)를 했는데, 부처님[佛]께 귀의하고 불법[法]에 귀의하고 스님[僧]에게 귀의했습니다. 이 스님에게 귀의하고 저 스님에게 귀의하며 다녔어도, 무슨 사마외도(邪魔外道)니 천마(天魔)니 천인(天人)에게는 끝내 귀의하지 않았습니다. 물론 그것은 일련의 과정으로서 불법을 배우는 첫 단계는 반드시 그러해야 합니다. 당시 우리의 믿음은 대단했습니다. 저는 늘 원환선(袁煥仙) 스승을 좇아서 함께 걸어갔는데, 매일 집에 돌아갈 때면 호선(狐仙)[124]의 사당을 지나갔습니다. 원 스승께서는 불법을 배우신 분이었고 당연히 삼귀오계, 보살계, 밀종계를 수지하셨는데, 호선의 사당이니 토지공(土地公)[125]의 사당이니 성황당 등을 지나가실 때면 반드시 고례(古禮)에 의거해 합장을 한 후에 가셨습니다. 중국의 고례가 바로 그와 같았습니다. 공부를 한 사람들은 재상이 됐든 장원이 됐든 자신이 얼마나 대단한 벼슬을 했든 상관없이, 고향으로 돌아가 조상의 묘나 사당 앞을 지나갈 때면 타고 있던 말에서 얼른 내렸습니다. 감히 말을 타고 위풍당당하게 그 앞을 지나가지 못했습니다. 우리는 젊은 시절에 그런 교육을 받았습니다. 심지어 외갓집 묘를 지날 적에도, 원래는 배 위에 누워 있거나 앉아 있었더라도 얼른 몸을 일으켜 합장을 하거나 예를 갖췄습니다. 지나간 다음에 다시 드러누워 잠을 잤습니다.

원 스승께서는 유가의 교육을 받았기 때문에 그런 곳을 지나갈 때면 곧바로 합장을 하셨습니다. 청년과 마찬가지로 호기심이 많았던 저는 더 이

---

124 중국 민간 신앙에서 선술(仙術)을 깨달아서 신통력을 터득한 여우를 이르는 말이다.

125 중국 민간 신앙의 신. 성황신이 성시(城市)의 수호신인 데 비해 토지신은 향촌의 수호신으로 천재나 전란에서 주민을 보호하고 나아가 주민의 사후도 지배하는 신으로서 두터운 신앙을 모았다. 대만에서는 토지공, 토지옹이라고 친숙하게 불리며 오늘날에도 널리 존중받고 있다.

상 참지 못하고 한번은 이렇게 물었습니다. "선생님! (당시 스승님이라고 부르지 않았습니다) 불법을 배우고 삼귀오계를 받으면 천마외도에는 귀의하지 않습니다." 원 스승께서는 다음과 같이 말씀하셨습니다. "그게 무슨 말이냐! 보살계의 계율은 모든 중생에 대해 공경해야 한다. 네가 보기에 토지공의 사당에는 신이 있느냐 없느냐? 만약 신이 있다면 평범한 한 사람이 죽어서 토지신이 된 것일 텐데, 훌륭한 사람이라야 토지신이 될 수 있지 않겠느냐! 나쁜 사람은 토지신이 될 수도 없느니라. 훌륭한 사람 앞에 섰으면 합장하고 예를 갖추는 것이 마땅하니, 그것이 보살도이다."

그 말씀을 듣고 저는 등 뒤로 식은땀이 흘렀습니다. 맞습니다. 그런 이치입니다. 그 후로 저 역시 원 스승님과 마찬가지로 어떤 사당을 지나가든지 합장 하고 예를 갖췄습니다. 어떤 공(公)이든 상관하지 않았고 설사 정괴(精怪)[126]라 할지라도 마찬가지였습니다. 개가 수련을 해서 정괴가 되었다면 그 개의 능력이 저보다는 크지 않겠습니까? 사람은 수련을 해서 인괴(人怪)가 되지 못했으니까요! 비록 개의 몸이지만 개 중에서도 훌륭한 개이기 때문에 정괴의 능력을 지녔으니 존경받을 만합니다. 불법을 배우는 사람은 일체 중생을 존중해야 하는데 하물며 귀신이겠습니까. '나는 삼귀오계를 받았으니 이렇게도 하지 않고 저렇게도 하지 않아' 하고 생각해서는 안 됩니다. 여러분은 죽은 다음에 토지신으로나 변할 수 있겠습니까? 역시나 문제입니다. 여러분이 그처럼 훌륭한 선과(善果)를 얻지 못했다면 아마 아귀로도 변하지 못할 것입니다. 그보다 못한 사람은 죽은 다음에 아비지옥에 떨어져서 영원히 기회를 얻지 못할 것입니다.

그것이 원 스승님의 교육이었는데, 저는 평생을 "가르침에 의거해 받들어 행했습니다[依敎奉行]." 아무리 작은 신명(神明)이라 할지라도 그 나름

---

126 짐승이나 초목 따위가 오랜 수련으로 변한 요괴를 말한다.

의 선과를 지녔기 때문에 공경하고 중시했습니다. 사람이 작은 장점을 지녀도 공경할 만한데 하물며 신이겠습니까.

선근을 잃어버리지 않고 복보를 다 누리다

그러므로 다른 불국토에 왕생할 자격이 없어서 천상에 태어났더라도, 천상에 태어난 것만으로도 충분히 공경받을 만합니다. 이런 것들이『약사경』의 핵심입니다. 배불리 먹고 나서 "나무약사불"을 만 번 외우라는 것이 결코 아닙니다. 빵 한 쪽에 바나나와 나물 한 접시 바쳐 놓고 결국에는 자신이 먹는데, 약사불은 제대로 먹어 보지도 못하면서 재난을 없애 주고 또 천상에 태어나게 해 준다면 그토록 수지맞는 장사를 누가 안 하겠습니까? 만약 그런 심정으로 불법을 배운다면, 여러분도 생각해 보십시오, 과연 옳습니까? 착한 마음은 조금도 없으면서 불경을 외웁니다. 그러다가 누가 여러분의 옷이나 신발을 건드린다거나 그 자리에 다른 사람이 오래 앉아 있기라도 하면 화가 치밀어 오릅니다. 화가 나지만 그래도 계속해서 "나무소재연수약사불"을 외웁니다. 그렇게 해서 과연 선보(善報)가 있겠습니까? 만약 있다면 그런 불법은 믿지 마십시오. 그 마음이 얼마나 사납고 얼마나 나쁘고 얼마나 악한지요! 불법을 배운다는 것은 선행을 하여 선보를 얻음이니, 지극히 선해야 비로소 감응을 얻을 수 있습니다.

『약사경』은 여러분에게 이야기합니다. 여러분이 지선(至善)에 이르지 못해서 불도(佛道)의 감응을 얻지 못하고 그로 인해 천상에 태어나게 되면, 비록 천상에 태어나더라도 약사불이 교육하고 수지한 근본을 지님으로 말미암아 여러분의 근본적인 선근(善根)은 잃어버리지 않습니다. 이 '선근'에 유의하십시오. 우리는 지금 좋은 사람이 되려고 하고 좋은 일을 하고자 하지만 여러분이 발심한 그 선심은 결국 진짜입니까, 가짜입니까? 선심을 발심한다고 해서 결국 근(根)이 생겨날 수 있을까요? 이 모두가 문제입니다. 오늘 기쁘고 마음이 좋아서 어쩌다 선근의 서광이 살짝 드러났다 할지라도 도무지 마음에 깊이 심어지지 않습니다. 잠시 후 여러분을 슬쩍 건드리고 주위 환경이 여의치 않으면 흉악한 모습이 그대로 드러나 버립니다. 그러면 무슨 소용이 있습니까? 그렇기 때문에 선근을 깊이 심어야 합니다.

『약사경』을 배우면 본래의 선근과 공덕을 잃어버리지 않기 때문에 천인의 수명이 끝나는 때에도 악취로 떨어지지 않습니다. 여러분은 얼마나 많은 천인이 복보를 다 누린 후에 악취로 떨어지고 말았는가를 알아야 합니다. 천인은 말할 필요도 없이 현실의 인생을 보더라도 알 수 있습니다. 하지만 젊은 사람들은 그런 것이 쉽사리 보이지 않을 것입니다. 우리같이 인생을 수십 년 봐 온 사람들은 현생에서 그런 과보를 보게 됩니다. 예전에 대륙에는 출신이 좋고 가정환경이 좋은 도련님과 아씨들이 많이 있었습니다. 그들은 정말로 비할 데 없이 마음껏 누렸습니다. 빵 하나를 먹더라도 더러울까 봐 혹시라도 뭐가 묻어 있을까 봐 껍질을 벗기고 먹었고, 콩나물은 머리와 꼬리를 다 잘라내 버리고 몸통만 남겼습니다. 먹는 것이나 입는 것이나 까다롭기 짝이 없었습니다. 하지만 항일 전쟁과 이차 세계대전이 닥치자 그 아씨들도 피난을 가야만 했습니다. 그러나 길도 잘 걸어가지 못하고 밥도 잘 먹지 못해서 고생하는 모습은 가엾기만 했습니다. 결국에는 품속에서 황금을 꺼내어 먹을 것과 바꾸고 싶어 했지만 일반 백성들은 황금을 본 적이 없으니 "무엇에 쓰는 것인고?"라고 물을 뿐이었습니다. 먹을 수 있는 것이 아니라서 모두 싫다고만 하니 먹을 것과 바꾸지도 못했습니다. 피난길에 오른 도련님과 아씨들은 쌀이 어디에서 자라는지도 알지 못했습니다. 어쩌면 여러분 가운데에도 만두피가 어디에서 오는지 모르는 사람이 있을지도 모르겠군요. 저 나무의 껍질이 만두피겠습니까? (일동 웃음) 반평생을 부귀 속에서 살다가 마지막에는 외롭고 고달프게 도랑이나 골짜기에서 죽어 가는 것을 보았습니다.

대만의 오랜 친구들 가운데에도 그런 사람이 많습니다. 어떤 사람이 죽었다는 말을 듣고 어쩌다 죽었느냐고 물었습니다. 뜻밖에도 지하의 도랑 속에서 죽었다는 것이었습니다. 예전에 대륙에서 무슨 높은 벼슬을 하고 집안에 돈도 많아서 부인도 여럿 두었고 자손이 많았다고 했습니다. 그런데 죽은 지 여러 날 지나서야 겨우 지하의 도랑에서 발견되었고, 몸에는 신분증도 없어 어디에서 온 늙은이인지 알 수가 없었다고 합니다. 그런 사람들은 반평생은 천인의 경계에서 모든 것을 누리며 살았으나, 죽은 후에는 진흙에 빠진 소의 과보를 받아 냄새나는 도랑 속에서 죽었던 것입니다. 몇명은 아직 남은 평생 수도를 하고 불법을 배우고 있습니다. 제가 이름은 거론하지 않겠지만 나이 드신 분들은 그들이 어떤 사람인지 다 알 것입니다.

여러분 주의하셔야 합니다! 우리가 오늘 여기 앉아서 아무렇게나 떠들어 대고 있지만 자신의 금생의 최후는 어떠할까요? 잘 수지하지 않는다면 지키기 어려우니 천인의 경계에서도 마찬가지로 타락할 수 있습니다. 참으로 어렵습니다! 우리는 자주 다른 사람들에게 만가(輓歌)를 써 주지만 '복수전귀(福壽全歸)'라는 네 글자는 정말 쓰기가 쉽지 않습니다. '복수전귀'라고 하면 적어도 팔구십까지는 부부가 함께 살고 부귀공명을 누리며 자손이 잘 되고 도덕이 훌륭해야 '복수전귀'라 부를 자격이 있습니다.

그것이 바로 인생의 인과(因果)이니 천인 또한 그러합니다. 그래서 『약사경』은 우리에게 말합니다. 약사불 법문을 닦은 후에 선심(善心)과 잘 결합시키고, 거기다 재계의 청정함을 더해야 비로소 천상에 태어날 수 있습니다. 천상에 태어나서 복보를 다 누린 후에도 악취 즉 지옥, 아귀, 축생도에 떨어지지 않습니다. 적어도 여전히 사람으로 태어날 수 있습니다.

전륜성왕

> "천상의 수명이 다하여 인간 세계에 태어나면, 혹은 전륜성왕이 되어 사대 주를 통치하는데, 위덕이 넘쳐서 헤아릴 수 없이 많은 유정들을 십선도에 편안히 서게 하느니라."

> 天上壽盡, 還生人間, 或爲輪王, 統攝四洲, 威德自在, 安立無量百千有情於 十善道.

과거에 십선도(十善道)[127]의 선행을 닦고 팔관재계를 받아 지켰기 때문에 천인의 수명이 다해 인간 세상에 태어나더라도 평범한 사람이 아니라 세상을 다스리는 제왕으로 태어납니다. 불경에서는 그 사람을 '전륜성왕(轉輪聖王)'이라 부릅니다. 전륜성왕은 수백 년 만에 나오는 인물이 아닙니다! 어쩌면 수천 년, 수만 년이 지나야 겨우 한 사람 나옵니다. 세상을 다스리는 제왕은 금륜성왕, 은륜성왕, 동륜성왕, 철륜성왕의 네 종류로 나뉩니다. 『화엄경』에서는 진정으로 잘 다스려지는 세상의 전륜성왕은 그 공덕이 부처님과 똑같다고 하였습니다. 즉 재가불(在家佛)이요 십지보살의 환생입니다. 이 부분은 아주 오묘합니다. 참으로 잘 다스려지는 세상의 전륜성왕도 십지보살의 환생이지만 참으로 열 가지 악법을 보여 주는 대

---

127 열 가지의 선행을 말하며 십선업(十善業), 십선계(十善戒)라고도 한다. 불교에서는 인간의 모든 행위를 신체, 입(언어), 마음의 세 종으로 구분하는데, 십선이라는 것은 신삼(身三), 구사(口四), 의삼(意三)의 악행을 행하지 않는 것이다. 즉 산 것을 죽이지 않으며〔不殺生〕, 도둑질을 하지 않으며〔不偸盜〕, 음행을 하지 않으며〔不邪婬〕, 거짓말을 하지 않으며〔不妄語〕, 겉만 번드르한 말을 하지 않으며〔不綺語〕, 나쁜 말을 하지 않으며〔不惡口〕, 이간질을 하지 않으며〔不兩舌〕, 아끼고 탐내지 않으며〔不貪欲〕, 성내지 않으며〔不瞋恚〕, 잘못된 견해를 품지 않는〔不邪見〕 것을 말한다.

마왕(大魔王) 역시 십지보살의 환생입니다. 하나는 선의 교화를 통해 세상을 다스리고, 하나는 악의 교화를 통해 세상을 다스립니다. 비록 그 교화가 선악의 차이는 있지만 십지보살이라야 비로소 그런 자격을 지닙니다.

불학을 연구하는 여러분들은 유의해야 합니다. 일반적으로 불학을 공부하는 사람들은 걸핏하면 공(空)이니 유(有)니 하는 형이상적 철학 방면에서 찾거나 혹은 필사적으로 문학의 경계에서 연구합니다. 형이하의 학문이나 우주와 인류 및 모든 생물체와 생명의 관계, 가령 삼계천인(三界天人), 육도윤회(六道輪廻), 삼세인과(三世因果)와 같은 가장 기본적인 도리에 대해서는 전혀 연구하지 않습니다. 예를 들어 전륜성왕의 문제가 나왔으니 하는 말이지만 우리는 불법 가운데 석가모니불이 비교적 출세(出世)에 치우쳤다고 생각합니다. 하지만 그것은 불학에 대한 연구가 철저하지 못하기 때문입니다. 실제로 석가모니불이 가장 중시한 것은 입세(入世)였습니다. 그래서 『금강경』에서는 전륜성왕의 공덕이 여래와 같다고 재삼 언급하였습니다. 둘 사이에는 약간의 차이밖에 없습니다. 하나는 출세의 노선을 걸어서 보리도(菩提道)를 증득하였고, 하나는 입세의 노선을 걸어서 보리도를 증득하였습니다. 그래서 불경에서는 재가불(在家佛)인 유마힐 거사가 출현하여 곳곳에서 여러분을 이끄는데, 세간법의 형태를 벗어나지 않으면서 마음으로 출가할 수 있습니다. 이것은 대승 보살도이니 출세보다도 더 어렵습니다.

그러므로 세상을 다스리는 전륜성왕은 '불세출(不世之出)'의 인물입니다. 다시 말해 모든 시대마다 그러한 성인 제왕이 태어나는 것은 아니라는 말입니다.

중국 문화의 역사 경험으로 보면 맹자는 "오백 년이 지난 후에 왕자가 일어난다(五百年而後有王者興)"라고 했습니다. 한번은 제가 공맹학회에서 역사를 분석하는 강연을 했는데, 맹자의 "오백 년이 지난 후에 왕자가 일어난다"라는 이 구절을 가지고 중국 문화의 운명과 사회 정치의 연관을 결산했습니다. 확실히 사오백 년마다 한 번의 변혁이 있었습니다. 주공(周公)으로부터 계산해서 지금까지 여덟 번의 오백 년이 있었고, 미래에도 틀림없이 왕자(王者)가 일어날 것입니다. 다만 그 왕자는 불학의 표준으로 말한다면 전륜성왕은 아니고 단지 오백 년 만에 나오는 영웅일 뿐입니다.

제가 늘 하는 우스갯소리가 있는데, 연극계에서 극본을 쓰고 배우도 하는 친구가 저를 보러 오면 저는 그들을 격려하며 말합니다. "중국 역사는 오백 년에 한 명의 영웅이 나오고 삼백 년에 한 명의 연극배우가 나온다네." 훌륭한 연극배우가 레이건처럼 연기하기란 정말 쉽지 않습니다. 레이건은 연극배우 출신인데 미국의 역사는 채 삼백 년이 되지 않았습니다. 과거 중국의 경극계에는 매란방(梅蘭芳) 같은 명배우가 있었습니다. 매란방같이 훌륭한 연극배우는 앞으로도 다시 나오기 어렵습니다. 매란방은 중국의 삼대 미남자 중 한 사람으로 정말로 한때를 풍미했습니다. 그 훌륭하고 멋진 연기는 참으로 형용할 길이 없습니다.

원나라 때 어느 이름난 대가가 두 마리 소가 싸우는 그림을 그렸는데 많은 사람들이 보고서 훌륭하다고 칭찬했습니다. 소를 치는 어린아이가 지나가다가 고개를 들이밀고 보더니 "갑시다! 가요! 이게 뭐 훌륭하다고 그래요? 별것도 아니네." 사람들이 그 소년에게 "뭔 소리냐? 너도 그림을 그릴 줄 아느냐? 어디가 잘못 됐다는 것이냐?" 하고 물었습니다. 그 소년이 말하기를, 자신은 소를 치는 사람으로서 그림은 그릴 줄 모르지만 이 그림이 잘못 그려졌다는 것은 안다고 했습니다. "싸움을 하는 소는 싸움이 거세질수록 꼬리를 엉덩이에 바짝 끼우는데, 그림 속의 소는 꼬리를 꽂꼿이 쳐들고 있으니 싸우는 게 아니잖아요!" 그 말이 끝나자 그 그림도 가치가 없어졌습니다.

종교 영화로 관음전(觀音傳)이니 석가모니불전(釋迦牟尼佛傳) 같은 것을 만들었는데, 아이고! 나중에 저는 보러 가지도 않았습니다. 보고 나면 구토가 나서 견딜 수 없기 때문입니다. 가령 석가전을 보더라도 석가모니불을 누가 연기하겠습니까? 그런 수양을 갖추었습니까? 풍격이나 표정은 배우 자신의 수양에 근거해야 자연스럽게 나올 수 있는 것입니다. 설사 고도의 화장술을 사용한다 할지라도 소용이 없습니다. 일거수일투족, 표정과 태도가 어울리지 않으면 그야말로 딴판입니다. 겉모습을 아무리 그럴듯하게 꾸며 놓아도 여전히 비슷할 뿐입니다. 자주 이곳에 와서 저녁을 먹는 친구가 있는데, 젓가락으로 요리를 집는 자세를 보면 벌써 그 친구가 무공을 연마한 사람임을 알 수 있습니다. 한번은 어떤 친구와 악수를 했는데, 손을 잡아당기는 순간 그가 복건(福建) 보전(莆田)의 소림사 무공을 연마했음을 알았습니다. 그는 겸손하게 아니라고 말했지만 제가 젊을 때 배운 적이 있다고 했더니 그제야 젊은 시절에 잠시 했었노라고 시인했습니다.

그런 것은 학문을 하거나 사람 노릇 하는 수양과 똑같아서 다른 사람을 속일 수가 없습니다. 여러분이 아무리 자신은 학문이 훌륭하다고 말해도 몇 걸음만 걸어가 보면 곧바로 알아낼 수 있습니다. 뱃속에 학문이 없으면 겉모습이 바르지 않습니다. 여러분이 아무리 자신은 도를 깨달았다고 말해도 몇 걸음 걸어가는 모습만 봐도 깨달음으로부터 멀어져 가고 있음을 알 수 있습니다. 그래서 예전의 선종 조사는 이렇게 말했습니다. 어떤 사람이 깨달았는지 아닌지는 몇 걸음 걸어가기만 해도 그가 가장 소중히 여기는 것이 무엇인지 알아낼 수 있다고 말입니다. 조금도 틀린 말이 아닙니다.

수양이라는 것은 정말로 쉽지 않으며 세상을 다스리는 전륜성왕은 더더욱 쉽지 않습니다. 진정한 불법은 이 방면을 중시합니다. 여러분이 그런 것을 계속 더 연구한다면 제가 여러분에게 아주 중요한 비결을 전해 준 셈입니다. 만약 불법을 깊은 산의 꼭대기까지 끌어다 놓는다면 여러분은 완전히 틀렸습니다. 불법의 참된 의의는 일체의 중생을 구제하는 것입니다. 일체의 중생을 구제한다는 것은 삭도 한 자루를 가지고 자신의 머리카락을 빡빡 밀어서 해결할 수 있는 것이 아닙니다. 그 외에도 여러 자루의 칼이 있어야 해결할 수 있습니다. 전륜성왕은 칠보장엄(七寶莊嚴)을 지니고 있습니다. 칠보 안에는 한 자루의 큰 칼도 있습니다. 이 자리에서 설명하지는 않겠지만 여러분이 불학을 연구해 보면 알 수 있습니다.

그렇다면 불법이 진정으로 표방하는 사람은 어떤 사람일까요? 다시 말해서 불법을 담당하는 사람은 어떤 사람입니까? 그런데 세상 어느 방면의 지도자이든 반드시 교육을 받지만, 각 방면에서 큰 성취를 거둔 사람이 반드시 교육자인 것은 아닙니다. 맞지요? 교육자는 오로지 교육을 담당하지만 그가 배출해 낸 인재들은 각양각색으로서 모두가 교육자가 되지는 않습니다. 그렇습니다! 그런 까닭에 불법을 담당하는 사람은 출가한 비구입니다. 그들이 부처님의 교화를 전담합니다. 출가한 사람이 그 집을 맡아서 주지(住持)해야 합니다. 하지만 불법을 배우는 사람은 반드시 출가해야 하는 것은 아닙니다. 일체의 중생을 제도하려면 온갖 모습과 온갖 서로 다른 자태로 변해야 합니다. 이런 이치를 알고 나면 여러분은 논문도 쓸 수 있을 것입니다. 다만 이렇게 조금 이치를 들었다고 해서 깨달았다고 말해서는 안 됩니다. 앞으로도 수많은 청개구리가 우물 속으로 풍덩-몰라요 하고 뛰어들 것입니다.[128] 그러니 천천히 연구하십시오!

그래서 저는 큰소리로 외칩니다. 근 백 년 이래의 불학은 수많은 잘못이 나타났고 방향이 완전히 틀렸다고 말이지요. 전륜성왕의 이야기가 나온 김에 이런 이치들을 끄집어내어 여러분의 주의를 일깨워 보았습니다.

이제 불경은 전륜성왕이 사대주(四大洲)를 통치할 것이라고 말합니다.

---

128 중국어로 풍덩〔噗通〕과 몰라요〔不懂〕는 발음이 유사하다.

엄격히 말하면, 확대해서 말하더라도 지구는 사대주의 하나에 불과하며 남섬부주(南贍部洲)라고 불립니다. 만약 지구를 가지고 말한다면 아시아가 사대주의 한 주이니 범위에 크고 작음의 차이가 있습니다.

전륜성왕은 전 세계를 통치하므로 인류 역사상 아직은 출현하지 않았습니다. 동양의 칭기즈칸이라 할지라도, 심지어 칭기즈칸의 자손도 해내지 못했습니다. 중국의 역대 왕조들 역시 해내지 못했습니다. 억지로 갖다 붙인다면 철륜성왕의 경지에 비교할 수 있을 따름입니다. 우리의 조상인 신농, 황제, 요, 순은 세상을 다스리는 전륜성왕에 억지로 견주어 볼 수 있겠지만, 아래로 내려가면 영웅은 나왔을지 몰라도 성왕(聖王)이라고는 할 수 없습니다.

인간 세상에 태어남은 훌륭한 과보이다

"혹은 찰제리¹²⁹, 바라문¹³⁰, 거사 같은 귀족으로 태어나느니라."

或生刹帝利婆羅門居士大家.

신농, 황제, 요, 순 같은 성인은 도덕으로 감화시켰지 권위로 누르며 통치하지 않았습니다. 그들은 전륜성왕으로 태어나지 않고 제왕의 집에 태어나거나 혹은 영웅 세가에 태어나거나 혹은 찰제리로 태어났습니다. 인

---

129 산스크리트어 크샤트리아(kṣatriya)의 음역. 고대 인도의 카스트 제도에서 두 번째 계급으로, 왕족과 무사 그룹이며 정치와 군사를 담당한다.

130 산스크리트어 브라만(brāhmaṇa)의 음역. 고대 인도의 카스트 제도에서 가장 높은 계급으로, 제사와 교육을 담당하는 바라문교의 사제(司祭) 그룹이다.

도는 지금까지도 계급 제도가 대단히 뚜렷하고 대단히 불평등합니다. 찰제리는 통치 계급 혹은 제왕의 계급인데, 인도의 명문 귀족은 대부분 찰제리 계급입니다. 석가모니불의 혈통도 찰제리 계급이었습니다. 혹은 사제로 태어나기도 하니 바라문교는 인도 수천 년 문화의 중심입니다. 기타 불교의 거사 등이 있습니다.

"재물과 보배가 풍족하여 창고에 가득 차서 넘치고, 용모의 생김새는 단정하며 권속을 다 갖추고, 총명하고 지혜로우며 용맹하고 건장하여 아주 힘센 역사와 같느니라."

多饒財寶, 倉庫盈溢, 形相端正, 眷屬具足, 聰明智慧, 勇健威猛, 如大力士.

"용모의 생김새는 단정하며 권속을 다 갖추고〔形相端正, 眷屬具足〕"라고 했습니다. 생각해 보세요. 얼마나 어렵습니까! 전륜성왕도 아닌데 용모가 장엄하고 부모 형제, 처자, 친구, 제자를 포괄한 육친의 권속을 다 갖추기란 쉽지 않습니다. 그 밖에도 "총명하고 지혜로우며 용맹하고 건장함〔聰明智慧, 勇健威猛〕"을 모두 갖추어야 합니다. "아주 힘센 역사와 같다〔如大力士〕"라고 했는데, 본인이 반드시 힘센 역사라는 것은 결코 아닙니다. 약사여래의 법문을 닦은 적이 있고 거기다 지극한 마음으로 선을 행하면 인간 세상에 태어나는 과보를 받는다는 말입니다. 그렇다면 이런 것들은 종교적 미신일까요, 아니면 정말로 내세가 있을까요? 이것은 철학이자 과학상의 큰 문제입니다.

"만일 여인이라도 세존이신 약사유리광여래의 명호를 듣고 지극한 마음으로 받아 지킨다면, 다음 생에는 다시는 여인의 몸을 받지 않느니라."

若是女人, 得聞世尊藥師琉璃光如來名號, 至心受持, 於後不復更受女身.

"지극한 마음으로 받아 지킵니다[至心受持]." 마음을 오로지하고 뜻을 하나로 하여 지극한 마음으로 받아들이고 또 수지한다면, 환경이나 어떠한 방해에도 포기하지 않는다면 이번 생 이후로는 더 이상 여성으로 변하지 않을 것입니다. 물론 여성은 수많은 불편과 고통을 지니고 있습니다. 그런데 제 친구 하나는 여인이 남자보다 훌륭하다고 생각해서 세세토록 영원히 여성으로 변하기를 원합니다. 그러면서 수많은 이유를 대는데 듣고 있노라면 정말 어쩔 도리가 없습니다.

온갖 병을 없애다

"문수사리보살이여! 저 약사유리광여래께서 바른 깨달음을 얻어 부처가 되실 때에는 본래 세웠던 원력으로 말미암아, 모든 유정들이 시름시름 마르거나 소갈이나 황달 등 온갖 병고를 만나거나, 혹은 염매의 주술이나 독에 중독되거나, 혹은 단명하거나 혹은 횡사하는 것을 관찰하시고, 그들로 하여금 병고가 소멸되고 구하는 바가 원만해지도록 하셨느니라."

復次, 曼殊室利, 彼藥師琉璃光如來得菩提時, 由本願力, 觀諸有情, 遇衆病苦, 瘦攣乾消黃熱等病; 或被魘魅蠱毒所中; 或復短命, 或時橫死; 欲令是等病苦消除, 所求願滿.

약사유리광여래는 보살도를 수행하기 시작할 때 자신이 도를 깨치고 성불했을 때의 서원을 발원했습니다. 무엇 때문에 불법을 배웁니까? 많은 사람들이 저를 찾아와서 정좌 수련을 배우고자 하면 저는 곧바로 묻습니다. 왜 정좌 수련을 배우려고 합니까? 그러면 자신의 몸을 위해서라고 말합니다. 그런 말을 들으면 저는 아이스크림을 먹은 것처럼 머리부터 발끝까지 서늘해집니다. 그렇게 작은 목적 때문이라면 굳이 저를 찾아올 필요 없이 편하게 다른 사람을 찾아가서 배우면 됩니다!

만약 성불하고 싶다고 말하는 사람에게 깨달음을 증득하라고 요구했는데 본인의 마음이 서서히 움직인다면, 아! 그런 사람은 가르칠 만합니다. 왜 불학을 배우려 하느냐고 물으면 백이면 백 모두 몸이 좋지 않아서라고 대답합니다. 몸이 좋지 않으면 의사를 찾아갈 것이지 왜 저를 찾아옵니까? 바꾸어 말하면 그것은 자아 중심적이며 출발점이 완전히 이기적입니다. 그 때문에 저는 아이스크림을 먹었을 때보다 더 서늘해지고 마음도 온통 싸늘해집니다. 저는 이렇게 말합니다. "좋지 좋아. 물론이지. 내가 자네를 가르칠 사람을 찾아보겠네." 몸을 위해서라면 반드시 정좌 수련을 배워야 하는 것은 아닙니다. 정좌 수련은 효과가 더디니 차라리 운동을 배우는 것이 더 좋습니다.

약사불이나 여러 불보살들은 불법을 배우기 시작할 때부터 깨달음을 증득하는 데 목적이 있었습니다. 그것이 대장부의 기개이니 천상의 인간이 되고자 한 것입니다. 불보살이 불법을 배우기 시작할 때의 본원(本願)은 대부분 모든 중생을 구제하려는 것이었습니다. 예를 들어 약사불의 십이 본원은, 내가 성불하면 중생을 위해 이렇게 저렇게 하겠고 이 세상을 어떻게 구제할 것이다 하는 것이었습니다. 그의 동기는 그러했습니다. 이기적으로 자기 자신만을 위해 불법을 배우지 않았는데, 이것은 불법을 배우는 사람들에게 하나의 훌륭한 모범을 남겨 주었습니다. 물론 자기 자신의 성취라고도 말할 수 있지만 그것보다는 중생들로 하여금 공동으로 성취하도록 했습니다.

약사불은 가없은 사람과 병으로 고통받는 사람이 세상에 너무도 많음을 가슴 아파했습니다. 약사불은 본원의 능력을 통해 모든 유정들이 질병의 고통 가운데 있음을 보았습니다. "시름시름 마르거나 소갈[瘦攣乾消]"이라고 했는데, 마르는 것과 살찌는 것 둘 다 병입니다. 특히 갑자기 마른다면 암이 의심되며, 지나치게 살찌는 것도 건강한 것이 아닙니다.

십구 세기에 인류를 위협한 질병은 폐병이었고 이십 세기에는 암이지만 이십일 세기 초가 되면 암의 특효약이 세상에 나오게 될 것입니다. 이십일 세기에 인류를 위협하는 질병은 정신병과 심리병일 것이니 약으로도 구제할 수 없는 지경이 올 것입니다. 젊은 여러분은 팔구십 세까지 살아서 미래의 세계를 보게 될 텐데, 모두가 생활의 압력과 물질의 유혹으로 인해 정신병을 앓을 것입니다.

'건(乾)'은 마름병입니다. '소(消)'를 보자면 고대 한의학에는 '소' 자가 들어가는 병명이 있었습니다. 상소(上消), 중소(中消), 하소(下消)가 있었는데 지금은 하소에 속하는 당뇨병만 거론합니다. "황열(黃熱)"은 간담(肝膽)에 생기는 병입니다. "염매(魘魅)"는 귀신병이고 "고독(蠱毒)"은 세균이나 전염병입니다. 혹은 "단명(短命)"하고 "횡사(橫死)"하는데, 비행기 사고나 자동차 사고 등을 말합니다.

약사불은 미래 세계를 보고, 특히 우리 이 세상의 중생이 생로병사에 묶여 너무나 고통스러워하는 것을 보고 이 세상을 구원하고자 발원했습니다. 그의 원력으로 말미암아 하나의 법문을 전했습니다.

관세음보살은 동방세계에서 여성의 고통이 남성보다 훨씬 큰 것을 보았기 때문에, 동방세계에서는 여성의 몸으로 변해 여성의 모성애와 자비를 대표합니다. 하지만 실제로 관세음보살은 남성입니다.

화로의 불이 푸른색으로 변하다[131]

이제부터는 약사불의 본주(本呪)에 대해 이야기하겠습니다. 밀종의 약사법은 엄격하지만 지금은 저도 관여하지 않습니다. 저는 지금껏 밀법(密法)을 전하지 않았는데, 밀법이 저에게는 비밀이라고 할 만한 것이 없었기 때문입니다. 저는 평소 어떤 법이든지 밀법으로 바꾸는 것을 좋아하지도 찬성하지도 않습니다. 도라는 것은 천하의 공도(公道)이며 아무런 비밀이 없습니다. 도는 어느 한 개인에게 속하지도 않습니다. 오직 선한 마음이 충분하고 복덕(福德)이 충분하기만 하면 이 법문을 전해 줄 수 있습니다. 선한 품성과 복덕이 부족하면 당연히 전해 줄 수 없는데, 그것은 여러분이 강아지나 고양이에게 중국어를 읽으라고 요구하는 것과 똑같습니다. 그것이 가능하겠습니까? 당연히 불가능합니다.

지금은 약사 불법을 닦는다 해도 전적으로 밀종의 수행법에 의거할 필요는 없습니다. 그러려면 너무 번거롭습니다. 밀종의 수행법은 호사스러워서 단지 공양만 하더라도 여러분은 제대로 따라 할 수 없습니다.

약사불 불상은 대부분 푸른색이나 감색으로 그리는데 왜 그럴까요? 이것이 바로 비밀입니다. 한 사람이 도를 닦고 불법을 배워서 기맥(氣脈)과 중맥(中脈)이 완전히 통하는 경지에 도달하면, 부모가 낳아 준 육신이 변화해서 그의 경계는 영원히 감색이 됩니다. 그런 까닭에 불상이 푸른색인 것입니다.

그런데 만약 정말로 안팎이 투명한 감색의 활불(活佛)이 여러분 눈앞에 서 있다면 여러분은 무섭지 않겠습니까? 제가 생각하기에는 놀라서 정신

---

131 노화순청(爐火純靑)은 화로의 불이 푸른색으로 변한다는 뜻으로, 수련 따위가 지극한 경지에 달해 이미 그것이 겉으로 드러나지 않는 상태를 말한다.

이 혼미해질 것입니다. 칠흑같이 어두운 밤에 불쑥 저곳에 앉아 있다면 보는 순간 틀림없이 숨이 멎도록 놀랄 것입니다. 평소에는 "약사불이시여! 약사불!" 하다가 그때가 되면 곧바로 "아이고! 어머니!" 할 것입니다.

실제로 수지가 일가견을 이루어 기맥이 통하게 되면 대단히 장엄하고 청정한 안색으로 변합니다. 과학을 연구하는 사람들은 알고 있는데 여러분도 아마 학교에서 실험을 해 보았을 것입니다. 일곱 색깔의 변화에는 일정한 순서가 있으니 빨강, 주황, 노랑, 초록, 파랑, 남색, 보라입니다.

화가가 됐든 무공을 연마하든 그 경지가 높아지면 "화로의 불이 푸른색으로 변한다[爐火純靑]"라고 표현합니다. 제철소에 가서 보면 알 수 있지만 빨간 불꽃은 화력이 충분치 못하고 흰 불꽃의 화력이 강합니다. 그래서 글을 쓰다 보면 늘 '백열화(白熱化)'라는 표현을 쓰게 됩니다. 하지만 제련이 최고 온도에 도달하면 푸른색이 됩니다.

여러분은 지금 정좌 수련을 하면서도 다리가 아프니 이러니저러니 합니다. 그러면서 삼매진화(三昧眞火)라니요! 가스불도 생기지 않습니다. 삼매진화가 일어나면 색신이 변화하는데, 그런 경계에 도달해야 비로소 무엇을 "화로의 불이 푸른색으로 변한다"라고 하는지 알 수 있습니다. 또 그래야 비로소 병을 없애고 수명을 연장할 수 있습니다.

약사불의 수행법

장수 불법은 전해 주지 않는 밀종의 비밀인데, 이제 제가 여러분에게 전해 드리겠습니다. 나가서 선지식을 사칭해 함부로 말하지는 말고 그냥 알아 두면 좋습니다. 그렇다면 어떻게 수행해야 할까요? 밀종의 약사불 수행법은 불상을 제단 중간에 모셔 두고 제단에 대단히 신경을 씁니다. 매일 연유와 우유로 공양을 합니다. 중국에서는 식물성 기름을 사용하는 청유등(青油燈)을 켜지만 인도나 중동 일대에서는 연유로 등불을 켭니다. 수천 수만 개의 등잔을 제단에 공양해 놓으면 정말로 그 장엄함이 비할 데가 없습니다. 거기다 맑은 물 천 잔을 공양하는데 매일 새 물로 갈아 놓는 것만으로도 시간이 부족합니다. 삼백(三白) 공양은 참깨와 설탕과 찹쌀로 만든 떡인데 매일 바꿔 놓아야 하고 수시로 바꿔 놓아야 하는 것이, 마치 활불을 공양하는 것처럼 공경해야 합니다.

열 가지의 공양은 향(香)·화(花)·등(燈)·수(水)·과(果)·차(茶)·식(食)·보(寶)·주(珠)·의(衣)입니다. '향(香)'은 꼭 향을 사르는[燒香] 것만 가리키는 것은 아닙니다. 향을 사르면 공기를 오염시켜 호흡기에 좋지 않습니다. 향을 바르거나[塗香] 향을 문지르는[抹香] 것도 모두 향이라고 합니다. 바닥에 향수를 가득 바르는 일을 여러분은 할 수 있습니까? 이 위층만 가득 바르려고 해도 하룻밤에 적어도 천 위안은 들 것입니다.

요 몇 년 사이 대만에는 갑자기 수많은 밀종이 출현했는데, 진정한 제단이 어떤 모습인지는 하나같이 본 적이 없습니다. 제단의 장엄함은 보는 사람으로 하여금 숙연하게 만들고, 매일 몸을 깨끗하게 씻지만 불당에 들어가는 즉시 청정해집니다. 향·화·등·수·과·차·식·보·주·의는 수시로 바꿔 주어야 합니다. 여러분이 저에게 차를 내오는 것을 보더라도 하루에 몇 번이나 바꾸지 않습니까! 부처님의 차를 어떻게 한 번만 바꾸겠습니까? 밤새 곰팡이가 폈는데도 그대로 내버려 둔다면 부처님께서는 곰팡이 핀 차를 마셔야 하지 않겠습니까? '식(食)'은 음식입니다. 진정으로 불법을 배우는 사람은 부모를 공경하는 것과 마찬가지로 음식을 먹기 전에 먼저 부처님께 공양합니다.

'보(寶)'는 모든 보석을 가리킵니다. '의(衣)'의 경우에는 새 옷을 자기가 감히 입지 못하고 먼저 부처님께 공양해야 하기도 합니다. 불상은 일 년

사계절 아침저녁으로 옷을 갈아입히고 목욕을 시켜야 합니다. 바치는 물도 대충하지 않습니다. "이 잔은 어르신 당신을 목욕시킬 물이고 이 잔은 세수를 시킬 물이며 이 잔은 어르신 당신이 인연을 좇아 중생에게 보시할 때 사용하실 물입니다." 한 잔 한 잔 받쳐 들고 가서 일일이 발원하고 설명합니다. 여러분이 물을 길어 나르는 것과는 딴판이지요. "물을 가져와! 가져오라니까! 여기는 아직 물을 더 뿌려야 돼!" 자신이 무엇을 하는지도 모르고 있습니다. 향등사(香燈師)는 유의해야 합니다! 저는 불당에 가서 그런 모습을 보고는 한 바퀴 돌아보고 그냥 내려오는 수밖에 없었습니다. 여러분은 제 불당에 와 보고 "선생님의 불당은 정말 장엄해요"라고 말하지만 사실 진정한 장엄에는 훨씬 못 미칩니다. 도량이 없기 때문입니다.

진정한 밀종의 제단은 장엄하고 호사스러워서 감당할 수가 없습니다! 하루 공양에도 얼마나 많은 돈을 써야 하는지 모릅니다! 어떤 사람이 묻기를 "선생님께서는 왜 재신법(財神法)을 수련하지 않습니까?" 하고 묻는데, 제 대답은 "감당할 수 없어서"입니다. 재신(財神)이 제단 중간에 앉아 있으면 날마다 우유·연유·향수를 공양해야 하고, 날마다 몇 번씩 목욕을 시켜야 하고, 씻긴 다음에는 향·화·등·수·과·차·식·보·주·의를 공양해야 합니다. 저에게 그만한 밑천이 생긴다면 장사를 해서 천천히 재물을 모아 부자가 되지 그 어르신을 수행하지 않을 겁니다! 그런 공양을 하려면 많은 돈을 써야 하고 또 금잔 은잔을 가지고 목욕을 시켜야 되고, 됐습니다, 저는 수행하지 않겠습니다. 첫째로 저는 그만한 돈을 쓸 수가 없고, 둘째로 하루 온종일 공양하고 목욕시킬 시간이 없습니다. 여러 불보살께는 죄송합니다! 저는 책을 봐야 하고 또 해야 할 일이 많습니다. 제가 그 어르신을 돌보면 여러분 같은 활보살들을 돌볼 시간이 없거든요.

밀종을 공부하려면 먼저 부처님께 절을 해야 하는데 일단 십만 번을 채워야 합니다. 절을 하다가 혹이 다 생길 정도입니다. 불상을 앞에 모셔 두고 절을 한 다음 머리를 탁자에 부딪쳐야 절을 했다고 할 수 있습니다. 그래야 부처님의 발에 부딪친 것이 되기 때문입니다. 우리처럼 바지가 더러워질까 봐 카펫을 깔아 놓고 절을 하는 데가 어디 있습니까? 여러분은 그렇게 지극정성으로 부처님께 절할 수 없습니다. 그래서 저도 전해 주지 않는 것이니 여러분은 그저 성심으로 주문을 외우고 성심으로 관상(觀想)을 하면 됩니다.

약사불 장수불의 수인(手印)을 다시 한 번 가르쳐 드리겠습니다. 평소 정좌 수련을 할 때에는 수인을 배꼽 아래의 아랫배와 두 다리 사이에 두거나 혹은 가슴 앞에 두어도 됩니다. 간구하는 것이 있을 때에는 두 엄지손가락을 구부리는데, 무선전보를 누르고 있는 것과 똑같습니다. 수인을 풀때에는 머리 위로 풀어야지 함부로 풀어서는 안 됩니다. 수인은 그것을 배운 적이 없는 사람에게는 보여 주지 않는 것이 좋습니다. 일반적으로 불법을 수행할 때 수인은 천으로 덮어 둡니다. 각 파마다 다른데 황교에서는 노란색 천으로 덮어 두고 백교에서는 흰색 비단으로, 홍교에서는 붉은색 비단으로 합니다. 그것은 중요하지 않으니 상관없습니다. 이 법은 함부로 전해 주거나 함부로 말해서는 안 됩니다. 상대방이 정말로 지극정성일 때를 제외하면 말입니다.

"그때 저 세존께서 삼마지에 드셨나니 이름은 '제멸일체중생고뇌'였느니라. 이미 선정에 드시자 육계 속에서 큰 광명이 나왔고, 빛 가운데에서 대다라니를 설파하셨느니라. '나모바가발제, 비살사, 구로벽류리, 발라바, 갈라사야, 달타아다야, 아라하제, 삼막삼발타야. 달질타. 옴, 비살서, 비살서, 비살사, 삼몰아제, 사바하.'"

時彼世尊, 入三摩地, 名曰「除滅一切衆生苦惱」. 旣入定已, 於肉髻中, 出大光明; 光中演說大陀羅尼曰: 那謨薄伽筏帝, 鞞殺社, 窶嚕薛琉璃, 鉢喇婆, 喝囉闍也, 怛陀揭多耶, 阿囉訶帝, 三藐三勃陀耶. 怛姪陁, 唵, 鞞殺逝, 鞞殺逝, 鞞殺社, 三沒揭帝, 娑婆訶.[132]

"삼마지(三摩地)"는 선정에 든 경지인데 그것은 어떤 경지일까요? 모든 고뇌를 소멸한 경지입니다. 그 삼마지에 들자 정수리에서 "큰 광명이 나오고[出大光明]" "빛 가운데에서 대다라니를 설파하셨습니다[光中演說大陀羅尼]." 이것은 주문의 전문(全文)으로 현교와 밀교에서 약사불의 주문과 관련된 것을 모두 모았습니다. 이 주문은 평소에 정성을 다해서 백만 번 외우면 효력이 아주 큽니다. 수행한 후에는 약 혹은 깨끗한 잔에 가득 담은 증류수에 공기와 세균이 들어가지 못하게 잘 덮어서 보관해야 합니다. 병자를 치료할 때에는 약사불의 수인을 하고 거기다 대비주(大悲咒)를 외우고, 임종하려고 할 때에는 아미타불의 명호와 왕생주(往生咒)를 외우면 임종 시의 고통을 감소시키고 빨리 왕생하게 합니다.

백만 번 수행한 깨끗한 물을 따르고 거기다 끓인 물을 섞어서 마시면 병을 치료할 수 있습니다. 다만 지극정성으로 수행해야 합니다. 음식이나 찻물로 병을 치료하려는 사람도 있는데, 그런 경우에는 이런 수인을 맺은 다음에 수인을 위쪽에서 스물한 번 짓고 거기다 약사주(藥師咒)를 외우면 됩니다. 여러분의 발원에 맞추어 몇 번을 외우든 상관없지만 기본적으로 먼저 백만 번을 외워야 영험합니다.

약이나 깨끗한 물은 모든 중생의 고뇌를 없애며 대단히 영험합니다. 설사 약이나 물을 쓰지 않더라도 내키는 대로 수인을 맺고 가지(加持)[133]를

---

132 원서에서는 '怛' 자가 '恒' 자로 되어 있으나 달(怛)의 오기(誤記)로 보여 수정하였다.

133 '가(加)'는 가피(加被), '지(持)'는 섭지(攝持)의 뜻으로 지배하는 힘 또는 신비한 주술력을 이른다. 부처님의 대자대비한 힘의 가호를 받아 중생이 불범일체(佛凡一體)의 경지로 들어

하기만 해도 영험합니다. 영험의 이치는 무엇일까요? 지성일심(至誠一心)을 말로는 설명할 수 없으니 이해하려고 하지 마십시오. 그때에는 절대로 어떠한 추리도 사용하면 안 됩니다. 조금이라도 해설하고 추리하면 영험이 사라집니다. 그뿐 아니라 가장 중요한 한 가지를 기억해야 합니다. 이 주문이 효험을 보려면 반드시 주문을 전해 준 상사(上師)를 기억해야 합니다. 지금부터는 저를 기억하고 제가 어떤 모습이었는지를 기억해야 합니다. 평소의 모습으로는 안 되고 지금의 모습, 지금 이 옷을 입은 모습이라야 합니다. 제가 양복이나 다른 옷으로 갈아입은 후에는 여러분이 아무리 제 사진을 가지고 와서 상상을 해도 영험이 사라집니다. 원인이 무엇입니까? 묻지 마십시오. 지금 어떤 모습 어떤 자세였는지, 어떤 표정으로 어떤 말을 했고 어떤 환경이었는지 여러분은 반드시 기억하고 있어야 합니다. 이것이 바로 밀종의 도리입니다.

그렇게 하면 여러분이 다른 사람의 병을 치료하거나 혹은 스스로 어려움에 처했을 때, 주문을 외우기만 하면 여러분의 정수리 위에 상사(上師)가 있고 상사의 정수리 위에 약사불이 있게 됩니다. 여기에는 이유가 없으니 해석을 덧붙이지 마십시오. 모든 학문을 내버리고 지성을 다해 부모 친구를 위해 주문을 외우되, 여러분의 발원에 맞추어 몇 번이든지 외우십시오. 다만 기본적으로 먼저 백만 번을 외워야 합니다.

"그때 약사유리광여래께서 빛 가운데 이 주문을 말씀하시자 대지가 진동하고 큰 광명이 발하여, 모든 중생의 병고가 다 사라지고 안락을 얻었느니라."

爾時光中, 說此咒已, 大地震動, 放大光明, 一切衆生, 病苦皆除, 受安隱樂.

가는 것을 말한다.

대장치병약

대장경에서 말하기를 "재난으로부터 구해 내는 것은 그것을 예방하는 것이 가장 쉽고, 질병을 치료하는 것은 그것을 피하는 것이 가장 길하다" 하였다. 지금 사람들이 잘못 하는 것은 예방에 힘쓰지 않고 구해 내는 것에 힘쓰고, 피하는 데 힘쓰지 않고 약으로 치료하는 데 힘쓰는 것이다. 비유하자면 군주를 모신 자가 다스림을 생각지 않고 편안함을 구함이요, 몸을 가진 자가 보양에 마음 쓰지 않고 천수를 누리려 함이다. 그런 까닭에 성인은 조짐이 생기기 전에 복을 구하였고 싹이 트기 전에 화를 끊어내 버렸다. 대개 재앙은 적디 적은 것에서 생겨나고 병은 미미한 것에서 시작된다. 사람은 작은 선을 무익하다 여겨 행하지 않고 작은 악을 손해나지 않는다 여겨 고치지 않는다. 작은 선을 시작하지 않으면 재난이 곧바로 이루어지고 작은 악을 그치지 않으면 큰 화가 곧바로 이르게 됨을 누가 알랴. 그러므로 태상에서 심병의 항목 백 가지를 특별히 지목하여 병자들의 거울을 삼으셨다. 사람이 고요히 앉아서 이것으로 비추어 보아 병의 유무를 살필 수 있으니, 마음의 병은 마음이 고치는 것이라 심약으로 치료한다. 어찌 편작이 와서 그 병을 고치겠는가. 병이 마음 가운데 쌓이지 않게 하라. 기울고 무너진 것을 막지 않으면 재앙은 담장 안에서 일어나니 금석과 초목으로 공격할 것이 아니다. 수명의 연장은 병이 없음에 연유하니 지혜로운 자는 힘쓸지어다.

大藏經曰: 救災解難, 不如防之爲易. 療疾治病, 不如避之爲吉. 今人見左, 不務防之而務救之, 不務避之而務藥之. 譬之有君者, 不思勵治以求安. 有身者, 不惜保養以全壽. 是以聖人求福於未兆, 絶禍於未萌. 蓋災生於稍稍, 病起於微微. 人以小善爲無益而不爲, 以小惡爲無損而不改. 孰知小善不起, 災難立成; 小惡不止, 大禍立至. 故太上特指心病要目百行, 以爲病者之鑑. 人能靜坐持照察病有無, 心病心醫, 治以心藥. 奚伺盧扁, 以瘳厥疾. 無使病積於中.

傾潰莫遏, 蕭牆禍起, 恐非金石草木可攻. 所爲長年, 因無病故, 智者勉焉.

기뻐하고 성내고 집착함이 하나의 병이다	喜怒偏執是一病
의를 잊고 이로움을 취함이 하나의 병이다	亡義取利是一病
여색을 좋아하여 덕을 망침이 하나의 병이다	好色壞德是一病
전심으로 애정에 매달림이 하나의 병이다	專心係愛是一病
욕망을 좇아 이치를 벗어남이 하나의 병이다	縱欲無理是一病
탐심을 좇아 허물을 덮음이 하나의 병이다	縱貪蔽過是一病
남을 훼방하고 자기를 칭찬함이 하나의 병이다	毀人自譽是一病
멋대로 하면서 스스로를 옳다 함이 하나의 병이다	擅變自可是一病
입을 가벼이 말하기 좋아함이 하나의 병이다	輕口喜言是一病
뜻을 흡족히 하려고 잘못을 좇음이 하나의 병이다	快意逐非是一病
지혜롭다 하여 남을 무시함이 하나의 병이다	以智輕人是一病
권력을 의지해 마음대로 함이 하나의 병이다	乘權縱橫是一病
남을 틀렸다 하고 자신은 옳다 함이 하나의 병이다	非人自是是一病
고아와 과부를 무시하고 함부로 함이 하나의 병이다	侮易孤寡是一病
힘으로 남을 이기는 것이 하나의 병이다	以力勝人是一病
위세에 스스로를 맞추는 것이 하나의 병이다	威勢自協是一病
말로 남을 이기려고 하는 것이 하나의 병이다	語欲勝人是一病
재물을 갚으려 하지 않는 것이 하나의 병이다	貨不念償是一病
남을 굽다 하고 스스로 곧다 하는 것이 하나의 병이다	曲人自直是一病
곧음으로 남을 다치게 하는 것이 하나의 병이다	以直傷人是一病
악한 사람과 사귀는 것이 하나의 병이다	與惡人交是一病
기쁨과 분노를 스스로 자랑하는 것이 하나의 병이다	喜怒自伐是一病
남을 어리석다 하고 스스로 어질다 함이 하나의 병이다	愚人自賢是一病

공로를 가지고 자긍함이 하나의 병이다	以功自矜是一病
이름난 현자를 비방하는 것이 하나의 병이다	誹議名賢是一病
수고롭다 하여 스스로를 원망함이 하나의 병이다	以勞自怨是一病
허를 실이라 여기는 것이 하나의 병이다	以虛爲實是一病
남의 허물을 즐겨 말하는 것이 하나의 병이다	喜說人過是一病
부하다고 잘난 체하는 것이 하나의 병이다	以富驕人是一病
천하다고 귀한 사람을 비방함이 하나의 병이다	以賤訕貴是一病
남을 헐뜯어 아첨하려는 것이 하나의 병이다	讒人求媚是一病
덕으로써 스스로를 드러내는 것이 하나의 병이다	以德自顯是一病
귀하다고 남을 무시함이 하나의 병이다	以貴輕人是一病
가난하다고 부자를 시기함이 하나의 병이다	以貧妒富是一病
남을 패배시켜 성공하는 것이 하나의 병이다	敗人成功是一病
사로써 공을 어지럽히는 것이 하나의 병이다	以私亂公是一病
즐겨 스스로를 가리고 꾸미는 것이 하나의 병이다	好自掩飾是一病
남을 위태롭게 하고 스스로 편안한 것이 하나의 병이다	危人自安是一病
음과 양이 서로 질투하는 것이 하나의 병이다	陰陽嫉妒是一病
격하고 사나워서 어그러지는 것이 하나의 병이다	激厲旁悖是一病
많이 미워하고 적게 사랑함이 하나의 병이다	多憎少愛是一病
고집을 부리고 다투는 것이 하나의 병이다	堅執爭鬥是一病
짐을 미루어 남에게 붙이는 것이 하나의 병이다	推負著人是一病
부드러운 거절에 갈고리로 끌어당기는 것이 하나의 병이다	文拒鉤剔是一病
남의 시비를 논하는 것이 하나의 병이다	持人長短是一病
남을 거짓되다 하고 스스로를 믿는 것이 하나의 병이다	假人自信是一病
남에게 베풀고 보답을 바라는 것이 하나의 병이다	施人望報是一病
베풀지 않는다고 남을 책망하는 것이 하나의 병이다	無施責人是一病

남에게 주고서 회상하고 후회하는 것이 하나의 병이다	與人追悔是一病
즐겨 스스로를 원망하고 미워하는 것이 하나의 병이다	好自怨憎是一病
벌레와 짐승을 죽이기를 즐기는 것이 하나의 병이다	好殺蟲畜是一病
독과 주술로 남을 괴롭히는 것이 하나의 병이다	蠱道厭人是一病
재주 많은 이를 헐뜯는 것이 하나의 병이다	毀訾高才是一病
남이 자기보다 나음을 미워하는 것이 하나의 병이다	憎人勝己是一病
독약을 즐겨 마시는 것이 하나의 병이다	毒藥酖飲是一病
마음이 공평하지 못한 것이 하나의 병이다	心不平等是一病
현명하다고 치하하는 것이 하나의 병이다	以賢貢犒是一病
지난날의 악을 추억하는 것이 하나의 병이다	追念舊惡是一病
간언을 받아들이지 않는 것이 하나의 병이다	不受諫諭是一病
속으로 소홀하면서 겉으로 친한 체하는 것이 하나의 병이다	內疏外親是一病
투서를 하여 남을 패하게 하는 것이 하나의 병이다	投書敗人是一病
어리석은 사람을 비웃는 것이 하나의 병이다	笑愚癡人是一病
번거롭거나 조급한 것이 하나의 병이다	煩苛輕躁是一病
때리는 것이 이치에 어긋나는 것이 하나의 병이다	搹槌無理是一病
스스로 바르게 만들기를 좋아하는 것이 하나의 병이다	好自作正是一病
의심이 많고 믿음이 적은 것이 하나의 병이다	多疑少信是一病
미친 사람을 비웃는 것이 하나의 병이다	笑顚狂人是一病
쭈그려 앉아 예의에 벗어난 것이 하나의 병이다	蹲踞無禮是一病
나쁜 말로 악하게 말하는 것이 하나의 병이다	醜言惡語是一病
노약자를 가벼이 무시하는 것이 하나의 병이다	輕慢老少是一病
악한 태도로 나쁘게 대하는 것이 하나의 병이다	惡態醜對是一病
어그러진 것을 알면서 스스로 쓰는 것이 하나의 병이다	了戾自用是一病
즐기고 웃는 것을 좋아하는 것이 하나의 병이다	好喜嗜笑是一病

권력을 지니고 내치는 대로 하는 것이 하나의 병이다 當權任性是一病

속이고 아첨하는 것이 하나의 병이다 詭譎諛諂是一病

얻기를 즐겨 속임수를 품는 것이 하나의 병이다 嗜得懷詐是一病

두말 하며 신의가 없는 것이 하나의 병이다 兩舌無信是一病

술 마시고 사납게 행동하는 것이 하나의 병이다 乘酒凶橫是一病

비바람을 욕하고 꾸짖는 것이 하나의 병이다 罵詈風雨是一病

나쁜 말로 죽이기를 좋아하는 것이 하나의 병이다 惡言好殺是一病

살인하고 낙태하는 것이 하나의 병이다 殺人墮胎是一病

인사에 간여하는 것이 하나의 병이다 干預人事是一病

구멍을 뚫어 남을 엿보는 것이 하나의 병이다 鑽穴窺人是一病

빌려주지 않아 원망을 품는 것이 하나의 병이다 不借懷怨是一病

부채를 지고 도주하는 것이 하나의 병이다 負債逃走是一病

등지고 다르게 말하는 것이 하나의 병이다 背向異詞是一病

가로막고 어그러지게 하기 좋아하는 것이 하나의 병이다 喜抵捍戾是一病

놀리고 희롱하면서 한사코 고집하는 것이 하나의 병이다 調戲必固是一病

일부러 미혹하여 남을 그르치게 하는 것이 하나의 병이다 故迷誤人是一病

둥지를 찾아 알을 깨트리는 것이 하나의 병이다 探巢破卵是一病

태아를 놀라게 해 몸을 손상하는 것이 하나의 병이다 驚胎損形是一病

물과 불로 상해를 입히는 것이 하나의 병이다 水火敗傷是一病

장님 귀머거리 벙어리를 비웃는 것이 하나의 병이다 笑盲聾啞是一病

함부로 시집가고 장가가는 것이 하나의 병이다 亂人嫁娶是一病

매질당하게 내버려 두는 것이 하나의 병이다 放人捶撾是一病

다른 사람이 악을 저지르게 만드는 것이 하나의 병이다 教人作惡是一病

화를 품고 사랑하는 이와 이별하는 것이 하나의 병이다 含禍離愛是一病

재앙을 노래하고 잘못된 것을 말하는 것이 하나의 병이다 唱禍道非是一病

재물을 보면 얻고자 하는 것이 하나의 병이다	見貨欲得是一病
남의 물건을 강탈하는 것이 하나의 병이다	强奪人物是一病

이것이 백 가지 병이다. 사람이 한결같은 마음을 할 수 있다면 이 백 가지 병을 없앨 수 있다. 날마다 점검하여 하나의 병이라도 일어나지 않게 하면 결코 재해 고통과 번뇌 위기가 없으리라. 자기 자신이 생명을 보전하고 수명을 연장할 뿐 아니라 자손 백세에 영원히 그 복을 받을 것이다.

此爲百病也. 人能一念, 除此百病. 日逐檢點, 使一病不作, 決無災害痛苦, 煩惱凶危. 不惟自己保命延年, 子孫百世, 永受其福矣.

대장경에서 말하기를 "옛 성인은 선을 행함에 있어 작다 하여 높이지 않음이 없었고, 악에 대하여는 미미하다 하여 고치지 않음이 없었다" 하였다. 악을 고치고 선을 높임이 약을 먹이는 것이다. 이른바 백 가지 약을 기록하여 그것으로써 치료한다.

大藏經曰: 古之聖人, 其爲善也, 無小而不崇. 其於惡也, 無微而不改. 改惡崇善, 是藥餌也. 錄所謂百藥以治之.

생각에 잘못됨과 치우침이 없는 것이 하나의 약이다	思無邪僻是一藥
행동이 관대하고 마음이 온화한 것이 하나의 약이다	行寬心和是一藥
움직임에 예의가 있는 것이 하나의 약이다	動靜有禮是一藥
일상생활에 법도가 있는 것이 하나의 약이다	起居有度是一藥
덕을 가까이하고 여색을 멀리하는 것이 하나의 약이다	近德遠色是一藥
마음을 맑게 하고 욕심을 줄이는 것이 하나의 약이다	清心寡慾是一藥
분수로 헤아리고 의리를 좇아 처신하는 것이 하나의 약이다	推分引義是一藥
몫이 아닌 것을 취하지 않는 것이 하나의 약이다	不取非分是一藥

비록 미워도 오히려 사랑하는 것이 하나의 약이다	雖憎猶愛是一藥
마음에 질투가 없는 것이 하나의 약이다	心無嫉妒是一藥
어리석고 완고한 이를 교화하는 것이 하나의 약이다	敎化愚頑是一藥
치우치고 어지러운 것을 간해 바로잡는 것이 하나의 약이다	諫正邪亂是一藥
나쁜 무리를 경계하고 타이르는 것이 하나의 약이다	戒勅惡僕是一藥
미혹되어 잘못된 이를 이끌어 주는 것이 하나의 약이다	開導迷誤是一藥
노약자를 도와 접대하는 것이 하나의 약이다	扶接老幼是一藥
마음에 교활함과 거짓이 없는 것이 하나의 약이다	心無狡詐是一藥
재앙에서 빼내고 어려움에서 건지는 것이 하나의 약이다	拔禍濟難是一藥
항상 방편을 시행하는 것이 하나의 약이다	常行方便是一藥
고아와 과부를 동정하여 구휼하는 것이 하나의 약이다	憐孤恤寡是一藥
가난한 자를 동정하고 재앙에서 구하는 것이 하나의 약이다	矜貧救厄是一藥
지위가 높아도 인재를 예우하는 것이 하나의 약이다	位高下士是一藥
말이 겸손한 것이 하나의 약이다	語言謙遜是一藥
오랜 빚을 지지 않는 것이 하나의 약이다	不負宿債是一藥
가엾이 여겨 위로하고 돈독히 믿는 것이 하나의 약이다	愍慰篤信是一藥
미천한 자를 공경하고 사랑하는 것이 하나의 약이다	敬愛卑微是一藥
말이 바르고 성실한 것이 하나의 약이다	語言端慤是一藥
곧음을 밀어내고 굽음을 끌어당기는 것이 하나의 약이다	推直引曲是一藥
시비를 다투지 않는 것이 하나의 약이다	不爭是非是一藥
침범을 당해도 부끄러워 않는 것이 하나의 약이다	逢侵不鄙是一藥
모욕을 받고 참을 수 있는 것이 하나의 약이다	受辱能忍是一藥
선을 드러내고 악을 감추는 것이 하나의 약이다	揚善隱惡是一藥
좋은 것은 미루고 못난 것을 취하는 것이 하나의 약이다	推好取醜是一藥
많이 주고 적게 취하는 것이 하나의 약이다	與多取少是一藥

어질고 뛰어난 사람을 칭찬하는 것이 하나의 약이다	稱歎賢良是一藥
현자를 보면 안으로 살피는 것이 하나의 약이다	見賢內省是一藥
스스로를 자랑하고 드러내지 않는 것이 하나의 약이다	不自誇彰是一藥
공은 돌리고 선을 끌어당기는 것이 하나의 약이다	推功引善是一藥
스스로 선을 자랑하지 않는 것이 하나의 약이다	不自伐善是一藥
남의 공을 가리지 않는 것이 하나의 약이다	不掩人功是一藥
노고를 억울해하지 않는 것이 하나의 약이다	勞苦不恨是一藥
성실과 신의를 품는 것이 하나의 약이다	懷誠抱信是一藥
숨은 악을 덮고 가리는 것이 하나의 약이다	覆蔽陰惡是一藥
자신을 이김을 숭상하는 것이 하나의 약이다	崇尙勝己是一藥
가난에 자족하고 스스로 즐거워하는 것이 하나의 약이다	安貧自樂是一藥
스스로를 높이지 않는 것이 하나의 약이다	不自尊大是一藥
남의 공을 이루기 좋아하는 것이 하나의 약이다	好成人功是一藥
음모를 좋아하지 않는 것이 하나의 약이다	不好陰謀是一藥
득과 실을 대조하지 않는 것이 하나의 약이다	得失不形是一藥
덕을 쌓고 은혜를 심는 것이 하나의 약이다	積德樹恩是一藥
살면서 욕하고 꾸짖지 않는 것이 하나의 약이다	生不罵詈是一藥
남을 평론하지 않는 것이 하나의 약이다	不評論人是一藥
기분 좋은 말과 아름다운 말이 하나의 약이다	甜言美語是一藥
재난과 질병에 스스로를 책망하는 것이 하나의 약이다	災病自咎是一藥
나쁜 일을 남 탓으로 돌리지 않는 것이 하나의 약이다	惡不歸人是一藥
베풀고 보답을 바라지 않는 것이 하나의 약이다	施不望報是一藥
생명을 죽이지 않는 것이 하나의 약이다	不殺生命是一藥
마음이 평온하고 기가 조화로운 것이 하나의 약이다	心平氣和是一藥
남의 아름다움을 싫어하지 않는 것이 하나의 약이다	不忌人美是一藥

마음이 고요하고 기가 안정된 것이 하나의 약이다	心靜氣定是一藥
지난날의 악을 생각하지 않는 것이 하나의 약이다	不念舊惡是一藥
그릇되고 악한 것을 바로잡는 것이 하나의 약이다	匡邪弼惡是一藥
가르침을 들어 선에 굴복하는 것이 하나의 약이다	聽敎伏善是一藥
분노를 통제할 수 있는 것이 하나의 약이다	忿怒能制是一藥
남에게 간구하지 않는 것이 하나의 약이다	不干求人是一藥
생각하지 않는 것이 하나의 약이다	無思無慮是一藥
나이 많은 자를 높여 받드는 것이 하나의 약이다	尊奉高年是一藥
다른 사람을 공경하는 것이 하나의 약이다	對人恭肅是一藥
안으로 효와 공경을 닦는 것이 하나의 약이다	內修孝悌是一藥
조용히 분수를 지키는 것이 하나의 약이다	恬靜守分是一藥
처자식을 기쁘게 하는 것이 하나의 약이다	和悅妻孥是一藥
먹을 것으로 남을 먹이는 것이 하나의 약이다	以食飮人是一藥
선한 일을 힘써 수행하는 것이 하나의 약이다	勗修善事是一藥
천명을 알고 즐거워하는 것이 하나의 약이다	樂天知命是一藥
싫어하는 것을 멀리하고 의심을 피하는 것이 하나의 약이다	遠嫌避疑是一藥
큰 법도를 넓히고 펴는 것이 하나의 약이다	寬舒大度是一藥
경전을 공경하고 믿는 것이 하나의 약이다	敬信經典是一藥
마음을 쉬게 하고 도를 품는 것이 하나의 약이다	息心抱道是一藥
선을 행하여 게으르지 않는 것이 하나의 약이다	爲善不倦是一藥
빈궁한 사람을 제도하는 것이 하나의 약이다	濟度貧窮是一藥
약을 버리고 질병에서 구제하는 것이 하나의 약이다	捨藥救疾是一藥
신령과 부처를 믿고 예를 갖추는 것이 하나의 약이다	信禮神佛是一藥
천기를 알고 족함을 아는 것이 하나의 약이다	知機知足是一藥
맑고 한가하여 욕심이 없는 것이 하나의 약이다	淸閑無慾是一藥

인자하고 겸손하게 사랑하는 것이 하나의 약이다	仁慈謙愛是一藥
살림을 좋아하고 죽임을 미워하는 것이 하나의 약이다	好生惡殺是一藥
많이 저장함을 보배로 여기지 않는 것이 하나의 약이다	不寶厚藏是一藥
금기를 범하지 않는 것이 하나의 약이다	不犯禁忌是一藥
검소하고 절약하여 중심을 지키는 것이 하나의 약이다	節儉守中是一藥
스스로 겸손하여 남을 예우하는 것이 하나의 약이다	謙己下人是一藥
일을 좇아 게으르지 않는 것이 하나의 약이다	隨事不慢是一藥
남의 덕을 선하게 이야기하는 것이 하나의 약이다	善談人德是一藥
망령된 말을 지어내지 않는 것이 하나의 약이다	不造妄語是一藥
귀하여 남을 도울 수 있는 것이 하나의 약이다	貴能援人是一藥
부하여 남을 구제할 수 있는 것이 하나의 약이다	富能救人是一藥
다툼을 숭상하지 않는 것이 하나의 약이다	不尙爭鬪是一藥
기녀와 젊은이를 욕심내지 않는 것이 하나의 약이다	不淫妓靑是一藥
간악한 도적을 낳지 않는 것이 하나의 약이다	不生奸盜是一藥
저주의 술법을 품지 않는 것이 하나의 약이다	不懷咒厭是一藥
송사를 즐겨하지 않는 것이 하나의 약이다	不樂詞訟是一藥
노인을 부축하고 아이를 이끄는 것이 하나의 약이다	扶老挈幼是一藥

이것이 백 가지 약이다. 사람에게 질병이 생기는 것은 모두 잘못되고 나쁜 것을 덮어 버리고 드러내지 않기 때문에 질병으로 응하는 것이니, 인연과 음식과 풍한과 나쁜 기운으로 일어난다. 사람이 성스러운 가르침을 위배함으로 인해 혼이 미혹되고 넋이 상하게 되어 형용할 수 없으며, 피부와 몸이 공허하고 정기를 지키지 못한 까닭에 풍한과 나쁜 기운이 엄습한다. 그런 까닭에 덕이 있는 자는 어두운 곳에 있어도 감히 그릇된 행동을 하지 않는다. 비록 영화로운 생활을 누리더라도 감히 악을 행하지 않는다. 몸을 재어

서 옷을 입고 분수에 따라서 음식을 먹는다. 비록 부귀에 처하더라도 감히 방자히 처신하지 않는다. 비록 빈천한 지경에 놓이더라도 감히 그릇된 행동을 하지 않는다. 그러므로 겉으로는 포학함이 없고 안으로는 질병이 없는 것이다. 그러니 우리가 어찌 스스로를 살펴 백 가지 약으로 치료하고 나의 조화로운 기운을 기르고 내 가슴속을 하나로 하여 장수의 경지를 기약하지 않으랴.

此爲百藥也. 人有疾病, 皆因過惡陰掩不見, 故應以疾病, 因緣飮食風寒惡氣而起. 由人犯違聖敎以致魂迷魄喪, 不在形容, 肌體空虛, 精氣不守, 故風寒惡氣, 得以中之. 是以有德者, 雖處幽闇, 不敢爲非. 雖居榮祿, 不敢爲惡. 量身而衣, 隨分而食. 雖富且貴, 不敢恣欲. 雖貧且賤, 不敢爲非. 是以外無殘暴, 內無疾病. 然吾人可不以自維自究, 以百藥自治, 養吾天和, 一吾胸臆, 以期長壽之地也哉.

이 『대장치병약(大藏治病藥)』 강의는 당대(唐代) 영철(靈澈) 법사가 엮은 것입니다. 그는 당·송 연간에 중국 문학에 큰 영향을 미친 시승(詩僧)이었습니다. 예를 들어 송조의 문학에 영향을 미쳤던 아홉 명의 스님이 있었는데 구승시파(九僧詩派)라 불렸습니다. 중국 문학사에 큰 영향력을 지녔던 영철 법사는 당대의 유명한 시승이기도 했습니다. 하지만 그는 선사(禪師)가 아니라 법사였습니다. 과거에는 선사와 법사의 구분이 아주 분명했습니다. 법사는 의학사문(義學沙門)이라 불렸는데 의학사문은 교리를 강연하고 해석하는 사람이었습니다. 영철 법사는 경전의 교리를 강연하는 대법사였습니다. 이 강의는 그가 불교의 『대장경』 절록(節錄)을 보고 기록한 것으로서, 『대장경』 가운데 불법의 마음의 병을 치료하는 약[治病心藥]입니다.

불법의 견지에서 말한다면 사람의 모든 생리적 병은 대부분 심리에서 옵니다. 이른바 마음이 바르지 않고 깨끗하지 않으면 몸에 병이 많습니다. 무엇을 깨끗한 마음(淨心)이라고 할까요? 평소에 망상이 없고 잡념이 없는, 절대적인 청정함이 깨끗한 마음입니다. 망상과 잡념과 번뇌는 희로애락(喜怒愛樂)과 인아시비(人我是非)에서 옵니다. 위에서 아주 많은 병을 언급했는데 하나하나가 모두 우리의 심리 행위에 관련된 문제입니다.

"기뻐하고 성내고 집착함이 하나의 병이다(喜怒偏執是一病)." 크게 기뻐하거나 크게 성내거나 혹은 자신의 선입견에 집착하고 편견을 고집하는 것이 하나의 병입니다. 특히 크게 기뻐하면 마음이 상할 수 있으며, 크게 성내면 먼저 간이 영향을 받고 장래에 문제가 생깁니다.

"의를 잊고 이로움을 취함이 하나의 병이다(亡義取利是一病)." 사람 노릇하고 일 처리를 하는 데 있어 인의를 중시하지 않고 친구에 대해서 의기(義氣)를 중시하지 않고 그저 이해관계만 따진다면 그것은 큰 병입니다.

"여색을 좋아하여 덕을 망침이 하나의 병이다(好色壞德是一病)." 여색을 좋아해서 인륜 도덕을 돌아보지 않습니다. 이런 병들은 그 병근(病根)이 심리 행위에 있으니 심리학의 범주에 속합니다. 심리학은 현재 새로운 과학입니다.

오늘날 세계의 모든 지도자들, 정치나 상공업은 물론이고 결사 단체의 지도자들에게도 가장 중요한 것은 반드시 심리 행위를 연구해야 한다는 것입니다. 심리 행위는 오늘날 지도자의 필수 과목입니다. 진정으로 심리적 영도(領導)를 중시하는 사람은 한 걸음 더 나아가 불학의 유식(唯識)과 부처님이 말씀하신 병적 심리 상태들을 연구해야 합니다. 이것들은 이미 최신 과학으로 변했습니다. 사실 세상에는 어떤 학문도 새로운 것은 없습니다. 모두 낡은 것이지만 단지 새로운 명사를 만들어 내고 새로운 이론을 써 내었을 뿐입니다. 적어도 제가 볼 때에는 우습기만 합니다. 그저 명사하나를 바꾸었을 뿐인데 현대인은 속아 넘어갑니다. 불법에서 말한 이런 병적 상태로 사람의 심리 행위를 연구하는 것은, 특히 리더십을 연구하는 사람이라면 반드시 알아야 합니다. 사람 노릇과 수행에 있어서는 위의 조항 하나하나가 계율이니 마땅히 날마다 외워야 합니다. 지금 이 자리에 계신 오십 이하의 젊은이들은 대부분 잘 모르실 겁니다. 중국 문화로 이야기하자면 과거 우리가 어린 시절에 책을 외울 때 가장 먼저 외웠던 것은 『석시현문(昔時賢文)』이었습니다. 칠팔 세 때에 줄줄 외운 것을 한평생 사람 노릇 하면서 써먹었습니다.

다음으로 우리가 어린 시절에 책을 외울 때에는 먼저 『주자치가격언(朱子治家格言)』을 외웠습니다. 외웠을 뿐 아니라 저 같은 경우에는 부모님의 가정교육이 아주 엄하셨기 때문에 아무리 날씨가 추워도 일찍 일어나서 바닥을 쓸고 눈을 쓸어야 했습니다. 손이 얼어서 부르터도 해야만 했습니다. 이른바 "날이 밝으면 곧장 일어나 물을 뿌리고 뜰을 청소한다〔黎明卽起, 灑掃庭除〕"라는 것을 반드시 실행해야 했습니다.

그 밖에 또 한 권의 책이 아주 중요했는데, 모든 독서인은 책상머리에 『태상감응편(太上感應篇)』이라는 책이 있었습니다. 바꾸어 말하면 우리가 예전에 이런 책을 외웠던 것은 지금 여러분이 도덕 교과를 외우는 것과 마찬가지로 반드시 공부해야 했습니다.

제가 오랜 친구와 노교수 몇 분과도 이야기했지만 우리가 그때 받았던 그런 교육은 한평생 잊어버릴 수가 없습니다. 그 시절에는 아무리 부족한 사람이라 할지라도 그래도 하나의 표준이 있었습니다. 그 표준이 바로 이런 기초들 위에 있었습니다. 불법을 배워서 사람 노릇 하는 측면에서 말한다면 위의 이런 것들이 바로 표준인 셈입니다. 만약 대승 경전에서 찾는다면 솔직히 말해서 아직도 생각이 나지 않습니다. 그것은 여러분에게 주어진 기회와 인연입니다. 제가 이렇게 말하는 데에는 사연이 있습니다. 모든 서점에서 신간이 나오면 매번 저에게 보내 주는데 아주 재미있는 서점이 한 곳 있었습니다. 책이 나오면 한 부 한 부 저에게 보내 주면서 그 위에 이렇게 써 놓았습니다. "원하시면 그대로 두시고 돈은 아무 때나 지불하시면 되지만 원하지 않으시면 돌려보내십시오." 기왕 보내왔으니 그대로 두지 뭐! 그러면서 펼쳐 봤는데 첫 번째 책에서 이 자료를 발견한 것입니다. 순간 저는 "아주 잘됐다. 내가 직접 찾아보지 않아도 되겠구나" 하고 말했습니다. 그래서 오늘 여러분에게 영인(影印)해서 드리는 것이니, 진정으로 불법을 배우고자 한다면 사람 노릇 하고 일 처리 하는 것은 여기에서부터 시작하십시오.

다시 받지 않도록 다음번에는 외워서 오고, 잃어버리고 또 받지 않도록 하십시오. 그것도 하나의 병입니다. 첫째, 쉽게 잊어버리는 것은 두뇌가 병든 것입니다. 불학에서는 실념(失念)이라고 부릅니다. 둘째, 한 부 더 받으려고 하는 것은 탐심이니 그 또한 병입니다. 종이 한 장이 뭐 그리 대단하다는 말이 아니라, 우리가 만들려고 해도 대단히 어렵고 또 종이 한 장 영인 하는 데에도 몇 위안이 들어야 합니다. 그러니 소중히 여길 줄 알아야 합니다.

아랫부분에서는 병을 치료하는 약을 설명하였습니다. "행위에 예의가 있는 것이 하나의 약이다[動靜有禮是一藥]"라는 이 조항은 너무 어렵습니다. 행위[動靜]가 포괄하는 것이 너무나 많기 때문입니다. 사람 노릇 하고 일 처리 함에 있어서 매사에 예의[禮]가 있어야 하는데, 예의는 이치에 합치됨[合理]을 포함합니다. 그것이 하나의 약입니다. "일상생활에 법도가 있는 것이 하나의 약이다[起居有度是一藥]"는 생활에 규율이 있어야 함을 말합니다. "분수로 헤아리고 의리를 좇아 처신하는 것이 하나의 약이다[推分引義是一藥]." 분수로 헤아린다는 말은 사람이 본분을 지켜야 한다는 뜻입니다. 무엇을 본분이라고 합니까? 사람에게는 사람의 범위가 있고 남자에게는 남자의 범위가 있으며, 친구를 만나면 말과 행동과 태도에 범위가 있습니다. 그 범위를 넘어서는 것이 바로 과분함입니다. 과분하면 잘못하기 쉽습니다. 과분한 일을 해서는 안 되고 과분한 말을 해서도 안 되며 과분한 행위를 해서도 안 됩니다. 사람 노릇 하고 일 처리를 하려면 자신의 본분을 알아야 합니다. 본분은 바로 입장입니다. 말하고 행동하고 일을 처리함에 있어서 입장이 있어야 합니다. 내키는 대로 함부로 말해서는 안 됩니다. 한마디라도 잘못 말하면 나중에 되돌릴 방법이 없습니다.

인의(引義)는 의리(義理)를 끌어당긴다는 말입니다. 특히 지식인들은 이치에 맞기를 요구하는데 바로 도덕적 의리를 중시한다는 말입니다. 현재 중국 문화를 연구하는 사람들은 중국어의 기초가 탄탄하지 못합니다. 쓱 보면 알 것도 같습니다. 중국 글자니까요! 어떻게 모를 수 있겠습니까? 하지만 잘 살펴보면 그렇지 않습니다. 만약 불경을 읽는다면 이런 조항은 봐도 알지 못합니다. 외국어로 말하려고 하지 마십시오. 중국어도 제대로 못 하면서 불경을 외국어로 번역하려고 한다면 세상 사람들의 웃음거리가 되지 않겠습니까?

그러므로 중국의 고서들 특히 불경을 번역하려면 의리(義理)에 통해야 할 뿐 아니라 문학의 경지도 높아야 합니다. 그래야 오랫동안 후세에 전해질 수 있습니다.

현재 백화로 된 서적은 출판 당시에는 한 차례 유통되다가 삼 년 오 년이 지나면 사라져 버립니다. 생각해 보십시오. 백화문을 추진하고 수십 년이 지났지만 현대인의 저작 가운데 우리는 과연 몇 권이나 책꽂이에 남겨 두고 싶어 합니까? 수십 년 동안 아까워서 차마 버리지 못한 책이 몇 권이나 됩니까? 없습니다.

지난번에 저는 옛 노래 전집을 샀습니다. 친구들이 웃으면서 아직도 옛 노래를 부르냐고 했지만 저는 그렇다고 대답했습니다. 요즘 새 노래는 아무런 맛도 없고 갈수록 엉망입니다. 옛 노래는 그래도 내용이 있었습니다.

몇 년 전에 유행했던 새 노래 가운데 「1년 365일」이라는 노래가 있었는데, 저는 도대체 무슨 소리를 하는 건지 알 수 없었습니다. 그래서 제가 한 소절을 덧붙여 보았습니다. "마음속이 펄펄 끓는 기름에 지지는 것 같네."

이런 부분에 유의해야 합니다. 이 자리에 계신 분들은 모두 고등 교육을 받았지만 문자의 기초가 뛰어나지 못합니다. 현재 중국 문화는 대단히 위험합니다. 이런 상태가 계속된다면 문화는 단절되고 말 것입니다.

"비록 미워도 오히려 사랑하는 것이 하나의 약이다〔雖憎猶愛是一藥〕." 비록 내가 그 사람을 싫어하고 극도로 미워하지만, 그 사람 역시 하나의 사람이며 마땅히 변화시켜야 하므로 그래도 자비심을 가지고 그를 사랑합니다. 이것이 마음의 병을 치료하는 한 첩의 약이니, 만약 실행할 수 있다면 모든 사람이 도덕을 지니고 장수를 얻게 됩니다. 제가 볼 때에는 연애를 오래하였거나 혹은 부부가 된 사람들 역시 이런 병 가운데 있기 때문에 이 약을 먹어야 합니다. 미워하는 감정이 극에 이르렀지만 그래도 오랫동안 돌아오지 않으면 걱정이 되고 집을 떠나면 못내 아쉬운 것은, 비록 미워도 오히려 사랑하는 가운데 있기 때문입니다. 만약 남녀와 부부 사이의 심리를 확장시켜서 모든 사람을 사랑한다면 그것은 그야말로 큰 약이 될 것입니다.

"어리석고 완고한 이를 교화하는 것이 하나의 약이다〔教化愚頑是一藥〕." 여기에서 말하는 '하나의 약〔一藥〕'은 공덕을 쌓는 일입니다. 공덕은 행위이며 공덕을 성취해야 비로소 도를 깨달을 수 있습니다. 여러분은 평소 늘 선종개오(禪宗開悟)를 이야기하기 좋아하지만 개오가 어디 그렇게 쉽습니까? 공덕도 성취하지 않고 사람 노릇도 제대로 못 하면서 깨달으면 뭐하겠습니까? 깨닫지도 못하지만 설사 깨달은들 뭐하겠습니까? 깨달은〔悟〕후에 다시 다른 사람을 '그르치기〔誤〕' 딱 좋지요!

그런 까닭에 이번 기회와 인연으로 『대장치병약』 영인본을 여러분에게 나누어 드리니, 마땅히 스스로 한번 베껴 써 보고 사람 노릇 함에 있어서 품성의 표준으로 삼아야 할 것입니다. 이것은 불법 공부의 기본이기도 합니다. 그리고 출가한 동학들은 절대로 잃어버리지 말고 초하루와 보름에 계를 외울 때 가지고 와야 합니다. 계행(戒行)과도 밀접한 관계가 있기 때문입니다.

지난번에 약사법의 주문과 수인을 수행하는 것에 관해 말씀드렸습니다. 약사법은 준제법(準提法)[134]과 아미타불 정토 법문, 이 두 가지 법문과 함께 수행하는 것이 가장 좋습니다. 준제법의 정법계주(淨法界咒), 육자대명주(六字大明咒)를 아울러 수행해서 병이 든 사람을 도와줄 때에는 세 번 혹은 일곱 번 준제주(準提咒)를 외운 다음 약사주를 외우면 됩니다. 이는 가지(加持)를 구하여 병자가 조금이라도 빨리 낫기를 바라기 때문입니다. 만약 그 사람이 정말로 고통스러워한다면 자심(慈心)이 아닌 진정한 비심(悲心)으로 약사주를 빼고 왕생주를 외우십시오. 조금이라도 빨리 왕생하여 그러한 고통에서 벗어나는 것이 낫기 때문입니다. 그러므로 준제법 혹은 정토 법문을 아울러 수행해야 합니다.

약사법과 그 두 가지 법문을 아울러 수행하면 대단히 효과적입니다. 음식이나 맑은 물로 사람을 구해 내는 일은 함부로 해서는 안 됩니다! 스스로 상당한 수증이 없다면 함부로 농담을 해서도 안 됩니다. 그랬다가는 오히려 죄과가 생겨납니다. 스스로 효험과 징조가 있으면 외우는 순간 눈을 뜨든 눈을 감든 밝은 빛이 비칩니다. 그러면 반드시 효과가 있는 것이니

---

134 준제는 범어 '쿤디(cundi)'를 음역한 말로 청정이라는 뜻이다. 준제관음은 육관음 중의 하나이다. 관세음보살이 육도를 순회하며 중생을 교화하기 위해 여섯 가지 관음을 세운 것이 육관음인데 준제관음 외에 성관음, 천수관음, 마두관음, 십일면관음, 여의륜관음 등이 있다. 육관음은 고통받는 중생을 교화하는데 특히 준제관음은 육도 가운데 인도(人道) 즉 세상 사람을 자비로 교화하므로 이 진언을 외우면 부처님의 복락을 누릴 수 있다고 한다.

대단히 유효합니다. 이것은 특별히 주의해야 하고 아무렇게나 해서는 안 됩니다.

보살오명

"문수사리보살이여! 만약 병고에 시달리는 남자나 여인을 보았을 때에는, 마땅히 한결같은 마음으로 그 병자를 위해 항상 깨끗이 목욕하고 양치한 다음, 혹은 음식이나 혹은 약이나 혹은 벌레가 생기지 않은 물을 향해 이 주문을 백여덟 번 외우고 그에게 주어서 먹게 한다면, 모든 병고가 다 소멸하게 되느니라. 만약 구하는 바가 있어서 지극한 마음으로 염송한다면, 모두 뜻대로 이루어지고 병 없이 수명을 늘리게 되느니라. 목숨을 마친 후에는 저 세계에 태어나서 불퇴전[135]의 경계를 얻고 깨달음에 이르게 되느니라. 그런 까닭에 문수사리보살이여! 만약 어떤 남자나 여인이 저 약사유리광여래께 지극한 마음으로 정성을 다하고 공경하여 공양하려면, 항상 이 주문을 지니고 잊어버리지 말아야 하느니라!"

曼殊室利, 若見男子女人, 有病苦者, 應當一心, 爲彼病人, 常淸淨澡漱, 或食, 或藥, 或無蟲水, 咒一百八遍, 與彼服食, 所有病苦, 悉皆消滅. 若有所求, 至心念誦, 皆得如是, 無病延年; 命終之後, 生彼世界, 得不退轉, 乃至菩提. 是故曼殊室利! 若有男子女人, 於彼藥師琉璃光如來, 至心殷重, 恭敬供養者, 常持此咒, 勿令廢忘!

---

135 불도 수행의 과정에 있어서 이미 쌓은 공덕은 결코 잃지 않음을 말한다.

약사법을 수지하는 사람은 다른 사람이 병든 것을 보면 마음을 다해 병을 치료하려고 합니다. 여기에서는 주문을 사용해 병을 치료한다고 말했지만 실제로는 정말로 수지하는 사람이나 보살은 반드시 오명(五明)[136]을 잘 알아야 하고 의약을 잘 알아야 합니다. 그 목적은 세상 사람들을 구제하는 데 있습니다.

몇 년 전에 제가 국방의학원에 가서 강연을 하게 되었는데 다들 웃으면서 말하기를 "선생님께서 또 사람들을 혼내러 가시네"라고 했습니다. 제가 말했습니다. 여러분은 의학을 배우고 있지만 진정으로 의학을 배우러 온 사람은 하나도 없다고요. 왜냐하면 의학을 배우는 사람의 첫 번째 동기는 반드시 세상 사람들을 구제하기 위함이어야 하기 때문입니다. 중국 문화에는 이런 말이 있습니다. 범중엄도 이런 말을 한 적이 있는데, 대장부가 뜻을 세움에는 "훌륭한 재상이 되지 않으면 반드시 훌륭한 의사가 되리라〔不爲良相, 必爲良醫〕" 하였습니다. 훌륭한 명재상이 되면 나라를 구하고 세계를 구할 수 있습니다. 범중엄은 젊은 시절에 뜻을 세울 때 재상이 되지 않으면 훌륭한 의사가 되겠다고 했는데, 왜냐하면 그 두 가지 모두 세상 사람들을 구제할 수 있기 때문입니다. 오늘 눈을 들어 바라보면 이곳 회장에 모인 천여 명은 어려운 시험을 거쳐 의학의 문에 들어왔습니다. 하지만 여러분의 목적은 사람을 구제하는 데 있지 않고 돈을 더 많이 버는 데 있습니다. 이것이 문제입니다. 게다가 요즘은 의리(醫理)를 전공하는 사람은 대단히 적고 모두 의기(醫技)를 공부합니다. 어떤 병에는 어떤 약을 쓰고 어떤 방법으로 치료한다는 것은 의학이 아니고 의(醫)의 기술입니다. 비유하자면 전기 기구가 고장 나면 전기공이 수리할 수도 있지

---

136 명(明)은 학문을 뜻한다. 오명(五明)은 고대 인도의 다섯 가지 학문인 성명(聲明), 인명(因明), 내명(內明), 의방명(醫方明), 공교명(工巧明)을 말한다.

만, 그는 전기를 배운 사람이 아니고 전력학(電力學)의 전문가는 더더구나 아닙니다. 가령 이곳에는 조명 설비를 담당하는 전문가인 오 선생이 있는데, 조명 설비가 고장 나면 수리를 한 후에 그의 검사를 거쳐야 제가 안심합니다. 직접 수리한다고 치면 그가 반드시 수리공보다 숙련되었다고 할 수는 없습니다. 수리공은 어쨌든 기술자이니까요. 지금 의학을 공부하는 사람은 대부분 의료 기술자[醫匠]가 되는 공부를 하고 있습니다. 의리(醫理) 즉 의학의 철학은 공부하지 않습니다.

부처님을 배우고 보살을 배우는 사람도 마찬가지입니다. 여러분이 정말로 불법을 배우려고 한다면, 보살이라면 반드시 오명(五明)을 구비해야 합니다. 그래야 대승(大乘)이라고 부릅니다. 인명(因明)은 서양의 논리학, 중국의 윤리학에 해당합니다. 성명(聲明)은 각국의 언어 문자를 잘 아는 것인데 강연술도 그 속에 포함됩니다. 수업을 하는 데에는 그 나름의 기술이 있어야 합니다. 수업을 하면서 죽은 사람을 산 사람으로 만들 수 있다면 그것은 당연히 기술이 뛰어난 것입니다. 산 사람을 잔다고 말한다면 수업 기술에 문제가 있는 것입니다. 학문은 비록 훌륭해도 기술에 문제가 있습니다.

그다음은 공교명(工巧明)이니 바꾸어 말하면 온갖 기예를 다할 줄 아는 것입니다. 수도 전기를 수리하고 타자(打字)도 하고 무슨 일이든지 남을 도와줄 수 있습니다. 여러분이 친구 집에 갔는데 그날따라 그 집 수도 전기에 문제가 생겼습니다. 하지만 기술자를 찾지 못해서 다급해하고 있었고 때마침 여러분이 가서 단번에 고쳤다면, 그것이 바로 다른 사람을 이롭게 함입니다.

그리고 내명(內明)이 있습니다. 스스로 명심견성하고 도를 깨달아야 하는 것입니다.

성명, 인명, 공교명, 의방명, 내명이 보살오명(菩薩五明)의 학문이며, 이것이 없으면 보살도를 행할 수 없습니다. 엄격히 말하면 동서고금의 모든 학문을 포괄하는 이 오명을 다 잘해야 비로소 대승 보살도입니다. 특히 수도하는 사람은 의학을 알지 못하면 방법이 없습니다. 만약 과보(果報)를 가지고 말한다면, 전생에 의약(醫藥)을 보시하지 않고 의약으로 남과 인연을 맺지 않으면 이번 생에서 재난이 많고 병고가 많습니다. 여러분이 아시다시피 저는 계속 이 부분에 유의하고 있는데, 서랍이나 호주머니 어디나 다 약이고 누가 아프기라도 하면 얼른 약을 꺼냅니다. 저는 어려서부터 봐서 익숙해졌는데 과거에는 일반 가정에서도 다 그렇게 했습니다. 겨울과 여름에는 약을 보내고 차를 보내는 그런 것들이 다 중국 문화입니다. 저는 여러분들이 의약을 잘 배웠으면 합니다. 특히 시골에 가면 의약이 없고 의사가 없기 때문에, 병자를 만났을 때 여러분이 침을 놓고 뜸을 뜨고 추나를 할 줄 안다면 두 손가락만 가지고도 사람을 구제할 수 있습니다. 사람이 길거리에 쓰러져 있다면, 혈도를 알면 곧바로 구급조치를 할 수 있습니다. 그런 후에 병원에 이송하면 생명을 구할 수 있지만, 만약 구급조치를 하지 않는다면 삼십 분만 경과해도 죽게 될 것입니다.

  그래서 불법을 배우는 사람은 무엇이든지 다 할 줄 알아야 합니다. 자기 자신을 위해서 배우는 것이 아닙니다. 제가 보기에 젊은 여러분의 몸이 늙은이인 저보다도 약해서 대부분이 제 약을 먹었고 하루 종일 골골 거리는 것이, 여러분은 전생에 의약을 보시하려 들지 않았고 또 병자를 돌볼 줄 모르고 오로지 자기 자신만 관리해 왔습니다. 의약으로 남을 돕는 일은 사회사업입니다. 현대의 사회복지 사업을 이전에는 그냥 좋은 일 하는 것이라고 말했습니다.

다리를 펴고 눈을 뜨게 하는 환약

『약사경』은 우리에게 주문을 외우면 병을 치료할 수 있다고 했습니다. 사실 여러분이 의약을 잘 알고서 약사주를 외우면 치료하지 못할 병이 없습니다. 여러분은 무슨 병인지 보기만 해도 알아낼 수 있으며 심지어 약도 따로 없습니다. 제전(濟顚) 화상처럼 말이지요. 당시에 사람들은 병이 나면 그를 찾아갔습니다. 여름이면 그는 목욕을 하지 않았는데, 땀이 흐르면 몸의 더러운 때를 밀어서 곧 숨이 끊어지려는 사람에게 가져다 먹이게 했습니다. 그것을 먹으면 곧바로 나았는데 무슨 약이냐고 물으면 다리를 펴고 눈을 뜨게 하는 환약이라고 했습니다. 사람의 다리가 쭉 펴지고 눈이 번쩍 뜨인다면 죽은 것 아닙니까? 그 약은 분명히 몸의 더러운 때였지만 가져다 먹이면 병이 나았습니다.

사실 사람의 몸에 모든 부분은 다 약으로 쓸 수 있습니다. 어느 한 부분 약이 아닌 것이 없습니다. 사람만이 아니라 동물의 대소변도 적합하게 사용하고 적당하게 사용하면 다 약으로 쓸 수 있습니다. 예를 들어 우황(牛黃)이나 마보(馬寶)는 아주 귀하고 약으로도 훌륭합니다! 우황과 마보는 소와 말의 몸에 생긴 결석으로 큰 약이며 먹기만 하면 낫습니다.

그러니 의약을 잘 공부해야 참된 자비라 할 수 있습니다. 필요한 경우에 다른 사람을 도와줄 수 있기 때문입니다. 심지어 쌀 한 톨이나 땅콩 한 알이라 할지라도 거기다 약사주를 더해서 올바르게 사용하면 병이 나을 수 있습니다.

여기 동학들은 자주 보았을 것입니다. 저도 의사는 아닙니다. 어떤 의사의 아들이 소아마비를 앓고 있는데, 의사의 동생이 우리 이곳의 동학입니다. 그 동학의 조카는 열 몇 살인데 걸음도 비틀거리고 말도 제대로 못 했습니다. 부모가 다 의사였지만 저를 찾아왔습니다. 그래서 제가 절대로 다른 사람의 선생이 되지 말라는 것입니다. 평생 운수가 사납다니까요. 이곳의 동학인 동생이 저에게 떠맡기는 바람에 몇 푼 안 되는 약이지만 백 일간 먹으라고 했습니다. 백 일 후에 정말로 많이 좋아졌습니다. 그 부모는 일본에 유학 가서 서양 의학을 공부한 의사였는데, 저에게 어떻게 된 것이냐고 물었습니다. 저는 이유를 묻지 말라고 말했습니다. 사실 저는 약사주를 외우지도 않았습니다! 그들이 말하기를 딸도 이런 상태이니 함께 치료해 달라고 했지만 저는 하지 않겠다고 했습니다. 왜냐하면 저는 그들이 의사 노릇을 해서 돈을 많이 번 것을 알고 있었기 때문입니다. 제가 말했습니다. "아이를 낫게 하고 싶으면 먼저 오백만 위안을 내십시오. 이번에는 제가 돈을 요구하겠습니다. 아니라면 하지 않겠습니다." 제가 그렇게 한 것은 그들의 사람됨을 이미 알아봤기 때문입니다. 그 뒤로 오백만 위안을 가져오지 않기에 저도 치료하지 않았습니다. 사실은 그가 가져왔더라도 치료하지 않았을 것입니다. 제 능력이 그 정도밖에 안 되니 그것은 농담이었습니다. 그 남자아이는 많이 좋아져서 나중에 장가도 든다고 했습니다. 저는 그 말을 듣고 깜짝 놀랐습니다. 그것은 신부가 될 여자에게 너무 심한 짓이 아닙니까? 그들은 말하기를 여자아이가 집이 가난해서 원했다고 했습니다. 이백만 위안을 주면 시집오겠다고 했다는 것입니다. "이런, 참 나! 좋은 일 하기가 정말로 어렵구나. 간접적으로 여자아이의 행복을 망친 게 아닌가?" 나중에 들으니 먼저 이십만 위안을 주고 데려왔다고 했습니다.

저는 그 일로 내내 마음이 편치 않았습니다. 여러분 보십시오! 좋은 일하고 공덕을 쌓기가 이렇게 어렵습니다. 여러분이 어떤 사람을 구해 냈는데 그 사람이 가서 다른 사람을 해친다면, 그것은 우리가 간접적으로 사람을 해친 것과 같습니다. 그러니 착한 일 하기가 어렵다는 것입니다! 그 일은 그래도 크게 나쁜 일은 아니고 그냥 유감스러운 일이었습니다. 나중에 다시 알아봤더니 그 여자아이는 시집온 지 채 이 년이 안 돼 친정으로 돌아갔다고 했습니다. 그러므로 좋은 일 하고 좋은 사람이 되려면 특별히 조심해야 합니다.

주문을 외울 때의 금기

약사법을 수행하는 사람은 병자를 위해 "항상 깨끗이 목욕하고 양치한다〔常淸淨澡漱〕"고 하였는데, 우리가 병자를 위해 약사주를 외우려고 하면 먼저 자기 자신이 몸을 씻어야 하고 안팎으로 깨끗해야 합니다. 고기를 먹지 않고 채소만 먹는 것이 좋은데, 만일 고기를 먹는다면 마늘과 파는 먹지 않는 것이 좋습니다. 그러지 않으면 주문을 외워도 영험이 없습니다. 오직 준제주(準提咒)만 꺼리는 것이 없고 나머지 주문은 다 꺼리는 것이 있습니다.

이것은 계(戒)인데 "항상 깨끗이 목욕하고 양치합니다." 만약 물 한 잔을 가지(加持)하려고 한다면 세균이 없는 증류수가 가장 좋습니다. 수돗물도 그럭저럭 마실 만은 하지만 어떤 때에는 깨끗하지 못하기 때문에 증류수를 사용하는 것이 가장 좋습니다. 약사주를 백여덟 번 외우면 틀림없이 영험이 있는데, 만약 여러분이 생각하기에 물보다 의약이 더 좋겠다 싶으면 그 약을 주어서 먹게 하십시오. 그렇기 때문에 "만약 구하는 바가 있어서 지극한 마음으로 염송한다면 모두 뜻대로 이루어진다〔若有所求, 至心念誦, 皆得如是〕"라고 말한 것입니다.

평소에 약사주를 마음속으로 외우면 일을 할 때에도 좋고 운전할 때에도 좋고 외출할 때에도 좋습니다. 수시로 외우면 병 없이 수명을 연장할 수 있고 건강을 유지할 수 있습니다. 설사 죽더라도 약사주를 지니고 있기 때문에 목숨을 마친 후에 동방 약사유리세계에 왕생하여 "불퇴전의 경계를 얻고 깨달음에 이르게 됩니다〔得不退轉乃至菩提〕." 그곳에서 다시 더 배우고 수행하므로, 석가모니부처님께서는 이렇게 말씀하셨습니다. "그런 까닭에 문수사리보살이여! 만약 어떤 남자나 여인이 저 약사유리광여래께 지극한 마음으로 정성을 다하고 공경하여 공양하려면, 항상 이 주문을 지니고 잊어버리지 말아야 하느니라!〔是故曼殊室利! 若有男子女人, 於彼藥師琉璃光如來, 至心殷重, 恭敬供養者, 常持此咒, 勿令廢忘!〕" 잊어버리지 마십시오.

아득히 맑고 푸르른 경지

"또한 문수사리보살이여, 만약 정신을 지닌 남자와 여인이 약사유리광여래 응정등각의 모든 명호를 들을 수 있다면, 들고서 외우고 지니며 새벽에는 치목으로 양치질하고 깨끗이 목욕한 다음, 여러 향기로운 꽃에다 태우는 향과 바르는 향과 온갖 기악을 준비하여 부처님의 형상에 공양하느니라. 이 경전을 만약 자기 자신이 베껴 쓰거나 남에게 베껴 쓰게 해서 한마음으로 받아 지키고 그 뜻을 듣느니라."

復次, 曼殊室利, 若有淨信男子女人, 得聞藥師琉璃光如來應正等覺所有名號, 聞已誦持, 晨嚼齒木, 澡漱淸淨, 以諸香花, 燒香塗香, 作衆伎樂, 供養形像. 於此經典, 若自書, 若敎人書, 一心受持, 聽聞其義.

이 단락에서는 부처님께서 우리에게 어떻게 약사법을 수행하고 『약사경』을 듣고 약사주를 외워야 하는지 말씀하십니다. "만약 정신을 지닌 남자와 여인이 있다면〔若有淨信男子女人〕"이라고 했습니다. 여기에서 정신(淨信)은 정신(正信)과도 같은데 무엇이 정신(淨信)입니까? 경전에서 말하는 정신(淨信)은 정신(正信)보다 한 걸음 더 나아간 경지로서, 망상과 번뇌가 없고 잡념이 없는 경지입니다. 신(信)이라는 생각조차 필요치 않으니, 이미 청정무념의 경지에 들어갔고 마음속은 이미 정토의 경계에 도달했습니다.

이런 사람들이 약사유리광여래의 명호를 듣고서 외우고 지니며 약사불의 의궤(儀軌) 원리를 공경하고 공양합니다. 이곳에 있는 티베트 밀종의 약사불상은 푸른색이 아닙니까? 수행에 성공하면 그처럼 구름 한 점 없는 푸른 하늘 같은 푸른색입니다. 진정한 수행으로 색신과 보신을 성취하면 기맥이 통하여, 흰빛이나 금빛 가운데 있는 것이 아니라 아득히 구름 한 점 없는 맑고 푸름 속에 수시로 있을 수 있습니다. 언제나 안팎이 모두 만리에 구름 한 점 없는 절대적인 청정이요 깨끗함입니다. 푸른색은 절대적인 청정함과 깨끗함을 나타냅니다.

저는 많이 다녀보지 않아서 대만에 그런 곳이 있는지는 잘 모르지만 본지(本地) 학생들은 분명 알고 있을 것입니다. 대륙에서 강남 특히 강소와 절강 일대의 항주(杭州)로부터 금화(金華)에 이르는 지역은 이른바 만리에 구름 낀 산이 눈에 들어오는, 산은 푸르고 물은 초록〔山靑水綠〕인 곳입니다. 우리가 어린 시절에 보았던 물은 초록색이었으니 말 그대로 푸른 산 초록 물이었습니다.

물은 흐르지 않으면 죽은 것인데 그런 경우에도 초록빛입니다. 하지만 그런 초록빛은 무섭습니다. 대륙 강남의 그곳은 물이 맑았습니다. 바닥까지 맑아서 시냇물 밑에 얼마나 많은 물고기가 노닐고 있는지 얼마나 많은 모래가 있는지 훤히 들여다보였습니다. 바닥까지 맑고 깨끗한 그것이 진짜 초록 물 푸른 산이니 그야말로 전형적인 강남의 풍광이었습니다.

푸른 산 푸른 물에서 푸른색은 안팎이 투명함을 나타냅니다. 어떤 사람들은 필사적으로 밀종을 강조합니다. 기맥(氣脈)을 강조하고 임맥(任脈)과 독맥(督脈)이 통할 것을 강조합니다. 사람은 임맥과 독맥이 통하면 이미 병이 없어집니다. 중맥(中脈)이 통하면 낮이든 밤이든 물이 푸르고 산이 푸른 경계에 있게 됩니다.

  그렇게 안팎이 깨끗하고 투명하며 잡념이 없고 망상이 없어야 비로소 정신(淨信)을 지닌 선남자 선여인이라고 불릴 수 있습니다. 동시에 스스로 약사불에게 공양을 해야 합니다. 티베트 밀교 지역의 사람들은 아주 전문가들입니다. 여러분이 어떤 경계나 어떤 상황에 도달한다면 여러분이 재가 거사이든 출가 화상이든 상관없습니다. 그들이 만약 여러분 앞을 지나가게 된다면 얼른 무릎을 꿇고 여러분에게 절을 할 것입니다. 왜냐하면 그들은 이미 이 사람의 수행이 어떤 경계나 어떤 정도에 도달했는지를 알기 때문입니다. 그런 점이 요즘 사람들에게는 아주 부족합니다. 불법을 공부하지만 어떤 사람이 수지를 했는지 안 했는지 전혀 모릅니다. 왜냐하면 약사여래의 지혜가 없기 때문입니다.

고대인은 어떻게 이를 닦았나

  "새벽에는 치목으로 양치질하고〔晨嚼齒木〕"는 무엇을 말하는 것일까요? 특히 출가한 동학들은 반드시 알아야 합니다. 지금은 물론 필요하지 않지만 그래도 알고 있어야 합니다. 치목(齒木)은 칫솔입니다. 이 세상에서 최초로 칫솔을 발명한 사람이 석가모니불입니다. 부처님께서는 위생을 가장 중시하였는데, 이미 수천 년 전에 음식을 먹으면 곧바로 이를 닦았습니다. 무엇으로 닦았을까요? 버드나무 가지였습니다. 여러분이 관세음보살 그림을 보면 손에 든 정병(淨瓶)에 그려져 있는 것이 바로 버드나무 가지입니다. 버드나무 가지를 물속에 담가 두었다가 이를 닦고자 할 때 치아로 물면 섬유질이 풀어져서 아주 훌륭한 칫솔이 됩니다. 아주 훌륭한 이쑤시개가 되기도 합니다. 그래서 우리는 뭐든지 다 잘 알고 있는 석가모니불을 가장 지혜로운 사람이라고 말합니다. 그렇게나 일찍 수천 년 전에 이미 칫솔을 발명했으니까요.

고대의 비구 출가인에게는 이런 계율이 있었습니다. 우리는 어린 시절에 출가인이 이를 닦는 것을 보았는데, 당시에는 미신이 있었습니다. 많은 거사들이 그런 모습을 보고 "아이코! 출가인이 칫솔을 쓰다니! 가루 치약을 쓰다니! 계를 범했도다!"라고 말했습니다. 당시의 가루 치약은 무엇으로 만들었을까요? 오징어 뼈로 만들었습니다. 오징어 속에 들어 있는 하얀 뼈를 말리고 빻아서 그것으로 가루 치약을 만들었습니다. 당시에는 아직 지금과 같은 치약이 없고 가루 치약만 있었습니다. 출가인이 그것으로 이를 닦으면 고기를 먹는 것과 같아서 계를 범한 것이 됩니다.

가루 치약은 우리가 어릴 때 막 발명되었습니다. 저는 총림의 노스님이 사용하지 않는 모습을 보고 가루 치약으로 이를 닦으시라고 건의했습니다. 벌써 수십 년 전의 일입니다. 노스님은 "이런! 그건 고기야. 듣자 하니 오징어 뼈로 만들었다더구나"라고 말했습니다. 제가 가루 치약은 화학 제품이지 고기가 아니라고 말했습니다. "지금은 아닙니다! 안심하세요! 마음이 안 놓이시면 제가 책임을 지겠습니다." 이처럼 처음에는 아무도 쓰지 않더니 서서히 고쳐 나갔습니다.

그러므로 밀종의 수행은 참 번거롭고 확실히 호사스러운 수행법입니다. 밀종을 수행하려면 매일 밤낮으로 여러 번 목욕을 해야 합니다. 어떤 사람들은 도가의 방법을 따라서 하루에 네 번, 자오묘유(子午卯酉)에 목욕을 합니다. 밀종을 수행하는 도량은 대단히 까다로워서 정말로 더러운 것이 조금도 없습니다. 절대적인 깨끗함과 청결이 이루어진 후에 향과 꽃으로 공양합니다.

어떻게 부처님께 공양하는가

중국의 사찰은 향을 태우는 관습이 있습니다. 다른 지방에서는 꼭 그렇지만은 않으며 저도 지금은 그다지 쓰지 않습니다. 위험하기도 한 데다 흡연과 마찬가지로 공기를 오염시키기 때문입니다. 향은 종류가 아주 많습니다. 태우는 향 외에도 바르는 향[塗香]이 있어서 마찬가지로 공양에 사용할 수 있습니다. 바르는 향은 몸에 문지르거나 불상 앞 곳곳에 뿌립니다.

밀종을 배우는 사람들은 향화등수과(香花燈水果), 다식보의주(茶食寶衣珠)로 부처님께 공양하는데, 사실은 그들뿐 아니라 불법을 배우는 모든 사람 특히 출가인들은 집사(執事)가 되어 독방을 가지면 자신이 공양하는 불당을 만듭니다. 그 제단은 모두 장엄하며 어떤 것들은 지나치게 호사스럽고 장엄합니다. 저는 공양하는 병과 잔을 모두 금은보배로 만든 것도 보았습니다.

석가모니불께서는 우리에게 약사불에 대한 공양을 말씀하셨는데, 이는 부처님의 형상 즉 보신(報身)을 공양하는 것입니다. 법신(法身)의 공양은 경전을 유통시키는 것으로 자신이 베껴 쓰기도 합니다. 고대에는 인쇄술이 발달하지 못해서 경전을 유통시키기 위해서는 자기가 베껴 써야 했습니다. 혹은 다른 사람에게 베껴 쓰게 해서 "한마음으로 받아 지키고 그 뜻을 들어[一心受持, 聽聞其義]" 『약사경』의 이치를 연구했습니다.

"저 법사에게도 마땅히 공양하되 필요한 일체 살림 도구를 다 보시하여 모자람이 없도록 해야 하느니라. 이와 같다면 여러 부처님의 호념을 입어 원

하던 바가 이루어지고 깨달음에 이르게 되느니라."

於彼法師, 應修供養, 一切所有資身之具, 悉皆施與, 勿令乏少. 如是便蒙諸
佛護念, 所求願滿, 乃至菩提.

소위 "자신지구(資身之具)"는 계율상 음식, 의복, 침구, 탕약의 네 종류
가 있습니다. 불학에서 말하는 자신지구는 이 네 종류를 포함하며 사람에
게 공양하는 것입니다. 위로는 법사, 여러 부처님, 삼보를 공양하고 아래
로는 모든 중생에게 보시하여 공양하는데, 네 가지 일로써 공양하니 이 모
두가 자신지구입니다. 전부 다 공양하고 보시해서 "모자람이 없도록 해야
하니[勿令乏少]", 즉 사람들로 하여금 부족하지 않도록 해야 합니다. 요즘
말로 하면 사회 복지를 실시하여 사람들이 복지 혜택을 입게 해야 합니다.
그렇게 하면 여러 부처님의 호념을 얻어 원하는 바를 이루고 깨달음을 증
득하게 됩니다.

이 경전은 어떻게 받아 지니는가

그때에 문수사리보살이 부처님께 말씀드렸다. "세존이시여! 저는 맹세코
상법 시대에 갖가지 방편으로 정신을 지닌 선남자 선여인 등으로 하여금
세존이신 약사유리광여래의 명호를 듣게 하고 나아가서는 잠결에라도 부
처님의 명호를 듣고 깨우치도록 하겠습니다. 세존이시여! 이 경전을 받아
지니고 읽고 외우며 혹은 다른 사람을 위해서 연설하여 진리를 열어 보이
겠습니다."

爾時, 曼殊室利童子白佛言: 世尊! 我當誓於像法轉時, 以種種方便, 令諸淨
信善男子善女人等, 得聞世尊藥師琉璃光如來名號, 乃至睡中亦以佛名覺悟
其耳. 世尊! 若於此經受持讀誦, 或復爲他演說開示.

"그때에 문수사리보살이 부처님께 말씀드렸다〔爾時, 曼殊室利童子白佛
言〕." 불경에서는 남녀노소 상관없이 등지(登地)[137] 이상의 보살은 모두 동
자(童子)로 부릅니다. 그러므로 '동자'는 보살의 별칭이기도 합니다.

"세존이시여! 저는 맹세코 상법 시대에〔世尊! 我當誓於像法轉時〕"라고
하였는데, 우리 이 시대 역시 상법 시기입니다. 그렇다면 무엇을 상법(像
法)이라고 부를까요? 우리의 스승이신 석가모니불은 이미 가셨지만 그의
불상, 경전이 아직 전해지고 있으니 그것을 상법이라고 부릅니다.

"갖가지 방편으로〔以種種方便〕", 각종 방법을 사용합니다. "정신을 지닌
선남자 선여인 등으로 하여금 세존이신 약사유리광여래의 명호를 듣게
하고〔令諸淨信善男子善女人等, 得聞世尊藥師琉璃光如來名號〕", 그들로 하여
금 약사유리광여래의 이름을 들을 기회를 가지게 합니다. "나아가서는 잠
결에라도 부처님의 명호를 듣고 깨우치도록 하겠습니다〔乃至睡中亦以佛名
覺悟其耳〕." 문수보살이 말하기를, 그 사람의 공덕이 부족하기 때문에 그
로 하여금 꿈속에서 감응을 얻어 이 부처님의 이름을 알게 하겠노라 하였
습니다. 이 자리에 있는 분들은 아마도 경험이 적을 테지만, 제가 만나봤
던 두세 명의 동학은 그런 경험을 자주 했습니다. 그런 일이 있은 다음 날
이면 달려와서 저에게 "이러이러한 수인이 정말로 있습니까?" 하고 물어

---

137 보살의 열 가지 수행 단계를 십지(十地)라 하는데, 초지(初地)인 환희지(歡喜地)에 오른 보
살을 '등지(登地)의 보살'이라고 한다.

보았습니다. 꿈에서 보살을 보았는데, "저에게 이것은 이렇게 해야 한다고 말하기에 뭔가를 외웠는데 맞습니까?" 하는 것이었습니다. 제가 그것은 어떤 보살이며 무슨 색깔에 형상이 어떤지를 말했더니, 그는 조금도 틀리지 않고 바로 그 모습이었다고 했습니다. 어떤 동학은 자주 그랬습니다. 어느 날 그에게 법문 하나를 가르쳐 주고 수인은 아직 가르쳐 주지 않았는데, 다음 날 달려와서 저에게 수인을 만들어 보여 주었습니다. 제가 "맞아!"라고 하면서 "자네가 또 보았군" 했더니 그가 말했습니다. "보았습니다. 부처님께서 나타나셔서 저에게 이 수인을 말씀해 주셨습니다." 제가 말했지요. "맞네, 바로 그 수인이야." 하지만 이러한 상황이 다 맞는 것이라고 여겨 집착해서는 안 됩니다. 집착하는 것은 좋지 않습니다. 그러므로 자다가 꿈속에서 때때로 그런 식의 감응이 있습니다.

"세존이시여! 이 경전을 받아 지니고 읽고 외우며〔世尊! 若於此經受持讀誦〕", 스스로 받아들여 몸으로 힘써 행하고 수지하거나 혹은 평소에 외웁니다. "혹은 다른 사람을 위해서 연설하여 진리를 열어 보이겠습니다〔或復爲他演說開示〕." "연설(演說)"이란 경전의 요점을 정리해서 다른 사람에게 들려주는 것을 말하는데, "개시(開示)"는 다릅니다! 개시란 불법의 진정한 요점 내지는 경전을 떠나 불법의 정수를 활짝 열어 그것을 표현해 냄으로써 그로 하여금 이해할 수 있게 만드는 것입니다. 이것을 개시라고 부릅니다.

"자기 자신이 베껴 쓰거나 남에게 베껴 쓰게 해서 공경하고 존중하되, 갖가지 향기로운 꽃과 바르는 향과 가루 향과 태우는 향으로 공양하겠습니다."

若自書, 若教人書, 恭敬尊重, 以種種華香, 塗香, 抹香, 燒香.

향에는 여러 종류가 있는데, 중국인들은 '태우는 향〔燒香〕'을 즐겨 사용합니다. 지금은 특별히 조심해야 하지만 다행히 와향로(臥香爐)가 있어서 향을 안정되게 놓을 수 있습니다. 기억하기로 이삼십 년 전에 제가 와향로를 만들려고 할 때에는 만들 줄 아는 사람이 없었습니다. 제가 그림으로 그려 준 다음에 최초의 제품이 만들어졌는데 지금은 아주 보편화되었습니다. 세워 놓고 향을 태우다가 사람들이 잠들게 되면, 혹시라도 향을 잘 꽂아 두지 않아서 쓰러지기라도 하면 불이 나기 쉽습니다. 그래서 향을 눕혀 두면 비교적 안전하기 때문에 우리 이곳 강당에서 사용하는 것은 모두 와향(臥香)입니다.

"꽃다발, 영락, 번개, 기악으로 공양하겠습니다. 약사경을 오색 비단으로 만든 주머니에 넣고, 물을 뿌려 깨끗이 청소한 곳에 높은 자리를 마련하여 편안히 모시겠습니다."

花鬘, 瓔珞, 幡蓋, 伎樂, 而爲供養, 以五色綵, 作囊盛之. 掃灑淨處, 敷設高座而用安處.

고대에는 불경을 중시해서 오색 비단으로 싸 두었는데, 외울 때 열어 보는 것을 제외하면 평상시에는 항상 잘 덮어 두었습니다. 당시에는 인쇄술이 발달하지 못해 불경의 보존에 대단히 신경을 썼습니다. 저는 볼 때마다 정말로 감탄하곤 합니다.

대륙에서는 피로 불경을 쓰는 것을 자주 보았습니다. 혀나 손가락을 찔러서 그 피로 불경을 쓰는 경우는 아주 보편적이었습니다. 그런데 당시 그들이 말하는 것을 들으니, 피가 흘러나오면 얼른 한약인 백급(白芨)을 뿌려야지 안 그러면 금방 응고해 버려 글자를 쓸 수 없다고 합니다. 피로 쓴 경전의 글자는 황갈색에다 아주 옅었는데 당시 우리는 자주 보았습니다.

과거에 우리는『대장경』을 보기가 아주 어려웠습니다. 몇 개의 성(省)에 겨우 한 부(部) 있을 정도였는데, 특히 만청 말년에는『대장경』을 보려면 황제에게 신청해야 했습니다. 황제가 비준해야 겨우 한 부를 보내 주었습니다. 사천 아미산에도『대장경』이 한 부밖에 없었는데, 몇 개의 큰 명산에 각각 한 부씩 있었기 때문에『대장경』을 보기란 말처럼 쉽지 않았습니다! 지금은『대장경』이 도처에 있습니다. 당시 우리는 그런 어려움 속에서 『대장경』을 찾았고, 스스로 문을 닫아걸고 그것을 다 보고 났을 때에는 비할 수 없는 편안함과 감격을 느꼈습니다. 지금 제가 보기에는 사람들이 책을 사고 경전을 사기는 아주 편리해졌지만 그것을 가지고 책벌레를 공양하고 있습니다. 절마다『대장경』이 한 부씩은 있으며 두 부나 세 부씩 있는 곳도 있습니다. 서점에서『대장경』을 내놓기만 하면, 아무튼 내놓기만 하면 틀림없이 부자가 될 겁니다. 어쨌든 누군가는 사서 책벌레를 공양할 테니까요. 그런 사람들은 불경을 사면 그것이 곧 공덕이라고 생각합니다. 거기다 두고 책벌레가 천천히 갉아먹게 해서 책벌레가 성불하게 만드는 것이지요. 아! 다들 그렇게 합니다. 과거에는 불경을 존중해서 "오색 비단으로 만든 주머니에 넣고, 물을 뿌려 깨끗이 청소한 곳에 높은 자리를 마련하여 편안히 모셨습니다[以五色綵, 作囊盛之. 掃灑淨處, 敷設高座而用安處]." 일반적으로 불경을 모셔 둔 곳은 그 위치가 아주 높았는데 예전에 우리는 아주 좋은 덮개를 씌워 두었습니다.

"그때 사대천왕이 그 권속들과 그 밖에 헤아릴 수 없는 하늘의 무리들이 모두 그곳에 이르러 공양하고 지키고 보호할 것입니다."

爾時四大天王, 與其眷屬, 及餘無量百千天衆, 皆詣其所, 供養守護.

'詣(예)'는 旨(지)로 읽지 않도록 합니다. 광고를 들어보면 조예(造詣)를 조지(造旨)로 읽는 경우가 많습니다. 법사는 장차 세상에 나가서 불법을 펴야 하는데 여러분은 저처럼 해서는 안 됩니다. 저는 사투리를 많이 쓰는데, 예전에 외웠던 방언을 다시 사전에서 찾기 귀찮아서입니다. 하지만 중요한 부분을 대충 해서는 절대로 안 됩니다.

"세존이시여! 이 보배스러운 경전이 있는 곳마다 받아 지니는 이는 저 세존이신 약사유리광여래의 본원공덕과 명호를 듣기 때문에, 마땅히 이곳을 알아 비명횡사하는 일이 없고, 또한 다시 여러 악취들에게 정기를 빼앗기지 않으며, 설령 이미 빼앗긴 자라 할지라도 빼앗기기 이전의 상태로 돌아가서 몸과 마음이 편안하고 즐거울 것입니다."

世尊, 若此經寶流行之處, 有能受持, 以彼世尊藥師琉璃光如來本願功德, 及聞名號, 當知是處, 無復橫死, 亦復不爲諸惡鬼神, 奪其精氣; 設已奪者, 還得如故, 身心安樂.

"횡사(橫死)"는 가령 차에 치여서 제 명이 아닌데 죽는 것 등을 모두 횡사라고 부릅니다. 정성스러운 마음으로 수지하면 이런 공덕을 지니게 되어 횡사하지 않고 또한 "여러 악취들에게 정기를 빼앗기지 않습니다〔諸惡鬼神, 奪其精氣〕." 그런 일이 정말로 있는지 말하기가 아주 어렵지만 여러분에게 말씀드리건데 정말로 있습니다. 때로는 잠자는 시간이나 캄캄한 밤 시간에도 자주 그런 일이 있습니다. 어떤 사람들은 말하기를, 병에 걸렸는데 아무리 조사해도 원인이 나오지 않으면 그것은 바로 신병(神病)이라고 합니다. 하지만 여러분은 그런 미신을 믿지 마십시오. 그런 일은 없습니다. 아무렇게나 함부로 절하지 마십시오. 귀신에게 절하면 할수록 귀

신이 옵니다. 사람과 마찬가지로 귀신도 흉한 사람은 두려워합니다. "이 몸께서는 너 따위는 상대하지 않아"라고 하면 귀신도 어쩌지 못 합니다. 그것이 아니라면 여러분은 불법의 정로(正路)를 따라 가십시오. 특히 여거사(女居士)들은 함부로 절하면 안 됩니다! 그렇게 하면 좋지 않습니다. 마음이 깨끗하면 아무 일도 없습니다. 불법을 배웠으니 그런 종류의 일을 만나면 나무약사불, 나무약사유리광여래를 외우기만 하면 됩니다.

"설령 이미 빼앗긴 자라 할지라도〔設已奪者〕", 가령 정기를 빼앗기는 일은 남녀 모두에게 일어날 수 있습니다. 그러나 어떤 여인들은 그 사실을 스스로 알지 못합니다. 일부 남성들의 경우에는 유정(遺精) 현상이 있는데, 어떤 것은 병이 아니라 그의 힘이 여러분을 끌어당기는 것입니다. 우리가 어릴 때에 동학들이 이런 것을 연구하면서 실험을 한 적이 있습니다. 본인에게는 말하지 않고 동학이 잠들기를 기다렸다가 외부 힘의 영향으로 그런 문제가 발생할 수 있음을 증명했습니다. 우리는 닭털을 가지고 놀리다가 그가 깨어난 후에 물어보았습니다. "자네 어디 멀리 다녀왔나?" "맞아! 무슨 영문인지 모르겠네. 꿈을 꾼 것도 아닌데 말이야!" 모두 웃었습니다. 그 실험은 인체 내부의 정기가 외물(外物)에 의해 빨려 나갈 수 있음을 증명했습니다. 그 이치는 더 이상 말씀드리지 않겠습니다. 더 이야기했다가는 장난꾸러기 학생들이 그 방법을 이용해 다른 사람을 해롭게 할 수 있어서 좋지 않습니다.

여기에서는 이렇게만 말했습니다. 약사유리광여래의 법문을 수행하다가 만약 그러한 일을 만나게 되면 "빼앗기기 이전의 상태로 돌아가서 몸과 마음이 편안하고 즐거울 것입니다〔還得如故, 身心安樂〕." 즉시 정신이 회복되고 아무 문제없습니다. 그뿐 아니라 다음번에는 더 이상 그런 문제를 만나지 않을 것입니다.

부처님께서 문수사리보살에게 말씀하셨다. "그러하다! 그러하다! 네가 말한 것과 같느니라."

佛告曼殊室利: 如是! 如是! 如汝所說.

"바로 그렇다. 네가 말한 그대로이다" 하는 뜻입니다.

어떻게 약사법을 수행하는가

"문수사리보살이여! 만일 정신을 지닌 선남자 선여인 등이 저 세존이신 약사유리광여래를 공양하고자 하는 이가 있다면, 마땅히 먼저 저 부처님의 형상을 조성하고, 깨끗한 자리를 만들어 편안히 모셔야 하느니라. 갖가지 꽃을 흩뿌리고 갖가지 향을 태우고 갖가지 당번으로 그 장소를 장엄하게 하느니라. 그리고 일곱 낮 일곱 밤 동안 팔관재계를 받들고, 깨끗한 음식을 먹고 목욕을 깨끗이 하고 깨끗한 옷을 입고, 마땅히 더러운 마음과 성내어 해치는 마음을 일으키지 않고, 일체 유정에 대해서 이익 되고 안락하며 자비하고 희사하고 평등한 마음을 일으키고, 악기를 연주하고 찬탄하는 노래를 부르며 부처님의 형상을 오른쪽으로 도느니라. 다시 마땅히 저 여래의 본원공덕을 생각하고 이 약사경을 독송하며 그 뜻을 사유하고 연설하여 진리를 열어 보이느니라."

曼殊室利, 若有淨信善男子善女人等, 欲供養彼世尊藥師琉璃光如來者, 應先造立彼佛形像, 敷清淨座, 而安處之. 散種種花, 燒種種香, 以種種幢幡, 莊嚴其處. 七日七夜, 受八分齋戒, 食清淨食, 澡浴香潔, 著清淨衣, 應生無垢濁心, 無怒害心, 於一切有情, 起利益安樂, 慈悲喜捨平等之心, 鼓樂歌讚, 右遶佛像. 復應念彼如來本願功德, 讀誦此經, 思惟其義, 演說開示.

"저 부처님의 형상을 조성하고〔造立彼佛形像〕"는 바로 약사불의 불상을 만들어 모신다는 말입니다.

"일곱 낮 일곱 밤〔七日七夜〕"은 약사법을 수행하는 사람이라면 주의해야 합니다. 제단을 그렇게 만들어 놓고서 마치 문을 닫아걸기라도 하는 것처럼 일곱 낮 일곱 밤을 오로지 제단에서 한 걸음도 벗어나지 않고 스스로 '팔분재계'를 받아야 합니다.

"깨끗한 음식을 먹고〔食淸淨食〕"에는 여러 종류가 있습니다. 소식(素食)을 먹고 정오가 지나서는 음식을 먹지 않는 것은 단지 깨끗한 음식의 한 종류에 지나지 않습니다. 진정한 깨끗함은 담식(淡食)을 먹는 것으로서 소금을 먹지 않습니다. 정오가 지나서는 음식을 먹지 않는다는 것은 여러분이 함부로 시도해서는 안 됩니다. 수행이 일정 수준에 도달하지 않았다면 이런 것을 함부로 하려고 해서는 안 됩니다. 세 번째가 가장 심각한데, 일곱 낮 일곱 밤 동안 기(氣)를 먹고 음식을 먹지 않으며 단지 물만 마십니다. 깨끗한 음식에는 전문적인 수행법이 있으며, 제가 말씀드린 것은 그저 대략적인 것에 지나지 않습니다.

"목욕을 깨끗이 하고〔澡浴香潔〕", 수시로 청결을 유지해야 합니다. 게다가 매번 대소변을 본 후에는 손만 씻는 것이 아닙니다. 대소변으로 수시로 더러운 것을 깨끗이 제거하고 몸의 아홉 구멍을 수시로 청결하게 해야 합니다.

"깨끗한 옷을 입고, 마땅히 더러운 마음을 일으키지 않고〔著淸淨衣, 應生

無垢濁心)", 마음속 생각이 절대로 깨끗해야 합니다.

"성내어 해치는 마음이 없고〔無怒害心〕", 조금이라도 화를 내서는 안 되고 조금이라도 마땅치 않은 생각을 해서는 안 됩니다.

"일체 유정에 대해서 이익 되고 안락하며 자비하고 희사하고 평등한 마음을 일으키고〔於一切有情, 起利益安樂, 慈悲喜捨平等之心〕", 모든 중생 모든 사람에 대해 도와주고 이롭게 하려는 마음과 자비하고 희사하는 마음, 평등한 마음을 일으켜야 합니다.

"악기를 연주하고 찬탄하는 노래를 부르며 부처님의 형상을 오른쪽으로 도느니라〔鼓樂歌讚, 右遶佛像〕." 방울을 사용해서 노래하거나 혹은 밀종의 읽기법을 사용하거나 혹은 아무 소리도 내지 않습니다. 부처님의 이름을 외우면서 불상 오른쪽으로 도는 것은 마치 반주삼매(般舟三昧)[138]를 수행하는 것 같은데, 일곱 낮 일곱 밤을 오로지 약사법을 수행하고 약사불의 이름을 외웁니다.

"다시 마땅히 저 여래의 본원공덕을 생각하고〔復應念彼如來本願功德〕", 이것은 믿을 만한 수행법인데, 위에 열거한 수행들을 하는 동시에 수시로 약사불의 열두 가지 대원을 생각하며 마음속에 그대로 하고자 하는 마음을 일으켜야 합니다.

"이 약사경을 독송하며 그 뜻을 사유하고〔讀誦此經, 思惟其義〕", 경전 전체에 대해서 그 뜻이 어디에 있는지 생각합니다.

"연설하여 진리를 열어 보이느니라〔演說開示〕", 이것은 수행법인데 이 수행법을 그대로 실행한 사람은 "마음에 좋아하는 것을 구하는 대로 모두 다 이루어집니다." 예를 들어 제가 보았던 티베트의 한 라마승은 아가타

---

[138] 칠 일 또는 구십 일을 기한으로 하여 계율을 지키고 도량이나 불상 주위를 늘 돌면서 오로지 아미타불을 생각함으로써 여러 부처가 눈앞에 나타나는 삼매를 말한다.

약(阿伽陀藥)[139]을 사용했는데, 그것은 불경 안에 기록되어 있는 약입니다. 그 약 한 알이면 온갖 병을 치료할 수 있으니 바로 우리가 말하는 신선의 단약(仙丹) 같은 것입니다. 평범한 유리병에 장홍화(藏紅花)를 넣어 둔 것이 그들의 아가타약이었습니다. 어떤 사람이든지 병이 나면 그에게 와서 구했는데, 그는 약이 병 안에 있다고 하면서 한 알 꺼냈습니다. 그런데 꺼냈는데도 약은 여전히 병 안에 있었습니다. 병이 난 사람이 약을 받아 가서 먹으면 곧바로 좋아졌습니다. 이것은 그가 약사여래법을 수행한 결과입니다. 하지만 그 라마승은 정말 공손했습니다. 저는 그에게 얼마나 수행했는지 물어보았습니다. 그의 말이 세 번의 백 일이라고 했습니다. 그렇다면 일 년이나 마찬가지가 아닙니까! 그의 말은 이러했습니다. "저는 세 번 수행을 했습니다. 첫 번째 백 일에는 성공하지 못했습니다. 두 번째 다시 발심하였지만 여전히 성공하지 못했습니다. 세 번째 백 일에 병은 원래 비어 있었는데 수행을 한 후에 간절히 구했습니다! 불상을 빙빙 돌았지요! 그랬더니 장홍화가 이 약을 자라게 하는 겁니다. 저는 이미 감응을 얻었음을 알게 되었습니다." 라마승은 평생 이 법문을 수행했고 그가 치료한 사람은 아주 많았습니다. 그는 의료에 대해서는 알지 못했지만 어쨌든 병이 생겨서 구하러 오면 약을 꺼내 주었습니다. 그런데도 그 약모(藥母)는 여전히 남아 있으니 그것은 그의 수행에서 나온 것이었습니다. "아! 그렇게 해서 한 알의 약이 생겨났군요." 말하고 보면 정말 신화 같지만 저는 그 사람을 눈으로 직접 보았습니다. 물론 여러분은 함부로 배워서는 안 됩니다. 솔직히 말해서 저는 아직 그런 약이 없습니다! 제가 겪은 이야기를 여러분에게 들려 드렸을 뿐입니다.

---

139 온갖 병을 고친다는 인도의 영약(靈藥)을 말한다. 중국어로 장홍화인 이것은 서양에서 흔히 샤프란이라고 부르는 향신료이다.

> "마음에 좋아하는 것을 구하는 대로 모두 다 이루어지니, 장수를 구하면 장수를 얻고 부요함을 구하면 부요함을 얻으며 관직을 구하면 관직을 얻고 아들딸을 구하면 아들딸을 얻게 되느니라."

> 隨所樂求, 一切皆遂, 求長壽得長壽, 求富饒得富饒, 求官位得官位, 求男女得男女.

이 법문을 수행하면, 부자가 되고자 하면 부자가 되고 자식을 낳기를 구하면 자식을 낳고 구하는 바가 다 이루어집니다.

이것은 전문적인 수행법으로서 제단의 배치도 이처럼 장엄합니다. 오로지 약사여래법을 수행하자면 당연히 장소가 필요하며, 잡인들이 들어오지 못하게 하고 부정한 물건이 조금이라도 있어서는 안 됩니다. 그야말로 진정한 장중함이요 장엄입니다. 제가 늘 말하지만 가장 좋은 방법은 높은 산의 정상에서 수행하는 것입니다. 때로는 문제가 있기는 합니다. 높은 산의 정상에는 곤충이 있어서 아주 성가시지요. 요즘 가장 좋은 방법은 빌딩의 꼭대기에서 수행하는 것입니다. 앞으로 기회가 있다면 그렇게 수지하는 것이 아주 좋을 것입니다.

재난을 면하다

> "만일 어떤 사람이 홀연히 나쁜 꿈을 꾸어 온갖 나쁜 모양을 보거나, 혹은 괴상한 새가 날아와서 앉거나, 혹은 머무는 곳에서 온갖 괴상망측한 일이 나타나기도 하느니라."

若復有人, 忽得惡夢, 見諸惡相, 或怪鳥來集, 或於住處, 百怪出現.

잠잘 때 괴이한 꿈을 꾸기도 합니다. 시골에는 집 앞에 괴상한 새들이 모여드는 경우가 있습니다. 북방에는 괴상한 짐승이 아주 많은데 황무한 산과 들판에 특히 많습니다.

"혹은 머무는 곳에서 온갖 괴상망측한 일이 나타나기도 하는데〔或於住處, 百怪出現〕", 혹은 집안에서 괴이한 일이 일어나기도 합니다. 예를 들면 대문이나 지붕에서 괴상한 벌레가 떨어지거나 줄을 타고 내려오기도 하는데, 그러면 틀림없이 집안에 문제가 생깁니다. 일상적인 일이 아니기 때문입니다. "온갖 괴상망측한 일이 나타나기도 합니다."

"이 사람이 만약 갖가지 미묘한 도구를 가지고, 저 세존이신 약사유리광여래를 공경하고 공양하면, 나쁜 꿈과 나쁜 모양과 모든 불길한 일들이 다 사라지고 걱정하지 않게 되느니라."

此人若以衆妙資具, 恭敬供養彼世尊藥師琉璃光如來者, 惡夢惡相, 諸不吉祥, 皆悉隱沒, 不能爲患.

집안에서 괴이한 일이 생기거나 나쁜 꿈을 꾸어서 여러분의 마음이 불안하다면, "갖가지 미묘한 도구를 가지고〔以衆妙資具〕" 약사불을 공양하면 그런 것들이 사라질 것입니다.

예를 들면 이 성(省)에는 사람을 죽이는 일이 있습니다. 제가 알기로 시골에서는 부적을 그리고 주문을 외우고 나서 여자아이나 남자아이를 죽이는 일이 있다고 합니다. 이 성의 시골에는 그런 일이 아주 많았고 아직까지도 있다고 합니다. 타파해야 할 방법으로, 오직 경건하고 성실하게 약사불을 공양하기만 하면 됩니다.

"혹은 물, 불, 칼, 독, 험한 낭떠러지, 난폭한 코끼리, 사자, 호랑이, 이리, 작은 곰, 큰 곰, 독사, 전갈, 지네, 그리마, 모기, 등에 같은 것에 대한 두려움이 있을 때에, 만약 지극한 마음으로 저 부처님을 생각하고 공경하고 공양하면 일체 두려움에서 벗어나게 되느니라."

或有水火, 刀毒懸險, 惡象師子, 虎狼熊羆, 毒蛇惡蠍, 蜈蚣蚰蜒, 蚊虻等怖, 若能至心憶念彼佛, 恭敬供養, 一切怖畏, 皆得解脫.

특히 산봉우리에 있는 변경 지역에서는 절이 숲 속에 있어서 이런 상황을 피할 수가 없습니다. 땅강아지나 개미가 대단히 많아서 너무나도 성가십니다. 일반 절에서는 보암주(普庵咒)를 외우지만 대총림에서는 부득이한 경우를 제외하면 그다지 외우지 않습니다. 초하루와 보름에만 한 차례 외웁니다. 보암주를 외우면 정말 이상하게도 모든 개미가 즉시 사라집니다. 주문을 외우기만 하면 정말로 영험합니다.

최근에 어떤 학생들이 실험을 해 보고 싶다면서 보암주를 배우러 저를 찾아왔습니다. 제가 한 부 인쇄해서 외우게 했더니 그들은 한번 외워 보고는 깜짝 놀랐습니다. 저는 외우지 말라고 말했습니다. 개미도 생명인데 외우기만 하면 개미는 즉시 도망가야 하기 때문입니다. 그래서 총림의 절에서는 함부로 보암주를 외우지 않습니다.

보암주는 송대 보암(普庵) 선사가 전해 준 것입니다. 그는 참으로 도를 깨친 사람이었는데, 깨달은 후 팔지(八地)[140]에 도달해 중관(中關)의 경계를 타파했습니다. 팔지 이상의 보살은 모두 다라니를 말하고 주문을 말할 수 있습니다. 보암주의 효과는 대단하며 약사여래주 역시 마찬가지입니다. 산에 거주할 때 사용해 볼 수 있습니다.

"만일 다른 나라가 침략하거나 도적들이 반란을 일으킬 때에도, 저 부처님을 생각하고 공경하는 자는 또한 모든 재난에서 벗어나게 되느니라."

若他國侵擾, 盜賊反亂, 憶念恭敬彼如來者, 亦皆解脫.

중국 정부가 중경(重慶)에서 일본과 항전할 때 허운(虛雲) 노스님은 아직 생존해 계셨습니다. 당시 국민 정부의 주석은 임삼(林森) 선생이었는데 총통부 앞에 세워져 있는 것이 바로 그의 동상이었습니다. 그들은 모두 허운 노스님의 귀의 제자였는데, 허운 노스님을 특별히 중경으로 초빙해서 호국식재(護國息災) 법회를 부탁드렸습니다. 현명(顯明) 법사는 허운 노스님을 모시는 수좌(首座)였으며, 저는 중경에서 그와 알게 되어 사형 사제의 연을 맺게 되었습니다. 당시 밀단(密壇)[141]에는 공갈(貢噶) 활불과 근상(根桑) 활불 등 몇 분이 있어서 『약사경』을 외웠습니다. 그 법문이 어떠했는지는 잘 모르겠지만 이삼 년 후에 승리를 거뒀습니다.

"문수사리보살이여! 만일 정신을 지닌 선남자 선여인 등이 육신이 다하여

---

140 보살의 열 가지 수행 단계를 십지(十地)라 하여 환희지(歡喜地), 이구지(離垢地), 발광지(發光地), 염혜지(焰慧地), 난승지(難勝地), 현전지(現前地), 원행지(遠行地), 부동지(不動地), 선혜지(善慧地), 법운지(法雲地)의 열 가지를 가리킨다. 팔지(八地) 보살은 여덟 번째인 부동지(不動地)의 경계에 이른 것을 말한다.
141 밀교 의식을 행하는 제단을 말한다.

죽는 순간까지 다른 하늘을 섬기지 않으며, 오직 한마음으로 불법승 삼보
에 귀의하여 금계를 받아 지키다가"

復次, 曼殊室利, 若有淨信善男子善女人等, 乃至盡形, 不事餘天, 惟當一心,
歸佛法僧, 受持禁戒

육체가 죽음에 이르러 숨이 끊어지는 것을 "진형(盡形)"이라고 부릅니
다. "다른 하늘을 섬기지 않으며[不事餘天]", 함부로 아무 데에나 절하며
미신을 믿지 않습니다. "오직 한마음으로 불법승 삼보에 귀의하여 금계를
받아 지키니[歸佛法僧, 受持禁戒]", 온전한 마음과 온전한 뜻으로 삼보(三
寶)에 귀의하여 불계(佛戒)를 잘 받아 지킵니다.

"다섯 가지 계율과 열 가지 계율과 보살 사백계와 비구 이백오십계와 비구
니 오백계를 받아 지키는 가운데에서 계율을 범하는 일이 있어 악취에 태
어날까 두려워하는 이가 있느니라. 만일 저 부처님의 명호를 오로지 생각
하고 공경하며 공양하는 자는 결단코 삼악취에 태어나는 과보를 받지 않느
니라."

若五戒十戒, 菩薩四百戒, 苾芻二百五十戒, 苾芻尼五百戒. 於所受中, 或有
毀犯, 怖墮惡趣. 若能專念彼佛名號, 恭敬供養者, 必定不受三惡趣生.

스스로 계를 범해서 타락할까 두려워하는 사람이, 만약 약사불의 명호
를 오로지 생각하고 공경하며 공양할 수 있다면 틀림없이 삼악도(三惡道)
에 떨어지지 않을 것입니다. 그것은 약사불께서 그 사람이 깨트려 버린 모
든 계를 메워 주시기 때문입니다.

"혹 어떤 여인이 아기를 낳을 적에 극심한 고통을 받는 일이 있더라도 지극한 마음으로 부처님의 명호를 부르면서 예찬하고, 저 부처님을 공경하며 공양하는 자는 온갖 고통이 모두 사라지느니라."

或有女人, 臨當産時, 受於極苦, 若能至心稱名禮讚, 恭敬供養彼如來者, 衆苦皆除.

여성이 난산(難産)에 맞닥뜨리게 되면 지금은 병원이 있어서 아주 편리하지만, 그래도 출산은 어차피 고통스러운 일입니다. 만약 그 당시에 지극한 마음으로 약사여래의 명호를 외운다면 온갖 고통이 다 사라질 뿐 아니라 다음과 같은 좋은 점이 있습니다.

"태어난 아이도 몸이 온전하고 생긴 모습이 단정하여 보는 자들이 기뻐하고, 근기가 예리하고 총명하며 안온하여 병이 없고, 사람이 아닌 나쁜 귀신들한테 정기를 빼앗기는 일이 없느니라."

所生之子, 身分具足, 形色端正, 見者歡喜, 利根聰明, 安隱少病, 無有非人, 奪其精氣.

태어난 아이도 귀신이나 요괴를 두려워하지 않습니다. 아이들은 두세 살 때에 외부 힘의 침탈을 가장 두려워하는데, 사람이 아닌 이런 귀신 혹은 눈에 보이지 않은 요괴를 무서워합니다. 약사주나 약사불의 명호를 외우면 효과가 있습니다.

부처님과 아난 및
구탈보살의 문답

부처님의 공덕은 생각해도 알기 어렵다

그때에 세존께서 아난존자에게 말씀하셨다. "아난이여! 만일 내가 저 세존
이신 약사유리광여래께서 가지고 있는 공덕을 칭찬하여 드날린다면, 이것
은 모든 부처님께서 매우 깊이 수행한 경계로서 가히 알기가 어려운 것이
니, 너는 믿느냐 믿지 않느냐?"

爾時世尊, 告阿難言: 如我稱揚彼世尊藥師琉璃光如來所有功德, 此是諸佛甚
深行處, 難可解了, 汝爲信不?

석가모니불께서 겸허하게 말씀하셨습니다. "만약 나에게 약사불의 모
든 공덕을 상세하게 말하라고 한다면, 나의 지혜와 성취를 가지고도 나는
해내지 못하고 다 말하지도 못한다. 왜이겠느냐? 너희들이 알아야 할 중
요한 사항이 있다. 약사불의 수행법은 모든 부처님의 최고로 깊은 비밀의
수행 법문을 포함하고 있어서 보통 사람이 이해할 수 있는 바가 아니다."
동시에 부모가 낳아 준 우리의 이 보신(報身)은 늘 존재하기 때문에 참으
로 이 법문을 수행한다면 당연히 공덕을 쌓을 수 있음도 암시합니다. 예를
들어 부처님의 사대 제자인 가섭존자(迦葉尊者), 빈두로존자(賓頭盧尊者),

라후라존자(羅睺羅尊者), 군시발탄존자(軍屠鉢歎尊者) 등은 여전히 인간 세상에 늘 존재합니다. 왜 그들의 육신은 항상 존재할 수 있을까요? 그 가운데 모든 부처님의 매우 깊은 비밀의 수행이 있어서 가히 알기가 어렵다고 말씀하셨습니다.

"너는 믿느냐 믿지 않느냐[汝爲信不]" 석가모니불께서 제자에게 묻습니다. "너는 믿느냐 믿지 않느냐?"

아난존자가 부처님께 사뢰어 말하였다. "대덕을 갖추신 세존이시여! 저는 부처님께서 말씀하신 경전에 대해서 의심하는 마음이 없습니다."

阿難白言: 大德世尊! 我於如來所說契經, 不生疑惑.

아난이 말하였습니다. "부처님이시여! 당신은 어찌하여 그런 질문을 하십니까? 저는 당신이 말씀하신 것에 대해 단 한마디도 믿지 않는 것이 없습니다."

"왜냐하면 모든 부처님의 몸과 입과 마음으로 짓는 행위는 깨끗하지 않음이 없기 때문입니다."

所以者何? 一切如來身語意業, 無不淸淨.

무슨 이유에서일까요? 성불하고 성취한 모든 사람들이 몸과 입과 마음으로 짓는 업은 깨끗하지 않은 것이 없기 때문입니다. 그래서 『금강경』에서는 이렇게 말했습니다. "여래는 참된 말을 하는 자이며, 사실과 부합되는 말을 하는 자이며, 있는 그대로 표현하는 말을 하는 자이며, 속이지 않

는 말을 하는 자이며, 다르지 않은 말을 하는 자이니라〔如來是眞語者, 實語者, 如語者, 不誑語者, 不異語者〕."

"세존이시여! 해와 달을 떨어뜨리고 수미산을 이동시킨다고 하시더라도 모든 부처님의 말씀은 어긋남이 없습니다."

世尊! 此日月輪, 可令墮落; 妙高山王, 可使傾動; 諸佛所言無有異也.

이것은 아난이 말한 것입니다. 그가 말했습니다. "부처님이시여! 저는 태양과 달과 지구와 우주가 장래에 훼멸할 날이 올 것을 증명할 수 있습니다." 묘고산(妙高山)은 바로 수미산(須彌山)이니, 지구의 히말라야산에 해당합니다. 대지진의 때가 이르면 묘고산도 지진의 영향을 받아 무너지게 될 것입니다. 그가 말했습니다. "저는 모든 부처님이 말씀하신 것들을 절대적으로 신임합니다. 설사 우주가 훼멸하게 될 것이라고 말하더라도 부처님께서 말씀하신 것은 절대 성실한 말입니다."

"세존이시여! 모든 중생 가운데에서 신근을 갖추지 못한 이는 모든 부처님께서 매우 깊이 수행한 경계를 듣고서 이러한 생각을 합니다. '어찌하여 약사유리광여래 한 분의 명호만을 생각하여도 곧바로 수승한 공덕의 이익을 얻는다고 말씀하시는가?' 이렇게 믿지 않는 마음으로 말미암아서 도리어 비방하는 마음을 내기 때문에, 긴긴 밤 동안 큰 이익과 안락을 잃어버리고 모든 악취로 떨어져서 끝없는 윤회를 합니다."

世尊! 有諸衆生, 信根不具, 聞說諸佛甚深行處, 作是思惟: 云何但念藥師琉璃光如來一佛名號, 便獲爾所功德勝利? 由此不信, 返生誹謗, 彼於長夜, 失

大利樂, <u>墮諸惡趣, 流轉無窮.</u>

아난이 말했습니다. "부처님! 이 세상의 어떤 사람들은 근성(根性) 안에 신근(信根)을 갖추지 못했습니다." 신근이 부족하다는 것은 믿지 않는다는 말이 아닙니다. 그의 지력과 신근이 충분치 못하고 복보가 충분치 못해서 부처님이 말씀하신 가장 깊고 비밀스러운 수행을 듣고도 오히려 마음속으로 의심합니다. '왜 부처님께서는 우리에게 약사유리광여래를 외우라고 하실까? 오로지 한 부처님의 이름을 외우고 외우는 것만으로 정말 그렇게 많은 공덕을 얻을 수 있다니, 믿을 수 없어!' 우리가 흔히 "아미타불, 아미타불" 하고 부처님의 이름을 외우지만 젊은 지식인들은 입으로는 염불하면서 마음속으로는 의심하고 있습니다. 때로는 입으로 외우면서 마음속으로는 웃고 있습니다. '아미타불이 뭐하는 물건이람?' 제가 보기에 요즘 젊은이들은 정말 이상합니다. 시대적 심리라고 하지만 저는 종교 심리를 이야기하겠습니다. 어려서부터 봐 왔지만 지금도 여전합니다. 청년 학생들은 교회당에 가면 대단히 세련되고 당당한데 절에만 오면 달라집니다. 마음속으로는 절하고 싶은데 감히 절하지 못하고 한참을 그 자리에 서 있습니다. 그러다가 아무도 보는 사람이 없으면 얼른 무릎을 꿇었다가 또 얼른 일어납니다. 다른 사람이 보면 미신을 믿는다고 말할까 봐 무서워서입니다. 그렇지 않습니까?

여러분도 모두 그런 경험이 있을 것입니다. 성당에 가면 아주 점잖고 엄숙합니다. 저도 젊은 시절에 가 본 적이 있는데 한 주일 동안 여러 곳을 가 봤습니다. 가서 예배 보고 설교를 들었지만 문을 나서면서 말했습니다. "에이! 이건 이치에 맞지 않아. 당신이 말하는 것은 이치에 맞지 않아서 귀에 들어오질 않아." 그런 다음에는 회교(回敎)를 찾아갔습니다. 여기 가

보고 저기 가 보고 도처에서 찾았습니다. 왜냐하면 저는 그것을 찾고 있었기 때문입니다. 그러다가 절에 갔는데 어떤 노부인이 저더러 무릎을 꿇고 절하라고 했습니다. 마음속으로는 얼른 무릎을 꿇고 싶었습니다! 그런데 제가 입은 그 학생복 차림으로는 정말 무릎을 꿇을 수가 없었습니다. 이쪽 저쪽 둘러보다가 아무도 보지 않을 때 서둘러 무릎을 꿇고 절한 다음 얼른 일어섰습니다. 저 역시 그런 시절을 지났습니다.

여러분 생각에는 문제가 어디에 있습니까? 출가 동학들께서는 잘 연구해 보십시오. 오늘날 중화 문화를 부흥시키고 불교를 부흥시키고자 한다면 이런 상황에서 어떻게 부흥시켜야 할까요? 다른 절에도 가서 보고, 성당이나 교회당에 가서 보고 비교해 보십시오. 다른 사람과 비교해 봐도 비교가 되지 않습니다.

바꾸어 말하면 어느 절에 가 봐도 여자가 남자보다 많고 노인이 젊은이보다 많습니다. 나중에는 대부분의 절에 칠팔십 세 고령의 할머니 몇 분만 남을 것입니다. 도처에서 보이는 사람이라고는 온통 할머니들뿐이고 그곳에서 "아미타불, 아미타불" 외우다가 마지막에는 두 사람만 남아서 며느리가 나쁘네 아들이 불효합네 하며 원망하다가 또다시 아미타불을 외우겠지요. 보십시오. 이런 종교를 어떡합니까? 문제입니다.

그렇기 때문에 일반인이 약사불을 믿지 않는 것은 신근이 부족하기 때문이라고 말했습니다. 그로 인해 믿지 않고 심지어 어떤 사람은 비방하기도 하는데, 그런 심리는 참으로 가련합니다.

"긴긴 밤 동안 큰 이익과 안락을 잃어버리고, 모든 악취로 떨어져서 끝없는 윤회를 합니다〔彼於長夜, 失大利樂, 墮諸惡趣, 流轉無窮〕." 긴긴 밤〔長夜〕은 망망한 일생을 말하는데 영원히 암흑과 우매함 속에 있습니다. 이것은 아난이 말한 것입니다.

오늘은 여기까지 말씀드리지만 여러분에게 나눠 드린 이 대장치병약방을 소중히 여기고 나아가 자신의 행위를 되돌아보기 바랍니다. 재가이든 출가이든 상관없이 이것은 스스로 공덕을 닦는 일이며 동시에 스스로 계를 지키는 일입니다.

앞에서 "모든 악취로 떨어져서 끝없는 윤회를 한다"고 말씀드렸는데, 부처님께서는 여기에서 하나의 문제를 제기하셨습니다. 왜 한 부처님의 이름을 외우는 것만으로도 그처럼 큰 공덕이 생기는 것일까요?

우리 일반인들은 불법을 배우면서, 사실 모든 중생이 그러하지만 장사를 하는 식으로 많으면 많을수록 좋다고 여깁니다. 그래서 불법에는 팔십팔불(八十八佛)을 외우거나 심지어 천불(千佛)을 외우는 것도 있습니다. 아무튼 상방불(上方佛), 하방불(下方佛), 동방불(東方佛), 서방불(西方佛) 등등 모든 부처님이 나를 포위하고 있어서, 마치 장사라도 하는 것처럼 문을 나서기만 하면 나에게 재물이 생기고 이익이 생겨야 한다고 생각합니다. 불법을 배우는 사람만 그런 것이 아니라 종교를 믿는 사람들은 대부분 그런 공리 사상과 관념을 지니고 있습니다. 밑천을 적게 들여서 무궁한 이익을 얻으려고 하지요. 이것은 상당히 잘못된 관념입니다. 그렇다면 좋은 점은 없을까요? 좋은 점이 약간 있습니다. 불법의 관점에서 말한다면 단지 약간의 선근(善根)을 배양할 수 있을 따름입니다.

진정한 불법은 자기 자신이 보시할 것을 요구할 뿐, 과보가 되돌아오기를 바라지 않습니다. 하지만 그로 인해서 선한 과보가 되돌아오는데, 이것이 바로 회향(迴向)의 이치입니다. 그러나 그의 최초 목적은 결코 이것을 구하는 데 있지 않았습니다.

반면에 보통 사람들은 그러지 않습니다. 어떤 일을 하면 아주 적은 노동과 아주 적은 대가를 지불하고서 막대한 이득을 얻기 바랍니다. 이것이 평범한 사람의 심리입니다. 일반적으로 종교를 믿는 사람들은 대부분 이런 심리를 지니고 있습니다. 이런 심리에 근거해서 부처님께서는 약사불의 이름을 외우기만 해도 그처럼 큰 공덕을 얻을 수 있다고 하신 것입니다. 하지만 어떤 사람들은 믿지 않을 뿐 아니라 거기에서 더 나아가 비방하기까지 하는데 불법을 비방하고 정법을 비방합니다. 불법을 비방하면 '무간지옥(無間地獄)'에 떨어지는데, 이것은 가장 엄중한 과보입니다. 참으로 문제입니다.

지극한 마음으로 받아 지닌다는 것은

부처님께서 아난존자에게 말씀하셨다. "이 모든 유정들이 만일 세존이신 약사유리광여래의 명호를 듣고서, 지극한 마음으로 받아 지니고 의심하는 마음을 내지 않는데도 악취에 태어나는 일은 있을 수 없느니라."

佛告阿難: 是諸有情, 若聞世尊藥師琉璃光如來名號, 至心受持, 不生疑惑, 墮惡趣者, 無有是處.

이 단락의 핵심은 바로 이 여덟 글자 "지심수지 불생의혹(至心受持, 不生疑惑)"입니다. 어떤 종류의 불법이든 이 여덟 글자를 실행하기만 하면 성공하지 못할 사람이 없습니다. 그렇기 때문에 오직 한 부처님의 이름을 외우고 지극한 마음[至心]으로 받아 지니기만 하면 그처럼 큰 공덕이 생긴다고 말한 것입니다.

무엇을 지심(至心)이라고 부를까요? 지심은 사서 가운데 『맹자(孟子)』의 「진심(盡心)」편의 제목과 똑같습니다. 그렇다면 진심(盡心)은 무엇일까요? 가장 간절한 마음이 극에 도달한 것을 말합니다. 이렇게 해석하면 이해가 됩니까? 만약 강경설법(講經說法) 하고 교리를 말할 것 같으면 이렇게 해석해야 합니다. 가장 간절한 마음이 최고점에 도달한 것을 지심이라고 부릅니다.

왜 최진심(最盡心)이라고 부를까요? 여러분은 나름대로 묘사하면서 자신이 이해했다고 말합니다. 당연히 이해했겠지요. 제가 말한 것은 중국어이고 여러분은 중국인이니 어떻게 못 알아듣겠습니까? 어떤 것을 최진심이라고 부릅니까? 가령 우리가 가장 간절하다고 말할 때에는 어떤 것을 보고 가장 간절하다고 말합니까? 저더러 여러분에 대해 대단히 간절하다고 말하는데, 그렇습니다! 간절하지 않으면 지심이 아닙니다. 지심은 바로 간절함이니 바로『중용(中庸)』에서 말한 성(誠)입니다.

유가의 사서『논어』,『맹자』,『대학』,『중용』을 요즘 청년들은 읽어 본 적이 없습니다. 들어본 적은 있겠지요!

어떤 모습을 간절함의 성(誠)이라고 부릅니까?『중용』에는 '지성무식(至誠無息)'이라는 네 글자가 나오는데, 왜 지성무식이라고 부를까요? 불경에 주해를 붙이듯이 학자들이 이러고저러고 주해를 붙였는데, 여러분은 이해가 됩니까? 제가 단정컨대 여러분은 이해하지 못합니다. 문제가 어디에 있습니까? 무엇이 지심(至心)입니까? 나쁜 일을 하나 말씀드리자면, 사람이 극도로 상심하게 되면 눈물이 없어지는데 울음도 나오지 않고 망상이나 잡념도 없어져서 멍청해집니다. 그럴 때 사람은 무념의 상태처럼 아무런 생각이 없는 백지가 됩니다. 그것이 바로 상심이 극에 달한 지심(至心)입니다.

또 우리가 부처님께 절할 때에는 마치 진짜 부처님이나 활불이 그 자리에 있는 것처럼 합니다. 합장을 하든 합장을 하지 않든 불상 앞에 서면 마치 부처님 목전에 있는 것 같아서 더 이상은 아무런 생각이 나지 않고 잡념이나 망상이 생겨나지 않으면서 텅 비게 되는데, 그것을 지심이라고 부릅니다. 여러분이 어떻게 이해하겠습니까? 여러분은 상심하더라도 눈물조차 흐르지 않는 정도는 경험도 해 보지 못했으니 말입니다.

기쁨이 극에 이르고 칠정육욕(七情六欲)이 극에 이르면 사람은 아무 생각이 없어집니다. 이제는 아시겠지요! 그것을 지심이라고 부르며 진성(眞誠)이라고도 부릅니다.

제가 향을 한 자루 들고 절을 하면서 "보살님! 부처님! 참회를 구합니다! 통곡하면서 눈물을 흘립니다!"라고 한다면, 통곡하면서 눈물을 흘리는 것 역시 마음이니 마음이 생각을 움직입니다. 그 생각이 참으로 참회를하게 된다면 자기 자신조차 없어지고 잊어버리게 됩니다.

예를 들어 우리가 범죄를 저질러서 끌려 나가 총살을 당하게 되었다고 합시다. 형장에 도착하면 걸음조차 걷지 못하게 됩니다. 두 다리가 땅을 딛고 있는지 아닌지도 모를 지경입니다. 왜냐하면 잠시 후 '탕' 하는 소리와 동시에 이 세상에서 사라져 버릴 것을 알기 때문입니다. 그런 순간은 지심이 아니라 겁에 질린 것입니다. 하지만 그와 반대로 정면을 바라보며 지극한 마음으로 참되고 성실하게, 오로지 한 생각으로 참되고 성실하게 참회한다면 여러분이 어떤 종교를 믿든지 상관없습니다. 특히 부처님 앞에 서면 아무런 잡념 없이 대단히 간절한 마음이 되는데, 그 간절함에 자신이 절을 하고 있는지조차 알지 못하게 됩니다. 그것은 이미 큰 절[大拜]이 되었으니 그런 것을 지심이라고 부릅니다. 특히 조심해야 합니다! 사람들은 날마다 예불하고 배불하고 염불하지만 과연 지심이 있습니까? 지심이 바로 진심(盡心)이며 바로 간절함이 극에 이른 성(誠)입니다. 그래서 『중용』에서는 '지성무식(至誠無息)'이라고 했습니다.

중국 문화에는 '심향일판(心香一瓣)'이라는 말이 있습니다. 진정한 마음의 향을 말합니다. 향을 사르는 것을 소향(燒香)이라고 하는데 그것은 물질적인 것이고, 이것은 마음의 향입니다. 옛사람들은 간절함이 극에 이를 때면, 손에 향이 없는데도 부처님을 보게 되면, 땅에서 진흙이나 모래를 한줌 움켜쥐어서 보살의 면전이나 조상의 면전에 놓았습니다. 향을 대신한 것이었는데 그것이야말로 진짜 향입니다. 여러분이 만 위안의 거금을 들여서 사온 향보다 훨씬 귀합니다. 왜냐하면 지극한 마음이 간절하기 때문입니다. 반면에 여러분은 오히려 정성스러운 마음이 아닐 수도 있습니다. 그뿐 아니라 마음속으로는 이렇게 생각하고 있습니다. '저를 보세요. 이렇게 비싼 향을 사 가지고 와서 부처님께 공양하고 있습니다!' 마치 부처님께서 여러분에게 빚이라도 진 것처럼 거기다 이자까지 붙여서 요구합니다. 부처님께서 여러분에게 만 이천 위안의 빚을 졌으니 잘 보우해 주지 않으면 안 된다는 식이지요. 이건 벌써 글러먹었습니다.

그렇기 때문에 지극한 마음으로 받아들이고 또 '지니라(持)'고 말하는 것입니다. 그런데 무엇을 지(持)라고 합니까? 수지(修持)에서 지(持)는 그 심경(心境)을 잘 유지한다는 말입니다. 『중용』에서 말한 '지성무식(至誠無息)'에서 무식(無息)이 바로 지(持)입니다. 수행하든 머물든 앉든 눕든 영원히 청정한 심경을 유지해야 하는데, 그래야 정신(正信)입니다.

만약 부처님께 절하러 와서 향 한 가닥 사르고 바나나 두 개 공양하면서 마누라가 잘 되고 남편이 잘 되고 온 식구가 다 잘 되고, 복권을 사서 당첨되고 주식 투자해서 부자가 되게 해 달라고 한다면, 뭐든지 다 잘 되고 아무튼 좋은 것은 다 내 것이 되게 해 달라고 한다면 그것은 공리심(功利心)입니다. 바나나 두 개도 결국은 자기 뱃속에 들어가겠지요. 이건 잘못된 것입니다! 지심(至心)은 지극한 정성이 그치지 않음(至誠無息)이요 마음의 향 한 가닥(心香一瓣)입니다.

의심하는 마음을 내지 않다

"의심하는 마음을 내지 않는다〔不生疑惑〕"는 것 역시 아주 어렵습니다. 천주교, 기독교, 회교 혹은 무슨 종교의 신도이든지 심지어 이 자리에 계신 분들까지도 자신의 양심에 물어보십시오. 여러분이 아침저녁으로 수업을 듣고 염불을 할 때 여러분의 속마음은 정말로 부처님을 믿습니까? 제가 알기로는 그렇지 않습니다. 열 명 가운데 한 명도 찾아내지 못할 것입니다. 대부분 염불을 하면서도 한편으로는 망상에 빠지거나 심지어는 의심과 후회를 하고 있습니다. '이런! 방금 전에 망상에 빠졌으니 염불한 것도 다 헛것이 되었구나.' '이런! 틀렸다. 이렇게 외우다가는 아무 소용이 없겠지?' 모두 이런 심리 상태일 것입니다.

사람에게는 탐내고 성내고 어리석고 게으르고 의심하는〔貪嗔癡慢疑〕 심리가 있습니다. 의(疑)는 의심함이요 회(悔)는 후회이니, 의심과 후회는 중생의 일반적인 심리이며 별다른 방법이 없습니다! 의심하지 않고 후회하지 않아야 비로소 정신(正信)입니다.

우리는 불법을 배우는 사람들의 이런 모습을 많이 봅니다. 사흘간 물고기를 잡고 이틀간 그물을 햇볕에 말리고 그저께는 열심히 수행에 정진했습니다. 이번에는 후회하지 않으리라 다짐합니다. 하지만 며칠 지나면 또다시 엉망진창이 되어 한 무더기의 번뇌 속에서 의심하고 후회합니다. 그렇게 영원히 그 속에서 윤회하고 있습니다.

그렇기 때문에 "지심수지 불생의혹(至心受持, 不生疑惑)"이 여덟 글자만 해낼 수 있다면, 금생이든 내생이든 결코 악취에 떨어지지 않습니다. 이른바 악취란 축생, 아귀, 지옥의 하삼도(下三道)를 말합니다. 만약 "지극한 마음으로 받아 지니고 의심하는 마음을 내지 않는데도" 하삼도로 떨어지는 사람이 있다면, "그런 일은 있을 수 없습니다〔無有是處〕." 그런 도

리는 없습니다. 어떤 불법 어떤 수지이든 모두 "지심수지 불생의혹"이라
는 이 여덟 글자에 달렸습니다.

부처님께서는 또 말씀하셨습니다.

"아난아! 이것은 모든 부처님의 매우 깊이 행하시는 바이라서 믿고 이해하
기가 어려운데도 네가 이제 받을 수 있는 것은 마땅히 모두 여래의 위력인
줄 알아야 하느니라."

阿難! 此是諸佛甚深所行, 難可信解; 汝今能受, 當知皆是如來威力.

부처님께서 아난에게 말씀하셨습니다. "위에서 말한 것처럼 지극한 마
음으로 받아 지니고 의심하는 마음을 내지 않을 수만 있다면, 실제로 모든
경전 모든 불법은 다 불필요한 말이다. 하나의 문에 깊이 들어가기만 하면
염불만 해도 좋다. 이전에 부처님을 믿지 않았더라도 마음이 깨끗해서 수
시로 청정무념하기만 하면 그 사람은 이미 도달하였고 부처님이 필요 없
다. 왜냐하면 그는 벌써 부처님의 경계 속에 있기 때문이다. 이러한 도리
는 모든 부처님의 가장 깊고 가장 비밀스러운 행원(行願) 법문이다."

그래서 부처님께서는 아난에게 말씀하셨습니다. "이것은 모든 부처님
의 매우 깊이 행하시는 바이다[此是諸佛甚深所行]." 비밀스러운 도리가 바
로 여기에 있습니다. "믿고 이해하기가 어렵다[難可信解]", 하지만 일반인
들은 믿기가 어려운데 왜 믿지 못할까요? 이해하지 못하기 때문에 믿기가
어렵습니다.

아난은 지식이 많고 기억력이 뛰어났다

"네가 이제 받을 수 있는 것은[汝今能受]", 즉 너는 지금 이 도리를 충분히 받아들일 수 있다는 말입니다. 아난은 석가모니불의 형제였는데 사촌 동생이었습니다. 아난은 부처님이 세상에 계실 때 최고의 식견을 지니고 있었습니다. 학문이 깊고 넓으며 기억력이 좋아서 부처님이 하신 말씀을 다 기억할 수 있었습니다. 우리가 지금 보는 모든 경전은 다 아난의 기억의 공덕 덕분에 기록된 것입니다. 하지만 그는 부처님이 세상에 계실 때 도를 깨닫지 못했습니다. 십대 제자 가운데 단지 지식이 많고 기억력이 뛰어났을 뿐이었습니다.

부처님께서 세상을 뜬 후에 정법을 보존했던, 선종의 첫 번째 조사(祖師)인 가섭존자는 오백 나한을 모아서 회의를 열고 부처님께서 말씀하신 경전을 기록하려고 했습니다. 그런데 누가 완벽하게 기억하고 있었을까요? 오직 아난밖에 없었습니다. 오백 나한은 모두 신통력을 증득하여 지혜를 얻었고 무루통(無漏通)을 얻었습니다. 무루통은 반야 지혜의 성취이니 마땅히 지식이 많고 기억력이 뛰어나야 하지만 반드시 그래야만 하는 것은 아닙니다. 각자 수양의 노선이 다르기 때문입니다. 일반적으로 득도한 나한은 두 부류로 나뉘는데, 한 부류는 신통력을 구비하였고 한 부류는 신통력을 구비하지 못했습니다. 그렇더라도 모두 증과(證果)한 나한으로서 다만 수양의 노선이 다를 뿐입니다.

지식이 많고 기억력이 뛰어난 것과 관련해서 이 오백 나한들의 능력은 모두 아난보다 못했습니다. 하지만 아난은 도를 깨닫지 못했기 때문에 가섭존자는 그를 문 바깥으로 내보내고 들어오지 못하게 했습니다. 사실은 가섭존자가 일부러 그를 도와준 것이었는데, 아마도 석가모니불의 비밀을 그에게 전해 주기 위해서였을 것입니다. 이 형제는 가섭존자의 도움을 받아야만 했습니다. 부처님께서 세상에 계실 때에도 그에게는 별다른 방법이 없었습니다. 아난은 『능엄경』에서 말하기를 "당신은 나의 형이잖아요! 당신이 도를 얻었으니 나에게 조금 나누어 주면 되지요"라고 했습니다. 이런 생각을 가지고 있었으므로 아난은 지극한 마음으로 받아 지니지 않았습니다. 결국 가섭존자는 이렇게 말했습니다. "이제 문을 다 닫아 버렸다. 우리는 선정에 들어가서 너를 기다리고 있을 것이니 재주가 있으면 너 스스로 들어오너라." 그는 물론 들어가지 못했습니다. 다급해지자 서둘러 가부좌를 하고 참선을 시작했는데 칠일 만에 아라한과를 증득했습니다. 또다시 가서 문을 두드리자 가섭존자가 들어오라고 했습니다. 그는 좋다고 말하고 얼른 들어갔습니다. 오백 나한들이 모두 그를 향해 축하하면서 상좌로 청했습니다. 그래서 모든 경전에는 "이와 같이 내가 들었다〔如是我聞〕"라는 말이 있는데, "내가 당시에 부처님께서 이렇게 말씀하신 것을 들었다"라는 말입니다. 아난이 당시의 모든 정황을 암송하고 오백 나한이 옆에서 증명했습니다. 마지막으로 기록이 끝나고 "잘못된 것이 있는가?" 하고 묻자 모두 없다고 말했습니다. 그런 식으로 기록해서 한 권의 경전을 완성했습니다.

부처님께서는 『약사경』에서 아난에게 이렇게 말씀하셨습니다. "네가 이제 받아들일 수 있는 것은 너의 지혜가 아니고 너의 공덕이 아님을 마땅히 알아야 한다." "모두 여래의 위력이니〔皆是如來威力〕", 즉 "모두 도를 성취한 여러 불보살의 덕택이고 너의 자성불(自性佛)의 감응 덕택이다. 모든 사람의 자성은 부처이니 청정한 감응 덕택에 네가 이해할 수 있는 것이다" 하는 말입니다.

우리는 인지 보살이다

"아난아! 일체 성문과 독각, 미등지의 모든 보살들도 사실대로 믿고 이해할 수가 없고 오직 일생소계보살만 제외하느니라."

阿難! 一切聲聞獨覺, 及未登地諸菩薩等, 皆悉不能如實信解, 唯除一生所繫菩薩.

부처님께서 말씀하셨습니다. "너는 약사불의 이름 즉 나무약사유리광여래를 외우기만 하면, 이 한마디면 성공할 수 있음을 알아야 한다. 네가 받아들이고 믿을 수만 있다면 그것만으로 이미 너는 대단해졌다." 지금 우리는 나무소재연수약사불이라고 외우지만 그것도 괜찮습니다. 실제로 이 비밀은 모든 소승 나한, 성문승(聲聞乘), 연각승(緣覺乘) 및 미등지(未登地)의 대승 보살들도 사실대로 진실하게 이해하고 진실하게 믿지 못하는 것입니다.

아직 성취하지 못한 이들을 미등지(未登地)라고 부르고 성취한 이들은 등지(登地)라고 부릅니다. 우리가 불법을 배우는 것도 마찬가지라서 불법을 배우기 시작한 사람은 미등지의 보살입니다. 부처님께서는 말씀하셨습니다. "모든 미등지의 보살은 사실대로 진실하게 믿지 못하며, 이러한 경지를 진실하게 이해하지도 못한다." 왜 부처님의 이름을 외우기만 하면 그토록 큰 공덕을 얻게 되는지 이해하지 못한다는 말입니다.

"오직 일생소계보살만 제외한다〔唯除一生所繫菩薩〕"고 하셨는데, 무엇을 제외합니까? 일생소계보살(一生所繫菩薩)을 제외합니다. 계(繫)는 줄로 붙들어 묶는다는 뜻인데, 예를 들면 석가모니불이 세상을 떠나시고 다음으로 성불하실 미륵보살이나 십지(十地) 이상의 보살을 경전에서는 일생보처(一生補處)[142]라고 부릅니다. 일(一)은 '일실지리(一實之理)'를 가리키며 이러한 '실제리지(實際理地)'[143]로부터 무량공덕의 묘용(妙用)이 생겨납니다. 십지 보살은 여기에 이르렀고 오직 여래의 지위만 부족할 뿐입니다. 거기에서 한 걸음 더 나아가 지위가 한 단계만 더 올라가면 성불하게 되어 삼계(三界)를 벗어납니다. 이번 생은 열 번째 지위에 묶여 있지만 열한 번째 지위에 이르면 바로 부처님의 지위[佛地]입니다. 그래서 일생소계보살이라고 부르며 곧 성불할 것입니다. 바꾸어 말하면 이미 큰 깨달음을 성취하여 성불의 경지에 이르러야 비로소 이 도리를 이해할 수 있습니다.

약사여래의 공덕은 이루 다 말할 수 없다

"아난아! 사람으로 태어나기도 어려우며 삼보를 믿고 공경하며 존중하기도 또한 어려우니라."

阿難! 人身難得, 於三寶中, 信敬尊重, 亦難可得.

그래서 부처님께서는 심각하게 말씀하셨습니다. "아난아! 사람으로 태어나기도 어려우니라[阿難! 人身難得]" 우리가 사람으로 태어나서 이 생명

---

142 비어 있는 부처의 자리를 메운다고 해서 이름에 보처(補處)라는 말이 들어 있다. 가장 완전하게 부처의 대행을 실행하여 거의 궁극의 경지에 도달한 보살로서 다음 생에는 부처가 된다. 아미타여래의 보처보살은 관음보살(觀音菩薩), 세지보살(勢至菩薩)이며 약사여래의 보처보살은 일광보살(日光菩薩), 월광보살(月光菩薩)이고 석가여래의 보처보살은 미륵보살(彌勒菩薩)이다. 일생보처보살과 일생소계보살은 같은 보살이다.

143 모든 차별을 떠난, 있는 그대로의 본성을 깨달은 경지를 말한다.

을 얻기란 참으로 쉽지 않습니다. "삼보를 믿고 공경하며 존중하기도 또한 어려우니라〔於三寶中, 信敬尊重, 亦難可得〕." 설사 사람으로 태어났다 할지라도 불법승(佛法僧)을 믿어 바른 믿음〔正信〕의 길을 가고, 불법을 믿고 존경하는 것 역시 어려운 일입니다. 그렇게 할 수 있다면 참으로 기특하다 하겠습니다.

"세존이신 약사유리광여래의 명호를 듣는 것은 이보다 곱절이나 더 어려우니라."

聞世尊藥師琉璃光如來名號, 復難於是.

위에서 두 가지 어려움이 있다고 했는데, 첫째는 사람으로 태어나기 어려움입니다. 여기에 관해서는 앞에서 토론한 적이 있습니다. 둘째는 어렵게 사람으로 태어나서 바른 믿음을 가지는 것 또한 어렵습니다.

만약 우리가 사회에서 민의(民意) 조사를 한다면, 수천만 명 가운데 종교를 가진 사람이 제 계산에는 아마 절반밖에 되지 않을 것입니다. 중국은 외국과 다릅니다. 중국인은 대략 절반 이상이 종교를 믿지 않고 종교에 대해 반감을 가지고 있습니다. 특히 청년 세대가 그렇습니다. 서양 문화 사상의 기초는 종교 위에서 건립되었지만 현재는 서양 문화의 기초 역시 동요하기 시작했으며 종교에 대해서도 반감이 많습니다.

중국인만 놓고 말한다면, 그나마 믿는다고 하는 사람들 가운데 삼보를 믿고 불법을 믿는 사람은 확실히 많지 않습니다. 절만 하면 다 불교라고 할 수 있는 것이 아닙니다. 엉터리로 절하는 그런 것은 모두 진정한 종교라고 할 수 없습니다.

위의 두 가지는 모두 어렵습니다. 그 두 가지 어려움 속에서도 약사유리

광여래의 이름을 외우기만 하면 좋은 과보를 모두 얻을 수 있다고 불경에
서 말했다는 것을 들으면 아마도 보통 사람들은 더더욱 믿지 못할 것입니
다. 이것은 위의 두 가지 어려움보다 훨씬 더 어렵습니다. 이는 부처님께
서 말씀하셨습니다.

"아난아! 저 약사유리광여래의 한량없는 보살행과 한량없는 선교방편과
한량없는 대원은, 내가 일 겁이나 혹은 일 겁 남짓이 지나도록 널리 말하더
라도 도리어 시간이 빨리 지나가 버리고, 저 부처님의 행원과 선교방편은
다함이 없느니라."

阿難! 彼藥師琉璃光如來, 無量菩薩行, 無量善巧方便, 無量廣大願, 我若一
劫, 若一劫餘, 而廣說者, 劫可速盡, 彼佛行願, 善巧方便無有盡也.

우리는 이 대목에 주의해야 하는데, 여기에 이르면 거의 결론이라 할 수
있습니다. 부처님께서는 말씀하셨습니다. "내가 너에게 말하거니와, 이
약사유리광여래불은 발심(發心)과 수도에서부터 성불이라는 단계에 이르
기까지 얼마나 많은 대승적 행원(行願)을 실행하였는지 모른다." 그의 행
원, 그의 행위, 선을 행한 공덕 및 그가 성취한 각종 선교방편과 법문, 세
간법 및 출세간법과 그의 원력에 이르기까지 석가모니불께서는 말씀하시
기를, "내가 한 겁의 시간 혹은 한 겁 남짓의 시간을 들여 그의 내용을 상
세히 말하더라도, 내가 말하거니와 도리어 시간이 빨리 지나가 버리고, 저
부처님의 행원과 교묘한 방편은 다함이 없느니라"고 하셨습니다.

불경에서 말하는 하나의 소겁(小劫)은 일천육백칠십구만팔천 년이니
일겁 반은 이천오백만 년인 셈입니다. 소겁은 대겁이 아닙니다. 부처님께
서 말씀하셨습니다. "일이천만 년의 시간 동안 매일같이 그의 내용을 말

하고 그의 원력과 공덕을 이야기하더라도 나 역시 이루 다 말할 수가 없다."

여러분은 주의해야 합니다. 약사불도 일체 중생의 심리적인 병과 생리적인 병의 고통을 해결해 주십니다. 부처님께서는 그 오묘한 비밀을 정말로 이루 다 말할 수가 없다고 하셨습니다. 그렇기 때문에 부처님의 이름을 외우기만 하면 그토록 큰 공덕과 그토록 큰 과보를 얻을 수가 있다는 것입니다.

구탈대보살

그때에 대중 가운데 한 보살마하살이 있었으니 이름을 구탈이라 하였는데, 곧 자리에서 일어나 오른쪽 어깨를 드러내고, 오른쪽 무릎을 땅에 대고, 몸을 굽혀 합장하고 부처님께 사뢰어 말하였다.

爾時衆中, 有一菩薩摩訶薩, 名曰救脫, 卽從座起, 偏袒右肩, 右膝著地, 曲躬合掌, 而白佛言.

당시 부처님의 설법을 듣던 대중 가운데 한 보살마하살이 있었습니다. "마하(摩訶)" 두 글자는 역음인데 중국어로 번역하면 크다는 의미입니다. 왜 보살마하살이라고 했을까요? 당시 번역된 경전은 도치 구법이 많았는데, 만약 중국어로 구술했다면 그렇게 기재하지 않고 "그때에 대중 가운데 한 큰 보살이 있었다〔爾時衆中有一大菩薩〕"라고 했을 것입니다. 그런데 '대(大)' 자는 그 의미를 완전히 개괄하기에 부족했습니다. 무엇이 크다는 말입니까? 사람이 큽니까? 양(量)이 큽니까? 아니면 지혜가 큽니까?

그 속에 아주 많은 함의가 있어서 완벽하게 번역할 수 없었기 때문에 원문 그대로 보살마하살이라고 하는 수밖에 없었습니다.

그때에 대중 가운데 큰 보살이 하나 있었는데 이름은 구탈(救脫)이었습니다. 고난에서 구해 내고 도와주어 모든 고통과 재난에서 벗어날 수 있게 해 준다는 의미에서 구탈보살이라고 불렀습니다. 그가 자리에서 일어서서 인도의 예법대로 "오른쪽 어깨를 드러내고〔偏袒右肩〕", 즉 가사를 다른 한쪽으로 걸쳐서 오른쪽 어깨를 드러내고 무릎을 꿇었습니다. "몸을 굽히고〔曲躬合掌〕", 몸을 숙여서 무릎을 꿇은 채 합장하며 부처님께 질문했습니다.

"대덕을 갖추신 세존이시여! 상법 시대의 모든 중생들 가운데에서 갖가지 재난으로 곤란을 당하고 오랫동안 병들어 몸은 파리하고 수척하며, 마시거나 먹을 수 없어서 목구멍과 입술이 마르고 눈앞이 깜깜하여 죽을상이 앞에 나타난다면, 부모 친척 친구 지인들이 주위를 에워싸고 눈물을 흘리며 슬피 웁니다."

大德世尊! 像法轉時, 有諸衆生, 爲種種患之所困厄, 長病羸瘦, 不能飮食, 喉脣乾燥, 見諸方暗, 死相現前, 父母親屬, 朋友知識, 啼泣圍繞.

구탈보살이 질문을 던졌습니다. "부처님이시여!" 상법 시기는 바로 우리가 살고 있는 이 시대를 말합니다. 불교에서는 인류의 겁수(劫數)를 세 단계로 나누었는데, 정법(正法) 시기는 아주 짧으며 부처님께서 이 세상에 계시던 시기입니다. 부처님께서 세상을 떠나신 후에도 불상과 경전이 아직 세상에 있기 때문에 상법 시기라고 부릅니다. 장차 말법(末法) 시기가 되면 이 경전들은 모두 자연스럽게 사라질 것입니다. 여러분이 반대할

필요도 없습니다. 무슨 오사운동이니 육사운동이니 하면서 반대 운동을 하지 않아도 사라져 버릴 것이고 끝나 버릴 것입니다. 그것이 말법 시기입니다. 지금은 경전과 불상이 아직 존재하고 있으니 여전히 상법 시기인 셈입니다.

상법 시기에는 장차 인류의 문명이 진보하면 할수록 각종 질병은 더 많아질 것입니다. 구탈보살이 말하기를, 말겁 때에는 병이 갈수록 더 많아져서 "오랫동안 병들어 몸은 파리하고 수척하며〔長病羸瘦〕", 사람들이 갈수록 마를 것입니다. 예를 들어 암에 걸리면 갈수록 몸이 마릅니다. 요즘 여성들은 살찔까 무서워서 죽어라 다이어트를 하는데, 몸이 마르는 시기가 오면 약사불을 외워도 늦습니다.

임종의 경계

오랫동안 병들어 몸은 파리하고 수척하니 비쩍 말랐습니다. "마시거나 먹을 수 없으니〔不能飮食〕", 먹지도 못하고 마시지도 못합니다. 목구멍이 마르고 몸이 말라서 삼키지도 못합니다. 지금은 과학이 발달해서 병원에서 호스를 꽂아 음식을 먹이지만 그것도 오래 유지하지는 못합니다. 이 대목은 사람이 곧 죽으려고 할 때의 모습을 형용한 것입니다. 눈을 떠도 눈을 감아도 사방에 보이는 것은 온통 깜깜한 어두움입니다. 기색이나 안색의 어두움도 나타나는데, 이것은 죽을상〔死相〕이 앞에 나타난 것입니다. 그때가 되면 부모가 됐건 부인이나 남편이 됐건 자녀가 됐건 친구가 됐건 당신을 아는 사람들이 아무리 당신을 둘러싸고 울어도 들리지 않습니다.

"그러면 그 몸뚱이는 그대로 누워 있고, 염마왕의 사자가 나타나 그 신식을

인도하여 염마법왕의 앞으로 데리고 갑니다."

然彼自身, 臥在本處, 見琰魔使, 引其神識, 至於琰魔法王之前.

육신은 병상에 누워 있지만 영혼은 떠납니다. "염마왕의 사자가 나타나〔見琰魔使〕", 염라대왕이 보낸 사자를 보게 됩니다. 염마(閻魔)는 염라(閻羅)의 범음이며 생사를 주관합니다. 사자(使者)는 염라대왕이 보낸 심부름꾼입니다. 통상적으로 사람이 죽기 전에는 이런 귀신들을 보게 되고 과거의 사람들을 보게 됩니다. "그 신식을 인도하여〔引其神識〕", 그의 신식을 인도하여 "염마법왕의 앞으로 데리고 갑니다〔至於琰魔法王之前〕." 염라대왕에게로 가서 심판을 기다리는 것입니다.

"그러나 모든 유정들에게는 그 생명과 더불어 신식이 있어서"

然諸有情, 有俱生神

사람이 태어나면 그의 생명과 함께 지니게 되는 신(神)이 있는데, 사실 그 신은 별도의 외부적인 귀신이 아니라 우리 생명의 심의식(心意識) 안에 있는 그 신식(神識)입니다. 가장 나쁜 사람이라 할지라도 가끔은 선한 마음을 지니거나 깨어 있을 때가 있는데, 그러한 선한 마음과 깨어 있음이 바로 그 사람의 이성(理性)의 신식입니다. 이 부분은 반드시 유식법상(唯識法相)을 공부해야 하며 생명의 근본에 관한 것입니다.

"그가 지은 바를 따라 죄업과 복업을 빠짐없이 기록하여 염마법왕에게 바칩니다."

隨其所作, 若罪若福, 皆具書之, 盡持授與琰魔法王.

생명과 함께 받은 신식이 일생을 따라다니며 여러분 자신이 어떤 행위를 했는지, 선한 일이든 나쁜 일이든 상관없이 모두 기록합니다. 그렇게 해서 생명이 끝나려는 때가 되면, 동양 문화에서는 염라대왕을 만난다고 말하고 서양 문화에서는 하느님을 만나 마찬가지로 심판을 받는다고 합니다. 기록한 것을 염라법왕에게 바치고 판결을 받습니다.

"그때에 염마법왕은 그 사람에게 따져 묻고 행한 바를 계산하여 그 죄업과 복업에 따라 처단할 것입니다."

爾時彼王, 推問其人, 計算所作, 隨其罪福, 而處斷之.

이것은 인간 세상을 가지고 형용한 것인데, 그가 한평생 했던 행위와 선악공과(善惡功過)를 계산하여 그의 죄를 정합니다.

여러분은 중국 소설 『서유기』를 보셨습니까? 『서유기』는 왜 당승(唐僧)이 불경을 가져오는 내용을 썼을까요? 거기에는 사연이 있습니다. 당태종이 병이 났는데 어떤 한 사건 때문에 염라대왕을 만나게 되었습니다. 예전에 당태종이 비가 내리기를 구한 적이 있었는데, 용왕이 말하기를 그때 그가 너무 심하게 비를 구해서 조금 많이 주었다는 것이었습니다. 그런데 두 바가지만 떠내는 바람에 많은 사람이 물에 빠져 죽었고 집도 무너져 버렸습니다. 그래서 그 사건에 대해 당태종은 지옥에 가서 증명을 해야 했습니다. 물론 염라대왕은 당태종을 만나 예의를 차렸겠지요! 한 사람은 인간 세상의 제왕이요 한 사람은 지하 세계의 제왕이니 자리에서 일어나서 평등하게 대했습니다. 당태종이 말했습니다. "제가 벌써 왔군요!" 염라대왕이 말했습니다. "아직은 아닐세, 아직은 아니야. 어떤 사건에 대해 자네가 증인이 되어 주어야 해서라네." 당태종은 지옥의 모습을 보고 겁이 났습니다. 아무리 제왕이라 할지라도 결국에는 똑같이 심판을 받아야 하기 때문입니다.

마지막 사건에 대한 판결이 나오자 염라대왕이 말했습니다. "자네는 수명이 아직 다하지 않았으니 이곳에 와서 보고할 필요가 없네. 나중에 죽었을 때 이곳에 와서 접수하면 돼. 그러면 천정(天庭)에서 심판을 받게 될 것이네." 당태종은 두려운 마음에 염라대왕과 친교를 맺었습니다. 그런 다음에 지하 세계를 둘러보았는데 그곳에는 뭐든지 다 있었습니다. 염라대왕이 그에게 한 가지 물건을 주었는데 검은 색깔의 호박(北瓜)이었습니다. 여름이 되면 먹을 수 있는데 대만에서는 오과(烏瓜)라고 부르며 농산물 시장에 가면 다 있습니다. 한참을 둘러본 후에 그가 말했습니다. "여기 지옥에는 무엇이 부족합니까?" 호박(南瓜)이 없다고 하자 당태종이 말했습니다. "좋습니다. 제가 곧 사람을 보내 전해 드리겠습니다." 그런 연유로 해서 기꺼이 죽어 지하 세계로 가서 선물인 호박을 전해 줄 사람을 구하게 되었습니다. 유전(劉全)이라는 사람이 지하 세계로 가서 호박을 전했습니다. 물론 전해 주고 되돌아오지는 못했습니다. 그 덕에 우리는 죽은 후에 지하 세계에서 호박을 먹을 수 있게 되었습니다. 다 당태종이 선물을 보내서입니다.

우리는 한평생 했던 일에 대해 다른 사람을 속일 수 있고 자기 자신을 속일 수도 있습니다. 하지만 죽음에 다다르면 마치 꿈을 꾸는 것처럼 자신의 한평생의 선악이 모두 다 드러납니다. 꿈속에서는 자기 자신을 속일 수가 없습니다.

그래서 부처님께서는 죽음이 임박했을 때에 관해 말씀하셨습니다. 병자가 아직 완전히 숨이 끊어지지 않았을 때 요즘 병원에서는 산소 호흡기를 달지만, 산소 호흡기를 달고 있는 사람들의 거의 대부분은 이미 신식이 떠나 버렸습니다. 산소의 작용으로 뇌세포는 죽지 않습니다. 뇌세포가 사망하지 않아서 아직은 살아 있지만 산소 호흡기를 떼어 내면 일이 분 이내에 죽습니다. 저는 친구들이 산소 호흡기를 다는 것을 보면 고개를 절레절레 흔듭니다. 제가 생각하기에는 그것은 학대입니다. 산소 호흡기를 달지 않으면 즉시 떠날 수 있는데 호흡기를 달아서 결국 두세 달 더 고생을 연장하기 때문입니다. 제가 어떻게 아느냐고요? 한번은 칠팔십 세 된 늙은 친구가 임종하게 되었는데 가족이 없어서 제가 주관했습니다. 저는 그런 일을 종종 떠맡았는데, 이곳에 그의 가족이 없기 때문에 제가 대신 처리하게 된 것입니다. 최후의 순간도 제가 주관해야 했는데, 의사가 오자 저는 친구에게 산소 호흡기를 달아 달라고 했습니다. 그 한마디 때문에 결국 삼 개월을 끌었습니다. 그 기간 동안 저는 의사에게 산소 호흡기를 떼어 달라고 말할 수 없었습니다. 떼어 내면 즉시 죽게 될 것이었는데, 억지로 삼 개월을 연장시켜서 침상에서 대소변을 받아내야 했습니다. 저는 제 학생들에게 좋은 일을 하라고 요구했고, 네 명이 하루에 두 조로 교대해서 그 친구를 씻겨 주고 시트도 갈아 주었습니다. 제 학생들은 저를 따르느라 오랫동안 운수가 사나웠으니, 삼 개월이나 노인네의 수발을 들었습니다. 그 사이에 저는 후회했습니다. 당시에 그런 말을 하지 않았으면 삼십 분이면 끝났을 것입니다. 저는 그저 관과 묘지를 사서 그를 잘 보냈으면 좋았을 것입니다. 제가 의사에게 산소 호흡기를 중단하라고 했다면 의심을 샀을 수도 있습니다. 그러니 사람 노릇 하고 좋은 일 하는 것도 쉽지 않습니다.

사실 산소 호흡기를 단 후로 뇌세포는 죽지 않지만 신식은 이미 떠나 버렸습니다. 침상에 누워서 대소변을 받아내고 또 돌아눕지도 못해 엉덩이는 짓무르니, 육체도 팔구십 퍼센트는 죽은 것이나 마찬가지입니다. 그래서 저는 학생들에게 말합니다. 만약 제가 그런 순간이 오면 절대로 산소 호흡기를 달지 말고 병원에 보내지도 말라고요. 저에게 산소 호흡기를 단다면 제가 떠난 후에 귀신이 되어 여러분의 꿈에 나타나 놀라게 할 거라고요! (대중들 웃음)

"그때에 저 병든 사람의 친척과 지인들이, 만약 저 병든 사람을 위해서 세존이신 약사유리광여래께 귀의하고, 여러 스님들을 청하여 이 경전을 소리내어 읽도록 하고, 칠 층의 탑에 층마다 등불을 밝히고, 수명 연장을 기원하는 오색의 신령스러운 깃발을 단다면, 혹 이런 일이 있더라도 저 사람의 신식이 돌아와서 꿈속의 일처럼 분명하게 기억합니다."

時彼病人, 親屬知識, 若能爲彼歸依世尊藥師琉璃光如來, 請諸衆僧, 轉讀此經, 然七層之燈, 懸五色續命神幡, 或有是處, 彼識得還, 如在夢中, 明了自見.

저는 많은 절에서 약사불소재연수(藥師佛消災延壽) 법회를 하고 있다는 것을 압니다. 많은 불자들은 집에서도 약사불을 공양합니다. 그런데 여기에는 아주 많은 문제가 있습니다.

구탈보살이 말했습니다. "그 사람이 곧 죽으려고 할 때에는 먼저 의식이 작용을 하지 않고 사대(四大)가 분산되며 마지막에 제팔아뢰야식이 떠나갑니다." 여러분은 유식을 연구해서 이런 부분을 분명하게 이해해야 합니다.

병원에서 산소 호흡기를 달고 있는 사람들은 이미 칠팔십 퍼센트 죽은 것이나 마찬가지입니다. 심지어 팔구십 퍼센트인 경우도 있지만 몸이 완전히 차가워져야 비로소 사망한 것입니다. 그러나 숨이 끊어진다고 해서 몸이 완전히 차가워지는 것은 아닙니다. 여러분이 그의 몸을 만져 보면 상징이 있을 것입니다. 어쨌든 한 부분에는 여전히 온기나 미온이 남아 있는데, 제팔아뢰야식이 아직 완전히 떠나지 않은 것입니다. 이때 몸을 건드려서는 안 됩니다. 만약 건드렸다가는 비록 지각은 없어도 아직 감각이 남아 있기 때문에 불편함을 느낍니다. 이것이 바로 신식입니다.

그래서 유식에서는 팔식(八識) 즉 여덟 부분을 이야기합니다. 현재의 심리학은 오직 의식(意識)만 알고 있습니다. 서양 심리학은 기껏해야 하의식(下意識)[144]만 알고 있습니다. 하의식은 여전히 제육의식(第六意識)이며, 심리학은 제칠의식(第七意識)에 대해 아직 이해하지 못하고 제팔식(第八識)은 더더욱 알지 못합니다. 심리학이 만약 한 층 더 깊이 연구하고자 한다면 반드시 불학의 유식론을 이해해야 합니다.

죽었다가 다시 살아나다

이때에는 불경에 의거하면 아직 구해 낼 수 있습니다. 하지만 어렵습니다. 이때 친척과 친구 혹은 가장 친한 사람이 "만약 저 병든 사람을 위해 세존께 귀의한다면〔若能爲彼歸依世尊藥〕", 병자를 위해서 약사유리광여래에게 귀의합니다. "여러 스님들을 청하여〔請諸衆僧〕", 제가 예의를 차린 말이 아닌 진심을 이야기하자면, 출가했어도 수행이 무심지(無心地)에 이르러야 비로소 승보(僧寶)라 칭할 수 있습니다. 바꾸어 말하면 이미 깨달아 득도했습니다. 다음으로 출가하여 계율에 정통해도 승보라 칭할 수 있지만 재가(在家)의 경우에도 도를 깨달으면 승보의 부류에 속할 수 있습니다. 보통은 재가가 됐든 출가가 됐든 수지(修持)가 무심지에 도달하지

---

144 의식의 밑바닥에 존재하는 잠재의식이나 무의식을 말한다.

부처님과 아난 및 구탈보살의 문답 ❋ 405

못했거나 계율에 정통하지 못하면 승보라 부를 수 없습니다. 하지만 염불이라도 상관없고 어떤 법문이든 "지극한 마음으로 받아 지니고 한마음으로 어지러워지지 않을[至心受持, 一心不亂]" 수 있다면 승보에 속합니다.

"여러 스님들을 초청하여[請諸衆僧]", 득도한 고승을 초청하여 "이 경전을 소리 내어 읽도록 하고[轉讀此經]", 이 경전을 오로지 외우게 하고 "칠층의 탑에 층마다 등불을 밝히고[然七層之燈]", 칠 층 보탑에 전부 등불을 켭니다. 많은 절의 약사법회는 칠 층 보탑에 등불을 켜는데, 지금은 전등을 사용해서 아주 편리해졌지만 과거에는 유등(油燈)을 사용했습니다. 중국의 수많은 명승지의 탑은 칠 층입니다.

"수명 연장을 기원하는 오색의 신령스러운 깃발을 달고[懸五色續命神幡]", 수명 연장을 기원하는 오색의 신령스러운 깃발을 다는데 절에서는 천으로 만들어서 답니다. 길게 늘어뜨려 다는데 일정한 규격이 있고 범문(梵文)의 주문을 그리는 일정한 화법(畫法)이 있습니다. 지금도 전해지고는 있지만 완전히 규정에 합치되는지 아닌지는 문제가 있습니다.

"혹 이런 일이 있더라도[或有是處]", 수명 연장을 기원하는 오색의 신령스러운 깃발을 달고 공양하는 무리들이 득도한 고승을 초청하여 주지토록 하는데, 불법의 법력을 빌려 "저 사람의 신식이 돌아오게[彼識得還]", 아직은 완전히 몸을 떠나지 않은 신식을 되돌아오게 할 수 있습니다. 이것은 억지로 행하는 것입니다. 옛사람들은 확실히 이런 성과를 거두었습니다. 제가 젊어서 불법을 배울 때에는 대륙에서 본 적도 있습니다.

예를 들어 제 스승의 장모가 곧 숨이 끊어지려고 하자, 스승님과 사모님 둘이서 귀의 사부였던 광후(光厚) 스님을 찾아 달려갔습니다. 우리가 모두 알다시피 그는 육신의 나한이었고 도를 지니고 있었습니다. 스승님과 사모님이 달려가서 그를 끌고 오려고 하자 그가 말했습니다. "자네 장모님께서는 이미 돌아가셨는데 내가 무슨 수가 있나?" "사부님! 제가 사부님께 뭣 때문에 귀의했겠습니까? 사부님께 귀의한 것은 바로 당신이 도를 지니고 있기 때문입니다! 이번에야말로 사부님이 필요하단 말입니다! 사부님은 안 된다고 하시지만 제가 뭣 때문에 사부님께 귀의했겠습니까? 저는 그래도 사부라고 부르지 않습니까?" "가거라! 가! 너 같은 제자는 진저리가 난다! 나는 싫다! 싫어!" "사부님께서 싫든 좋든 상관없습니다." 두 사람은 그를 침상에서 끌고 나왔습니다. "아이고! 곧 죽을 텐데 내가 무슨 수가 있다고?" "수가 있든 없든 상관없이 사부님께서는 저와 함께 가 보십시다!" 그가 와서 노부인의 머리를 두 번 쓰다듬으면서 말했습니다. "이보시오! 일어나시오! 일어나!" 그러자 노부인이 깨어났습니다. 정말로 신기한 일이었습니다!

그는 일 년 내내 똑같은 옷을 입는 더럽고 냄새나는 꼬질꼬질한 스님이었는데, 그런 그가 그처럼 큰 신통력을 지니고 있었습니다. 사람들이 "사부님! 당신은 정말로 도덕이 높으신 분입니다"라고 하자 그는 이렇게 말했습니다. "가거라! 가! 무슨 도덕! 무슨 신통력! 내가 뭘 안다고!" "그녀가 원래 죽지 않았던 게지! 너희들은 죽었다고 생각했지만 내가 건드려서 깨어난 것뿐이다!" 그는 인정하려 들지 않았습니다. 도를 지닌 사람들은 자신이 도를 지녔다고 말하지 않습니다. 자신이 도를 지녔다고 말하는 사람은 그도 역시 별 볼 일 없습니다.

가령 이 세상에 어떤 사람들은 자신이 귀신도 잘 알고 신(神)도 잘 안다면서 자신은 가섭존자가 환생한 존재라고 합니다. 어떤 사람이 그에게 물었습니다. "당신은 남회근을 아십니까?" "알지요. 우리는 사형 사제 간인걸요." "무슨 사형 사제 간입니까?" "석가모니불 앞에 함께 있었습니다." 저는 우리가 석가모니불 앞에 함께 있었다는 것을 모르는데, 그는 다 안다고 하니 참 이상하지요. 그러니 오직 광후 노스님처럼 도를 지닌 고승만이 해낼 수 있습니다. 하지만 참으로 어렵습니다!

"혹 이런 일이 있더라도 저 사람의 신식이 돌아와서 꿈속의 일처럼〔或有
是處, 彼識得還, 如在夢中〕", 그가 되돌아와서 깨어나면 마치 꿈에서 깬 것
과 똑같습니다.

"분명하게 기억하니〔明了自見〕", 자신이 몸을 떠난 이후에 겪은 일을 그
는 모두 기억합니다. 하지만 반드시 이런 경우만 있는 것은 아닙니다. 도
를 지닌 고승을 초청해서 경을 외우게 하고, 이 방법대로 칠 층의 탑마다
등불을 밝히고 수명 연장을 기원하는 오색의 신령스러운 깃발을 달더라
도 단번에 구해 낼 수 없기도 합니다.

"혹은 칠 일이 지나거나 혹은 이십일 일 혹은 삼십오 일 혹은 사십구 일이
지나기도 합니다."

或經七日, 或二十一日, 或三十五日, 或四十九日.

혹은 칠 일이 지나거나 혹은 삼 곱하기 칠의 이십일 일 혹은 삼십오 일
혹은 칠 곱하기 칠의 사십구 일, 이렇게 칠 일 단위로 계산합니다. 이렇게
억지로 그 사람을 되돌아오게 할 수도 있지만 아주 어렵습니다!

우리가 『삼국지』를 보면 제갈량은 자신이 곧 죽게 될 것을 알았습니다.
그도 이 방법을 사용해서 사십구 일 동안 수행을 했는데, 마지막 하루를
남기고 위연(魏延)이 전방의 긴박한 상황을 보고하러 들어오게 되었습니
다. 그런데 들어와서 대원수에게 보고하다가 뻥! 하고 그만 발로 앞쪽의
등불을 걷어차 버렸습니다. 그것을 본 제갈량이 말했습니다. "끝났다. 이
젠 어쩔 수 없이 내 생명도 다했구나! 인연을 한곳에 모으기는 어려우니
더 이상은 구해 낼 수가 없게 되었다." 비록 소설이지만 그런 소설은 근거
가 있으니 옛사람들은 그와 같은 수행을 했습니다. 혹은 사십구 일 만에

되돌아오게 할 수도 있지만 대단히 어렵습니다. 생각해 보십시오. 일가친척이 와서 수행을 해야 합니다. 친척이 병자도 돌봐야 하고 또 그런 방법으로 수행도 해야 한다니 그게 어디 말처럼 쉽습니까?

"그 신식이 이 세상에 돌아왔을 때에, 마치 꿈에서 깨어난 것처럼 생전의 착한 일과 나쁜 일에 따라 얻은 과보를 모두 스스로 기억하여 압니다. 그리고 행위에 따라 과보받는 것을 자신이 직접 확인하였기 때문에, 목숨이 어렵게 될 지경에 이를지라도 나쁜 짓을 저지르지 않습니다."

彼識還時, 如從夢覺, 皆自憶知, 善不善業, 所得果報; 由自證見, 業果報故, 乃至命難, 亦不造作諸惡之業.

구탈보살이 말했습니다. 그 사람이 살아 돌아오면 "마치 꿈에서 깨어난 것처럼 생전의 착한 일과 나쁜 일에 따라 얻은 과보를 모두 스스로 기억하여 압니다[如從夢覺, 皆自憶知, 善不善業, 所得果報]." 꿈에서 깨어난 것처럼 자신이 평생 했던 착한 일과 나쁜 일을 모두 기억하고 자신의 과보도 압니다. 왜냐하면 "자신이 직접 확인하였기 때문에[由自證見]", 즉 업과(業果)의 보응을 보았기 때문입니다. "목숨이 어렵게 될 지경에 이를지라도[乃至命難]", 살아 있는 우리 이 몸의 생명이 여러분 보기에는 귀하지 않습니까! 아주 어렵게 될지라도 대단히 귀합니다. 그로 인해 과오를 뉘우치고 착하게 변해서 "나쁜 짓을 저지르지 않습니다[不造作諸惡之業]." 즉 악업을 짓지 않습니다. 비로소 변한 것입니다. 얼마나 어렵습니까!

지금 사람들은 모두 약사법회를 하면서 등불을 밝힙니다! 한 사람이 등불 하나를 밝히는데 오백 위안을 내는데, "약사불이 보우하시어 제가 백 살까지 살 수 있다면 오천 위안이라도 내겠습니다! 저는 오십 년을 더 살고 싶습니다." 세상에 이렇게 편한 일이 어디 있겠습니까? 이것은 미신입니다. 바른 믿음으로 수행하기란 참으로 어렵습니다!

"이러한 연고로 정신을 지닌 선남자 선여인 등은 모두가 마땅히 약사유리광여래의 명호를 받아 지니고, 자신의 능력에 따라서 공경하며 공양해야 합니다."

是故淨信善男子善女人等, 皆應受持藥師琉璃光如來名號, 隨力所能, 恭敬供養.

정신(淨信)이어야지 미신이어서는 안 됩니다. "자신의 능력에 따라서〔隨力所能〕", 평소에 수행해야지 일이 닥치면 그때서야 부처님 발을 끌어안아서는 안 됩니다. 평소에 그렇게 수행을 해야 하는데 밀종의 수행도 마찬가지입니다. 제 불당 같은 경우는 낮밤으로 등불을 밝혀 둡니다. 약사불의 등불만 아니라 공양하는 어떤 등불 어떤 물건이든지 다 똑같습니다. 예를 들어 공양하는 물은 수시로 갈아 주어야 하고 공경해야 합니다. 그렇다면 이것은 무슨 도리일까요? 이것이 바로 『약사경』의 밀법입니다.

발바닥은 왜 붉은가

방금 두 명의 학생이 약사불상을 보고서 아주 좋은 질문을 했습니다. 여러분 보십시오. 이 불당 안의 모든 사람이 보고 또 봤지만 아무도 질문하지 않았습니다. 이것은 바른 믿음을 얻지 못했음이니, 출가이든 재가이든 마찬가지입니다. 여러분 다시 한 번 보십시오. 불상에 무슨 문제가 있습니까? 비록 이 두 명의 학생이 큰 지혜로 질문한 것은 아니지만 그들은 주의를 기울였습니다. 그가 말했습니다. "선생님! 약사불의 몸은 온통 푸른빛인데 발바닥은 어째서 다릅니까? 붉습니다." 제가 말했습니다. "잘 보았네!" 첫 번째 학생이 그렇게 말했는데, 두 번째 학생이 와서 같은 질문을 했습니다. "어째서 발바닥이 붉습니까?"

진정으로 불법을 배우고 수도하는 사람은 언제 어디서나 다 화두이고 다 질문거리입니다. 만약 모든 사람이 자신은 총명해서 조금도 질문거리가 없다고 생각한다면 그런 사람은 실제로는 큰 바보입니다. 큰 바보 중에서도 고약한 냄새를 풍기는 멍청이입니다. 약사불을 매일 같이 보면서도 질문거리를 발견하지 못합니다.

육신의 수지가 경지에 이른 사람은 몸의 중맥(中脈)이 통하게 되어 자연스럽게 푸른색의 경계에 있게 됩니다. 마치 새벽이 되어 동쪽에서 태양이 떠오르면 만 리에 구름 한 점 없는 푸른 하늘에 아침 기운이 퍼지는 것 같습니다. 수행이 경지에 이르면 그러합니다. 그렇다면 발바닥은 무엇을 나타냅니까? 발바닥은 생명의 근원입니다. 만약 육신의 수행이 경지에 이르면 이 육신은 썩지 않을 수 있습니다. 육신이 욕계에서 승화하고 정을 연마하여 기로 변화하게〔煉精化氣〕 합니다. 붉은색은 에너지원을 나타냅니다. 그렇기 때문에 수련이 경지에 이르면 손바닥과 발바닥이 붉어집니다. 사람의 생명은 하부에 있고 정(精)은 발바닥에서 생겨납니다. 사람이 노쇠해서 사망하는 것은 발바닥에서 시작합니다. 늙을수록 두 다리가 움직이지 않습니다.

두 학생이 눈이 있고 머리가 있어서 이런 질문을 했기에 여러분에게 대답했습니다. 안 그랬다면 이야기하지 않았을 것입니다.

또 약사법의 수행은 왜 등불을 밝혀야 할까요? 등불을 밝히면 죽지 않습니다. 지금 전등이 얼마나 밝습니까! 그렇다고 해서 세상에 죽는 사람이 없습니까? 그럼 이 등불은 어떤 등불을 말할까요? 질문거리가 나왔군요! 제가 여러분을 도와서 질문거리를 찾아내는 수밖에 도리가 없네요!

진정한 등불은 마음의 등불이 꺼지지 않는 것을 말합니다. 칠 층의 보탑은 우리의 이 육신을 나타냅니다. 왜 칠 층이라고 말할까요? 안으로 한 걸음 한 걸음 수련하여 한 걸음 한 걸음 기맥을 전화시키고 스스로 수행한 공덕을 끊임없이 쌓습니다. 왜 칠 층 보탑이라고 말할까요? 전오식(前五識) 즉 눈, 귀, 코, 혀, 몸에다 제육의식(第六意識)과 제칠말나식(第七末那識), 그래서 팔 층이 아닌 칠 층의 보탑입니다. 모두 함의가 내포되어 있습니다. 이 칠 층의 보탑은 어떻게 밝게 켜질까요? 마음을 밝혀 자신의 본성을 봅니다[明心見性]. 명심견성이 바로 마음의 등불을 밝히는 것이니, 그렇게 해서 생명의 빛을 발할 수가 있습니다. 도리가 여기에 있습니다. 그러므로 밀법의 수행을 배우려면 교리에 통해야 하는데, 이런 교리는 일반적인 교리가 아닙니다.

그때에 아난존자가 구탈보살에게 물었다. "선남자이시여! 저 세존이신 약사유리광여래를 어떻게 공경하고 공양해야 하며, 수명의 연장을 기원하는 신령스러운 깃발과 등불은 어떻게 만듭니까?"

爾時阿難問救脫菩薩曰: 善男子, 應云何恭敬供養彼世尊藥師琉璃光如來, 續命旛燈, 復云何造?

아난이 구탈보살에게 물었습니다. "당신은 이 비밀스러운 법문이 고난에서 구해 내고 고해(苦海)에서 벗어날 수 있게 해 준다고 말씀하셨습니다. 그렇다면 약사불께 공양하는 등불과 깃발은 어떻게 만듭니까?" 이것은 형태에 대한 질문인데, 절에서 하는 약사법회에서 늘 사용합니다.

비구승을 공양하다

구탈보살이 말하였다. "대덕이시여! 만일 병든 사람을 병의 괴로움에서 벗어나게 하고자 한다면, 마땅히 그 사람을 위하여 일곱 날 일곱 밤 동안 팔관재계를 받아 지켜야 합니다."

救脫菩薩言: 大德! 若有病人, 欲脫病苦, 當爲其人, 七日七夜, 受持八分齋戒.

"대덕(大德)"은 겸손하고 예의바른 호칭입니다. 여러분이 친척을 위해 "팔관재계를 받아 지키고자[受持八分齋戒]" 발원한다면 더 길게 소식(素食)을 잘 해야 합니다.

"마땅히 먹고 마실 것과 생활에 필요한 여러 가지 물품들을 능력에 맞게 준비하여 비구승들에게 공양해야 합니다."

應以飮食, 及餘資具, 隨力所辦, 供養苾芻僧.

음식이나 기타 물품은 능력이 닿는 대로 준비해야 합니다. 예를 들어 나는 가난해서 일 위안밖에 없으니 일 위안을 공양하고, 당신은 돈이 있어서 일억 위안을 쓸 수 있으면 일억 위안을 써서 출가한 법사들을 공양합니다. 그러므로 불학을 배우는 첫걸음은 먼저 공양을 배우는 것입니다. 앞으로 다시 여러분에게 이야기하겠지만, 오늘날 불학은 매우 융성하지만 사람들은 불법을 닦는 도리를 알지 못합니다. 한참을 떠들어 봤자 왜 공양을 해야 하는지도 알지 못합니다. 무엇이 공양입니까? 앞에서 네 가지 공양에 대해 언급했는데 음식과 의복과 침구와 탕약입니다. 그렇다면 왜 돈으로 공양을 할까요? 왜냐하면 돈은 통화이므로 이 네 가지를 자유롭게 선택해서 살 수 있기 때문입니다. 공양은 정성스러운 마음이니 내가 공양할 수 있는 바를 다합니다.

밀종의 목눌(木訥) 조사는 아주 가난했습니다. 사부를 찾아가서 불법을 배우려 했지만 사부는 그를 상대해 주지 않았습니다. 왜냐하면 그가 공양을 하지 않았기 때문입니다. 설마하니 그의 사부가 정말로 재물을 탐했겠습니까? 그 사람의 마음을 시험한 것이었습니다. "사부님! 저는 저 자신밖에 당신을 공양할 것이 없으니 몸과 입과 뜻으로 공양하겠습니다."

지금 여러분들도 배우십시오! "선생님! 저는 몸과 입과 뜻으로 당신을 공양하겠습니다." 이런 것은 모두 빈말입니다! 업을 지을 뿐입니다! 몸과 입과 뜻으로 공양한다면 여러분의 몸은 전부 제 것이겠군요! 제가 대변이 향기롭다고 하면서 가서 먹으라고 하면 여러분은 가서 먹어야 합니다. 그렇게 하실 수 있습니까? 보세요! 여러분이 몸으로 저를 공양하겠다면 그몸은 저에게 속한 것이잖습니까! 함부로 구업(口業)을 지으면서 스스로는 듣기 좋은 말을 했다고 여깁니다. 여러분은 그런 말을 하는 것이 구업을 짓는다는 사실을 알아야 합니다. 마음에 없는 말을 하는 것을 망어(妄語)라고 부릅니다.

목눌 조사는 정말로 몸과 입과 뜻으로 공양을 했습니다. 그래서 그의 사부는 각종 다양한 방법으로 그를 시험했는데, 일부러 혼자서 집을 지으라고 했습니다. 몇 년이나 혼자 힘으로 벽돌과 나무를 져다 날라서 집을 지었습니다. 그러자 사부가 그에게 물었습니다. "너는 왜 이것을 지었느냐?" "사부님께서 저에게 지으라고 하셨습니다." "아니다! 나는 그런 말을 한 적이 없다. 그 땅은 아주 좋은 곳인데 네가 나를 위해서 집을 지었다고? 철거하거라!" 없애 버리라면 없앴습니다. "아이고! 사부님 제가 잘못했습니다. 아마도 제가 당시에 잘못 들었나 봅니다." 그가 다 철거하자 사부는 이렇게 말했습니다. "내 뒤에 땅이 있으니 나를 위해서 집을 지어라." 그래서 또다시 집을 지었습니다. 동서남북 사면으로 다 짓느라 벽돌을 얼마나 져다 날랐는지 등이 다 문드러져서 뼈가 드러났습니다. 그런데도 사부에게 욕을 얻어먹고 맞았습니다. 사부의 아들이 차마 그냥 보고 있을 수가 없어서 그를 도와 벽돌 한 장을 날랐는데, 그것을 안 사부가 그를 불러서 한바탕 때리고 욕을 했습니다. "너는 뭐하는 놈이냐! 내 아들이 얼마나 귀한 몸인데! 네가 어떻게 내 아들과 비교해서 내 아들에게 도와 달라고 한단 말이냐." "사부님 제가 시킨 것이 아니라 사형이 스스로 와서 도와준 것입니다." "흥! 안 된다." 때린 후에는 또다시 철거하라고 했습니다. 그는 철거하면서도 원망하는 말을 한마디도 하지 않았습니다. 사부는 남몰래 눈물을 흘리고 있었는데, 그 모든 것이 일부러 그를 연마하기 위한 것이었습니다. 그의 업이 무거운 것을 알았기에 그런 방법으로 그의 업장을 소멸시켰던 것입니다. 하지만 그는 원망하지 않았습니다. 입 꼬리를 비틀며 이렇게 말하지 않았습니다. "사부님, 저는 이만 돌아가겠습니다. 제 꼴이 이게 뭡니까." 그것도 아니면 스승을 헐뜯거나 혹은 스승에게 한바탕 화를 내지도 않았습니다.

아! 제가 보기에 여러분은 그런 업을 짓고 있습니다! 지옥에서는 건축 공정도 아주 빨라서 이미 여러 층 올렸는데 장차 지하실에도 여러분 몫이 생길 것 같습니다. 물론 저는 뛰어난 스승은 아닙니다. 하지만 현대인들은 수양법을 알지 못한 채 가장 작은 마음으로 가장 값싸고 약삭빠른 대가를 치르고서 여래의 큰 법을 구하려고 합니다. 달마 조사가 말했던 것처럼 말입니다. "모든 부처님의 위없는 오묘한 도는, 오랜 세월 부지런히 수행하여 행하기 어려운 일을 능히 행하고 참기 어려운 일을 참았거늘, 어찌하여 작은 덕과 작은 지혜와 가벼운 마음과 거만한 마음으로 참다운 가르침을 바라는가, 부질없는 고생만 할 뿐이로다〔諸佛無上妙道, 曠劫精勤, 難行能行, 非忍而忍, 豈以小德小智, 輕心慢心, 欲冀眞乘, 徒勞勤苦〕."

이조(二祖)는 법을 구하여 팔을 자르고 욕까지 먹었습니다. 자신은 공양할 돈이 없어서 팔을 자르고 "사부님! 이것으로 저의 성심을 나타내겠습니다"라고 했습니다. 원래 달마 조사는 사냥한 고기를 먹지 않았으며 인육은 더더구나 먹으려고 하지 않았는데, 이조는 왜 팔을 잘랐을까요? 공양할 것이 없어서 몸으로 공양한 것입니다.

여러분은 지금 사람을 속이고 있습니다. "선생님! 저는 몸으로 공양하겠습니다." 저는 많이 듣고 또 많이 보았습니다. 위없는 큰 법은 오랜 세월 부지런히 수행한 것인데, 어찌 작은 덕과 작은 지혜와 가벼운 마음과 거만한 마음으로 망령되이 바라겠습니까.

달마 조사 역시 그렇게 말했습니다. "불법의 위없는 오묘한 도는 오랜 세월 수행한 것인데, 너는 작은 정성을 바치고 약간 아부해서 자신의 공경을 나타내니, 아! 나를 속이지 말거라." 보십시오. 그는 이렇게 이조를 욕했습니다. 목눌 조사도 마찬가지로 욕을 먹었습니다. 옛사람들은 이렇게 법을 구하고 도를 구했습니다.

지금은 공양이라고 말하면 마치 뭔가를 사기 위해 붉은 봉투 안에 약간의 돈을 넣는 것쯤으로 생각합니다. 진정으로 도를 지닌 사람이 여러분에게 장사를 하겠습니까? 여러분이 금은보화를 산더미처럼 쌓아 준다 해도 아무런 소용이 없습니다. 만약 여러분이 지극한 정성을 지닌 사람이라면 한 푼도 내지 않아도 됩니다. 달아나더라도 그가 붙잡을 것입니다. 만약 여러분이 바로 그 근기(根器)라면 말입니다. 이것이 불법의 핵심입니다!

"낮의 여섯 시진과 밤의 여섯 시진을 예배하고 도를 행합니다."

畫夜六時, 禮拜行道.

여기에서는 불, 법, 승을 공양하는 것을 말합니다. "낮의 여섯 시진과 밤의 여섯 시진〔畫夜六時〕"은 하루 낮 하루 밤을 말합니다. 하루는 스물네 시간인데 옛사람들은 하루를 열두 시진(時辰)이라고 했으므로 한 시진은 지금의 두 시간입니다. 낮의 여섯 시진과 밤의 여섯 시진을 주야육시(畫夜六時)라고도 합니다.

예배하고 도를 행하다

"예배하고 도를 행합니다〔禮拜行道〕." 부처님께 절하고 불법에 절하고 스님에게 절하고 스승에게 절하고, 여러분은 해낼 수 있습니까? 여러분은 아홉 번 절하면 일어서지도 못할 것입니다! 낮의 여섯 시진과 밤의 여섯 시진 동안 예배하고 거기다 도를 행해야 합니다. 도를 행하는 것은 무엇을 말합니까? 예를 들어 반주삼매(般舟三昧) 수행도 도를 행한다고 하는데, 언제 어디서나 계율 가운데 있어야 합니다. 여러분 주의하십시오! 진정한 행향(行香)[145]은 두 눈이 석 자〔尺〕 혹은 다섯 자 정도의 앞만 봐야 합니다. 곁눈질을 해서도 안 되며 단정한 모습으로 흐트러짐 없이 걸어야 합니다. 또 마음은 항상 한결같아야 합니다. 여러분처럼 행향하는 경우가 어디 있습니까? '빨리요! 빨리!' 때로는 다른 사람을 보고서 속으로 화를 내기도 합니다. 그러면서도 도를 행한다고 합니까! 저는 똑똑히 다 보았습니다.

---

[145] 부처님께 올리는 예로서, 향로를 받쳐 들고 불전 안을 돌면서 행하는 의식을 말한다.

그저 뒤따라가면서 놀고 있습니다. 사실은 저도 마찬가지입니다. 늙었고 재미있는 일이 없다 보니 여러분을 보면서 즐기고 여러분과 노는 것입니다. 무슨 강연이고 설법이랍니까? 모두 여러분과 노는 것이니 진정한 수도자를 어디에서 찾을 수 있겠습니까!

"저 세존이신 약사유리광여래께 공양하며 이 경전을 마흔아홉 번 독송합니다."

供養彼世尊藥師琉璃光如來, 讀誦此經四十九遍.

하루 낮 하루 밤 동안 수시로 이 경전을 독송하는데 단지 마흔아홉 번만 외우는 것이 아닙니다. 마흔아홉 번 봤으니 내 잇속은 챙겼다고 생각해서는 안 됩니다. "낮의 여섯 시진과 밤과 여섯 시진을 예배하고 도를 행합니다." 일 분 일 초도 나태하지 않고 저 세존께 공양합니다.

"이 경전을 마흔아홉 번 독송합니다〔讀誦此經四十九遍〕." 사실 경전을 마흔아홉 번 외우는 것은 간단합니다. 여러분은 아래의 두 구절에 유의해야 합니다.

"마흔아홉 개의 등불을 밝히며, 일곱 분의 약사유리광여래의 형상을 만들고, 하나하나의 형상 앞마다 각각 일곱 개의 등불을 밝히되, 하나하나의 등마다 모두 그 크기를 수레바퀴만 하게 만들어, 사십구 일 동안 그 광명이 꺼지지 않도록 합니다."

然四十九燈, 造彼如來形像七軀, 一一像前, 各置七燈, 一一燈量, 大如車輪, 乃至四十九日, 光明不絶.

혹은 그리거나 혹은 일곱 분 약사여래의 형상을 만듭니다. 모든 불상 앞에 각각 일곱 개의 등불을 놓습니다. 지금은 모두 전등을 사용해서 편리하지만 당시에는 유등으로 약사등을 켰는데 어떻게 수레바퀴처럼 큰 등불이 있겠습니까? 밤낮으로 계속해서 밝히려면 얼마나 많은 기름이 필요하겠습니까! 제가 예전에 아미산에서 삼 년 동안 폐관 수련할 때에는 청유등을 많이 준비했는데 그런 것이 다 돈입니다! 그렇기 때문에 밀종의 제단은 모두 다 돈입니다.

"길이가 마흔아홉 뼘인 오색찬란한 비단 깃발을 만들고, 여러 종류의 중생들을 사십구 일 동안 방생해야 합니다."

造五色綵旛, 長四十九搩手, 應放雜類衆生, 至四十九.

비단 깃발에는 나무약사유리광여래의 이름이 쓰여 있습니다. 한 뼘은 대략 예닐곱 치[寸]인데 이것으로 마흔아홉 뼘을 계산합니다.

"여러 종류의 중생들을 방생해야 합니다[應放雜類衆生]." 여러 종류의 중생이 가리키는 것은 나는 새, 검은 거북이, 뱀, 자라 같은 종류인데 가장 좋은 방생은 사람을 놓아 주는 것입니다. 여러분도 놓아 줘 보십시오. 여러분은 모두 검은 거북이를 사서 방생하는데 이제 그만 저를 방생해 주기를 청합니다. 저 역시 중생입니다! 어떻게 놓아 주느냐고요? 만약 여러분이 저를 청정한 곳으로 보내줘서 하루라도 경전을 강의하지 않고 수업도 하지 않을 수 있다면, 만사를 상관하지 않고 정좌 수련만 할 수 있다면 공덕이 무량할 것입니다! 저는 여러분이 저를 방생해 주기를 원합니다.

"여러 종류의 중생들을 방생해야 합니다." 축생도의 중생이 사람은 아니지만 사람도 중생이라고 할 수 있습니다. 바꾸어 말하면 사람의 생명 하나를 구하는 것이 탑을 하나 짓는 것보다 훨씬 낫습니다. 의사가 되어서 사람을 구하는 것도 좋고 좋은 일을 해서 사람을 구하는 것도 좋습니다. 예를 들어 어떤 사람이 차에 곧 치이게 생겼는데 여러분의 무공이 아주 높아서 손으로 차를 밀어 그의 생명을 구했다면 그것도 공덕이라고 할 수 있습니다. 보세요. 공덕을 배양하는 것이 얼마나 어렵습니까! 여러분은 돈 두 푼 공양하고서 '아! 내가 공덕을 쌓았다' 하고 생각합니다. 공덕을 쌓았다고요? 모덕(母德)[146]이나 쌓았겠지요! 주의해야 합니다! 좋은 사람이 되고 좋은 일을 하는 것이 최고입니다.

"그러면 위험한 액난을 벗어나며 모든 횡액과 악귀의 침해를 받지 않을 것입니다."

可得過度危厄之難, 不爲諸橫惡鬼所持.

그렇게 사십구 일이 되면 그 난관을 지나게 되어 횡사(橫死)하지 않고 장래에 바른 죽음(正死)을 맞을 것입니다. 무엇을 횡사라고 합니까? 아래에서 이야기할 것입니다.

천재와 국난

"또한 아난존자이시여! 찰제리 관정왕[147] 등에게도 재난이 일어나는 때가 있으니, 이른바 백성들이 전염병에 걸리는 재난, 다른 나라의 침략을 받는 재난, 자기가 다스리는 지역에서 반역이 일어나는 재난, 별자리에 변괴가 생기는 재난, 일식과 월식이 발생하는 재난, 적절하지 않은 때에 비바람이 닥치는 재난, 가뭄이 계속되는 재난 등입니다."

復次, 阿難! 若刹帝利灌頂王等, 災難起時, 所謂: 人衆疾疫難, 他國侵逼難, 自界叛逆難, 星宿變怪難, 日月薄蝕難, 非時風雨難, 過時不雨難.

구탈보살이 재차 아난에게 말했습니다. "한 국가의 원수가 된 자는 국가에 재난이 발생하면 책임을 져야 합니다." 예를 들면 큰 전염병이 돌기도 합니다. 예전에는 전염병이 발생하면 하루에 한 마을 사람이 몽땅 죽어나가서 관이고 뭐고 장례용품이 부족했습니다. 지금은 대만에서 다들 복을 누리고 있지만 이 복보를 다 누려 버려서는 안 됩니다. 선을 닦아야 합니다!

혹은 "다른 나라의 침략을 받는 재난〔他國侵逼難〕"이 일어나기도 합니다. 예를 들어 항전 시기에 일본인이 중국을 공격했을 때 우리가 받은 것이 바로 침략의 재난입니다. 나중에 미국이 히로시마에 원자폭탄을 떨어뜨렸는데 그 후유증이 지금까지도 남아 있습니다. 현재도 일본의 과보는 아직 끝나지 않았으니 그들은 미국의 통제 속에 있는 것과 마찬가지입니다.

혹은 자신의 국가에서 반역이 일어나는 재난, 혹은 천문에 변고가 생기고 별자리에 이변이 생기는 재난, 혹은 일식과 월식의 재난, 혹은 "적절하지 않은 때에 비바람이 닥치는 재난〔非時風雨難〕" 즉 수재(水災)와 풍재(風災) 혹은 "가뭄이 계속되는 재난〔過時不雨難〕" 즉 한재(旱災) 같은 그런 재난들을 만나게 되면, 사람들의 재난을 소멸시키는 책임이 모두 지도자 개

---

146 공덕(功德)의 공(功)은 수컷이라는 뜻의 공(公)과 중국어 발음이 같다. 모덕(母德)의 모(母)에는 암컷이라는 뜻이 있다.

147 인도에서 임금의 즉위식이나 태자를 세우는 예식을 할 때 정수리에 바닷물을 붓는 것을 관정(灌頂)이라 하고 그렇게 해서 된 임금을 관정왕이라 한다.

인에게 지워집니다.

"저 찰제리 관정왕 등은 그때에 마땅히 모든 유정들에게 자비심을 일으켜
서 갇혀 있는 사람들을 풀어 줍니다."

彼利帝利灌頂王等, 爾時應於一切有情, 起慈悲心, 赦諸繫閉.

황제들은 자기 국가의 국민들에게 마땅히 자비심을 일으켜야 합니다.
"갇혀 있는 사람들을 풀어 줍니다〔赦諸繫閉〕." 고대에는 죄인을 모두 풀어
주는 대사면 제도가 있었는데 역사상 많은 국가에서 대사면을 실시했습
니다. 대만에서도 예전에 대사면을 실시한 적이 있었습니다. 어떤 사람들
은 풀어 주고 어떤 사람들은 중죄를 경감시켜 주었습니다.

"앞에서 말한 공양하는 법을 의지해서 저 세존이신 약사유리광여래께 공양
을 올립니다."

依前所說, 供養之法, 供養彼世尊藥師琉璃光如來.

앞에서 말한 방법대로 약사불께 공양합니다.

바람과 비가 순조로워 풍년이 드니
나라가 태평하고 백성이 편안하다

"이 선근과 저 약사유리광여래의 본래의 원력으로 말미암아 그 나라는 곧

평온함을 얻게 되고, 농사에 알맞게 비가 내리고 바람이 불어 곡식이 잘 익고, 일체 유정들은 질병이 사라져서 기뻐합니다. 그 나라 안에는 포악이 없어집니다."

由此善根, 及彼如來本願力故, 令其國界, 卽得安隱, 風雨順時, 穀稼成熟, 一切有情, 無病歡樂. 於其國中, 無有暴惡.

이 법을 따라서 행하고 지도자가 나서서 수행을 하면 부처님의 보우하심으로 그 나라와 국민이 평안함을 얻게 됩니다.

"야차 등의 나쁜 귀신들이 유정들을 괴롭히는 일이 없어지고, 일체 나쁜 형상이 모두 즉시로 사라집니다."

藥叉等神, 惱有情者, 一切惡相, 皆卽隱沒.

이 세상을 관할하는 약사여래의 호법(護法)으로 십이신장(十二神將)이 있는데, 야차신 아래의 소야차(小藥叉)나 악신(惡身)이 모두 소란을 부리지 않을 것입니다.

"그리고 찰제리 관정왕 등은 수명과 체력을 더하여 질병 없이 마음대로 할 수 있습니다."

而利帝利灌頂王等, 壽命色力, 無病自在, 皆得增益.

그 자신의 수명이 길어질 수 있습니다. "색력(色力)"은 그의 신체인데 신체는 색법(色法)에 속합니다.

"아난존자이시여! 만일 황제의 황후와 비, 태자와 왕자"

阿難! 若帝后妃主, 儲君王子

황제의 황후와 비를 말합니다. "저군(儲君)"은 태자입니다. 만약 황제가 여러 명의 아들을 낳으면 한 사람은 태자이고 나머지는 모두 왕자입니다.

"대신과 재상, 궁궐의 궁녀, 모든 벼슬아치와 백성들이, 병들어 고통을 받는 사람들과 그 밖에 재난을 당한 사람들을 위해서 마땅히 오색찬란한 신령스러운 깃발을 만들고, 등불을 켜서 계속 밝히며, 여러 생명을 방생하고, 온갖 색깔의 꽃을 흩뿌리고, 여러 가지 이름난 향을 피운다면, 질병이 사라지고 여러 가지 재난에서 벗어나게 됩니다."

大臣輔相, 中宮綵女, 百官黎庶, 爲病所苦, 及餘厄難; 亦應造立五色神旛, 然燈續明, 放諸生命, 散雜色花, 燒衆名香, 病得除愈, 衆難解脫.

"여서(黎庶)"는 일반 백성을 말합니다. "그 밖에 재난을 당한 사람들〔及餘厄難〕"은 다른 재난을 만난 것을 말합니다.

그때에 아난존자가 구탈보살에게 물었다. "선남자이시여! 어찌하여 이미 다한 생명을 더 연장할 수 있다고 말씀하십니까?"

爾時阿難問救脫菩薩言: 善男子! 云何已盡之命, 而可增益?

아난이 구탈보살에게 물었습니다. "당신의 말씀이 참으로 기괴하군요! 어째서 곧 죽을 사람을, 이 법문을 수행해서 다시 살려 낸다는 겁니까? 참으로 기괴하네요!"

구탈보살이 말하였다. "대덕이시여! 그대는 어찌하여 여래께서 말씀하신 아홉 가지 횡사를 듣지 못하였습니까?"

救脫菩薩言: 大德! 汝豈不聞如來說有九橫死耶?

"당신은 사람의 생명에 아홉 가지의 횡사가 있다는 여래의 말씀을 듣지 못했습니까?" 이 말은 아난의 질문에 대한 답입니다. 바른 죽음을 맞이한 사람은 구해 낼 방법이 없습니다. 과보가 끝났으므로 죽어야 합니다. 하지만 횡사는 구해 낼 수 있습니다.

침실에서 편안하게 천수를 다하다

지금은 시대가 다르고 망자를 처리하는 상황도 다릅니다. 중화 문화의 『예기』라는 책을 말씀드리겠습니다. 우리가 어릴 때 고향에서는 왜 부문(訃文)에 '수종정침(壽終正寢)'이라고 썼을까요? 노인들은 반드시 자기 집 침상 위에서 죽어야 했습니다. 정침(正寢)은 부모가 거주하는 큰 방이니, 노년의 부모가 주무시는 공간이 분명합니다. 죽은 후에는요? 고대 중국의 예절에 의하면 부친이나 조부가 세상을 뜨면 아들과 손자가 목욕을 시키고 닦은 후에 옷을 갈아입힙니다. 일곱 벌의 옷을 입히고 몇 명의 사위가 몇 채의 이불을 덮습니다. 저는 과거에 어떤 노부인의 죽음을 본 적이 있었는데, 열두 명의 사위가 열두 채의 이불을 덮어 주었습니다. 노부인이 죽자 며느리와 딸이 목욕을 시키고 옷을 갈아입힌 후 천천히 옮겼습니다. 죽은 직후에는 시신을 함부로 움직여서는 안 되는데 문짝을 이용해서 대청으로 옮기고 등불을 켰습니다. 등불은 길을 안내하기 위한 것으로 실제로는 『약사경』의 이치입니다. 밝은 등불로 길을 비추고 사흘 동안 꼼짝도 하지 않는데 영혼을 지켜야 하기 때문입니다. 그것도 죽은 사람 곁에서 지켜야 합니다. 거기에는 몇 가지 이유가 있는데, 과거 중국에서도 불학의 이치와 마찬가지로 죽은 사람의 몸을 함부로 건드리지 못하게 했습니다. 사흘이 지난 후에야 움직일 수 있었습니다. 무엇 때문일까요? 사람에게는 가사(假死)라고 하는 병이 있어서 죽었다가 다시 살아날 수가 있습니다. 가사병(假死病)은 횡사병(橫死病)이라고도 하며 진짜 죽은 것이 아니기 때문에 죽은 후에 다시 살아나는 상황이 자주 발생합니다.

그런데 지금은 그렇지 않습니다. 숨이 끊어지면 곧바로 빈의관(殯儀館)[148]으로 옮깁니다. 그곳에 도착하면 옷을 다 벗겨서 마치 절인 생선을 못에 담가두는 것처럼 남녀노소 할 것 없이 벗은 몸 그대로 약품과 시신 냄새로 뒤섞인 연못에 담가 둡니다. 출상하는 그날이 되면 시신을 건져 내서 문지르랴 씻으랴 마치 돼지를 씻기듯이 냄비 닦는 솔로 깨끗하게 닦습니다. 다른 사람이 만든 옷을 입히고 입술에는 루즈를 바르고 화장하면 영락없이 죽은 사람의 모습입니다.

옛날의 예(禮)가 가장 이치에 맞았습니다. 하지만 지금은 아랑곳하지 않습니다. 숨이 끊어지고 심장이 뛰지 않으면 완전히 죽든 죽지 않았든 상관없이 들어다가 냉동실이나 영안실로 보내 얼려 버립니다.

---

148 장례, 화장, 납골이 통합된 중국의 장례식장을 빈의관이라 하며 중국은 장례식 일체를 이 빈의관에서 치르는 것이 일반화되어 있다.

제 친구 하나가 죽어서 영안실로 보내졌는데, 한밤중에 저를 불러 깨워서 저더러 처리하라는 것이었습니다. 제게는 자주 있는 일이었습니다. 제가 영안실로 달려가 보니 그날따라 대만대학병원은 장사가 특별히 잘 됐는지 영안실이 가득 차고 안은 음침했습니다. 저와 함께 간 친구가 있었는데 저는 그에게 입구에서 기다리라고 말했습니다. 그 친구가 간이 작아서 감히 들어오지 못할 것을 알았기 때문입니다. 나중에 그가 말하기를 친구 한번 보러 갔다가 일주일을 아팠다는 것이었습니다!

죽은 사람의 얼굴을 모두 덮어 두어서 저는 한 사람 한 사람 들춰 보아야 했습니다. 겨울의 영안실에는 아무도 없었지만 저는, "관리인이 누구십니까?" 하고 물었습니다. 한참을 소리치자 누워 있는 사람들 가운데에서 한 사람이 일어서며 말했습니다. "접니다!" 저도 정말 무서웠습니다. 어떻게 해야 할지를 몰랐습니다! 마침내 관리인이 나왔습니다. 손에는 밥한 공기를 들고 있었고 막 젓가락으로 삼겹살 한 조각을 집어든 참이었습니다. 어떤 사람을 찾느냐고 그가 물었습니다. 제가 누구를 찾는지 말했습니다. 그러자 그가 입속에 밥을 머금은 채로 삼겹살을 베어 물면서 말했습니다. "저기요! 저기! 위쪽에 저 사람입니다." 저는 정말 감탄해서 그에게 절이라도 하고 싶었습니다. 만약 처지가 바뀌었다면 저는 밥을 먹지 못했을지도 모릅니다. 왜냐고요? 모르시겠습니까? 곁에 누워 있는 것이 모두 고기잖습니까! 그건 정말로 참기 힘든 것이었는데 그 사람은 정말 맛있게 먹었습니다. 제가 위쪽은 손이 닿지 않는다고 하자 그가 말했습니다. "의자를 갖다 놓으면 되잖습니까!" 올라가서 보니까 맞았습니다. 코에 손을 대보니 정말로 숨이 끊어졌기에 잘 덮어 두고 내려왔습니다. 그때가 되면 여러분은 자기 자신을 비워야 합니다. 삶과 죽음이 하나이고 아무것도 없습니다.

"이러한 연고로 수명 연장을 기원하는 신령스러운 깃발과 등불을 만들어 모든 복덕을 닦도록 권하는데, 복을 닦기 때문에 그 수명을 마칠 때까지 괴로움과 근심을 겪지 않게 됩니다."

是故勸造續命旛燈, 修諸福德, 以修福故, 盡其壽命, 不經苦患.

문제는 여기에 있습니다. 여러분이 말하기를 "저는 『약사경』을 외워도 어째서 영험이 없습니까?"라고 하는데, 돈을 내고 외우면 영험이 있을까요? 스스로 좋은 일을 해야 합니다! 모든 복을 닦고 모든 도덕을 실행해야 합니다! "복을 닦기 때문에 그 수명을 마칠 때까지 괴로움과 환란을 겪지 않게 됩니다〔以修福故, 盡其壽命, 不經苦患〕." 여러분이 평소에 좋은 일을 하고 복보를 닦아야, 자신의 자손을 위해 자신의 부모를 위해 자기 자신을 위해 복보를 배양해야 비로소 괴로움과 근심을 겪지 않을 수 있습니다.

아홉 가지 횡사

아난존자가 물었다. "아홉 가지 횡사는 무엇을 말합니까?"

阿難問言: 九橫云何?

"그 아홉 가지 횡사는 뭔가요?"라는 말입니다.

구탈보살이 말하였다. "만약 모든 유정들 가운데에서 가벼운 병을 얻은 사람이 있는데, 치료해 줄 의사와 약품 및 간병해 줄 사람이 없으며, 설령 의사를 만나더라도 병에 맞지 않는 약을 주어서 실제로는 죽지 않을 병인데도 횡사하게 합니다."

救脫菩薩言: 若諸有情, 得病雖輕, 然無醫藥及看病者, 設復遇醫, 授以非藥, 實不應死, 而便橫死.

어떤 사람들은 병이 났는데도 치료할 돈이 없거나 의사가 잘못 치료하기도 하는데, 그런 경우 모두 횡사라고 합니다.

"또 세간의 사마외도와 요사스럽고 간악한 사람들이 망령되게 말하는 길흉화복을 믿고, 갑자기 무섭고 두려운 마음이 생겨 스스로 마음을 바로잡지 못하고 점쟁이에게 재앙이 언제 닥칠 것인가 물어보고, 갖가지 짐승을 죽여 천지신명에게 바치고 빌며, 모든 도깨비를 불러서 복을 달라고 애걸하며 수명을 연장시켜 줄 것을 바라더라도 끝내 얻지 못할 것입니다."

又信世間邪魔外道妖孽之師妄說禍福, 便生恐動, 心不自正, 卜問覓禍, 殺種種衆生, 解奏神明, 呼諸魍魎, 請乞福祐, 欲冀延年, 終不能得.

신에게 구하고 점쟁이에게 물어도 병을 잘 치료하지 못합니다. 부적을 그리고 주문을 외우거나 살생해서 신에게 절하고, 점을 치고 관상을 봅니다! 이런 것들은 모두 바른 믿음이 아니라 병을 질질 끌어서 죽게 만드니 마찬가지로 횡사라고 합니다. 미신으로 죽을 거면서 신에게 구하고 절합니다! 돼지를 죽이고 양을 잡거나 부적을 그리고 주문을 외우고 향을 태운 재를 먹는 등 이런 것들이 모두 횡사입니다.

"어리석고 미혹되어 삿되고 잘못된 견해를 믿기 때문에 마침내 횡사합니다."

愚癡迷惑, 信邪倒見, 遂令橫死.

삿된 견해와 잘못된 견해에 미혹되어 믿음으로써 끝내 병자를 죽음으로 몰고 갑니다.

"지옥에 들어가서 벗어날 기약이 없으니, 이것이 첫 번째 횡사라는 것입니다."

入於地獄, 無有出期, 是名初橫.

미신이라는 빗나간 길을 걷다가 죽으면 좋은 곳에 가지 못할 뿐 아니라 지옥에 들어갑니다. 이것이 첫 번째 횡사입니다.

"두 번째 횡사는 왕법에 저촉되어 죽임을 당하는 것입니다."

二者橫被王法之小誅戮.

두 번째는 법을 범해서 형을 받아 총살되거나 참수되거나 감옥에 갇혀 죽습니다.

"세 번째는 사냥질을 일삼고 장난치며 놀고, 술과 여자에 빠져 방탕한 생활을 법도가 없이하여, 나쁜 귀신들한테 정기를 빼앗겨 죽는 것입니다."

三者畋獵嬉戱, 躭淫嗜酒, 放逸無度, 橫爲非人, 奪其精氣.

사냥하고 놀고 독을 마시고 술을 즐기고 도박하고 화류가를 돌아다니면, 본래는 장수할 수 있는 사람이 스스로를 망가뜨려서 횡사하게 됩니다. 혹은 귀신에게 정기를 뺏겨서 횡사하게 됩니다.

"네 번째 횡사는 불에 타 죽는 것입니다. 다섯 번째 횡사는 물에 빠져 죽는 것입니다. 여섯 번째 횡사는 각종 사나운 짐승에게 잡아먹혀 죽는 것입니다. 일곱 번째 횡사는 높은 절벽에서 떨어져서 죽는 것입니다. 여덟 번째 횡사는 독약, 가위눌림, 저주, 주문에 걸린 시신 등의 해침을 입고 죽는 것입니다."

四者橫爲火焚. 五者橫爲水溺. 六者橫爲種種惡獸所噉. 七者橫墮山崖. 八者橫爲毒藥, 厭禱, 咒咀, 起屍鬼等之所中害.

불에 타서 죽습니다. 물에 빠져서 죽습니다. 산에서 야수에게 잡아먹힙니다. 등산하다가 조난을 당합니다. 약을 잘못 먹어 중독되어서 죽거나, 부적을 그리고 주문을 외우는 저주로 인해 죽거나, 주문에 걸린 시신에게 해를 당합니다. 여러분은 환자를 보러 가거나 혹은 영안실로 가서 시체를 보게 될 때 저처럼 하면 안 됩니다. 정말 이상합니다! 시체의 기운은 확실히 아주 심각합니다. 저도 말은 그렇게 했지만 매번 돌아오면 며칠씩 앓습니다. 다른 사람들은 제가 아픈 것을 알아채지 못하지만 저는 병이 났음을 압니다. 한참 동안 수련을 해야 비로소 그것을 몰아낼 수 있습니다.

시체의 기운은 사실 일종의 병기(病氣)입니다. 여러분은 어차피 호흡을 멈출 수는 없고 숨을 쉬어야 합니다. 설사 완전히 호흡을 멈추더라도 세균은 들어옵니다. 사람이 죽으면 부패하고 음침한 시체의 기운이 발산되는데, 그 냄새를 맡으면 정말로 참기 힘듭니다. 수련이 부족하면 견디지 못하기 때문에 그런 방에 들어갈 때면 창포(菖蒲)나 회향(茴香) 등 사기(邪氣)를 피하는 마스크를 쓰는 게 좋습니다. 만일 죽은 사람의 가족이 시체의 기운에 침범당했으면 서둘러 뽕나무가지 1전(錢) 반, 쑥 1전 반, 창포 1전 반, 웅황(雄黃) 5리(厘), 주사(朱砂) 5리를 사야 합니다. 뽕나무가지와 창포와 쑥을 달인 후에 웅황과 주사를 타서 마시고, 아울러 그 물로 몸을 닦아 주어야 시체의 기운을 제거할 수 있습니다. 그렇게 하지 않아서 만약에 병사(病死)한다면 그 또한 횡사입니다.

"아홉 번째는 굶주림과 목마름의 고통을 당하면서도 먹고 마실 것을 얻지 못해서 횡사하는 것입니다."

九者飢渴所困, 不得飲食, 而便橫死.

아홉 번째 종류는 굶어 죽거나 목말라 죽는 것인데 모두 횡사입니다. 그러니 바른 운명대로 죽는 것이 얼마나 어렵습니까! 질병 없이 생을 마감하여 침실에서 편안하게 천수를 다하는 것, 그것은 정명사(正命死)라고 부릅니다.

"이것이 여래께서 간략하게 말씀하신 횡사이니 그 아홉 가지가 있으며, 그

밖에 다시 한량없는 여러 횡사가 있으나 모두 다 말하기 어렵습니다."

是爲如來略說橫死, 有此九種, 其餘復有無量諸橫, 難可具說.

___

지금 대략적으로 아홉 가지만 말했지만 실제로 횡사는 그 종류가 아주 많아서 이루 다 말할 수가 없습니다.

질병 없이 생을 마감하다

우리 일반인들이 죽는 것은 모두 횡사입니다. 진정으로 정명사(正命死)하는 사람은 수도(修道)가 경지에 이르러 질병 없이 생을 마감하는 사람이니, 그런 사람은 때가 이른 것을 미리 압니다. 스스로 알기에 몇 날 몇 시에 떠날 것인지 먼저 말합니다. 제 친구는 과거에 대륙에서 대단히 유명하고 권력도 대단한 사람이었습니다. 이제는 여러분에게 이야기해도 상관없는데 바로 요화평(廖化平)입니다. 대우농(戴雨農) 밑에 있던 중심인물로서 한평생 수도하고 불법을 배웠지만 그 사실은 사람들이 잘 알지 못합니다. 사람들은 특무대에서 일하는 사람들 가운데에는 좋은 사람이 없다고 생각하는데, 특무대에서 일하는 사람도 좋은 사람이 아주 많습니다. 제 친구는 이곳에 와서 제가 기륭(基隆)에 있을 때에도 자주 보러 왔으며, 도덕성이 대단히 뛰어난 사람이었습니다. 그는 관음산에 거주하면서 대우농의 사당에서 수도했습니다. 9월 19일 이틀 전에 관음산에서 내려와 친구들을 초대했는데, 9월 19일에 관음산에 올라가서 소식(素食)을 먹자는 것이었습니다. 모두들 그가 불법을 배우는 것을 알고 있었습니다.

9월 19일 관음성탄에 모두들 그곳에 가서 향을 피우고 관음보살을 외웠습니다. 막 외우고 있을 때 그가 말하기를 "자네들이 외우고 있으면 곧 돌아오겠네"라고 했습니다. 안으로 들어가더니 목욕을 하고 옷을 갈아입고 나왔습니다. 중산복을 입고 향을 피운 다음 다른 사람들과 함께 나무대자대비관세음보살을 외웠습니다. 그는 의자를 가지고 와서 앉아 있었는데 한참을 외우다가 고개를 돌려 보니 그는 여전히 거기에 앉아 있었습니다. 점심을 먹고 또다시 한참을 외웠는데, 이런! 그는 이미 떠나 버렸습니다. 바른 명대로 죽은 것입니다. 그는 그 사실을 미리 알고 있었기에 시간 약속을 잡았습니다. 모두 와서 관음보살을 외우게 하고 자신은 목욕을 하고 옷을 갈아입고 향을 피웠던 것입니다.

　어느 날 우리는 요화평에 대해 이야기하면서 모두 놀라고 감탄했습니다. 그는 그렇게 갔습니다! "훌륭합니다! 정말 훌륭해요!" 그의 권력은 대단했는데 일본이 투항하자 상해의 몇몇 큰 은행을 인수하는 일을 맡게 되었습니다. 만약 횡령하려고 했다면 그 수많은 돈에 깔려 죽었을 수도 있습니다. 하지만 끝내 그렇게 하지 않았습니다. 은행가와 상해 상공업계의 기업가들이 모두 도착했지만, 그들은 중경(重慶)에서 고관 한 명을 파견해서 인수하기로 했다는 사실만 알 뿐이었습니다. "어느 분입니까?" 모두가 환영하는 그 사람은 해진 중산복을 입고 있었습니다. 일부러 그런 것이 아닙니다! 그는 돈이 없었습니다! 그는 아주 청렴했고 그의 중산복은 언제나 찢어진 부분을 기워 놓은 낡은 것이었습니다. 그는 일찌감치 한쪽 편에 앉아 있었지만 사람들은 그를 차 따르는 종업원 정도로 여기고 주의하지 않았습니다. 마침내 약속 시간이 되었지만 사람들은 그 고관이 어디에 있는지 알지 못했습니다. 그랬는데 그가 일어서더니 말했습니다. "제가 아무개이고 벌써 도착했으니 이제 개회를 선포하겠습니다." 그러니 여러분은 보살도를 수행하는 많은 사람들이 세법(世法) 속에 있음을 알아야 합니다. 여러분이 알아차리지 못하는 것입니다.

이런 것이 바른 명대로 죽는 것입니다. 물론 그는 자신이 언제 떠난다고 말하지 않았습니다. 그저 소재(素齋)를 하니 와서 밥을 먹으라고 말했을 뿐이었습니다. 어쨌든 모두들 그와는 친분이 있었으니까요! 의리상 당연히 가야 했습니다. 그가 초청한 사람들은 모두 부처님을 믿는 사람들이었습니다. 그의 친구는 아주 많았지만 부처님을 믿지 않는 사람들은 초청하지 않음으로써 남을 번거롭게 하지 않았습니다.

사실 모든 사람의 생명은 바른 명대로 죽을 수 있고 수명도 아주 깁니다. 하지만 대부분 횡사합니다.

등불의 함의

『약사경』이 제시한 약사법문의 수행 원리는 어디에 있나요? 먼저 현행(現行)의, 현재의 의식으로써 생기차제(生起次第)[149]를 삼아야 합니다. 현대의 명사로 바꾸어 말하면 자신의 심리 건설로부터 시작해야 합니다. 먼저 자기 마음의 크기〔心量〕와 원력(願力)을 넓히고 약사불이 처음 발심했던 대원(大願)을 학습하여 자기 자신을 버려 남을 위함〔捨己爲人〕을 목적으로 삼습니다. 먼저 마음의 변화에서 시작해서 몸의 변화로 나아갑니다.

현교(顯敎)에서도 『약사경』에서 말한 등불 및 열두 개의 신령스러운 비단 깃발에 대해 알고 있습니다. 지금 유행하는 현교는 절에서 소재연수(消災延壽)의 법회를 하면서 마흔아홉 개의 등불을 밝힙니다. 또 반드시 열두

---

149 티베트 밀교의 수행법에는 네 단계가 있는데 그중 가장 높은 단계가 무상(無上) 요가 탄드라 수행법이다. 무상 요가 탄드라 수행법은 크게 보면 생기차제(生起次第)와 원만차제(圓滿次第)의 두 단계로 나뉜다. 생기차제는 관상(觀想)을 통해 자신을 본존 즉 부처로서 일으키는 단계이다. 원만차제는 실제적으로 부처로서 완성시켜 가는 단계이다.

개는 아니더라도 깃발을 거는데 단지 거는 것이 다를 뿐입니다. 겉으로 드러나는 등불과 깃발을 가지고서 재앙을 없애고 수명을 연장시키기를 구하는 것이지요. 때로는 효과가 있기도 하지만 그 효과는 사람의 정성스러운 마음 때문입니다. 정성은 하늘을 감동시킬 수 있습니다. 그것은 제육의식의 실행으로 조성된 강인하고 견고한 생각이 만들어 낸 것입니다. 그 견고한 생각은 삼매[定]와 다름이 없습니다. 하나의 생각이 지극하고 성실함이 바로 삼매이며, 바로 부처님께서 말씀하신 "마음을 한곳에 집중하면 이루지 못하는 일이 없다[制心一處, 無事不辦]"라는 것입니다.

진정으로 불사(不死)의 법을 수행하고자 한다면 등불을 밝히는 것과 열두 개의 신령스러운 깃발의 함의를 알아야 합니다. 이른바 등불을 밝힌다는 말은 반드시 자기 자신이 정혜(定慧)의 경지에 있으면서 심신에 내재된 자성광명(自性光明)을 일으켜야 한다는 뜻입니다. 이 자성광명은 선종이나 기타 종파에서 말한 것 같은 이치상의 자성광명이 아니라, 밀종의 생기차제(生起次第)로 형상을 드러낸 광명이며, 자신의 마음에 내재한 삼매가 일으키는 광명이기도 합니다. 『능엄경』에서 "집착에서 벗어나서 안으로 마음을 항복시켜, 원진으로 돌아가서 본래의 밝은 빛을 일으킨다[脫粘內伏, 伏歸元眞, 發本明耀]"라는 말과 같습니다. 정력(定力)이 일정 정도에 이르면 육근(六根) 육진(六塵)의 관계에서 벗어나 스스로 마음을 한곳에 집중할 수 있습니다. 그때에 내부에서, 이 내부는 몸의 안이든 바깥이든 구분되지 않는데, 바로 그 고요한 내부에서 자성의 기능으로 말미암아 일어난 신광(神光)을 말합니다. 티베트의 밀법에서 이런 종류의 신광을 중국어로 번역한 것이 두 개가 있는데, 하나는 졸화(拙火)라는 명사이고 하나는 영능(靈能) 혹은 영력(靈力)이라는 명사입니다.

이른바 졸화(拙火)는 모습을 형용한 말이니, 인체의 생명에서 하나의 기능이 영원히 작용하지 않는 것이 마치 바보가 영원히 어리석은 것과 같다는 말입니다. 그렇다면 언제 그 작용이 일어날까요? 우리가 육근 육진, 후천적인 망령된 생각, 심리상 후천적인 정서까지 모든 것을 벗어나서 평온해졌을 때, 비로소 이 생명의 기본적인 기능이 작용을 일으킵니다. 그때가 되면 그것은 더 이상 어리석지 않습니다. 현교 경전에서는 동한 이후로 당, 송, 원, 명, 청에 이르기까지 줄곧 이것을 삼매진화(三昧眞火)라고 번역했습니다.

이것에 대해 『능엄경』에서는 어떻게 말했을까요? 『능엄경』의 제3권은 물리 세계에 대해 말했습니다. "본성이 불인 진공과 본성이 공인 진화는 청정본연하고 법계에 두루하여 중생의 마음에 따르고 아는 바에 응한다. …… 온 세상에 두루하니 어찌 장소가 따로 있겠는가[性火眞空, 性空眞火, 淸淨本然, 周徧法界, 隨衆生心, 應所知量. …… 起徧世間, 寧有方所]." 그것은 우주의 생명과 우리 인체의 생명 중간에 있으며 어디에나 있지만 또 아무데에도 없습니다. 선정이 상당한 경지에 이르러야, 엄격히 말하면 삼선정(三禪定)에 이르러야 비로소 진정으로 이 졸화 광명을 일으킬 수 있습니다.

그리고 졸화를 일으킨 후에는 두 종류의 수행법이 있습니다. 하나는 바로 선정이 졸화 광명의 경지에서 사선(四禪)의 경지로 들어가는 것입니다. 최후에 자신의 수명이 다하고 업보도 끝날 때에는 외부적인 인간 세상의 화력을 빌릴 필요 없이 자기 자신의 정혜(定慧)의 공력(功力)으로 자신을 태웁니다. 이런 수행법은 경전에도 기록되어 있는데, 과거 인도에서는 물론이고 불교가 중국에 전해지고 동한에서 당·송에 이르는 시기에 아주 많은 수행자들이 행했습니다. 원 왕조 이후로 명·청에서 현재까지는 드문데, 시대 차이가 아니라 시대가 뒤로 갈수록 일반인의 발심과 수지의 공력 그리고 수지 이론상의 견해가 철저하지 못해서입니다. 유식론을 가지고 말하면 이는 '증성'도리(證成道理)[150]를 알지 못해서 사상 이론상으로 '관대'도리(觀待道理)[151]로 전환시킨 것입니다. 불학과 불법의 진정한 수행법을 모두 공론(空論)으로 변화시켜 버렸습니다.

그렇기 때문에 반드시 증성도리를 완벽하게 수행해야 수지가 완전히 바르게 됩니다.

이것이 약사불이 말씀하신 '등(燈)'의 진정한 함의입니다. 부모가 낳아주신 육신과 생명에 내재한 빛을 태우면 그것이 자연스럽게 소재연수(消災延壽)를 가능하게 해 줍니다. 중국의 이치로 말한다면 자연스럽게 불로장생할 수 있습니다.

열두 개 신령스러운 깃발의 함의

다음으로 이른바 열두 개의 신령스러운 깃발은 『약사경』에서 어떤 함의를 지닐까요? 요즈음 현교의 사찰에는 연꽃을 수놓은 천으로 만든 신령스러운 깃발을 걸어 놓았는데, 이런 것을 걸어 놓기만 하면 재앙을 없애고 수명을 연장할 수 있는 것일까요? 불가능합니다. 그것은 하나의 표현법으로 현교에서 이치를 표현하는 방법입니다. 이른바 열두 개의 신령스러운 깃발의 함의에 대해서 『약사경』이 끝나려고 할 때에 분명히 말해 주고 있습니다. 그것은 의학에서 말하는, 특히 한의학에서 말하는 십이경맥(十二經脈)과 절대적인 연관이 있습니다.

우리가 『약사경』을 연구할 때 특별히 주의해야 할 부분이 있습니다. 앞

---

150 불교에서 도리는 온갖 사물의 존재와 변화에는 준거하는 법칙이나 이치가 있다는 것을 말하며, 또한 이러한 법칙이나 이치에 대한 사유 방법을 말한다. 증성도리는 문자 그대로 '깨달음을 성취하는 도리'라는 의미로 인성도리(因成道理) 또는 성취도리(成就道理)라고도 한다.

151 관대도리는 모든 행위 또는 현상은 필요한 여러 가지 인연을 기다리다가 그것들이 갖추어질 때 비로소 발생한다는 것을 말한다. 즉 인(因)이나 연(緣)이 모든 행(行)을 생겨나게 하고, 또 해당 행(行)에 따르는 말 즉 관련된 개념도 일으키는 것을 말한다.

에서 약사불의 십이대원을 먼저 설명했는데, 마지막에 본경이 끝날 때에는 십이신장(十二神將)이 나옵니다. 그 중간에 어떻게 약사불에게 재앙을 없애고 수명을 연장시키는 효과를 구할 것인가를 말하고 있습니다. 사실상 이치는 바로 신령스러운 등불과 신령스러운 깃발이라는 표현법에 있습니다. 이른바 표현법이란 상징적인 의미이니, 요즘 유행하는 말로 하면 어느 하나의 사물은 어떤 하나의 일의 상징이라는 뜻입니다. 상징은 하나의 비유입니다. 인명(因明)의 삼지(三支)인 종(宗), 인(因), 유(唯)의 논리로 말한다면, 종(宗)은 종지(宗旨)요 대전제이며 인(因)은 이유와 이론을 끌어다 설명하거나 연역(演繹) 혹은 귀납(歸納)하는 것입니다. 세상에는 언어 문자로는 표현할 수 없는 수많은 이치가 있는데, 하나의 사물로 바꾸어서 비유하거나 상징하면 오히려 더 명확하게 알 수 있습니다. 그것이 유(唯)입니다. 표현법의 의미는 바로 삼지인 종, 인, '유'의 이치입니다. 그렇게 하면 경전에서 말하는 의미를 곧바로 알 수가 있습니다.

그러므로 『약사경』 공부를 다 끝내고 한마디로 귀납시킨다면, 그저 입으로만 외운다고 절대적인 효과에 도달할 수 있는 것이 아닙니다. 주의하십시오! 절대적인 효과에 도달하고자 한다면 반드시 심행(心行)을 해야 합니다. 심리적인 수지를 행한 다음에 그 영향이 몸에 미쳐서 몸과 마음이 합일된 그런 심행이라야 비로소 가능합니다.

『약사경』을 끝마치기 전에 여러분에게 특별히 당부하고자 합니다. 앞으로 이러한 마음으로 해야 여러분이 약사불의 참회법(懺悔法)을 수지할 때에 진정한 효과를 거둘 수 있을 것입니다. 이제 다시 원문을 보도록 하겠습니다.

"아난존자이시여! 저 염마왕은 세간의 성과 이름을 기록한 장부를 주관합니다. 만일 모든 유정들 가운데에서 효도하지 않고 오역죄를 짓고, 삼보를

파괴하고 모욕하고, 임금과 신하의 법도를 무너뜨리고, 계율을 잘 지키는 사람을 훼방하는 자가 있으면, 염마법왕은 그 죄의 경중에 따라서 조사해 처벌을 합니다. 이러한 까닭에 나는 지금 모든 유정들에게 등불을 켜고 깃발을 만들고 방생을 하고 복을 닦도록 권장하여, 괴로운 액난을 벗어나서 여러 가지 재난을 만나지 않도록 하는 것입니다."

復次, 阿難! 彼琰魔王主領世間名籍之記, 若諸有情, 不孝五逆, 破辱三寶, 壞君臣法, 毀於信戒, 琰魔法王, 隨罪輕重, 考而罰之. 是故我今勸諸有情, 燃燈造旛, 放生修福, 令度苦厄, 不遭衆難.

이 단락은 불경의 후기 번역에서 덧붙여진 것입니다. '염마왕'은 바로 우리가 흔히 말하는 '염라대왕'입니다. 중국은 한 왕조 이전에는 이런 명사가 없었습니다. 우리는 특히 주의해야 합니다. 염마왕은 불교문화가 전래된 이후에 번역된 문자입니다. 염라대왕의 명칭은 양진(兩晉) 이후 불경의 번역으로, 불교문화가 중국에 들어온 이후에 비로소 출현했습니다. 불경의 문화가 중국 문화에 들어오면서 천당과 지옥의 경계가 생겨났습니다.

당대 이후에 불경이 대량으로 번역되었는데, 지옥의 염라대왕 및 불경에 나오는 십팔 층 지옥의 설법을 변화시켜서 서서히 지옥을 열 궁궐[十殿]로 나누고 각 궁궐에 한 분의 염라대왕이 있게 했습니다. 현재의 관념으로 말하면 중국의 문화가 대단히 훌륭해서 천당과 지옥을 세상의 정치조직으로 변화시킨 것과 마찬가지입니다. 만약 비교종교를 연구하려고 한다면 대단히 흥미로울 것입니다.

그 열 궁궐의 염라대왕은 중국에서 아주 많이 바뀌었습니다. 가령 우리는 소설에 묘사된 포공(包公)을 잘 알고 있습니다. 그는 송 왕조의 대신으로 흔히 포청천(包靑天)으로 불렸지만 원래는 첫 번째 궁궐의 염라대왕입니다. 하지만 너무 근엄하기 때문에 인간 세상의 영혼이 죽어서 그의 앞에 가면 구제받지 못하고 전부 지옥에 떨어졌습니다. 나중에 우리의 지장왕보살이 그냥 넘기지 못해서 포증(包拯)을 불렀습니다. "그렇게 해서는 안 됩니다!" 그래서 포공을 열 번째 궁궐의 염라대왕으로 전근시켰습니다. 지옥 심판은 법원 법정과 같아서 각급 법원의 구별이 있습니다. 첫 궁궐의 염라대왕이 판결을 내리면 두 번째 궁궐로 보내져서 두 번째 궁궐의 심판을 받습니다. 그래도 안 되면 세 번째 네 번째 차례로 심판을 받다가 끝내 십악(十惡)을 용서받지 못한 사람은 다시 포공에게로 보내지는데, 판결이 바뀔 여지는 없습니다. 하지만 마지막에는 지장왕보살이 와서 바꾸어 줍니다.

그런 까닭에 저는 늘 신부와 목사 친구들에게 우스갯소리를 합니다. "자네들은 장사를 하고 있잖나! 하지만 어떻게 해도 불교는 못 당해. 모든 종교는 다들 관광호텔을 세워 놓고 사람들에게 죽음을 두려워하지 말라고 고무시키지. '죽어도 괜찮습니다. 나의 천당으로 오십시오. 내가 마음껏 초대할 것입니다. 어떻게 해도 다 좋지만 가장 좋은 것은 지금 바로 믿는 것입니다. 믿으면 내가 당신에게 증명서를 줄 것입니다. 그러면 장차 죽더라도 구원을 얻을 것입니다.' 하지만 불교는 이렇게 말한다네. '죽음을 두려워하지 마십시오. 죽은 다음에 나의 그 관광호텔에 와 보면 그들의 천당보다 훨씬 좋습니다. 어디냐고요? 서방 극락세계입니다. 그런데 만약 지옥에 떨어지면요? 괜찮습니다. 우리에게는 분점이 있으니 지장왕보살이 거기에서 기다리고 계십니다. 만약 하늘에 오르게 되면요? 괜찮습니다. 상방세계에도 아주 많은 부처님이 계십니다. 만약 죽지도 않고 살지도 않은 채로 인간 세상에서 고난을 받으면 어떻게 합니까? 괜찮습니다. 망망한 고난의 바다에는 대자대비관세음보살이 계십니다'라고 말이야."

우리에게는 우스갯소리처럼 들리지만 실은 비교종교학의 범주에 속하는 것입니다. 세상에는 불교처럼 그렇게 사방팔방에 많이 준비해 놓은 종교가 하나도 없습니다. 지옥에 떨어져도 십팔 층이나 있습니다. 물론 우리가 늘 하는 우스갯소리를 하나 더 하자면, 현대인은 갈수록 나빠지기 때문에 오늘날의 지옥에는 지하실이 있을 것입니다. 그것도 수십 층이 있을 것입니다.

이 이치는 말해 놓고 보면 우스갯소리이지만 불학 안에서는 불요의(不了義)[152]에 속하므로 특별히 주의해야 합니다. 불요의교(不了義敎)에는 지옥이 있습니까? 천당이 있습니까? 절대적으로 있습니다. 이 부분은 철저하게 이해해야 합니다. 그렇기 때문에 법사 여러분들은 특별히 유식학을 연구해야 합니다. 그런데 정말로 있습니까? "연기의 본성은 공이니〔緣起性空〕" 오로지 마음이 정토요 오로지 마음이 천당이요 오로지 마음이 지옥입니다. 이것은 요의교(了義敎)[153]에 속합니다.

그러므로『약사경』의 본경은 여러분이 판단하기 어려울 것입니다. 왜냐하면 그것은 현교와 밀교에 두루 통하기 때문에 얼핏 보기에는 불요의교인 것 같지만 철저히 연구해 보면 요의교에 속합니다. 우리는 이 도리를 소개한 후라야 비로소 이 단락의『약사경』을 볼 수가 있습니다. 그러지 않으면 현대의 청년, 현대의 사상이 전혀 받아들일 수가 없으며 상상할 수도 없습니다.

앞에서 말한 적이 있지만 사람의 생명에는 아홉 가지 횡사(橫死)가 있습니다. 이 세상에는 바른 명대로 죽는 사람이 몇 명 되지 않으니 모두 횡사

---

152 진실한 뜻을 숨기고 수단으로서만 말하며 법성(法性)의 참뜻을 분명하게 나타내지 않는 것을 말한다.
153 불법의 도리를 직접적으로 완전하고 명백하게 논술하고 있는 불교를 말한다.

합니다. 바른 명대로 죽는 사람은 질병 없이 목숨을 다하는 사람인데, 그래야 비로소 바른 명대로 죽는다고 할 수 있습니다. 이제 백 세 혹은 백이십 세를 산다고 가정하더라도 진정한 불법의 관념에 비추어 보면 여전히 『약사경』에서 말한 횡사에 속하는 경우가 많습니다. 한 종류의 사람만 제외하는데, 생사를 미리 알아서 몇 시에 떠날지 사전에 알고 친구들에게 작별을 통지한다면 그런 경우는 횡사에 속하지 않고 바른 명대로 죽는 것에 속합니다. 설사 우리 같은 보통 사람이 병으로 죽더라도 의약의 잘못인지 아닌지가 문제가 되기 때문에 여전히 대부분은 횡사에 속합니다.

만약 진정으로 수지한 사람이라면 『약사경』에 드러난 정보를 통해 자신의 생명을 스스로 통제할 수 있을 것입니다. 그런데도 스스로 생명을 장악하지 못해서 생로병사의 고통을 받고, 특히 병사(病死)나 횡사에 지배된다면 그런 경우도 모두 팔정도(八正道)의 정명(正命)이라고 할 수가 없습니다. 따라서 우리는 스스로 바른 명대로 살지 못함을 함께 부끄러워해야합니다.

불법은 효를 중시한다

우리의 이 사바세계는 남염부제(南閻浮提)에 속합니다. 사대주 가운데에 사는 사람의 생명은 모두 염라대왕의 소관에 속합니다. "효도하지 않고 오역죄를 짓다(不孝五逆)"라고 했는데, 누가 불교는 효도를 중시하지 않는다고 말했습니까? 우리가 알다시피 부처님의 설법은 효도를 가장 중시합니다. 석가모니불께서 출가하셨기 때문에 불교는 효도를 중시하지 않는다고 여겨서는 안 됩니다.

저는 항상 청년들에게 특별히 주의하라고 말합니다. 중국에는 『홍루몽』

이라는 소설이 있는데 이 소설이 과거에는 대단히 유행했지만 이십 세기에는 하나의 학문으로 변해서 홍학(紅學)이라고 불립니다. 과거에 우리는 『홍루몽』을 읽고서, 특히 젊은 시절에는 온통 마음을 뺏겨서 몽땅 외우기까지 했습니다. 여러분이 『홍루몽』을 정말로 이해한다면 그것은 선학(禪學)이요 불법(佛法)입니다. 제1회 시작 부분에서 가보옥(賈寶玉)이 이런 말을 합니다. "부모님의 길러 주신 은혜를 저버리고, 스승과 벗의 가르치신 덕을 어겼네[負父母養育之恩, 違師友規訓之德]." 이 자리에 있는 우리는 반성해야 합니다. 우리가 한평생을 살면서 불법을 배우는 사람은 모두 "위로 네 가지 무거운 은혜에 보답해야 한다[上報四重恩]"라고 말합니다. 네 가지 무거운 은혜 가운데 하나가 부모의 은혜입니다. 우리는 무엇을 보답했습니까? 모두 부모님의 길러 주신 은혜를 저버리고 스승과 벗의 교화와 교육의 덕성을 어겼습니다. 한평생 이루어 놓은 것은 없이 평생의 업만 지었기 때문에 가보옥은 결국 출가했던 것입니다.

하지만 여러분은 『홍루몽』에 묘사된 가보옥의 출가 상황에 유의해야 합니다. 가보옥이 출가하려 하자 그의 부친은 이렇게 말했습니다. "나에게는 오직 아들인 너 하나밖에 없으니, 너는 반드시 아내를 맞아들여서 나에게 후손을 낳아 주어야 출가할 수 있다." "좋습니다! 결혼해서 아들을 낳아 드리겠습니다." "네가 출가하려면 반드시 공명을 얻어야 한다." 왜냐하면 가보옥은 평소 공부해서 과거 시험에서 공명을 얻는 것에 가장 반대했기 때문입니다. "좋습니다! 과거 시험을 보겠습니다. 과거 시험에서 공명을 얻으면 그때 출가하겠습니다." 그런 다음에 떠났습니다. 여러분 보십시오. 이것이 가보옥의 방법이었습니다.

이제 시선을 돌려서 우리의 스승이요 교주이신 석가모니불을 보겠습니다. 그가 출가하려 하자 부친은 허락하지 않았습니다. 그래서 결혼을 하고 아들을 낳는 일을 모두 마친 후에 출가했습니다. 도를 깨달은 후에는 아들

라후라(羅睺羅)를 제도하여 출가시켰는데 그것은 별개의 일입니다. 석가모니불의 부친이 돌아가시자 어느 누구도 부친의 관을 건드리지 못하게 했는데, 자신과 동생인 아난 그리고 석가모니불의 사촌 형제와 라후라 이 네 사람이 직접 관을 메고 영산(靈山)으로 가서 자신이 설법하던 강당 곁에 몸소 매장했습니다. 이처럼 석가모니불께서는 효도를 대단히 중시했습니다.

그러므로 사람이 자신을 낳아 준 부모와 어른에게 효를 다하지 못한다면, 사람의 도리를 다하지 못하고서 성불할 수 있는 사람은 없습니다. 그런 이치는 결코 없습니다. 청년 동학들은 특별히 유의해야 합니다.

오역죄

그래서 많은 불경에서 언급하기를 불효하면 좋은 결과를 얻을 수 없다고 했습니다. 지금도 여러분에게 말합니다. "만일 모든 유정들 가운데에서 효도하지 않고 오역죄를 짓고[若諸有情, 不孝五逆]", 효도하지 않는 것이 그 하나입니다. 오역(五逆)¹⁵⁴ 이야기가 나왔으니 하는 말인데 특별히 주의해야 합니다. '오역(忤逆)'은 형법상의 죄명입니다. 여러분 청년 동학들이 중국 문화와 법률을 연구할 때 특별히 주의할 부분이 있습니다. 한(漢) 왕조의 법률에는 '오역(忤逆)'이라는 명사가 없습니다. 송 왕조 이후로 명 왕조와 청 왕조의 형법에 오역이라는 명사가 출현했습니다. 이것은 문화 교류에서 불교의 영향을 받은 결과입니다. 우리가 어린 시절에는 만일 어린아이가 불량배 흉내를 내면 어른들의 걱정을 들었습니다. "이런!

---

154 무간지옥에 떨어질 다섯 가지의 악행을 말한다.

아무개가 오역죄를 범했네." 오역은 하나의 통칭으로서, 부모에게 불효하면 더해지는 죄명이 바로 오역이었습니다. 오역은 효성스럽지 못하다는 의미도 나타내는데, 이것이 중국 문화입니다.

이른바 오역(五逆)에 대한 불교의 해석은 이러합니다. 아버지를 죽이는 일, 어머니를 죽이는 일, 아라한을 죽이는 일, 승려의 화합을 깨트리는 일, 불신(佛身)에 상처를 내는 일입니다. 불학의 명칭으로서 오역은 이 다섯 가지 의미를 포함합니다. "삼보를 파괴하고 모욕하고〔破辱三寶〕"에서 파욕(破辱)이라는 두 글자에 주의해야 하는데, 불법을 파괴하고 불법을 모욕하는 것을 말합니다. 하지만 파(破)와 욕(辱)은 상황의 경중이 다릅니다. 우리가 법률을 연구해 보면 고의로 남을 다치게 하면 오 년에서 팔 년으로 판결하고, 과실로 남을 다치게 하면 삼 개월에서 일 년으로 판결하거나 심지어는 형 집행을 미루기도 합니다. 하나는 일부러 그랬고 하나는 의도가 없었기 때문입니다. 삼보를 파괴하는 죄는 무겁고 삼보를 모욕하는 죄는 가볍지만 어쨌든 모두 범죄입니다.

우리는 주의해야 합니다! 효도하지 않는 것이 한 가지이고, 오역죄가 한 가지이고, 삼보를 파괴하는 것이 한 가지이고, 삼보를 모욕하는 것이 한 가지입니다.

인과응보가 대단히 빠르다

몇 년 전에 늙은이 몇이서 함께 식사를 하며 우연히 우스갯소리를 했는데 실은 진담이기도 했습니다. 오사운동 이후 민국 십 몇 년에 북벌이 성공하자 우리는 공산당이 국민당에 가입하는 것을 보게 되었습니다. 급진사상의 격동하에 온 나라가 미신 타파를 외치며 사찰의 신상이든 보살상이든 모조리 끌어내려서 아궁이 속에 집어넣었습니다. 그뿐 아니라 보살상을 묶어서 온 거리로 끌고 다니면서 때리고, 또 대소변을 보살상 위에 뿌리기도 했습니다. 그때는 무슨 재미난 일이라도 되는 양 했습니다. 자리를 함께했던 노선배들도 이렇게 말했습니다. "맞아! 그땐 다들 그렇게 했었지."

나중에 보니 그때 동참했던 사람들은 한 사람도 좋은 결과를 얻지 못했습니다. 이상도 하지요! 그러니 과보(果報)가 없다고 하겠습니까? 대단히 명확하게 드러났습니다. 제가 알기로 그 당시 많은 동학들이 참가했는데, 저처럼 간이 대단히 작은 사람은 그저 보기만 했습니다. 이상하게도 그렇게 할 담력이 없었습니다. 몇 명은 아주 용감하게도 단상에 올라가서 보살상을 찍어다가 지붕도 없는 헛간에 던져 버리고 박장대소했습니다. 나중에 몇 년 지나지 않아 제가 외지에서 공부하고 돌아와서 물어봤더니, 그 사람들은 모두 제거되어 죽었다고 했습니다. 어떻게 죽었습니까? 듣자 하니 한 사람 한 사람 모두 아주 비참하게 죽었다고 했습니다. 여러분은 인과응보가 공허한 이야기라고 말하지만 시간이 지난 후에 보면 개개인에게 아주 분명하게 드러납니다. 특히나 요즘 들어 느끼지만 이 시대는 인과응보가 대단히 빠릅니다. 아마도 염라대왕이 있는 그곳도 컴퓨터 전산화가 되었나 봅니다. 최근 요 몇 년 사이에 저는 직접 목도하기도 했는데 완전히 현세에 보응합니다! 알아채지 못했거나 느끼지 못했다면 그건 우리에게 정력(定力)이 없고 냉정하게 관찰하지 않았기 때문입니다.

이런 것들은 모두 사실입니다. 그래서 요의교의 불경은 여러분에게 말합니다. 천당과 지옥이 어디에 있나요? 모두 인간 세상에 있습니다. 어제는 한 친구가 저에게 이런 말을 했습니다. "아이고! 오늘 정말 힘들었다네." 무슨 일이 있었냐고 물었습니다. 그랬더니 친척 하나가 정신병원에 입원했는데 전화가 와서 만나러 갔다는 것이었습니다. 그런데 그 정신병원이 완전히 감옥이었다고 했습니다. 제가 말했습니다. "자네가 본 곳은 그래도 좋은 곳이네. 자네는 사립 정신병원에 가 본 적 없지? 들어가자마자 곧바로 완전히 감옥이라고 느끼게 될 걸세." 소위 지옥이 어디에 있습니까? 바로 여기에 있습니다.

조금 다르게 말해 보겠습니다. 현대에는 의학이 발달했는데 여러분이 직접 수술방에 들어가서 한번 보십시오. 저는 곁에 서서 본 적도 있는데, 의사와 간호사가 녹색 옷을 입고 녹색 모자를 쓰고 있어서 온통 다 녹색입니다. 환자가 마취에서 깨어나서 보게 되는 것이 바로 지옥의 경계입니다. 당신이 보게 되는 것은 결코 간호사가 아니라 어른거리는 귀신의 그림자일 것입니다. 과학적인 치료가 대단히 발달한 것은 확실히 인류에게는 큰 은혜입니다. 하지만 의식의 경계에서는 지옥이 바로 현재의 인간 세상에 있습니다. 그렇기 때문에 여러분은 특별히 유의해야 합니다.

군신 제도는 사회 질서

불경에서 말한 불효, 오역죄, 삼보를 파괴하고 모욕하는 것 외에는 모두 인도(人道)에서 나왔습니다. "임금과 신하의 법도를 무너뜨린다〔壞君臣法〕." 이것은 고대의 문화인데 군신(君臣)이라고 하면 우리는 대단히 낙후한 제왕 사상으로 생각합니다. 틀렸습니다! 군신이라는 두 글자는 중국의 고유문화이지 제왕 사상이 아닙니다. 군주는 나이가 많고 덕이 있어서 남을 가르칠 수 있고 이끌어 갈 수 있기 때문에 군주라 칭합니다. 그래서 우리 문화에서는 군자(君子)라고 부르는데 자(子)는 선생님이라는 뜻입니다. 신하는 나이 많고 덕 있는 사람의 영도를 받는 사람이므로, 상고 문화에서 군신이라는 두 글자의 의미를 현대어로 표현하면 바로 사회 질서가 됩니다.

진(秦)·한(漢) 이후의 제왕 제도와 주 왕조 이전의 군주 제도는 중국 정치사상 두 개의 서로 다른 단계입니다. 삼대(三代)에서 주 왕조까지는 민주적인 군주 제도였지만 진·한 이후는 절대 독재의 제왕 제도였습니다. 따라서 진·한 이후의 군신은 이미 통치 사상의 한 관념으로 변해 버렸습니다. 진·한 이전의 군신은 사회 예속(禮俗)의 한 관념이었습니다. 그러므로 이제 우리가 군신이라는 두 글자를 봤을 때 새로운 관념으로 그것을 이해한다면 바로 사회 질서라고 할 수 있습니다. 바꾸어 말하면 윤리 도덕입니다. 그렇기 때문에 "임금과 신하의 법도를 무너뜨리는 것"은 윤리 도덕을 파괴하고 사회 질서를 파괴하는 것입니다.

"계율을 잘 지키는 사람을 훼방한다〔毀於信戒〕"고 하였는데, 근본 신념을 파괴하고 근본 계율을 파괴합니다. 계율이 무엇입니까? 간단히 정의를 내린다면 바로 도덕 행위의 규범입니다. 도덕 행위의 근본적 규범을 파괴하는 등의 모든 일과 인간 세상의 모든 죄상을 염마왕이 죄의 경중에 따라서 고찰합니다. 간단명료하게 말하면 염마왕이 사람의 생사를 주관합니다. 중국의 과거 민간 전통의 관습은 모두 그렇게 생각했습니다.

그렇다면 약사법을 수행하려면 어떻게 생사를 주관하는 범위에서 벗어나야 할까요? "방생을 하고 복을 닦습니다〔放生修福〕." 주의하십시오! 그냥 약사불만 외우는 것이 아닙니다. 밑천은 한 푼도 들이지 않고 입으로만 외우고, 그런 후에 향 한 자루 태우고 두부 한 모 갖다 놓고 절합니다. 그나마도 두부는 집에 가지고 와서 기름에 부쳐 먹습니다. 그러면서 마음속으로 생각합니다. '부처님께서는 틀림없이 나를 보우해 주실 거야. 왜냐하면 절을 했으니까.' 여러분 보십시오. 이런 공리 사상, 공리주의를 가지고 불법을 배운다면 되겠습니까? 이런 식이라면 한평생 소재연수약사불을 외워도 그 효과가 미미할 것입니다. 반드시 행위의 공덕과 결합시켜야 하는데, "방생을 하고 복을 닦습니다." 주의하십시오! "괴로운 액난을 벗어나서 여러 가지 재난을 만나지 않도록 합니다〔令度苦厄, 不遭衆難〕." 다른 사람을 도와서 고통에서 벗어나게 하고 자기 자신을 희생하여 다른 사람을 구제하고 나아가 모든 중생을 구제합니다. 다른 사람이 여러 가지 재난을 만나지 않도록 하고 모든 중생이 재난을 당하지 않도록 한 후에 여러분 자신이 약사여래의 법문을 수행한다면 그제야 바른 과보를 얻을 수 있습니다.

사람들이 불경을 외우고 부처님께 절하는 것을 보면, 마땅히 해야 할 일은 하나도 안 하면서 나는 이미 불경을 외웠다는 식입니다. 그것은 마치 사회의 폭력 조직에서 보스에게 절하기만 하면 내 모든 것을 책임져 줄 것이고 내가 죄를 지어도 상관없다는 것과 마찬가지입니다. 불법을 배우는 이러한 심리는 완전히 잘못된 것입니다.

본 경전이 이제 원만하게 끝나 갑니다. 여러분에게 수지할 수인 하나를 다시 말씀드릴 테니 스스로 수행하기 바랍니다.

이제 먼저 경문 한 대목을 외울 것인데 십이신장의 이름을 기억하십시오!

열두 야차 신장의 깊은 뜻

그때에 많은 무리 가운데에서 열두 야차대장이 모두 법회에 참석해 있었으니 이른바 궁비라 대장, 벌절라 대장, 미기라 대장, 안지라 대장, 알이라 대장, 산지라 대장, 인달라 대장, 파이라 대장, 마호라 대장, 진달라 대장, 초두라 대장, 비갈라 대장이었다. 이들 열두 야차대장은 저마다 칠천 명의 야차로 권속을 삼았다.

爾時衆中, 有十二藥叉大將, 俱在會坐, 所謂: 宮毘羅大將, 伐折羅大將, 迷
企羅大將, 安底羅大將, 頞你羅大將, 珊底羅大將, 因達羅大將, 波夷羅大將,
摩虎羅大將, 眞達羅大將, 招杜羅大將, 毗羯羅大將, 此十二藥叉大將, 一一
各有七千藥叉, 以爲眷屬.

약차(藥叉)의 뜻은 앞에서 해석했는데 두 종류가 있습니다. 약차(藥叉)
의 번역이 바로 야차(夜叉)입니다. 우리는 평소 사람을 욕할 때, 특히 여성
을 욕할 때 듣기 거북하지만 여자 야차〔母夜叉〕라고 욕합니다. 하지만 중
국 문학이 틀렸습니다. 여자 야차라고 하면 흉악하고 못생겼다는 의미처
럼 생각되지만 사실은 아닙니다. 이것은 외래문화로서 인도의 불교문화
가 전래된 것입니다. 야차 신장은 지야차(地夜叉), 천야차(天夜叉), 허공야
차(虛空夜叉)가 있는데 허공야차는 『약사경』에서 말한 대보살의 화신, 금
강보살의 화신입니다. 남성 야차는 모두 대단히 사나우며 금강의 형상으
로 나타나는데 대보살이 성취한 경계입니다. 여성 야차는 대단히 예쁘고
모두 아름답습니다.

약사불은 십이대원을 지녔는데 진정한 호법의 열두 대금강보살이 열두
야차의 모습으로 나타났습니다. 그런 까닭에 야차 신장의 이름이 바로 주
문입니다. 이 사실을 절대로 잊어서는 안 됩니다. 열두 야차의 이름이 바
로 주문입니다.

외울 때 야차라는 칭호는 빼 버려도 됩니다. 열두 야차의 이름만 쭉 외
우고 마지막에 보살마하살이라는 한 구절만 덧붙이면 대단히 영험합니
다! 사실 저는 비밀 지키는 것을 좋아하지 않습니다. 현(顯)이 됐든 밀(密)
이 됐든 제 수중에 들어오면 저는 모두 공개합니다. 도는 천하의 공도(公
道)요 법은 천하의 공법(公法)이라는 것이 제 생각이자 바람입니다. 인연

이 있고 신심(信心)이 있으면 여러분 스스로 취하고, 인연이 없고 신심이 없으면 여러분에게 단독으로 전수해 주어도 수행에 성공하지 못합니다.

우리가 알다시피 부처님께서 세상을 떠난 후 천사백 년 사이에 현장 법사가 인도에 다녀오기 이전에는 호법(護法)이라는 유식종의 대사 한 분이 있었습니다. 현장 법사가 나중에 번역한 『성유식론(成唯識論)』의 주요한 내용은 그의 이론에서 취한 것이었습니다. 호법 대사는 자신이 증득한 의리가 경지에 이르렀다고 생각했지만 육신의 사망을 원하지 않았습니다. 미륵보살이 내려와서 자신의 설법이 옳은지 증명해 주기를 기다리고 싶었기 때문입니다. 그래서 어떻게 했을까요? 약사불의 이름을 외우며 장수를 구하고, 열두 야차대장의 이름을 외우며 관세음보살의 가피를 구했습니다. 결국 관세음보살이 나타나서 그를 안내하여 수인을 맺고 열두 야차대장의 이름을 외우도록 도와주었습니다. 그랬더니 암석으로 된 산굴이 열리고 야차대장이 직접 그를 데리고 들어갔습니다. 그러자 그 암석이 닫혀 버렸습니다. 그렇게 해서 그는 암석 속에서 미륵불이 내려오기를 기다리며 육신이 썩지 않았습니다.

그런 까닭에 야차 신장의 이름은 유식종의 기록에서 대단한 효과를 지니고 있습니다. 가볍게 넘겨 버리지 말고 주의하십시오.

약사불의 수인

여러분이 성취를 얻고자 한다면 반드시 약사불의 수인을 배워서 할 줄 알아야 합니다. 중지를 교차시켜서 두 범아귀에 놓고, 무명지는 오른쪽이 위로 가게 교차시켜서 중지 위에 놓습니다. 두 개의 엄지손가락으로 두 개의 무명지를 누르고 식지와 새끼손가락은 세웁니다. 수인 합장은 가슴을 향합니다.

나무약사유리광여래를 빌면서 약사주를 백팔 번 외우거나 혹은 더 많이 외웁니다. 그런 다음에 십이신장의 이름을 외우고 끝에 금강보살마하살을 덧붙이는데, 백팔 번 외우거나 혹은 더 많이 외우면 훨씬 좋습니다. 지극한 마음으로 정성을 다하는데 다 외운 후에는 수인을 머리 위로부터 풉니다.

주의하십시오! 모든 공양은 진심으로 수지하면 반드시 성취합니다. 저는 인연이 있어서 이 자리에 계신 여러분 모두가 성취하시기를 바랍니다.

이어서 마지막 페이지를 보도록 하겠습니다.

동시에 소리를 내어 부처님께 말씀드렸다. "세존이시여! 저희들은 이제 부처님의 위신력을 입어 세존이신 약사유리광여래의 명호를 듣고 다시는 악취에 태어나는 두려움이 없어졌습니다. 저희들은 서로 더불어 모두가 한마음으로 목숨이 다할 때까지 불법승 삼보에 귀의하겠으며, 맹세코 모든 유정들을 책임지고 의로움과 이로움을 베풀어 풍요롭고 이익 되며 안락하도록 하겠습니다. 어떠한 마을이나 성이나 나라나 고을, 한적한 숲속에서라도 만일 이 약사경을 널리 유포하고, 혹은 약사유리광여래의 명호를 받아 지니며 공경하고 공양하는 사람이 있다면, 저희 권속들은 이러한 사람을 보호하고 지켜서, 모든 괴로운 환난에서 벗어나게 하고 구하는 모든 것을 만족하게 얻도록 하겠습니다. 혹은 질병으로부터 벗어나기를 구하는 사람이 이 약사경을 읽을 적에, 오색실로 저희들의 이름을 매듭지으면 소원을 이룬 뒤에야 풀어지도록 하겠습니다."

同時擧聲白佛言: 世尊! 我等今者, 蒙佛威力, 得聞世尊藥師琉璃光如來名號, 不復更有惡趣之怖. 我等相率, 皆同一心, 乃至盡形歸佛法僧, 誓當荷負

一切有情, 爲作義利, 饒益安樂, 隨於何等村城國邑, 空閑林中, 若有流布此
經, 或復受持藥師琉璃光如來名號, 恭敬供養者, 我等眷屬, 衛護是人, 皆使
解脫一切苦難, 諸有願求, 悉令滿足, 或有疾厄求度脫者, 亦應讀誦此經, 以
五色縷, 結我名字, 得如願已, 然後解結.

이른바 오색실로 매듭을 짓는데, 매듭을 짓는 동시에 십이신장의 이름
을 외웁니다. 이 매듭은 가장 간단하고 가장 평범한 나비매듭을 지어도 되
지만, 중요한 것은 매듭을 지으면서 동시에 십이신장의 이름을 외우는 것
입니다. 다 외우면 열두 개의 매듭이 지어지고 그것을 걸어 둔 것이 바로
깃발입니다. 매듭을 지으면서 한편으로는 십이신장의 이름을 지성으로
외웁니다. 병이 났을 때에는 약사유리광여래를 외우고 더 나아가 매듭을
지으면서 열두 금강보살 신장의 이름을 외우고 그 매듭을 자기 곁이나 병
자의 몸 위에 걸어 둡니다. 그랬다가 그가 나으면 매듭을 풀어야 합니다.
계속 그대로 두면 안 됩니다.

순조롭게 끝나다

그때에 세존께서 야차대장들을 찬탄하시어 말씀하셨다. "훌륭하도다! 훌륭
하도다. 대야차대장들이여! 너희들은 세존이신 약사유리광여래의 은덕에
보답하려고 생각하는 자들일진대, 항상 이와 같이 모든 유정들을 이익 되
고 안락하게 해야 하느니라."

爾時世尊, 讚諸藥叉大將言: 善哉! 善哉! 大藥叉將! 汝等念報世尊藥師琉璃

光如來恩德者, 常應如是利益安樂一切有情.

그때에 아난존자가 부처님께 말씀드렸다. "세존이시여! 이 법문의 이름은 무엇이오며 어떻게 받들어 지녀야 하오리이까?" 부처님께서 아난존자에게 말씀하셨다. "이 법문의 이름은 약사유리광여래본원공덕이며 또한 십이신장요익유정결원신주이며 또한 발제일체업장이라고 하나니, 마땅히 이와 같이 받들어 지니도록 하여라."

爾時阿難白佛言: 世尊! 當何名此法門? 我等云何奉持? 佛告阿難: 此法門名說藥師琉璃光如來本願功德, 亦名說十二神將饒益有情結願神咒, 亦名拔除一切業障, 應如是持.

부처님께서 설법을 모두 마치시자 모든 보살마하살 및 대성문, 국왕, 대신, 바라문, 거사, 천, 용, 야차, 건달바, 아수라, 가루라, 긴나라, 마후라가, 사람과 사람 아닌 것 등, 모든 대중이 부처님의 설법을 듣고 모두가 크게 환희하여 깊이 믿어 받아 지니고 받들어 행하였다.

時薄伽梵, 說是語已, 諸菩薩摩訶薩及大聲聞, 國王, 大臣, 婆羅門, 居士, 天龍, 藥叉, 健達縛, 阿素洛, 揭路荼, 緊捺洛, 莫呼洛伽, 人非人等, 一切大衆, 聞佛所說, 皆大歡喜, 信受奉行.

약사여래의 주문은 이미 앞에서 전해 준 바 있습니다. 간구하지 않고 정좌 수행만 할 때에는 수인을 배꼽 아래 복부에 둡니다. 간구할 때에는 두 개의 엄지손가락을 움직이며 열두 신장의 이름을 덧붙입니다. 약사불의 수행법을 구하고 시방의 여러 부처님의 수행법을 수행하고 보리심[155]의 빠른 성취를 구할 때 모두 동일한 수인(手印)입니다. 이 수인으로 일체 법문을 수행할 수 있으니, 시방의 여러 부처님의 모든 심중심(心中心)의 성취를 구하면 일체 법문의 수지를 빨리 성취할 수 있습니다.

『약사경』강연이 순조롭게 끝났습니다.

---

155 위로는 보리(菩提)를 구하고, 아래로는 중생을 교화하려는 마음을 말한다.

약사경 원문

如是我聞, 一時薄伽梵遊化諸國, 至廣嚴城, 住樂音樹下, 與大苾芻衆八千
여시아문, 일시박가범유화제국, 지광엄성, 주약음수하, 여대필추증팔천
人俱, 菩薩摩訶薩三萬六千, 及國王大臣, 婆羅門居士, 天龍八部, 人非人
인구, 보살마하살삼만육천, 급국왕대신, 바라문거사, 천룡팔부, 인비인
等無量大衆, 恭敬圍繞, 而爲說法.
등무량대중, 공경위요, 이위설법.

爾時, 曼殊室利法王子, 承佛威神, 從座而起, 偏袒一肩, 右膝著地, 向薄
이시, 만수실리법왕자, 승불위신, 종좌이기, 편단일견, 우슬착지, 향박
伽梵曲躬合掌. 白言: 世尊, 唯願演說如是相類諸佛名號, 及本大願, 殊勝功
가범곡궁합장. 백언: 세존, 유원연설여시상류제불명호, 급본대원, 수승공
德; 令諸聞者業障銷除, 爲欲利樂像法轉時諸有情故.
덕; 영제문자업장소제, 위욕리락상법전시제유정고.

爾時世尊讚曼殊室利童子言: 善哉! 善哉! 曼殊室利, 汝以大悲勸請我說
이시세존찬만수실리동자언: 선재! 선재! 만수실리, 여이대비권청아설
諸佛名號, 本願功德, 爲拔業障所纏有情, 利益安樂像法轉時諸有情故. 汝
제불명호, 본원공덕, 위발업장소전유정, 이익안락상법전시제유정고. 여
今諦聽, 極善思惟, 當爲汝說. 曼殊室利言: 唯然, 願說, 我等樂聞.
금체청, 극선사유, 당위여설. 만수실리언: 유연, 원설, 아등락문.

佛告曼殊室利: 東方去此, 過十殑伽沙等佛土, 有世界名淨琉璃, 佛號藥師
불고만수실리: 동방거차, 과십긍가사등불토, 유세계명정유리, 불호약사
琉璃光如來, 應正等覺, 明行圓滿, 善逝, 世間解, 無上士, 調御丈夫, 天人
유리광여래, 응정등각, 명행원만, 선서, 세간해, 무상사, 조어장부, 천인
師, 佛, 薄伽梵. 曼殊室利, 彼世尊藥師琉璃光如來本行菩薩道時, 發十二
사, 불, 박가범. 만수실리, 피세존약사유리광여래본행보살도시, 발십이
大願, 令諸有情, 所求皆得.
대원, 영제유정, 소구개득.

第一大願: 願我來世得阿耨多羅三藐三菩提時, 自身光明熾然, 照耀無量無
제일대원: 원아래세득아누다라삼막삼보리시, 자신광명치연, 조요무량무
數無邊世界. 以三十二大丈夫相, 八十隨形, 莊嚴其身, 令一切有情, 如我
수무변세계. 이삼십이대장부상, 팔십수형, 장엄기신, 영일체유정, 여아
無異.
무이.

第二大願: 願我來世得菩提時, 身如琉璃, 內外明徹, 淨無瑕穢, 光明廣大,
제이대원: 원아래세득보리시, 신여유리, 내외명철, 정무하예, 광명광대,
功德巍巍, 身善安住, 燄網莊嚴, 過於日月; 幽冥眾生, 悉蒙開曉; 隨意所
공덕외외, 신선안주, 염망장엄, 과어일월; 유명중생, 실몽개효; 수의소
趣, 作諸事業.
취, 작제사업.

第三大願: 願我來世得菩提時, 以無量無邊智慧方便, 令諸有情皆得無盡
제삼대원: 원아래세득보리시, 이무량무변지혜방편, 영제유정개득무진
所受用物, 莫令眾生有所乏少.
소수용물, 막령중생유소핍소.

第四大願: 願我來世得菩提時, 若諸有情行邪道者, 悉令安住菩提道中; 若
제사대원: 원아래세득보리시, 약제유정행사도자, 실령안주보리도중; 약
行聲聞, 獨覺乘者, 皆以大乘而安立之.
행성문, 독각승자, 개이대승이안립지.

第五大願: 願我來世得菩提時, 若有無量無邊有情, 於我法中, 修行梵行,
제오대원: 원아래세득보리시, 약유무량무변유정, 어아법중, 수행범행,
一切皆令得不缺戒, 具三聚戒; 設有毁犯, 聞我名已, 還得清淨, 不墮惡趣.
일체개령득불결계, 구삼취계; 설유훼범, 문아명이, 환득청정, 불타악취.

第六大願: 願我來世得菩提時, 若諸有情, 其身下劣, 諸根不具, 醜陋頑愚,
제육대원: 원아래세득보리시, 약제유정, 기신하열, 제근불구, 추루완우,
盲聾瘖瘂; 攣躄背僂, 白癩癲狂, 種種病苦; 聞我名已, 一切皆得端正黠慧,
맹롱음아, 연벽배루, 백라전광, 종종병고; 문아명이, 일체개득단정힐혜,
諸根完具, 無諸疾苦.
제근완구, 무제질고.

第七大願: 願我來世得菩提時, 若諸有情, 衆病逼切, 無救無歸, 無醫無藥,
제칠대원: 원아래세득보리시, 약제유정, 중병핍절, 무구무귀, 무의무약,
無親無家, 貧窮多苦; 我之名號, 一經其耳, 衆病悉除, 身心安樂, 家屬資具,
무친무가, 빈궁다고; 아지명호, 일경기이, 중병실제, 신심안락, 가속자구,
悉皆豐足, 乃至證得無上菩提.
실개풍족, 내지증득무상보리.

第八大願: 願我來世得菩提時, 若有女人, 爲女百惡之所逼惱, 極生厭離,
제팔대원: 원아래세득보리시, 약유녀인, 위녀백악지소핍뇌, 극생염리,
願捨女身; 聞我名已, 一切皆得轉女成男, 具丈夫相, 乃至證得無上菩提.
원사여신; 문아명이, 일체개득전녀성남, 구장부상, 내지증득무상보리.

第九大願: 願我來世得菩提時, 令諸有情, 出魔罥網, 解脫一切外道纏縛,
제구대원: 원아래세득보리시, 영제유정, 출마견망, 해탈일체외도전박,
若墮種種惡見稠林, 皆當引攝, 置於正見, 漸令修習諸菩薩行, 速證無上正
약타종종악견조림, 개당인섭, 치어정견, 점령수습제보살행, 속증무상정
等菩提.
등보리.

第十大願: 願我來世得菩提時, 若諸有情, 王法所加, 縛錄鞭撻, 繫閉牢獄,
제십대원: 원아래세득보리시, 약제유정, 왕법소가, 박록편달, 계폐뢰옥,
或當刑戮, 及餘無量災難陵辱, 悲愁煎逼, 身心受苦; 若聞我名, 以我福德
혹당형륙, 급여무량재난릉욕, 비수전핍, 신심수고; 약문아명, 이아복덕
威神力故, 皆得解脫一切憂苦.
위신력고, 개득해탈일체우고.

第十一大願: 願我來世得菩提時, 若諸有情, 飢渴所惱, 爲求食故, 造諸惡
제십일대원: 원아래세득보리시, 약제유정, 기갈소뇌, 위구식고, 조제악
業; 得聞我名, 專念受持, 我當先以上妙飮食, 飽足其身, 後以法味, 畢竟
업; 득문아명, 전념수지, 아당선이상묘음식, 포족기신, 후이법미, 필경
安樂而建立之.
안락이건립지.

第十二大願: 願我來世得菩提時, 若諸有情, 貧無衣服, 蚊蝱寒熱, 晝夜逼
제십이대원: 원아래세득보리시, 약제유정, 빈무의복, 문맹한열, 주야핍
惱; 若聞我名, 專念受持, 如其所好, 卽得種種上妙衣服, 亦得一切寶莊嚴
뇌; 약문아명, 전념수지, 여기소호, 즉득종종상묘의복, 역득일체보장엄
具, 華鬘塗香, 鼓樂衆伎, 隨心所翫, 皆令滿足.
구, 화만도향, 고락중기, 수심소완, 개령만족.

曼殊室利, 是爲彼世尊藥師琉璃光如來應正等覺, 行菩薩道時, 所發十二
만수실리, 시위피세존약사유리광여래응정등각, 행보살도시, 소발십이
微妙上願.
미묘상원.

復次, 曼殊室利, 彼世尊藥師琉璃光如來行菩薩道時, 所發大願, 及彼佛土
부차, 만수실리, 피세존약사유리광여래행보살도시, 소발대원, 급피불토
功德莊嚴, 我若一劫, 若一劫餘, 說不能盡. 然彼佛土, 一向淸淨, 無有女人,
공덕장엄, 아약일겁, 약일겁여, 설불능진. 연피불토, 일향청정, 무유녀인,
亦無惡趣, 及苦音聲; 琉璃爲地, 金繩界道, 城闕宮閣, 軒窓羅網, 皆七寶成;
역무악취, 급고음성; 유리위지, 금승계도, 성궐궁각, 헌창라망, 개칠보성;
亦如西方極樂世界, 功德莊嚴, 等無差別. 於其國中, 有二菩薩摩訶薩: 一名
역여서방극락세계, 공덕장엄, 등무차별. 어기국중, 유이보살마하살: 일명

역여서방극락세계, 공덕장엄, 등무차별. 어기국중, 유이보살마하살: 일명
日光遍照, 二名月光遍照, 是彼無量無數菩薩衆之上首, 次補佛處, 悉能持
일광변조, 이명월광변조, 시피무량무수보살중지상수, 차보불처, 실능지
彼世尊藥師琉璃光如來, 正法寶藏. 是故曼殊室利, 諸有信心善男子善女人
피세존약사유리광여래, 정법보장. 시고만수실리, 제유신심선남자선녀인
等, 應當願生彼佛世界.
등, 응당원생피불세계.

爾時世尊, 復告曼殊室利童子言: 曼殊室利, 有諸衆生, 不識善惡, 惟懷貪
이시세존, 부고만수실리동자언: 만수실리, 유제중생, 불식선악, 유회탐
吝, 不知布施及施果報, 愚癡無智, 闕於信根. 多聚財寶, 勤加守護. 見乞
린, 부지보시급시과보, 우치무지, 궐어신근. 다취재보, 근가수호. 견걸
者來, 其心不喜. 設不獲己, 而行施時, 如割身肉, 深生痛惜.
자래, 기심불희. 설불획기, 이행시시, 여할신육, 심생통석.

復有無量慳貪有情, 積集資財, 於其自身, 尙不受用, 何況能與父母妻子奴
부유무량간탐유정, 적집자재, 어기자신, 상불수용, 하황능여부모처자노
婢作使, 及來乞者. 彼諸有情, 從此命終, 生餓鬼界或傍生趣. 由昔人間,
비작사, 급래걸자. 피제유정, 종차명종, 생아귀계혹방생취. 유석인간,
曾得暫聞藥師琉璃光如來名故, 今在惡趣, 暫得憶念彼如來名, 卽於念時,
증득잠문약사유리광여래명고, 금재악취, 잠득억념피여래명, 즉어념시,
從彼處沒, 還生人中, 得宿命念, 畏惡趣苦, 不樂欲樂, 好行惠施, 讚歎施者,
종피처몰, 환생인중, 득숙명념, 외악취고, 불락욕락, 호행혜시, 찬탄시자,
一切所有, 悉無貪惜, 漸次尙能以頭目手足血肉身分施來求者, 況餘財物.
일체소유, 실무탐석, 점차상능이두목수족혈육신분시래구자, 황여재물.

復次, 曼殊室利, 若諸有情, 雖於如來受諸學處, 而破尸羅. 有雖不破尸羅,
부차, 만수실리, 약제유정, 수어여래수제학처, 이파시라. 유수불파시라,
而破軌則. 有於尸羅軌則, 雖得不壞, 然毀正見. 有雖不毀正見, 而棄多聞,
이파궤칙. 유어시라궤칙, 수득불괴, 연훼정견. 유수불훼정견, 이기다문,
於佛所說契經深義, 不能解了. 有雖多聞, 而增上慢, 由增上慢, 覆蔽心故,
어불소설계경심의, 불능해료. 유수다문, 이증상만, 유증상만, 복폐심고,
自是非他, 嫌謗正法, 爲魔伴黨. 如是愚人, 自行邪見, 復令無量俱胝有情,
자시비타, 혐방정법, 위마반당. 여시우인, 자행사견, 부령무량구지유정,

墮大險坑. 此諸有情, 應於地獄傍生鬼趣流轉無窮. 若得聞此藥師琉璃光
타대험갱. 차제유정, 응어지옥방생귀취류전무궁. 약득문차약사유리광
如來名號, 便捨惡行, 修諸善法, 不墮惡趣. 設有不能捨諸惡行, 修行善法,
여래명호, 편사악행, 수제선법, 불타악취. 설유불능사제악행, 수행선법,
墮惡趣者, 以彼如來本願威力, 令其現前, 暫聞名號, 從彼命終, 還生人趣,
타악취자, 이피여래본원위력, 영기현전, 잠문명호, 종피명종, 환생인취,
得正見精進, 善調意樂, 便能捨家, 趣於非家, 如來法中, 受持學處, 無有
득정견정진, 선조의락, 편능사가, 취어비가, 여래법중, 수지학처, 무유
毀犯, 正見多聞, 解甚深義, 離增上慢, 不謗正法, 不爲魔伴, 漸次修行諸
훼범, 정견다문, 해심심의, 이증상만, 불방정법, 불위마반, 점차수행제
菩薩行, 速得圓滿.
보살행, 속득원만.

復次, 曼殊室利, 若諸有情, 慳貪嫉妒, 自讚毀他, 當墮三惡趣中, 無量千歲,
부차, 만수실리, 약제유정, 간탐질투, 자찬훼타, 당타삼악취중, 무량천세,
受諸劇苦. 受劇苦已, 從彼命終, 來生人間, 作牛馬駝驢, 恒被鞭撻, 飢渴
수제극고. 수극고이, 종피명종, 내생인간, 작우마타려, 항피편달, 기갈
逼惱, 又常負重, 隨路而行.
핍뇌, 우상부중, 수로이행.

或得爲人, 生居下賤, 作人奴婢, 受他驅役, 恒不自在. 若昔人中, 曾聞世
혹득위인, 생거하천, 작인노비, 수타구역, 항부자재. 약석인중, 증문세
尊藥師琉璃光如來名號, 由此善因, 今復憶念, 至心歸依, 以佛神力, 衆苦
존약사유리광여래명호, 유차선인, 금부억념, 지심귀의, 이불신력, 중고
解脫; 諸根聰利, 智慧多聞, 恒求勝法. 常遇善友, 永斷魔羂, 破無明殼, 竭
해탈; 제근총리, 지혜다문, 항구승법. 상우선우, 영단마견, 파무명각, 갈
煩惱河, 解脫一切生老病死, 憂愁苦惱.
번뇌하, 해탈일체생로병사, 우수고뇌.

復次, 曼殊室利, 若諸有情, 好喜乖離, 更相鬪訟, 惱亂自他, 以身語意,
부차, 만수실리, 약제유정, 호희괴리, 갱상투송, 뇌란자타, 이신어의,
造作增長, 種種惡業, 輾轉常爲不饒益事, 相互謀害. 告召山林樹塚等神,
조작증장, 종종악업, 전전상위불요익사, 상호모해. 고소산림수총등신,
殺諸衆生, 取其血肉, 祭祀藥叉羅刹娑等; 書怨人名, 作其形象, 以惡咒術,

살제중생, 취기혈육, 제사약차라찰사등; 서원인명, 작기형상, 이악주술,
而咒詛之. 魘魅蠱道, 咒起屍鬼, 令斷彼命, 及壞其身. 是諸有情, 若得聞此
이주저지. 염매고도, 주기시귀, 영단피명, 급괴기신. 시제유정, 약득문차
藥師琉璃光如來名號, 彼諸惡事, 悉不能害. 一切輾轉, 皆起慈心, 利益安
약사유리광여래명호, 피제악사, 실불능해. 일체전전, 개기자심, 이익안
樂, 無損惱意, 及嫌恨心. 各各歡悅, 於自所受, 生於喜足, 不相侵陵, 互爲
락, 무손뇌의, 급혐한심. 각각환열, 어자소수, 생어희족, 불상침릉, 호위
饒益.
요익.

復次, 曼殊室利, 若有四衆, 苾芻, 苾芻尼, 鄔波索迦, 鄔波斯迦, 及餘淨信
부차, 만수실리, 약유사중, 필추, 필추니, 우파색가, 우파사가, 급여정신
善男子善女人等. 有能受持八分齋戒, 或經一年, 或復三月, 受持學處, 以
선남자선녀인등. 유능수지팔분재계, 혹경일년, 혹부삼월, 수지학처, 이
此善根, 願生西方極樂世界, 無量壽佛所, 聽聞正法, 而未定者, 若聞世尊
차선근, 원생서방극락세계, 무량수불소, 청문정법, 이미정자, 약문세존
藥師琉璃光如來名號, 臨命終時, 有八大菩薩, 其名曰: 文殊師利菩薩, 觀
약사유리광여래명호, 임명종시, 유팔대보살, 기명왈: 문수사리보살, 관
世音菩薩, 得大勢菩薩, 無盡意菩薩, 寶檀華菩薩, 藥王菩薩, 藥上菩薩,
세음보살, 득대세보살, 무진의보살, 보단화보살, 약왕보살, 약상보살,
彌勒菩薩. 是八大菩薩乘空而來, 示其道路, 卽於彼界, 種種雜色, 衆寶華
미륵보살. 시팔대보살승공이래, 시기도로, 즉어피계, 종종잡색, 중보화
中, 自然化生. 或有因此, 生於天上, 雖生天上, 而本善根, 亦未窮盡, 不復
중, 자연화생. 혹유인차, 생어천상, 수생천상, 이본선근, 역미궁진, 불부
更生諸餘惡趣. 天上壽盡, 還生人間, 或爲輪王, 統攝四洲, 威德自在, 安
갱생제여악취. 천상수진, 환생인간, 혹위륜왕, 통섭사주, 위덕자재, 안
立無量百千有情於十善道. 或生刹帝利婆羅門居士大家. 多饒財寶, 倉庫
립무량백천유정어십선도. 혹생찰제리바라문거사대가. 다요재보, 창고
盈溢, 形相端正, 眷屬具足, 聰明智慧, 勇健威猛, 如大力士. 若是女人, 得
영일, 형상단정, 권속구족, 총명지혜, 용건위맹, 여대력사. 약시녀인, 득
聞世尊藥師琉璃光如來名號, 至心受持, 於後不復更受女身.
문세존약사유리광여래명호, 지심수지, 어후불부갱수여신.

復次, 曼殊室利, 彼藥師琉璃光如來得菩提時, 由本願力, 觀諸有情, 遇衆
부차, 만수실리, 피약사유리광여래득보리시, 유본원력, 관제유정, 우중

病苦, 瘦攣乾消黃熱等病; 或被魘魅蠱毒所中; 或復短命, 或時橫死; 欲令
병고, 수련건소황열등병; 혹피염매고독소중; 혹부단명, 혹시횡사; 욕령
是等病苦消除, 所求願滿.
시등병고소제, 소구원만.

時彼世尊, 入三摩地, 名曰「除滅一切衆生苦惱」. 旣入定已, 於肉髻中, 出
시피세존, 입삼마지, 명왈 제멸일체중생고뇌. 기입정이, 어육계중, 출
大光明; 光中演說大陀羅尼曰: 那謨薄伽筏帝, 鞞殺社, 窶嚕薛琉璃, 鉢喇
대광명; 광중연설대 다라니왈: 나무바가발제, 비살사, 구로벽류리, 발라
婆, 喝囉闍也, 怛陀揭多耶, 阿囉訶帝, 三藐三勃陀耶. 怛姪陁, 唵, 鞞殺逝,
바, 갈라사야, 달타아다야, 아라하제, 삼막삼발타야. 달질타, 옴, 비살서,
鞞殺逝, 鞞殺社, 三沒揭帝, 娑婆訶. 爾時光中, 說此咒已, 大地震動, 放大光
비살서, 비살사, 삼몰아제, 사바하. 이시광중, 설차주이, 대지진동, 방대광
明, 一切衆生, 病苦皆除, 受安隱樂.
명, 일체중생, 병고개제, 수안은락.

曼殊室利! 若見男子女人, 有病苦者, 應當一心, 爲彼病人, 常淸淨澡漱,
만수실리! 약견남자녀인, 유병고자, 응당일심, 위피병인, 상청정조수,
或食, 或藥, 或無蟲水, 咒一百八遍, 與彼服食, 所有病苦, 悉皆消滅. 若有
혹식, 혹약, 혹무충수, 주일백팔편, 여피복식, 소유병고, 실개소멸. 약유
所求, 至心念誦, 皆得如是, 無病延年; 命終之後, 生彼世界, 得不退轉, 乃
소구, 지심념송, 개득여시, 무병연년; 명종지후, 생피세계, 득불퇴전, 내
至菩提. 是故曼殊室利! 若有男子女人, 於彼藥師琉璃光如來, 至心殷重,
지보리. 시고만수실리! 약유남자녀인, 어피약사유리광여래, 지심은중,
恭敬供養者, 常持此咒, 勿令廢忘!
공경공양자, 상지차주, 물령폐망!

復次, 曼殊室利, 若有淨信男子女人, 得聞藥師琉璃光如來應正等覺所有
부차, 만수실리, 약유정신남자녀인, 득문약사유리광여래응정등각소유
名號, 聞已誦持, 晨嚼齒木, 澡漱淸淨, 以諸香花, 燒香塗香, 作衆伎樂, 供
명호, 문이송지, 신작치목, 조수청정, 이제향화, 소향도향, 작중기악, 공
養形像. 於此經典, 若自書, 若敎人書, 一心受持, 聽聞其義. 於彼法師, 應
양형상. 어차경전, 약자서, 약교인서, 일심수지, 청문기의. 어피법사, 응
修供養, 一切所有資身之具, 悉皆施與, 勿令乏少. 如是便蒙諸佛護念, 所
수공양, 일체소유자신지구, 실개시여, 물령핍소. 여시변몽제불호념, 소

수공양, 일체소유자신지구, 실개시여, 물령핍소. 여시편몽제불호념, 소
求願滿, 乃至菩提.
구원만, 내지보리.

爾時, 曼殊室利童子白佛言: 世尊! 我當誓於像法轉時, 以種種方便, 令諸
이시, 만수실리동자백불언: 세존! 아당서어상법전시, 이종종방편, 영제
淨信善男子善女人等, 得聞世尊藥師琉璃光如來名號, 乃至睡中亦以佛名
정신선남자선녀인등, 득문세존약사유리광여래명호, 내지수중역이불명
覺悟其耳. 世尊! 若於此經受持讀誦, 或復爲他演說開示. 若自書, 若敎人
각오기이. 세존! 약어차경수지독송, 혹부위타연설개시. 약자서, 약교인
書, 恭敬尊重, 以種種華香, 塗香, 秣香, 燒香. 花鬘, 瓔珞, 幡蓋, 伎樂, 而
서, 공경존중, 이종종화향, 도향, 말향, 소향. 화만, 영락, 번개, 기악, 이
爲供養, 以五色綵, 作囊盛之. 掃灑淨處, 敷設高座而用安處. 爾時四大天
위공양, 이오색채, 작낭성지. 소쇄정처, 부설고좌이용안처. 이시사대천
王, 與其眷屬, 及餘無量百千天衆, 皆詣其所, 供養守護. 世尊, 若此經寶
왕, 여기권속, 급여무량백천천중, 개예기소, 공양수호. 세존, 약차경보
流行之處, 有能受持, 以彼世尊藥師琉璃光如來本願功德, 及聞名號, 當知
류행지처, 유능수지, 이피세존약사유리광여래본원공덕, 급문명호, 당지
是處, 無復橫死, 亦復不爲諸惡鬼神, 奪其精氣; 設已奪者, 還得如故, 身
시처, 무부횡사, 역부불위제악귀신, 탈기정기; 설이탈자, 환득여고, 신
心安樂.
심안락.

佛告曼殊室利: 如是! 如是! 如汝所說. 曼殊室利, 若有淨信善男子善女人
불고만수실리: 여시! 여시! 여여소설. 만수실리, 약유정신선남자선녀인
等, 欲供養彼世尊藥師琉璃光如來者, 應先造立彼佛形像, 敷淸淨座, 而安
등, 욕공양피세존약사유리광여래자, 응선조립피불형상, 부청정좌, 이안
處之. 散種種花, 燒種種香, 以種種幢幡, 莊嚴其處. 七日七夜, 受八分齋戒.
처지. 산종종화, 소종종향, 이종종당번, 장엄기처. 칠일칠야, 수팔분재계.
食淸淨食, 澡浴香潔, 著淸淨衣, 應生無垢濁心, 無怒害心, 於一切有情,
식청정식, 조욕향결, 착청정의, 응생무구탁심, 무로해심, 어일체유정,
起利益安樂, 慈悲喜捨平等之心, 鼓樂歌讚, 右遶佛像. 復應念彼如來本願
기리익안락, 자비희사평등지심, 고악가찬, 우요불상. 부응념피여래본원
功德, 讀誦此經, 思惟其義, 演說開示. 隨所樂求, 一切皆遂, 求長壽得長
공덕, 독송차경, 사유기의, 연설개시. 수소악구, 일체개수, 구장수득장

壽, 求富饒得富饒, 求官位得官位, 求男女得男女. 若復有人, 忽得惡夢,
수, 구부요득부요, 구관위득관위, 구남여득남녀. 약부유인, 홀득악몽,
見諸惡相, 或怪鳥來集, 或於住處, 百怪出現. 此人若以衆妙資具, 恭敬供
견제악상, 혹괴조래집, 혹어주처, 백괴출현. 차인약이중묘자구, 공경공
養彼世尊藥師琉璃光如來者, 惡夢惡相, 諸不吉祥, 皆悉隱沒, 不能爲患.
양피세존약사유리광여래자, 악몽악상, 제불길상, 개실은몰, 불능위환.
或有水火, 刀毒懸險, 惡象師子, 虎狼熊羆, 毒蛇惡蠍, 蜈蚣蚰蜒, 蚊蝱等怖,
혹유수화, 도독현험, 악상사자, 호랑웅비, 독사악헐, 오공유연, 문맹등포,
若能至心憶念彼佛, 恭敬供養, 一切怖畏, 皆得解脫. 若他國侵擾, 盜賊反
약능지심억념피불, 공경공양, 일체포외, 개득해탈. 약타국침요, 도적반
亂, 憶念恭敬彼如來者, 亦皆解脫.
란, 억념공경피여래자, 역개해탈.

復次, 曼殊室利, 若有淨信善男子善女人等, 乃至盡形, 不事餘天, 惟當一
부차, 만수실리, 약유정신선남자선녀인등, 내지진형, 불사여천, 유당일
心, 歸佛法僧, 受持禁戒. 若五戒十戒, 菩薩四百戒, 苾芻二百五十戒, 苾
심, 귀불법승, 수지금계. 약오계십계, 보살사백계, 필추이백오십계, 필
芻尼五百戒. 於所受中, 或有毁犯, 怖墮惡趣. 若能專念彼佛名號, 恭敬供
추니오백계. 어소수중, 혹유훼범, 포타악취. 약능전념피불명호, 공경공
養者, 必定不受三惡趣生. 或有女人, 臨當産時, 受於極苦, 若能至心稱名
양자, 필정불수삼악취생. 혹유녀인, 임당산시, 수어극고, 약능지심칭명
禮讚, 恭敬供養彼如來者, 衆苦皆除. 所生之子, 身分具足, 形色端正, 見者
례찬, 공경공양피여래자, 중고개제. 소생지자, 신분구족, 형색단정, 견자
歡喜, 利根聰明, 安隱少病, 無有非人, 奪其精氣.
환희, 이근총명, 안은소병, 무유비인, 탈기정기.

爾時世尊, 告阿難言: 如我稱揚彼世尊藥師琉璃光如來所有功德, 此是諸
이시세존, 고아난언: 여아칭양피세존약사유리광여래소유공덕, 차시제
佛甚深行處, 難可解了, 汝爲信不?
불심심행처, 난가해료, 여위신불?

阿難白言: 大德世尊! 我於如來所說契經, 不生疑惑. 所以者何? 一切如來
아난백언: 대덕세존! 아어여래소설계경, 불생의혹. 소이자하? 일체여래
身語意業, 無不淸淨. 世尊! 此日月輪, 可令墮落; 妙高山王, 可使傾動; 諸
신어의업, 무불청정. 세존! 차일월륜, 가령타락; 묘고산왕, 가사경동; 제

신어의업, 무불청정. 세존! 차일월륜, 가령타락; 묘고산왕, 가사경동; 제

佛所言無有異也. 世尊! 有諸衆生, 信根不具, 聞說諸佛甚深行處, 作是思

불소언무유이야. 세존! 유제중생, 신근불구, 문설제불심심행처, 작시사

惟: 云何但念藥師琉璃光如來一佛名號, 便獲爾所功德勝利? 由此不信,

유: 운하단념약사유리광여래일불명호, 편획이소공덕승리? 유차불신,

返生誹謗, 彼於長夜, 失大利樂, 墮諸惡趣, 流轉無窮.

반생비방, 피어장야, 실대리락, 타제악취, 유전무궁.

佛告阿難: 是諸有情, 若聞世尊藥師琉璃光如來名號, 至心受持, 不生疑惑,

불고아난: 시제유정, 약문세존약사유리광여래명호, 지심수지, 불생의혹,

墮惡趣者, 無有是處. 阿難! 此是諸佛甚深所行, 難可信解; 汝今能受, 當

타악취자, 무유시처. 아난! 차시제불심심소행, 난가신해; 여금능수, 당

知皆是如來威力. 阿難! 一切聲聞獨覺, 及未登地諸菩薩等, 皆悉不能如

지개시여래위력. 아난! 일체성문독각, 급미등지제보살등, 개실불능여

實信解, 唯除一生所繫菩薩. 阿難! 人身難得, 於三寶中, 信敬尊重, 亦難

실신해, 유제일생소계보살. 아난! 인신난득, 어삼보중, 신경존중, 역난

可得. 聞世尊藥師琉璃光如來名號, 復難於是. 阿難! 彼藥師琉璃光如來,

가득. 문세존약사유리광여래명호, 부난어시. 아난! 피약사유리광여래,

無量菩薩行, 無量善巧方便, 無量廣大願, 我若一劫, 若一劫餘, 而廣說者,

무량보살행, 무량선교방편, 무량광대원, 아약일겁, 약일겁여, 이광설자,

劫可速盡, 彼佛行願, 善巧方便無有盡也.

겁가속진, 피불행원, 선교방편무유진야.

爾時衆中, 有一菩薩摩訶薩, 名曰救脫, 卽從座起, 偏袒右肩, 右膝著地,

이시중중, 유일보살마하살, 명왈구탈, 즉종좌기, 편단우견, 우슬착지,

曲躬合掌, 而白佛言: 大德世尊! 像法轉時, 有諸衆生, 爲種種患之所困厄,

곡궁합장, 이백불언: 대덕세존! 상법전시, 유제중생, 위종종환지소곤액,

長病羸瘦, 不能飮食, 喉脣乾燥, 見諸方暗, 死相現前, 父母親屬, 朋友知

장병리수, 불능음식, 후순건조, 견제방암, 사상현전, 부모친속, 붕우지

識, 啼泣圍繞. 然彼自身, 臥在本處, 見琰魔使, 引其神識, 至於琰魔法王

식, 제읍위요. 연피자신, 와재본처, 견염마사, 인기신식, 지어염마법왕

之前. 然諸有情, 有俱生神, 隨其所作, 若罪若福, 皆具書之, 盡持授與琰

지전. 연제유정, 유구생신, 수기소작, 약죄약복, 개구서지, 진지수여염

魔法王. 爾時彼王, 推問其人, 計算所作, 隨其罪福, 而處斷之. 時彼病人,

마법왕. 이시피왕, 추문기인, 계산소작, 수기죄복, 이처단지. 시피병인,

親屬知識, 若能爲彼歸依世尊藥師琉璃光如來, 請諸衆僧, 轉讀此經, 然七
친속지식, 약능위피귀의세존약사유리광여래, 청제중승, 전독차경, 연칠
層之燈, 懸五色續命神旛, 或有是處, 彼識得還, 如在夢中, 明了自見. 或經
층지등, 현오색속명신번, 혹유시처, 피식득환, 여재몽중, 명료자견. 혹경
七日, 或二十一日, 或三十五日, 或四十九日. 彼識還時, 如從夢覺, 皆自
칠일, 혹이십일일, 혹삼십오일, 혹사십구일. 피식환시, 여종몽각, 개자
憶知, 善不善業, 所得果報; 由自證見, 業果報故, 乃至命難, 亦不造作諸
억지, 선불선업, 소득과보; 유자증견, 업과보고, 내지명난, 역부조작제
惡之業. 是故淨信善男子善女人等, 皆應受持藥師琉璃光如來名號, 隨力
악지업. 시고정신선남자선녀인등, 개응수지약사유리광여래명호, 수력
所能, 恭敬供養.
소능, 공경공양.

爾時阿難問救脫菩薩曰: 善男子, 應云何恭敬供養彼世尊藥師琉璃光如來,
이시아난문구탈보살왈: 선남자, 응운하공경공양피세존약사유리광여래,
續命旛燈, 復云何造? 救脫菩薩言: 大德! 若有病人, 欲脫病苦, 當爲其人,
속명번등, 부운하조? 구탈보살언: 대덕! 약유병인, 욕탈병고, 당위기인,
七日七夜, 受持八分齋戒. 應以飮食, 及餘資具, 隨力所辦, 供養苾芻僧.
칠일칠야, 수지팔분재계. 응이음식, 급여자구, 수력소판, 공양필추승.
晝夜六時, 禮拜行道. 供養彼世尊藥師琉璃光如來, 讀誦此經四十九遍.
주야육시, 예배행도. 공양피세존약사유리광여래, 독송차경사십구편.
然四十九燈, 造彼如來形像七軀, 一一像前, 各置七燈, 一一燈量, 大如車
연사십구등, 조피여래형상칠구, 일일상전, 각치칠등, 일일등량, 대여거
輪, 乃至四十九日, 光明不絶. 造五色綵旛, 長四十九搩手, 應放雜類衆生,
륜, 내지사십구일, 광명부절. 조오색채번, 장사십구걸수, 응방잡류중생,
至四十九. 可得過度危厄之難, 不爲諸橫惡鬼所持.
지사십구. 가득과도위액지난, 불위제횡악귀소지.

復次, 阿難! 若刹帝利灌頂王等, 災難起時, 所謂: 人衆疾疫難, 他國侵逼
부차, 아난! 약찰제리관정왕등, 재난기시, 소위: 인중질역난, 타국침핍
難, 自界叛逆難, 星宿變怪難, 日月薄蝕難, 非時風雨難, 過時不雨難. 彼
난, 자계반역난, 성수변괴난, 일월박식난, 비시풍우난, 과시불우난. 피
刹帝利灌頂王等, 爾時應於一切有情, 起慈悲心, 赦諸繫閉. 依前所說, 供
찰제리관정왕등, 이시응어일체유정, 기자비심, 사제계폐. 의전소설, 공
養之法, 供養彼世尊藥師琉璃光如來. 由此善根, 及彼如來本願力故, 令其
양지법, 공양피세존약사유리광여래. 유차선근, 급피여래본원력고, 영기

양지법, 공양피세존약사유리광여래.유차선근, 급피여래본원력고, 영기
國界, 卽得安隱, 風雨順時, 穀稼成熟, 一切有情, 無病歡樂. 於其國中, 無
국계, 즉득안은, 풍우순시, 곡가성숙, 일체유정, 무병환락. 어기국중, 무
有暴惡. 藥叉等神, 惱有情者, 一切惡相, 皆卽隱沒. 而刹帝利灌頂王等,
유포악. 약차등신, 뇌유정자, 일체악상, 개즉은몰. 이찰제리관정왕등,
壽命色力, 無病自在, 皆得增益. 阿難! 若帝后妃主, 儲君王子. 大臣輔相,
수명색력, 무병자재, 개득증익. 아난! 약제후비주, 저군왕자. 대신보상,
中宮綵女, 百官黎庶, 爲病所苦, 及餘厄難; 亦應造立五色神幡, 然燈續明,
중궁채녀, 백관려서, 위병소고, 급여액난; 역응조립오색신번, 연등속명,
放諸生命, 散雜色花, 燒衆名香, 病得除愈, 衆難解脫.
방제생명, 산잡색화, 소중명향, 병득제유, 중난해탈.

爾時阿難問救脫菩薩言: 善男子! 云何已盡之命, 而可增益? 救脫菩薩言:
이시아난문구탈보살언: 선남자! 운하이진지명, 이가증익? 구탈보살언:
大德! 汝豈不聞如來說有九橫死耶? 是故勸造續命幡燈, 修諸福德, 以修
대덕! 여기불문여래설유구횡사야? 시고권조속명번등, 수제복덕, 이수
福故, 盡其壽命, 不經苦患. 阿難問言: 九橫云何? 救脫菩薩言: 若諸有情,
복고, 진기수명, 불경고환.아난문언:구횡운하? 구탈보살언: 약제유정,
得病雖輕, 然無醫藥及看病者, 設復遇醫, 授以非藥, 實不應死, 而便橫
득병수경, 연무의약급간병자, 설부우의, 수이비약, 실불응사, 이편횡
死. 又信世間邪魔外道妖孽之師妄說禍福, 便生恐動, 心不自正, 卜問覓
사. 우신세간사마외도요얼지사망설화복, 편생공동, 심부자정, 복문멱
禍, 殺種種衆生, 解奏神明, 呼諸魍魉, 請乞福祐, 欲冀延年, 終不能得. 愚
화, 살종종중생, 해주신명, 호저망량, 청걸복우, 욕기연년, 종불능득. 우
癡迷惑, 信邪倒見, 遂令橫死. 入於地獄, 無有出期, 是名初橫. 二者橫被
치미혹, 신사도견, 수령횡사. 입어지옥, 무유출기, 시명초횡. 이자횡피
王法之小誅戮. 三者畋獵嬉戲, 耽淫嗜酒, 放逸無度, 橫爲非人, 奪其精氣.
왕법지소주륙. 삼자전렵희희, 탐음기주, 방일무도, 횡위비인, 탈기정기.
四者橫爲火焚. 五者橫爲水溺. 六者橫爲種種惡獸所噉. 七者橫墮山崖.
사자횡위화분. 오자횡위수익. 육자횡위종종악수소담. 칠자횡타산애.
八者橫爲毒藥, 厭禱, 咒咀, 起屍鬼等之所中害. 九者飢渴所困, 不得飮食,
팔자횡위독약, 염도, 주저, 기시귀등지소중해. 구자기갈소곤, 부득음식,
而便橫死. 是爲如來略說橫死, 有此九種, 其餘復有無量諸橫, 難可具說.
이편횡사. 시위여래약설횡사, 유차구종, 기여부유무량제횡, 난가구설.

復次, 阿難! 彼琰魔王主領世間名籍之記, 若諸有情, 不孝五逆, 破辱三寶,
부차, 아난! 피염마왕주령세간명적지기, 약제유정, 불효오역, 파욕삼보,
壞君臣法, 毀於信戒, 琰魔法王, 隨罪輕重, 考而罰之. 是故我今勸諸有情,
괴군신법, 훼어신계, 염마법왕, 수죄경중, 고이벌지. 시고아금권제유정,
燃燈造幡, 放生修福, 令度苦厄, 不遭衆難.
연등조번, 방생수복, 영도고액, 부조중난.

爾時衆中, 有十二藥叉大將, 俱在會坐, 所謂: 宮毘羅大將, 伐折羅大將,
이시중중, 유십이약차대장, 구재회좌, 소위: 궁비라대장, 벌절라대장,
迷企羅大將, 安底羅大將, 頞你羅大將, 珊底羅大將, 因達羅大將, 波夷羅
미기라대장, 안지라대장, 알이라대장, 산지라대장, 인달라대장, 파이라
大將, 摩虎羅大將, 眞達羅大將, 招杜羅大將, 毗羯羅大將, 此十二藥叉大
대장, 마호라대장, 진달라대장, 초두라대장, 비갈라대장, 차십이약차대
將, 一一各有七千藥叉, 以爲眷屬.
장, 일일각유칠천약차, 이위권속.

同時擧聲白佛言: 世尊! 我等今者, 蒙佛威力, 得聞世尊藥師琉璃光如來
동시거성백불언: 세존! 아등금자, 몽불위력, 득문세존약사유리광여래
名號, 不復更有惡趣之怖. 我等相率, 皆同一心, 乃至盡形歸佛法僧, 誓當
명호, 불부갱유악취지포. 아등상솔, 개동일심, 내지진형귀불법승, 서당
荷負一切有情, 爲作義利, 饒益安樂, 隨於何等村城國邑, 空閑林中, 若有
하부일체유정, 위작의리, 요익안락, 수어하등촌성국읍, 공한림중, 약유
流布此經, 或復受持藥師琉璃光如來名號, 恭敬供養者, 我等眷屬, 衛護是
류포차경, 혹부수지약사유리광여래명호, 공경공양자, 아등권속, 위호시
人, 皆使解脫一切苦難, 諸有願求, 悉令滿足, 或有疾厄求度脫者, 亦應讀
인, 개사해탈일체고난, 제유원구, 실령만족, 혹유질액구도탈자, 역응독
誦此經, 以五色縷, 結我名字, 得如願已, 然後解結.
송차경, 이오색루, 결아명자, 득여원이, 연후해결.

爾時世尊, 讚諸藥叉大將言: 善哉! 善哉! 大藥叉將! 汝等念報世尊藥師
이시세존, 찬제약차대장언: 선재! 선재! 대약차장! 여등념보세존약사
琉璃光如來恩德者, 常應如是利益安樂一切有情.
유리광여래은덕자, 상응여시리익안락일체유정.

爾時阿難白佛言: 世尊! 當何名此法門? 我等云何奉持? 佛告阿難: 此法
이시아난백불언: 세존! 당하명차법문? 아등운하봉지? 불고아난: 차법
門名說藥師琉璃光如來本願功德, 亦名說十二神將饒益有情結願神咒,
문명설약사유리광여래본원공덕, 역명설십이신장요익유정결원신주,
亦名拔除一切業障, 應如是持. 時薄伽梵, 說是語已, 諸菩薩摩訶薩及大聲
역명발제일체업장, 응여시지. 시박가범, 설시어이, 제보살마하살급대성
聞, 國王, 大臣, 婆羅門, 居士, 天龍, 藥叉, 健達縛, 阿素洛, 揭路茶, 緊捺
문, 국왕, 대신, 바라문, 거사, 천룡, 약차, 건달박, 아소락, 갈로다, 긴날
洛, 莫呼洛伽, 人非人等, 一切大衆, 聞佛所說, 皆大歡喜, 信受奉行.
락, 막호락가, 인비인등, 일체대중, 문불소설, 개대환희, 신수봉행.